JADIS ET DAGUERRE

DU MÊME AUTEUR CHEZ ACTES SUD

JADIS ET DAGUERRE, Textuel, 2013 ; Babel nº 1849.
ERWIN BLUMENFELD, coll. "Photo Poche", 2022.

Titre original :
Einbildungsromàn
1re édition française :
1975, Robert Laffont, traduction : Chantal Chadenson
Le titre français est celui choisi par Erwin Blumenfeld

Collection "L'Écriture photographique",
dirigée par Clément Chéroux

ISBN 978-2-330-17110-0

ERWIN BLUMENFELD

JADIS ET DAGUERRE

récit traduit de l'allemand
par Françoise Toraille

BABEL

Nous remercions le musée Nicéphore Niépce de Chalon-sur-Saône pour la numérisation de tous les documents photographiques originaux qui se trouvaient dans le tapuscrit préparé par Erwin Blumenfeld. Il s'agit soit de photographies effectuées par Erwin Blumenfeld, soit de documents provenant d'archives personnelles de l'auteur.

Nous tenons également à remercier chaleureusement Nadia Blumenfeld Charbit pour son soutien à l'édition de ce livre.

SOMMAIRE

AVANT-PROPOS

EINBILDUNGSROMAN

Ceci est un livre écrit par un grand photographe.
Ceci n'est pas un livre sur la photographie.

Le titre original est *Einbildungsroman*, une construction dont seule la langue allemande détient le secret.

Écrit en deux mots, « *Ein Bildungsroman* » est le roman de formation ou d'apprentissage, genre classique allemand. Mais, si « *Bildung* » signifie construction ou formation, « *Einbildung* », en un seul mot, veut dire imagination.

Enchâssé dans ce mot, il y a « *Bild* » : image.

En lisant, on pourrait croire qu'il s'agit d'un roman, œuvre d'imagination, mais toutes les tribulations de son héros se sont avérées non pas vraisemblables, mais véridiques.

« Au commencement était le verbe. Mais lequel ? Je compris que ce n'était pas vrai, vraiment ! Au commencement était le jeu. Jeu aimé. Jeu de mots bien-aimés » (page 112).

Ainsi, c'est le « roman » d'un homme qui se joue du verbe, et joue avec les mots, un récit truculent et formidable, dadaïste et grinçant, celui de son destin : « de chambre noire en chambre noire », un rude apprentissage, en effet, pour tâcher de devenir un homme. L'imagination pourtant fertile de son auteur tient plus de place dans ses créations photographiques que dans ce texte qui est l'aboutissement d'une vie si riche en péripéties qu'elle se passe d'invention, si ce n'est verbale.

Le titre français, qu'il a créé, est à nouveau un jeu de mots entre *Jadis et naguère* emprunté à Verlaine – mais ce n'est pas un recueil de poésie –, et Daguerre, longtemps considéré comme l'inventeur de la photographie, mais…

L'ambition de mon grand-père ; celle de créer une œuvre littéraire après avoir fait œuvre photographique, s'apparente à l'ambition de Casanova dont il adorait les Mémoires : vivre d'abord, écrire cette vie ensuite[1].

Après avoir vécu, et raconté des histoires multiples souvent teintées d'un humour un peu déstabilisant, après avoir travaillé la matière photographique avec acharnement et succès, il se mit à écrire son autobiographie – qui se déroule depuis sa conception jusqu'à sa mort – dans la langue de sa jeunesse, le berlinois du début du XXe siècle, une langue qui a été traduite ici (jeux de mots compris) avec fidélité et intelligence, par Françoise Toraille, que je remercie.

NADIA BLUMENFELD-CHARBIT,
mai 2022

1. Tout au long de sa vie, il entretint cependant une abondante correspondance, notamment avec Lena Citroen (ma grand-mère). Ils furent séduits épistolairement l'un par l'autre, entre *Amsterdam et Berlin*, et se fiancèrent avant même de se rencontrer (leurs lettres sont conservées à l'Akademie der Künste à Berlin).

PRÉFACE

Voici donc une odyssée. Une odyssée du XXe siècle, singulière, insolite et violente. Elle commence à Berlin le 5 mai 1896 « autour de minuit ». Elle s'achève à New York en l'été 1969 par la description d'une mort violente, brève et douloureuse, qui se produira, riposte exacte du réel, trois semaines plus tard, à Rome, le 4 juillet 1969. En prise directe sur un monde prodigieusement content de soi, puéril dans ses croyances, sordide et féroce, qui s'effondre dans l'interminable découverte de ses vilenies bourgeoises, de sa cruauté mesquine, dans une guerre sans imagination et sans issue qui va engendrer, au travers des illusions artificielles toujours entretenues et constamment perdues, dans l'accélération du temps, sa glorieuse réplique de la Seconde Guerre mondiale sur une espèce humaine que le hasard aveugle précipite, de la profondeur des camps, dans une fantastique prospérité, déjà défunte. Un fragment vrai du XXe siècle.

Rien ici n'est analysé, décortiqué, interprété, expliqué. Nos fatras idéologiques sont ignorés. L'avenir qui se déploie est incommensurable à son passé : l'inattendu réalisé. Cette certitude acquise de la constante proximité d'une échéance imparable et sinistre nourrit de si puissantes hantises, une crainte viscérale si permanente, qu'on voit sourdre en frayeurs prémonitoires dans la conscience prénatale de l'enfant, si bien que Mme Ladislava Kuhlmai, la sage-femme, apparaît comme le destin impatiemment attendu, désiré et terrible. De sorte que pour conjurer le sort, à cause aussi du souvenir qui lui reste d'un pincement douloureux de son cervelet, le petit Erwin Blumenfeld, né dans une honorable maison, un jour, deux ans plus tard, la Kuhlmai de nouveau présente, pissera en abondance dans un coin obscur de la pièce. Il fut fessé.

Tout procède de la vie des personnages. Si épisodiques que certains soient, ils possèdent cette épaisseur originale des êtres réels. Ils sont réels. Mais ils sont réels de cette façon qu'on ne voit pas lorsqu'on regarde platement. L'auteur est un éminent photographe. Il sait toujours trouver l'angle qui révèle la dimension vraie mais insoupçonnable. L'admirable est qu'il ait su aussi le faire avec le langage écrit. Nous avons donc là une forte création. Une fresque pleine de sève. La fresque horrible et fascinante de notre société. Comme tout créateur, Blumenfeld a cette vertu de nous faire découvrir ce que nous avons vécu.

Cette seconde vue – plus authentique que le regard aveugle de l'homme quotidien – projette notre monde ordinaire ordinairement vécu dans la condition fantastique du roman. Du roman pratiqué par Balzac, mais que la cruauté lucide et amère de Céline a transposé. L'ironie est ici souveraine. Elle est partout, immédiate et drue ou supérieurement élaborée. Elle est couleur de la vie. Elle est dans les coups de talon irrités du fœtus qui veut précipiter son avènement, dans la séduction effrayante d'une société qu'il rejettera et qui le rejettera. Elle est dans les spasmes de ce cœur usé, intense plaisir et souffrance mêlés, qui annonce le néant et rappelle la délicieuse douleur du cervelet pincé par la Kuhlmai. Elle est dans la hantise des catastrophes qui conduit le jeune marié à préparer le jour de la première naissance une mallette où il étouffera sa progéniture parce qu'elle ne saurait être qu'un monstre et qu'il découvrira, dans l'attendrissement perpétuel du père juif, comme une adorable fillette dont il perpétue l'éternel enchantement, après un nombre inimaginable d'années, sur ses petits-enfants. Elle est dans le « sois un homme » qu'il dira à Lena, sa femme néerlandaise, à la veille de cet accouchement mémorable et qu'il lui redira au seuil des camps d'internement en France, dans les ténèbres de ce minuit du siècle qui précèdent le triomphe wagnérien du Führer, un Wagner qui lui était odieux déjà dans l'obscurité de la matrice, puisqu'il a été procréé une nuit par un père révolté contre une épouse trop portée sur les concerts wagnériens pour quémander le pardon d'une scène de ménage dans un fiacre.

Car le personnage central est un juif allemand. C'est la clé principale du roman. Le juif allemand est dans la tragédie de ce siècle l'incarnation la plus puissante du destin. De ce qu'il a de férocement aveugle. De l'injustice absolue. Parce que ses ancêtres, parce que ses père et mère, sont de bons Allemands. Parce qu'ils adhèrent dans la complète innocence de leur cœur à la grandeur prussienne. Parce qu'ils ont si fort conscience de la juste cause de l'exemplaire bourgeoisie allemande qu'ils ne sauraient imaginer qu'un jour les habituelles niaiseries antisémites du portier Hermann Sendtke, ni le mépris transcendantal des professeurs – érudits dans les lettres classiques – du Gymnase ascanien (ne méprisent-ils pas l'anglais, idiome commercial, alors qu'ils enseignent avec l'accent berlinois le français, langue consacrée de l'humanisme) puissent devenir l'incroyable et insoutenable Auschwitz. Parce qu'ils ne croient pas que savourer les croquettes de pain azyme et les petits choux de grand-maman Lisette (qui a eu sept enfants) soit un crime oriental. Parce qu'ils se savent de solides israélites allemands (du côté paternel, c'est indéniable, mais du côté maternel, ce l'est moins) bien implantés depuis des générations, honorables et honorés. Albert, le père, associé majoritaire d'une fabrique de parapluies (qu'il conduit à la ruine mais personne ne le sait encore), n'est-il pas juge du commerce et expert assermenté ? Et n'affiche-t-il pas les idées d'un monarchiste démocrate, libéral, qui dispose de deux votes ? Ne voisinent-ils pas avec Adolph Mühlberg, fabricant de chapeaux de deuil, plus qu'honorablement connu parce qu'on ignore tout de ses rêves pervers qui terrifient le petit Erwin ? Et si on fréquente le franc-maçon Lissenheim, fabricant de cartonnages, lecteur du *Vorwärts*, c'est que personne ne saurait prendre au sérieux ce rouge étiolé. Par contre on ne fréquente pas – on s'en garde bien – ces étrangers puants, les juifs polaques et galiciens. Certes il a bien fallu accueillir à la table le petit cousin Ivan qui bâfre comme dix ; c'est que toute famille respectable cache quelque part une erreur. Péché véniel d'ailleurs comme les années le montreront, puisque ledit Ivan, dégrossi après maintes mutations, deviendra anglais (à une époque à vrai dire où la livre sterling n'est plus solide comme le roc, où le désastre du mark a emporté depuis belle lurette les derniers vestiges de la dot de maman Emma, née Cohn) ; un Anglais notable de Liverpool, fortuné et avaricieux : Sir Irving Sommerfield. La mère réduite à la pauvreté lancinante dans Berlin exsangue trouve réconfort et gloire en son fils Heinz tué en août 1918 près de Jaulgonne-sur-Marne « pour sa patrie, pour la vie de famille juive et pour la folie du monde », écrira son frère, qui ajoute : « la perte la plus lourde de toute mon existence ». Aussi tout s'écroule, dans le tumulte d'une maison de fous, lorsque son fils Erwin, pris d'un accès de haine irrépressible – une haine que l'on voit grandir meurtrière depuis l'enfance (« les mères acceptent à contrecœur les séparations, surtout quand il s'agit de leurs fils ») –, lui révélera qu'il va déserter. Elle se précipite au téléphone pour supplier oncle Bruno – son frère cadet – de remédier à cette honte. Oncle Bruno téléphone sans plus attendre à la police militaire.

Aussi bien, c'est dans la découverte de cette confortable petite bourgeoisie juive bien-pensante, par elle, au travers d'elle, que le jeune Erwin découvre la bourgeoisie allemande et sa puanteur. Et c'est dans les décombres de cette bourgeoisie allemande, dans l'obsession de la pauvreté et de la guerre, dans la culture frelatée et hilarante du siècle qu'il découvre l'obscénité foncière de la société mondiale. Toute l'œuvre est à la fois une défense éperdue de la ferveur de vivre et une chasse féroce contre les faux-monnayeurs. La plus amère dérision de la vie. Il est avec la société comme Jacob avec l'Ange, dans un épuisant combat nocturne.

Encore une fois, rien n'est explicité, tout est crié. Les personnages foisonnent comme le grouillement de vie d'une ville asiatique. Le monde aboli qui prépare la Première Guerre et s'y précipite (qui nous paraît à des années-lumière de nous) ressuscite avec une telle intensité, une présence si intime que ces pages sont sans doute parmi les plus obsédantes. Un univers se construit autour de la double maison du 140 de la Wilhelmstraße, de son avant et de son arrière-cour, de ses caves et de ses greniers. Le portier Hermann Sendtke, ses chaussons de feutre, ses chasses aux rats dans l'obscurité des caves où il entraîne le petit Erwin qui ne sait plus s'il est chasseur ou chassé. Le bedonnant Püschel, le propriétaire, chapelier de son état, pasteur. à Prenzlau, chevalier johannite qui possède une épée noire, très fine, avec une poignée cruciforme, et nourrit des intentions abusives sur le jeune garçon. L'horloger Gieritz au bouc ciré, à l'œil de verre, à la jambe de bois, aux deux béquilles, qui devient dans la mythologie de l'enfant l'incarnation de l'injustice. Le facteur Schulze qui, un matin, reste foudroyé dans le lit de la cuisinière Olga Ziem. Le conseiller sanitaire, le docteur Saatz, qui entretient une liaison avec Amanda Lindner, célèbre comédienne de la Cour. La famille Roelofsz, sanctuaire de la culture falsifiée. Ravel, ami intime et tartuffe des marais, sa mère Nora et ses rêves libidineux. Ella Tiersch aux seins tendres et dodelinants qui a inventé le jeu merveilleux de la pièce de six pfennigs. Bertha la Française qui roucoule inlassablement « il y a un cadavre qui flotte dans les eaux du Landwehrkanal ». Mlle Réséda, la gouvernante française qui a des fossettes partout et le sein mobile à plaisir sous des jabots de dentelle et trois fois par semaine apprend le français à son élève en l'initiant au sexe. Et puis au cœur de la toile, l'incroyable famille Blumenfeld. La sœur Annie et ses copines, lesbiennes à l'occasion, la jeune Gerti dont le père est placier en corsets, qui se laisse lutiner sans déplaisir. Le père Albert, qui mange allègrement mais discrètement les 100 000 marks de dot de son épouse, qui fornique dans une boutique clandestine de parapluies (qui lui appartient) avec sa gérante (une salope à la taille fine et au sein rebondi) sur un sofa de velours rouge et qui se persuade qu'il est un « travailleur de l'esprit ». Le grand-papa Henry, né Chajim Cohn sur la frontière russo-prussienne, tenancier de tripot à Saint Louis, propriétaire d'un grand magasin à Salt Lake City et revenu, dans la prospérité, au bon pays. Tonton Willy, le meilleur ami de papa, cousu d'or, bégayant inculte, syphilitique et juge au tribunal de commerce. Oncle David Rothschild, voyageur de commerce, qui se vante de son impuissance, au grand dam de son épouse barbue, ami du célèbre Otto Moses de la maison Moses & Schlochauer (robes, corsages, peignoirs), roi du corsage, où commencera le 1er avril 1913, dans la banqueroute familiale, l'émancipation sociale de l'adolescent Blumenfeld.

Tout ce monde se hausse naturellement à la grandeur du siècle. Il faut lire la scène grandiose de la circoncision du petit Heinz, le 31 décembre 1899. Tout l'art de Blumenfeld est dans cette coïncidence vraie avec la naissance du siècle. Dans l'esprit du petit Erwin, qui traverse en catimini les ténébreux couloirs, le fumoir vert foncé déserté, le salon rouge, pour observer enfin, caché derrière le rideau vert amande, la première représentation théâtrale qui se déroule dans le salon soyeux. Les maîtres-queux en haute toque blanche, les rabbins en haute toque noire, les graves messieurs qui susurrent des messes basses, le grand-père qui se gargarise d'un vin ponceau dans une timbale d'argent, après avoir sucé le sang du petit frère et encensé le nez du petit zhid tout neuf. Et plus tard, à minuit, la jeune tante chérie Bronja, son décolleté ultra-plongeant, la rue enneigée, les fusées féeriques et les cloches qui carillonnent. Deux autres scènes – rares dans la littérature mondiale – annoncent la Première Guerre. Le déjeuner chez le cousin Georg Wolfson, le côté banquier de la famille, où Erwin et son frère Heinz arrivent avec une demi-heure de retard. Si bien que les fébrilités inaccoutumées, le mutisme sévère, les appels téléphoniques répétés, leur apparaissent le salaire de leur manque complet de bienséance, jusqu'à ce qu'enfin le cousin banquier leur annonce qu'il a appris, grâce à sa ligne directe, l'assassinat de l'archiduc d'Autriche et qu'il a pu réaliser, malgré la fermeture de la Bourse, quelques bonnes opérations, mais qu'« une guerre mondiale semble inévitable ». Les deux garçons se roulent alors sur le tapis, pris d'une irrépressible gaîté tant leur paraît stupide pareille agitation. Le lundi qui suit Sarajevo, le jeune Erwin est appelé très tôt le matin par son patron Otto Moses (qui à l'ordinaire abuse seulement des essayeuses, alors que son associé Schlochauer saille toutes les dames de la maison) qui lui apprend que la guerre est imminente, et qui expose une géniale stratégie commerciale où les tissus noirs vont connaître une vogue grandissante. Il faut lire ces scènes.

La Première Guerre mondiale se ferme sur Erwin. Il va la vivre au ras de terre, dans l'horizon borné de l'hôpital de campagne de la 7e armée où il est affecté ; à Ardon-sous-Laon. L'Allemagne entre les deux guerres a donné de très grands romans sur 14-18. Rien de comparable chez nous. Pourtant, Blumenfeld crée là encore personnages et scènes. La bonne sœur Bonaventura, 20 ans, ses tartines de boudin et leur passion commune pour Stendhal. L'ambulancier Kuhlmai qui coupe et scie les cadavres parce qu'ils sont alors plus faciles à enfourner dans les sacs de papier et qu'ils seront plus nombreux (ils rapportent cinquante pfennigs par tête, payés par la population d'Ardon). Le bordel militaire du 17 de la rue des Juifs à Valenciennes où Erwin tient le poste de comptable et la naine quadragénaire Arabella, qui sent le muguet et le péché, mais dont l'usage fait croire aux officiers qu'ils sont des violateurs d'enfants, qui sera identifiée comme un agent français et fusillée le 12 octobre 1917. (Elle montrera un rare courage.) Et puis nous avons les tentatives de désertion au travers de la débâcle envahissante des armées allemandes. Une nouvelle dimension apparaît que nous retrouverons après la guerre dans les tentatives tragi-comiques du héros lancé dans le commerce pour nourrir sa famille. C'est de la veine ancienne de Chaplin, du meilleur et du plus désespéré.

Tels me paraissent être les procédés de création de Blumenfeld. Quant à la composition de l'œuvre elle est discontinue. Une rupture de plan et de style met comme entre parenthèses l'entre-deux-guerres. La période hollandaise et la première période française sont rapidement esquissées. Personnages et scènes gardent une grande puissance de vie. Ils acquièrent même dans le trait une insistance cruelle qu'ils n'avaient pas encore. Je pense au portrait de Robert Guesclin, à sa maîtresse Hélaine et à la sinistre scène en Provence. Mais ils ne sont plus projetés comme des mythes incarnés et hallucinants de la société, qui s'imposent obsessivement à leur créateur. Ils restent dans l'ordre de la vie privée du héros. Et durant tout ce temps, durant ces années fantastiques, notre juif allemand rejette le monde pour se hisser lui et sa famille dans une illusoire et bourgeoise sécurité, qui sans cesse lui échappe. Comme il est incapable de toute autre chose, c'est à son art qu'il demande de le protéger contre la pauvreté et de le préserver contre l'insécurité. Voilà qu'il pense y parvenir au moment même où s'annonce la Seconde Guerre mondiale. Lui qui, à longueur d'année, n'a cessé d'en prophétiser la venue, n'y croit plus. Il ne veut plus y croire. Il entre dans la guerre, les yeux ouverts et aveugles, halluciné par l'espoir perdu, éperdu de respectabilité et de civisme. La porte se referme. Il redevient métèque. C'est sans doute la plus prodigieuse ironie du destin. Son ironie supérieure. Le personnage central redevient d'un coup ce qu'il avait cessé d'être : l'expression la plus intense, la plus lucide de l'absurdité totale absolue, définitive de la société.

Il faut lire les scènes extraordinaires, inoubliables de l'errance dans le Paris nocturne et sur les routes d'une province désintégrée. Certes, l'auteur a justement souligné l'atroce – un atroce tout à fait réel – de nos camps d'internement. C'est un souvenir que les Français n'aiment pas. Ils préfèrent évoquer la Résistance, même le marché noir et ses combines (ils sont flattés d'avoir été des malins), parfois la collaboration enrobée de sauce fade de sentiments frelatés. Ils n'écrivent pas de scénario sur leurs camps et sur leurs milices, sur le fumier de ce temps. Il faut pour cela des étrangers amoureux de notre pays, Koestler et Blumenfeld. Cependant, l'essentiel est ailleurs. Dans l'absurdité totale absolue. Une des plus sinistres représentations de l'espèce humaine. La médiocrité la plus pesante prend alors la dimension du fantastique : le notaire de Sens, le capitaine de Montbard-Marmagne, les raisins dorés de l'ancien dépôt d'aspirine des Usines du Rhône, le voyage au Vernet, les agents secrets. Et durant toute cette frénésie, véritable fil conducteur, depuis la montée sur Paris (otage des droit-commun évadés) jusqu'à l'attente fébrile des visas de Marseille : l'obsession des papiers d'identité. C'est le thème kafkéen de la tragédie du XXe siècle.

L'œuvre s'achève sur cette représentation des États-Unis qui appartient au délire. Au délire fou. Je n'ai jamais rien lu de haine amoureuse plus passionnée. Cette fois-ci ce sont les femmes. Les femmes âgées, puissantes et terribles, qui portent le mythe.

Erwin Blumenfeld est un écrivain authentique. Je ne le savais pas. Je viens de le découvrir. Je l'ai rencontré à New York et à Paris. Il était un photographe de grande valeur, avec un sens très vif du fantastique dans le quotidien. Il savait merveilleusement raconter. Il est peu fréquent que ce don se transmette dans l'écriture. C'est pourquoi je n'ai pas deviné ce qu'il cachait. Les écrivains authentiques ont toujours été rares. Et plus encore ceux qui ont le pouvoir de créer une société. Blumenfeld en possédait la magie.

DAVID ROUSSET,
1975

Puis-je ajouter que Blumenfeld est un écrivain très concerté dans la création. Par exemple le thème de la mort – la mort toujours associée aux ténèbres de sorte que les deux valeurs s'impliquent – partout présente, dissimulée ou non. Il s'annonce magnifiquement dès le début dans sa complexité : « Tandis que je m'efforce en vain, à Manhattan, Île des Morts, dans l'écurie d'Augias qu'est New York, de mettre mes brebis en sécurité… » Et c'est toujours lui qui dresse, dans les dernières pages, les deux femmes implacables qui, dans la pourriture de leur chair, dévorent un Dorian O' Hole. Puis le crescendo final de son propre anéantissement.

1

ÉDUCATION PRÉNATALE

Il y a longtemps, bien trop longtemps, en un temps où les hommes comprenaient encore à peu près le langage des oiseaux, un fiacre allait trottinant, cahin-caha, hue, dia, hop-là !, ramenant mes futurs parents de l'Opéra Royal de Berlin, Unter den Linden, jusqu'à la Wilhelmstraße, où ils demeuraient.

Derrière les stores baissés, on entendait, au lieu de baisers, les éclats d'une discussion orageuse. Papa, condamné une fois de plus à subir l'interminable mort d'amour de Tristan, l'avait, en dépit de son beau frac tout neuf, accompagnée de ses ronflements intempestifs. (Plus tard, en quatrième, je me vantai : « Je n'étais même pas une pensée lubrique de mon père, que déjà j'étais anti-wagnérien. ») Quoi qu'il en soit, c'est autour de minuit, le 5 mai 1896, que je fus propulsé sans ménagement dans ma première prison. Neuf mois durant, au secret, amarré en chien de fusil dans ma cellule, je fis dans des conditions de vie particulièrement inhumaines l'apprentissage de la mort. (Question à la mode dans les années 1920 : « L'éducation prénatale, ça vous dit quelque chose ? ») MATRICE concentrationnaire ; chambre noire subtropicale : humidité inconfortable, ventilation insuffisante. Perspectives de développement : peu satisfaisantes, en partie déficientes ; avis négatif ! Mon destin : de chambre noire en chambre noire. En d'autres termes : je suis un râleur.

Ma mémoire, dont j'ai coutume de me flatter, me laisse tomber elle aussi quand il s'agit de ma conception : suis-je interrompu, transfuge, ou même fils désiré ? Je ne fus moi-même présent que de manière fragmentaire, ce qui me lie au reste de l'humanité ; mais ce n'est pas une consolation. (« Erwin a souvent l'esprit ailleurs, il se laisse aller, est distrait, a souvent tendance à faire des bêtises. ») L'acte créateur est partie intégrante de nous-même au point qu'on l'en oublie. Ne subsistent que des variantes de souvenirs subconscients. *Cadenza ad libidum*, on connaît la chanson, nous n'avons jamais qu'UN vécu, notre vie, et partons à la quête du thème qui nous reste inaccessible. Dès notre conception, c'en est fait de notre libre arbitre. (« Ma liberté de choix n'existe pas », Ringelnatz.)

Papa, maman, ma sœur Annie et moi
sur la plage d'Ahlbeck, 1900.

Tandis que je m'efforce en vain, à Manhattan, Île des Morts, dans l'écurie d'Augias qu'est New York, de mettre mes brebis en sécurité, l'âge sournois comme une couleuvre s'approche déjà, tel le convive de pierre. Même si j'avais prévu cette contraction, rien n'aurait pu l'empêcher. J'ai toujours été trop jeune, trop lâche, trop attaché aux conventions. L'enfer est pavé de bonnes intentions. Ma vanité elle-même n'a pas suffi à me faire « mourir en beauté, à la fleur de l'âge, les cheveux couronnés de pampres[1] ». (Ibsen, à l'époque, était la maladie à la mode, juste devant l'appendicite.) Ma vie durant, j'ai laissé mon tempérament suicidaire s'exprimer dans toute sa force : Vitalité. Jusqu'à preuve du contraire, chacun de nous mourra, mais l'immortalité est derrière la porte. Sauve qui peut ! Parviendrai-je donc à passer de vie à trépas ?

Maman avait l'art d'unir des gesticulations incessantes à l'habitude désastreuse de faire des mouvements saccadés totalement imprévisibles. Ma prison se rétrécissait à vue d'œil. Je jouais au fœtus depuis trop longtemps. Un soir, notre patience céda. Je tentai de gagner la sortie à force de coups de pieds. Pas d'autre solution, dans ce déluge d'eaux baptismales, que de se laisser expulser à travers les angoissants et étroits passages maternels vers la lumière du monde extérieur. Les mères acceptent à contrecœur les séparations, surtout quand il s'agit de leurs fils. Si on l'avait laissée faire, je serais aujourd'hui encore dans de beaux draps. Sa phrase sempiternelle, « Quand on est intelligent, on ne trouve jamais le temps long ! », signifiait pour moi le comble de l'ennui. Pour couronner le tout, son cœur battait si impudemment que je décidai de devenir autonome aussi vite que possible, de m'établir, de laisser mon propre métronome battre ses soixante pulsations à la minute. Il a jusqu'à présent accompli plus de deux cents millions de fois

1. Henrik Ibsen, *Hedda Gabler*. *(Toutes les notes sont de la traductrice.)*

sa tâche infernale, et rempli la fonction qui lui incombe. Et je suis devenu compteur et conteur pathologique. Ce n'est que vers la fin de ce livre, à l'âge de 67 ans, que j'ai eu mon premier infarctus.

La sage-femme déjà sur le qui-vive, Mme Ladislava Kuhlmai, fut appelée à la rescousse. Elle pinça sournoisement mon tendre cervelet. Il se mit dans une colère telle que maman réagit par des contractions qui m'ont définitivement pourri l'existence : les douleurs commençaient. Je me suis vengé de la mère Kuhlmai : quand maman attendait mon petit frère, deux ans plus tard, elle se rendit pour mener les indispensables discussions préalables chez cette personne pleine de sagesse, qui habitait sur le Molkenmarkt. Pendant que ces dames parlaient à mi-voix des mystères de la naissance, j'arrosais dans un coin obscur de la pièce des roses imaginaires. Douce vengeance. Cette licence poétique me valut une tape sur le postérieur, car toute faute est punie ici-bas. En général.

2

L'HOMME DE LA MÉDECINE

Tandis que le liquide amniotique suintait – à l'intérieur, illusion gigantesque, cataractes et vacarme des chutes du Rhin à Schaffhausen –, au-dehors résonnait un joyeux carillon de clochettes accompagné du bruit étouffé par la neige des sabots frappant le sol. Sérieux comme la tombe, notre médecin de famille, vrai personnage sorti des cartons de E. T. A. Hoffmann, descendit de son traîneau de louage noir comme jais. Sur ses talons, le cocher dans sa pelisse d'ours : il avait pour mission de porter la mallette aux instruments de torture (des pinces, un pied-de-biche), tâche indigne d'un représentant de la Faculté.

Le docteur Ludwig Grunwald : haut-de-forme noir (cylindre terrifiant), cape tyrolienne en loden, redingote noire (le sauvage porte une redingote en rameaux de palmes, tandis que le communiant porte des palmes devant sa redingote), gants beurre frais, barbe rousse, un peu de tout cela. L'été, comme tout bon médecin berlinois, il jodlait à la tyrolienne, heureux comme un pinson, encordé avec son sac à dos et son bâton ferré, mais tout de même sujet au vertige, allant de cime en cime, fallait pas avoir froid aux yeux ! Il était spécialiste des questions ovariennes et des sommets virginaux de la Jungfrau, animé par l'ambition de dévisser du Piz Palü par Grindelwald jusqu'aux colonnes de la *Vossische Zeitung*, le grand quotidien berlinois. Il passait les longues soirées d'hiver à jouer sur son crincrin avec trois collègues, formant quatuor, ou trio quand ils n'étaient que deux, *con brio*, Brahms, Beethoven, Schubert. Il avait choisi pour maxime : « Ma prophylaxie, c'est l'art ! » Ses ordonnances, des hiéroglyphes, à chacun la sienne ! Il réglait en moins de deux et avec onction les selles de toute la maisonnée, à coups de laxatifs, clystères, bains de siège tièdes. En cas de diarrhée, chocolat à l'eau sans sucre ; contre la constipation, rhubarbe et graines de ricin. Prendre le pouls n'était pas son fort. Pour ma part en revanche, je maîtrisais les thermomètres : bien avant de savoir compter, je m'y entendais pour obtenir la température souhaitée. En ce temps-là, on ne connaissait que la température rectale. Maux de ventre, ballonnements, nausées, il luttait contre tous ces bobos à coups de baumes, de gouttes de valériane, de poudres effervescentes. L'infusion de menthe-eucalyptus-camomille-mentholée agrémentée de quelques gouttes d'éther soulageait les douleurs abdominales légères. En cas de douleurs plus intenses, ablation de l'appendice. Il luttait contre les hémorroïdes avec des suppositoires glycérinés dont, sans doute influencé par Max et Moritz, je nourrissais les rosses qui croisaient ma route. Il massait les mains gercées avec de la nitroglycérine (un peu de sucre en plus, et boum !) ; le lumbago et les oreillons, il les soignait par imposition des mains, accompagnée de cataplasmes à la farine de moutarde et de sachets de gelée de fruits rouges. Le manque d'appétit ou l'apathie étaient traités par du jus de framboise agrémenté de trois gouttes d'acide chlorhydrique dont l'efficacité était démontrée par le grésillement que produisaient les gouttes répandues sur la table en marbre de maman. En cas de faiblesse, c'était selon le cas un bouillon de poule ou une bouillie d'avoine, enrichi d'un jaune d'œuf battu avec du sucre. Si la situation s'aggravait et si le patient maigrissait, on passait aux mélanges multivitaminés en poudre. L'anémie chronique était combattue par des épinards pour le fer, après l'huile de foie de morue ingurgitée à contrecœur. Contre l'extinction de voix, la prescription était simple : gargarismes réguliers d'eau salée, un manche de cuiller en argent maintenant la langue chargée, pour empêcher le patient de faire « Aaaa » (« Attention, on va voir le fond de ta culotte ! »). La coqueluche était attaquée par un sirop à base de thym, le rhume par le chlorure de cétylpyridinium, moderne tueur de bacilles, un demi-citron dans de l'eau tiède, une demi-cuiller à café de miel, un demi-comprimé d'aspirine, d'antipyrine et de pyramidon étaient utilisés en cas de bronchite. En cas de double pleurésie, le patient était considéré comme perdu. Il chassait – hélas jamais de manière durable – les maux de tête avec des pets-de-nonne et des comprimés antimigraineux à faible dose. Les orgelets étaient enduits de crème au zinc et d'eau de plomb, les yeux douloureux baignés d'un mélange d'eau distillée et d'eau de bore. Si rien n'y faisait, il fallait consulter le fameux professeur Silex, qui n'y regardait pas de si près : un bon conseil, ça se paye ! Pour les évanouissements et vapeurs, en vogue en ce temps-là, l'ammoniaque était efficace : voisine, vos sels ! La saveur mordante faisait monter les larmes aux yeux ! Si nos chers défunts empestent tant, c'est qu'ils exhalent tout leur ammoniac et, ainsi, rendent l'esprit. Les enfants scrofuleux et sans scrupules avaient droit à des bains d'eau salée, ça cuit ! Les verrues disparaissaient, rongées par la pierre infernale ou chassées par les incantations. Les levures faisaient miracle contre les furoncles ou les taches de rousseur. Pour lutter contre toutes les sortes d'excitations, d'abord une cuiller à café d'eau sucrée, puis quelques claques bien appliquées. Et si cela ne marchait pas, on était envoyé au piquet, et mis au lit tout tremblant. L'utilité de l'eau de Goulard restait obscure. Si on prétendait avoir des bourdonnements d'oreilles, il fallait filer dans le coin de la pièce et monsieur le docteur chuchotait derrière sa main pour qu'on ne puisse rien comprendre : « Petit chenapan, artillerie, chocolat ! »

Si on ne comprenait pas un traître mot, c'était une otite double qu'il soignait par instillations d'huile chaude après avoir menacé de percer si besoin les tympans. Avant d'être envoyé avec une joue gonflée au vrai dentiste, monsieur le docteur Walschock, qui boitait (il avait la jambe gauche trop courte de dix centimètres, la droite Dieu merci avait dix centimètres de trop), nous traitait à domicile, il arrachait les dents, les attaquait à la fraise, nous badigeonnait la joue de teinture de myrrhe ou d'iode. Maman se délectait d'arracher la dent avec un fil, mais ce n'était pas la dent malade. Au lieu de dire « pisser », monsieur le docteur, le pisse-vinaigre, disait « uriner » ; je compris sans explications à quoi servent les reins, et pissai au lit.

Pour – ou plutôt contre – un forfait annuel de cent cinquante marks, monsieur le docteur examinait la famille tout entière (domestiques compris), il nous passait tous les quinze jours en revue du haut en bas, sous tous les angles, de fond en comble. Comme tous les juifs assimilés, son antisémitisme en faisait un adversaire de la vivisection. En prime, nous avions deux fois par an le privilège d'applaudir depuis sa fenêtre, à l'angle de la Friedrichstraße et de la Kochstraße, Sa Majesté l'Empereur et ses sept fils (je le sais bien, il n'en avait que cinq, mais ils paraissaient bien plus nombreux) regagnant le Palais impérial après la grande parade d'automne ou de printemps, à la tête des régiments noir-blanc-rouge de la Garde.

3

ACCOUCHEMENT

Ce jour-là, notre cher Hippocrate commença comme à l'accoutumée par se rincer le gosier d'un petit verre de tokay, dont la flamme lui donnait du cœur à l'ouvrage, accompagné d'un petit gâteau sec, tout en encourageant mon petit papa qui rongeait son cigare avec fébrilité. Déclamant la célèbre ode de Schiller « La Cloche », mon papa allait et venait, arpentant le fumoir : « La passion fuit, que l'attachement lui succède ; la fleur se fane, que le fruit la remplace ! » (En cinquième, je fus exclu du cours pour n'avoir pu m'empêcher de rire à ce bon mot.) « L'homme doit se jeter dans la vie hostile. » Esculape en personne se mit à déclamer, et se glissa, équipé de son stéthoscope, dans la chambre de la parturiente, pour diagnostiquer une grossesse aiguë à laquelle seule une délivrance immédiate porterait remède. Il ôta sans tergiverser ses gants de peau (« Oui madame, j'suis élégant, j'ai une canne et j'ai des gants ! »). En ce temps-là, un accouchement, ça pouvait mal tourner, c'était un combat sans merci entre la vie et la mort. Monsieur le docteur se lavait rarement les mains. Une main ne lave pas l'autre. C'est le docteur Knox qui innova en la matière, mais seulement une génération plus tard.

Ma dernière heure se rapprochait, palpitante. Pour la première fois de ma vie, je soupirai avec Balzac : « *Seulement*

*Bianchon pourrait me sauver**[1] *!* » On me précipita de manière plus que dilettante dans cette vie de sang et de larmes. Quand, stupéfait, je lus près de la sortie l'invitation *Lasciate ogni speranza, voi ch'entrate !*, il était trop tard pour faire demi-tour. Jusqu'à cet instant précis, j'avais fait aveuglément tout ce qu'on attendait de moi, complètement tributaire des conventions du cordon ombilical en vigueur dans nos contrées. Quelle surprise, la séparation fut totalement indolore. Ce n'est que plus tard que je souffris pour de bon quand il fallut couper les cordons idéologiques. Et voilà, je ne pouvais plus compter que sur moi, jouet libre des contraintes de mère Nature, de ma nature ! Homme, esclave, hurleur moral, fauve dégénéré, comme disait Nietzsche : *homo sapiens*. Tandis que j'ouvrais des yeux étonnés, tout sens dessus dessous, flou, *out of focus*, comme devant l'œil de l'appareil photo : mouvements de femme couleur chair, gris oniriques, gris bleus, dénués de sens. Je ne le découvris que par la suite : maman !

Je me retrouvai donc au grand air, propulsé au-dehors en ce matin pour moi inoubliable du 26 janvier 1897, à moitié écrabouillé, sans mots, à bout de forces, nu comme un ver, bien respectueusement. Il fallait que je respire, on me tapa dans le dos. Des effluves puants de phénol et de lysol mêlés au parfum du crottin de cheval : l'air berlinois.

Et voici l'air, l'air de Berlin,
Qui nous offre tout, tout son parfum !

La sage-femme moyenâgeuse trompeta d'un ton triomphal : « Un p'tit homme ! » Papa reprit, citant Napoléon : *« Voilà un homme** *! »*, aussitôt traduit par le médecin occupé à extraire laborieusement le placenta : *Ecce homo*.

1. Tous les passages en langue étrangère dans le texte original sont en italique. Les passages en français sont par ailleurs suivis d'un astérisque.

« Ce petit avorton, qu'est-ce qu'il a l'air vieux ! » dit maman, ravie et soulagée, et comme elle aimait les citations décalées, elle ajouta : « Et voilà, une fois encore, nous faisons entrer le loup dans la bergerie ! » Quant à moi, j'étais heureux d'être délivré de ma mère et de plaire à mes chers parents, tout en sachant que ce bonheur serait de courte durée. Au lieu de me sentir comme neuf dans cet enfer, ma nouvelle patrie, j'étais complètement abattu. Étais-je donc le prince au petit pois ? Je décidai de n'en rien laisser paraître. Moi qui avais décidé de gratifier l'humanité entière d'un amour sans bornes, j'étais rebuté par cette assemblée générale superflue. Ne pourrait-on pas pour une fois naître tranquillement ?

Au commencement était la laideur. La beauté exige une formation rigoureuse. Était-ce donc le Sermon sur le mont de Vénus dont le nouveau petit Casanovalis avait rêvé avec nostalgie neuf mois durant ? On me baigna dans de l'eau bouillante, on me frotta énergiquement, j'étais poisseux, la poisse, maman, on me poivra sur la table à langer, je fus oint, saupoudré de poudre antiseptique contre l'érythème du nouveau-né (emballage d'origine scellé), mon petit postérieur de bébé on le tartina de crème à l'oxyde de zinc, on m'emballa trop serré dans un lange trop raide, et hop là ! dans le berceau blanc en fer forgé : hygiène moderne. Je me recroquevillai en gémissant, fuyant les traumatismes de la naissance, les nouvelles et impitoyables réalités, pour me précipiter dans ceux de la vie : du cauchemar au tintamarre. Enfin seul, je tentai de trouver en hurlant mon tout premier sommeil millénaire, dont je ne me suis jamais vraiment réveillé : traversant des mondes horribles et magnifiques, pays, guerres, femmes, labyrinthes, aventures, livres, beauté, crasse, sagesse, sottise, mensonges, vérités, trous de serrures : voir, n'est-ce pas avoir ? Savoir ? Lynceus, né pour voir, payé pour apercevoir[1], voyeur aveugle, sourd qui épie :

1. Goethe, *Faust* II, acte V.

quand on écoute aux portes, on les prend en pleine gueule ! Photographe avant tout : *veni* : je vins, *vidi* : je vis : *jamais* je ne vainquis. Ma défaite coïncida avec les fins du monde. Un papa exultant et ravi, sortant du fumoir, entra en caracolant, décidé à troubler ma première sieste pour appliquer sur le front de son prince héritier un premier baiser bruyant. Il soufflait, admiratif : « Gnote seauton ! » Il prétendait ainsi parler grec avec l'accent du Rhin inférieur. Chaque ville en ce temps-là prétendait parler grec à sa façon. C'est à Lehrte que l'accent était le plus pur. Mon père souffrait de ne pas entendre le grec. Cette phrase signifiait : « Connais-toi toi-même ! » J'écoutai, j'écoutai et me tâtai les membres : tout comme jadis Adam avait découvert la petite Ève, je découvris ma petite âme, ma destinée : condamné à mort. Pourquoi ? De quelle manière ? Pour quel crime ? Et quand ? Bien avant Freud, joie et peine, avant Jung, jeune et vieux, mon implacable auto-annelise commença : *Sine ira et studio* (Blumenfeld Studio Inc., 222 Central Park South, New York 19, N.Y.). Je ne voulais qu'une chose : vivre, infester le monde de mon esprit. Ma situation devenait précaire.

4

ÉPITAPHE

Pour tuer le temps, je me mis en quête de formules funèbres pour mon catafalque en marbre noir : les adieux de Shakespeare aux tempêtes de l'existence :

> *Now my charms are all o'erthrowne*
> *And what strength I have's mine owne*
> *Which is most faint :*
> *Now I want*
> *Spirits to enforce, art to enchant,*
> *And my ending is despair,*
> *Unless*[1]

Ou bien Pascal : « *Les hommes sont si nécessairement fous, que ce serait fou, par un autre tour de folie, de n'être pas fou**! » Ou Voltaire : « *ECRLINF* » : *Écraser l'Infâme** *!* Écraser l'infamie ! C'est en vain que je tentais d'échapper à l'emprise de ma langue maternelle.

Une manie encyclopédiste me poussait. Comme je ne pouvais tout savoir, je voulais être au courant de tout. MON combat, *MEIN Kampf* : faut-il que je me mette en quête de la vérité en suivant l'exemple de Montaigne, de Voltaire, de Diderot, Schopenhauer, Nietzsche, pour démasquer l'imposture, ou dois-je, suivant mon penchant pour

1. Shakespeare, *The Tempest*, acte V, épilogue.

le mysticisme et la mystification des rabbins faiseurs de miracles, devenir charlatan, magicien, mage, médicastre, tricheur au jeu comme Cagliostro, Casanova, Saint-Simon, Houdini ?

Alors que Wilde, du fond des geôles de Reading, composait l'amère lettre d'amour adressée à son Bosie, Lord Douglas, châtrée par son éditeur en *De profundis*, et pendant que les sœurs attentionnées, Elisabeth Förster-Nietzsche et Isabelle Rimbaud, s'employaient assidûment à falsifier l'héritage littéraire de leurs frères réfugiés dans la folie (nouvelle ère des faussaires), je m'engageai, *à la recherche de l'absolu, de l'absolution**, dans cette immense fosse d'aisances qu'est le MONDE (on est prié de se reboutonner en quittant les lieux) et m'abandonnai à mon problème essentiel : « Seul dans l'univers. » Étoile solitaire au firmament, qui semble tellement surpeuplé. Je me mis à me ronger fébrilement, et à ronger mes petits ongles encore tout appétissants.

L'heure presse. Je dois fixer pour d'éventuelles générations à venir les magies de la fin du monde. L'histoire universelle : anamnèse : fabrique de légendes : toile d'araignée des mensonges dont nulle mouche ne réchappe.

*TOUT FINIT PAR LES COMMENCEMENTS** !

5

NOMINA SUNT OMINA

Sans me demander mon avis, on m'avait donné pour prénom celui du fils d'un ami de mes parents, fabricant de chapeaux de deuil. Cet Erwin Mühlberg tiré à quatre épingles, ambitieux patenté, était premier de classe du Graues Kloster (lycée ennemi), et on me le donnait constamment en exemple. C'est à cet élève modèle que j'ai dû de traîner ma vie durant ce fâcheux prénom d'Erwin (le sage). On me cacha le fait qu'en l'honneur de grand-papa Blumenfeld, je portais en outre celui de Moses (Mausché), et personne au monde ne le savait. Par ailleurs, saint Erwin, architecte de la cathédrale de Strasbourg, semble être en partie responsable de mon intérêt exagéré pour les cathédrales, les orgues, les vitraux, les rosaces, les hosties, l'encens, l'eau bénite, les pets-de-nonne, les martyrs, les reliques, les moulins à prières, les chapelets, les confessions de mes fesses, les sarabandes fugaces et les toccatas fugitives (gothique échappé du goth, dorique, ionique, ironique) passacailles baroques, pavanes et autres enfantillages cadavériques, singeries, gaudrioles et charlataneries.

Ma naissance, comme prévu, s'était déroulée sous les auspices les plus favorables, *Aquarius*, Verseau, signe positif. Je peux m'estimer heureux qu'on ne m'ait pas prénommé Wilhelm. Wilhelm II, par la grâce de Dieu Empereur voyageur (son papa était le Sage, son grand-père le Mage) d'Allemagne et Roi de Prusse (la distinction relevait d'une question de protocole très provinciale), qui avait autorité sur tout, et donc aussi sur ma jeunesse. Une majesté moustachue en permanence offensée (MISSION ACCOMPLIE, fixe-moustache créé par Habe, barbier de la cour). En ce temps-là, le monde entier était offensé en permanence. Un comédien travesti, à moitié estropié, chargé de la mission historique de mener le monde, sous son bâton doré de maréchal, vers les jours glorieux qu'apporterait M. Hitler : MISSION ACCOMPLIE !

6

MAMAN

Ma mère. Mme Emma, née Cohn (le 11 décembre 1869, à Stettin, Poméranie, il y avait une pomme, pomme, Poméranie, sous la devise « Didon dîna dit-on du dos dodu d'un dodu dindon »), était véritablement d'une ossature très étroite. Rachitisme scrofuleux, mal anglais. Monsieur le docteur lui avait prescrit des pilules de Blaud avec une infusion de clous de marine dans du vin rouge, associées à des bains de saumure : solide comme l'acier ! L'abécédaire des vitamines sommeillait encore dans le giron des siècles. Elle était plate comme une limande – ou comme une planche à pain, le devant, c'est là où est la broche – et cinq mois avant ma naissance, un contrat avait été signé avec le « bureau de recrutement de nourrices professionnelles » situé place Belle-Alliance. En échange d'un acompte de quinze marks, le bureau s'engageait à tenir à disposition dès janvier 1897 une « bonne laitière » originaire du Spreewald. Après avoir sans succès cherché à trouver du lait auprès de maman, je hurlai *« Je meurs de faim auprès de la fontaine* ! »* et on m'installa sur une poitrine nourricière plutôt démesurée. Plus de contenu, moins d'art ! Argile sure mélangée de bière de malt : lait ! Le sabir sorabe parlé par ma nourrice ne m'a laissé qu'un seul souvenir : *Oblüschmerüsch !* (Ce qui ne voulait pas dire par exemple « Soleil, ô flamme accusatrice[1] » mais « Lèche-moi le cul ! ») Même pendant les

1. Henrich Heine, *Allemagne : un conte d'hiver.*

grandes manœuvres de l'accouchement, maman balançait avec énergie un pince-nez accroché à une petite chaîne en or sur son nez rouge poudré à outrance. C'était une femme supérieure en tout, intelligence supérieure, intérêts supérieurs, intellectuellement supérieure, position supérieure, elle avait le nez creux, et dès les premiers instants son seul objectif fut de me préserver des effets du complexe maternel. Dieu merci, je ne l'ai jamais vue nue, même en regardant par le trou de la serrure. C'est tout juste si elle avait un corps, auquel elle n'accordait pas la moindre importance. Au lieu de devenir le petit garçon à sa maman, j'ai entrepris des explorations sous-marines dans sa corbeille à linge pour y examiner ses dessous et en suis ressorti fétichiste de la culotte féminine. Qui a hélas perdu son mystère. La perversité d'hier est devenue la norme d'aujourd'hui. Sénèque l'a dit récemment : *Quae fuerant vitia, mores sunt.*

En dépit d'une dot évoquée constamment de cent mille marks, qu'on appelait alors *Emmchen*, « les petits M », qui faisait, en 1893, de maman (que l'on appelait aussi Emmchen, ce qui prêtait à confusion), un beau parti, le mariage de mes parents n'a jamais été qualifié de « mariage d'argent », mais ils étaient présentés comme l'archétype du couple idéal. Maman n'était pas vraiment sportive. Elle possédait une raquette de tennis, certes, et deux balles dans un filet, mais elle ne savait ni servir ni recevoir. Son seul sport, c'était sa visite hebdomadaire à ses pauvres. Équipée d'un panier d'osier dans lequel elle avait empilé une bouteille de vin rouge, de la poule au pot, un demi-morceau de savon emballé avec goût dans une serpillière malodorante et en loques, elle frappait à leur porte. Toutes les dames de mon enfance soulageaient leurs consciences de midinettes en se livrant à ce genre de bonnes actions. Cela faisait partie du « bon ton ». En outre, maman était à cheval sur les principes, elle avait été à bonne école ! Par principe, elle était *pour* la famille de trois enfants, c'était le *nec plus ultra* de la modernité (j'étais furieux de contribuer pour un tiers à prouver que cela fonctionnait), *pour* l'éducation progressiste à la Pestalozzi, pratiquée à travers les jeux de patience. Mais elle était de manière encore plus essentielle *contre* l'amour libre, danger mortel, et contre ses conséquences. Elle accordait une foi inébranlable aux vertus d'une éducation proverbiale, et proclamait, toujours avec une pointe de malice : « C'est au malheur d'autrui qu'on goûte la joie la plus pure, car tel est pris qui croyait prendre. Il vaut mieux prévenir que guérir. Mauvaise herbe croît toujours. Vent au visage rend son homme sage. Rira bien qui rira le dernier (mais à la fin des fins, il en est peu qui rient). Malheur aux vaincus. Araignée du matin, chagrin. Un bon "tiens" vaut mieux que deux "tu l'auras". La journée achevée, qu'il est doux le repos ! Le monde appartient à qui se lève tôt. Avec des "si" on mettrait Paris en bouteille. L'argent mène le monde. L'or et l'argent, moi j'aime ça. La parole est d'argent mais le silence est d'or. La chance musaraigne au firmament. Tout finit par se savoir. Pour vanter un beau jour, attends sa fin. Autant chercher une murène dans un chausson en paille. Le bonheur a la fragilité du verre. Qui se sent morveux, qu'il se mouche. Les arbres cachent la forêt. Je serai muette comme une carpe. L'arbre ne se juge pas à l'écorce. Il ne faut pas prendre les fils du Seigneur pour de petites pieuvres révoltées. Pauvreté n'est pas vice. Mais les autels ne fument que de l'encens des pauvres. Travailler, encore travailler, toujours travailler. Comment faire fortune en un clin d'œil ? L'habileté est à la ruse ce que la dextérité est à la filouterie, faute d'être le plus fort il faut être le plus fin. à chaque pied sa chaussure. Une hirondelle ne fait pas le printemps. Le malheur des uns fait le bonheur des autres. à chacun ses goûts. Il ne saurait y avoir deux poids deux mesures. Toute jarre a deux anses. Trompe-moi sur le prix, non sur la marchandise. La vie est sévère, l'art est frivole. Bien se connaître, c'est déjà s'amender. On va plus loin chapeau à la main que sur la tête. Demain s'instruit aux leçons de la veille. Voir c'est croire, sentir c'est être sûr. Renommée n'est jamais que bruit et fumée. Le papier sert à tout. Temps et patience font que feuille de mûrier devient soie. La goutte finit par percer la pierre. Santé est bonne maladie. *Maladie est sans "T", mais santé n'est pas sans "T"**. L'oisiveté est mère de tous les vices. Il n'y a que le premier pas qui coûte. Qui jeune n'apprend, vieux ne saura. Ce que poulain acquiert en sa jeunesse, amassera en sa vieillesse. L'épine n'attend pas de grandir pour piquer. La nuit porte conseil. On ne sait plus à quel saint se vouer. Si la montagne ne va pas à Mahomet, Mahomet ira à la montagne. La modestie est une parure, mais qui s'en passe va loin sur sa monture. La Fortune sourit aux audacieux. Le chant de la flûte est couvert par le bruit du tambour. Qui ne risque rien n'a rien. Qui trop se hâte finit par trébucher. L'orange pressée, on jette l'écorce. On ne lampe pas son brouet quand il sort du feu. L'appétit est le meilleur des cuisiniers. Dis-moi ce que tu manges, je te dirai qui tu es. Aux innocents les mains pleines. Fâcheries d'amoureux, regain d'amour. Ton pied te mènera où tu voulais aller. Il est temps de partir, ta dernière heure a sonné. Qui fait l'éloge de soi-même corrode son haleine. Plaisir partagé, plaisir redoublé. Ce que tu serais fâché qu'on te fît, veille à ne jamais le faire à autrui (impératif catégorique pour la jeunesse montée en graine). Si chacun savait ce qu'est un chacun, honneur irait à plus d'un. Le feu avait pris au logis du menteur, mais personne ne l'a cru. Qui s'excuse s'accuse (toujours répréhensible). Beaucoup de bruit pour rien. Petits enfants petits soucis, grands enfants grands soucis. Une fois n'est pas coutume. Tous pour un, mais non pas un pour tous. Partie remise n'est jamais perdue. Tout est bien qui finit bien, et ainsi de suite. »

Un vrai moulin à paroles. Comme c'était une inconditionnelle des voies médianes pavées d'or, elle s'exprimait volontiers par des lieux communs destinés à témoigner de sa bonne éducation. Au lieu de dire « Mes enfants grandissent », elle affirmait en fronçant les sourcils : « Mes héritiers sont entrés dans la difficile période de la croissance. » Si elle était en grande conversation à mon sujet avec un de mes professeurs, circonstance pour laquelle elle portait le demi-deuil, elle évoquait « ce garçon difficile ». Elle étudiait à ma grande irritation le chef-d'œuvre psycho-pédagogique de « Maître Förster, spécialiste des questions d'éducation », *Comment élever mon fils Benjamin ?*, ce qui n'avait aucun sens puisque je me prénommais Erwin.

Elle ne restait pas une seconde inactive, et s'agitait la plupart du temps, s'adonnant aux tâches ménagères. Elle était contre l'oisiveté associée à la gourmandise, mères de tous les vices, et son goût était qualifié de « sûr » : son mauvais goût était exceptionnel, il culminait dans la manière incomparable dont étaient garnis ses chapeaux, en particulier de natures mortes aux fruits, drapés par d'inimaginables pleureuses, déformant tout ce qui passait pour en faire un symbole. Elle avait un faible pour la roulade de l'Empereur, le bois de Panama, les extracteurs de Soxhlet, la gymnastique au sol, les cités pavillonnaires (elle était possédée par le démon de la PROPRIÉTÉ !), les patrons-modèles, l'oie en gelée, les pantalons bouffants, le *Pumpernickel* et le lait caillé en jatte, les costumes marins blancs et les costumes de velours marron foncé, les chaussettes de laine, dont les jarretières serraient à vous empoisonner la vie, les salsifis noirs (elle voulait absolument nous les faire prendre pour des asperges dont elle m'a dégoûté à tout jamais), les cols Eton, le *spleen* colonial, les sous-vêtements Jaeger qui grattent, les faux chignons (elle gourmandait chaque matin sa femme de chambre qui les lui épinglait pourtant savamment), les dessous-de-bras, les corsets à baleines, les palmiers et les araucarias anémiés, les fragiles coupes de cristal à long col, ces verres à vin du Rhin, qui brillaient derrière la vitre de l'armoire et y coulaient des jours tranquilles. Elle était de manière inflexible contre le gaspillage. Le moindre bout de papier était mis de côté dans un débarras et vendu pour quelques pfennigs au chiffonnier qui passait avec sa charrette tirée par un chien, opération qui se déroulait sous son contrôle supérieur. En général, elle était contre la pénombre.

De temps en temps – et jamais quand elle était seule – maman jouait les bas-bleus (l'épouse de Barbe-Bleue ?) et toussotait, maladroite (maladroite, deux mains gauches), en essayant de fumer une cigarette pour dames, de la marque Manoli Gibson Girl, filtre or 22 carats garanti. C'était là une forme d'émancipation qui me contrariait. Me charmait au contraire son habileté à fabriquer des travaux d'aiguilles compliqués, broderies ajourées au point de Madère, macramé ainsi que ce qu'on appelait « brise-bise », des vilains petits rideaux au crochet, qui avaient une influence fatale sur l'absence de perspective de notre salon. Accroché à ses basques, assis sur un petit banc, j'étais pendu à ses lèvres, les contes en tombaient goutte à goutte : mon premier accès à la littérature universelle.

Quand elle sentait qu'elle proférait des paroles importantes, ou qu'elle jouait un rôle dans la société, ou avant de me flanquer une taloche après avoir lancé son cri de guerre, une vraie torture (« Tu veux faire ta caboche ? »), sa bouche sans couleur se tordait. Le coin gauche pincé, ses lèvres disparaissaient, et en même temps, le coin droit de sa bouche remontait jusqu'à son lobe percé. J'avais droit au même spectacle quand elle commandait CE rosbif au boucher Frankenstein (dans l'araignée), ou quand, bafouillant d'excitation, elle voulait présenter quelqu'un à quelqu'un. Trouble, eaux troubles, elle rougissait en parlant de « dilemne ». Papa l'appelait « Missa Dilemna » !

À l'instar de toute Berlinoise de son époque, les années fin de siècle, fanatique du retour à la nature garanti par l'État, elle se considérait, en partie à juste titre, comme ayant contribué à l'invention du grand air. Pas un dernier jour de vacances sans qu'elle lance : « Allons, les enfants, un DERNIER grand bol d'air ! » Nos doubles fenêtres restaient toutes grandes ouvertes au plus froid de l'hiver, logique.

Nous étions élevés à la dure. Elle ne jurait que par les bains à l'huile d'aiguilles de pin, les pastilles Rennie contre les brûlures d'estomac, l'huile de ricin, et citait volontiers l'*Émile* et son éducation naturelle. Papa commentait « Elle met dans le mille ! », sans que je comprenne pourquoi maman répliquait « Bas les armes ! » Conformément à ses instructions, le bain du samedi soir était toujours brûlant, suivi d'une douche toujours glacée sans qu'on puisse ensuite se sécher : c'était une preuve de civilisation.

Rien ne pouvait l'empêcher, au soleil couchant, de s'adresser en plaisantant à son nez : « Salut à toi, ô mon cap écarlate ! » Son humour atteignait ce genre de sommet. Elle se rengorgeait avec modestie de son titre de vice-présidente adjointe de l'« Association des femmes au foyer pour le droit de vote des femmes de la bonne société de l'arrondissement Hallesches Tor ». Même papa lui accordait son profond respect pour cela, même si cela n'allait pas sans l'ironie du sexe fort. Elle rédigeait d'une langue acérée des épîtres familiales, portée par le sentiment gratifiant d'être lue de Stettin à Essen. Ses lettres de condoléances pleines d'un touchant humour étaient apprises par cœur. C'est à elle que je dois d'être capable de porter un jugement rapide et dénué de préjugés sans même savoir de quoi il retourne. Je n'avais pas 3 ans qu'elle trouvait que je m'accrochais bien trop amoureusement à ses jupes. Pour me faire surmonter ce lien excessif, elle m'avait attaché avec une épingle de sûreté. Un jour, gênée par sa myopie, elle m'a piqué. C'était pour mon bien.

7

PAPA

Malgré leurs différences fondamentales, je trouvais entre mes parents une ressemblance éloquente. Peut-être parce qu'ils nous avaient eus ensemble, nous, les trois enfants, mais peut-être aussi parce que je pensais qu'il devait en être ainsi.

Mon père, Albert Blumenfeld, né le 1er décembre 1860 à Essen, où tout le monde meurt du Krupp, s'enduisait, comme presque tous les pères de ce temps-là, d'horribles onguents en lesquels il mettait tous ses espoirs pour lutter contre le mal français qui le soumit au long de sa courte vie à des orages lui causant crainte et tremblements. Des allures de morse imposant, front de penseur, tout-puissant, omniscient, qui dès le commencement me fit comprendre que je lui étais redevable de mon existence. Associé majoritaire de l'entreprise Jordan & Blumenfeld, une des premières manufactures de parapluies de l'Empire, voire du monde (la toute première s'appelait Victor), spécialisée en parasols, parapluies et autres pépins, ainsi qu'en cannes, gros & export, Berlin, SW 19, Kommandantenstraße 12/13, secteur téléphonique 1, 13133, il nous mettait sous la protection de la devise « La pluie, pain bénit ! »En dépit de ses efforts constants pour être considéré comme un grand industriel, il n'a pu s'élever qu'à grand-peine au niveau de négociant tout à fait terre à terre. Il assumait de manière bénévole les fonctions de « juge du commerce et expert assermenté de la branche des parapluies et ombrelles auprès des chambres royales 1 et 2 et auprès du tribunal de la chambre de commerce », titre ronflant qui paradait sur sa carte de visite, tandis qu'il souffrait d'une maladie chronique, celle de ne jamais avoir été nommé magistrat à la chambre de commerce, fonction qui lui aurait permis de laisser libre cours à son sens inné de la justice. Les fonctions honorifiques revenaient cher, surtout pour des juifs. Un minable titre de conseiller commercial coûtait des mille et des cents.

Dans le système prussien du suffrage à trois classes – à ne pas confondre avec la loterie à trois classes, trois tirages successifs – on disposait, selon sa situation financière, son lieu de résidence, de zéro, une, deux ou trois voix. Papa était électeur de deuxième classe ; quand il prenait le train, c'était hélas toujours aussi en deuxième classe ! Dans son cercle d'intimes, quand il jouait à son jeu de cartes favori, le *skat* (« Mon cœur, mon cœur, quelle est cette langueur ? Pique, c'est le chien du poulailler ! Dehors les as, avec les dix ! »), il était démocrate libéral-monarchiste à deux voix, clairement centre progressiste, ni gauche, ni droite ! Dès qu'un uniforme se pointait, il déviait la conversation vers les ultramontains, les boucs émissaires de l'époque. La peur des uniformes et des espions ne m'a jamais quitté moi non plus. Un de ses partenaires au *skat*, vieux copain de quille, de bicyclette et franc-maçon, le camarade Lissenheim, fabricant de cartonnages, fut le premier socialiste de ma vie ; il lisait le *Vorwärts*, et on le traitait en riant de rouge. Je ne lui trouvais rien de rouge, et je ne comprenais pas davantage pourquoi les petites bonnes pleuraient quand arrivaient « les rouges » ou quand ils n'arrivaient pas.

Chaque matin à sept heures et demie tapantes, avec la ponctualité de son chronomètre (pedigree garanti) qui s'ouvrait quand je soufflais dessus, papa, homme de devoir, barbe et autorité, pantalon retroussé, empoté, sautait sur son vélo maintenu d'une main ferme par Hermann, le domestique, et pédalait vers son bureau, où avec une application d'acier et une infatigable énergie, il tentait de gagner à la sueur de son front le pain aigre qui empêcherait sa pauvre femme et ses enfants chéris de mourir de faim. Au lieu de reconnaître que son métier ne lui convenait pas, il laissait libre cours à ses humeurs : quand je venais le chercher au travail, il était toujours en train d'agonir d'injures un des employés : « Je ne vais pas me laisser longtemps berner par un individu comme vous, misérable, il va vous falloir apprendre qui je suis, avec moi, on ne plaisante pas, numérotez vos abattis, vermine, sinon je vais vous réduire en charpie (il n'aurait pas fait de mal à une mouche), la porte est là, ouste, dehors, disparaissez de ma vue, minable, et qu'on ne vous revoie plus, triple idiot ! » Jamais je n'ai su pourquoi le triple idiot était fichu dehors, mais quand il avait gémi pendant assez longtemps, papa se laissait attendrir et lui permettait de rester. Chaque employé était mis à la porte en moyenne deux fois par mois, même s'il travaillait depuis vingt-cinq ans au moins chez Jordan & Blumenfeld, ce qui lui valait un remontoir en argent ou un parapluie à pointe d'argent. J'avais beau comprendre que tout ça n'était que du cinéma, j'avais peur d'être un beau jour moi aussi fichu dehors comme triple idiot. Les choses n'en sont jamais arrivées là, papa est mort quand j'avais 16 ans. Les manifestations les plus abouties d'une culture de l'engueulade se sont perdues à travers les guerres mondiales et les explosions atomiques.

Papa m'avait appris que l'artisanat mérite grand respect à cause du sol doré sur lequel il se développe, mais que nous autres, travailleurs de l'esprit, nous nous devons de regarder d'en haut les artisans. L'esprit était supérieur au corps, le gant de Schiller ne dépasse pas le coup de poing asséné par Goethe avec son Faust[1] ! Faire le maladroit était signe d'éducation ; on finissait d'ailleurs par le devenir. Papa ne s'est incliné que quand c'était absolument indispensable. Il avait de la raideur, n'a de sa vie touché ni marteau ni enclume, se faisait servir comme un enfant impotent. Plus on le gâtait, plus il se comportait en enfant gâté. Nous étions fiers de ses prérogatives, nous les enfants : pour lui, deux œufs pour le petit-déjeuner (« Deux œufs pour moi valent mieux qu'un pour toi ! »), à nous autres rien qu'un demi ; pour lui, crème à volonté tous les matins, nous seulement le dimanche une cuiller à café ; pour lui, gâteaux au pavot et croissants, il étalait dessus une belle épaisseur de beurre, pour nous des pains à l'eau ; il prenait de tout sans demander, nous n'avions même pas le droit de demander. Même aux cabinets, dans un sac pendu à un clou, de l'ouate pour lui, nous nous contentions de papier journal bien rêche. Le dimanche matin, une chemise empesée l'attendait sur sa chaise, raide comme une planche, et maman, se surpassant d'habileté, devait l'aider à entrer dedans. Deux fois par semaine, avec son aide, il en changeait le col et les manchettes. Qualifiant sa cravate de « régate », elle déblatérait sur la fourberie de cet accessoire. Dessous, papa portait une combinaison moulante gris-beige. La classe laborieuse se contentait de cols en caoutchouc lavables sur des plastrons en papier. L'ère industrielle venue du Nouveau Monde eut raison de la séance quotidienne de barbier et du fixe-moustache. Papa allait avec son temps, sa barbe fut sacrifiée, elle fut pleurée. Maman brandit, ivre de sa victoire, le rasoir du roi Gillette, lame de sécurité pour ces noces barbares. Hécube en larmes, elle fit ses débuts, mains maculées de sang. Mais elle n'a pas davantage su s'y prendre par la suite.

1. Jeu de mots sur le titre d'une ballade de Schiller et sur le *Faust* de Goethe, dont le nom signifie en allemand « poing ».

La démarche, c'était ce que mon paternel avait de plus personnel, éternel. Tel un matelot ivre, boitant pour ainsi dire avec symétrie, tanguant d'un pied sur l'autre (il nous expliquait que c'était parce que la terre est ronde), il titubait lourdement de gauche à droite, et accompagnait sa progression en serrant les poings d'étrange façon. Il y avait un lien étroit entre sa démarche et les semelles orthopédiques qu'il portait, car il avait les pieds plats. Avec lui, la promenade dominicale était une vraie torture : dès le matin, il arborait pour la circonstance chapeau haut-de-forme et paletot cintré en drap à parements de velours. Il marchait bien trop lentement à mon goût, me serrant la main à me faire mal pour m'empêcher d'aller courir. Il pensait devoir, dans l'intérêt de son affaire, afficher sa manie de la canne, et en arborait chaque dimanche un nouvel exemplaire. La pièce maîtresse de sa collection, c'était une corne de rhinocéros tournée en bâton de marche, mais pas question de s'en servir, elle reposait dans un étui garni d'ouate. Pour faire de la réclame, on m'avait moi aussi équipé d'une petite canne, que je m'entendis à briser en trébuchant. J'ai battu des records dans l'art de briser les cannes.

Les habitudes de papa étaient sacrées. Il fut l'unique propriétaire de son fauteuil capitonné aux accoudoirs en bois tourné, personne ne l'a possédé, même après sa mort. Dans sa pureté virginale, le quotidien de Berlin, appelé familièrement « Tante Voss », l'attendait soigneusement plié, près de sa tasse de café. Qui aurait osé l'effleurer avant lui ! Le « quotidien prussien pour les affaires publiques et savantes, publié par privilège royal », la *Vossische Zeitung*, laissait dans l'ombre toutes les autres publications. Les lecteurs du *Berliner Tageblatt* récoltaient notre mépris. Papa étudiait avec minutie le *Voss*, éditoriaux, recensions, comptes rendus des séances du Reichstag, actualités culturelles, petites annonces, et les mystérieuses pages consacrées à la Bourse, dont les chiffres exerçaient une influence magique sur les variations de son humeur. Pas un caractère qu'il ne lise, et ensuite, il relisait tout le journal entre les lignes. Après le déjeuner, il se retirait dans le fumoir avec le *Berliner Zeitung am Mittag* pour un somme d'un petit quart d'heure, de deux heures et demie jusqu'à quatre heures moins dix. Avant de se mettre à ronfler, il inondait son fumoir des vapeurs bleutées d'un authentique havane de Hambourg à cape de Sumatra : « Leuchtegold-Perfecto-Claro ». On nous ordonnait de nous faufiler sur la pointe des pieds. Le repos est le premier devoir du citoyen.

Dans le cercle de famille le plus intime, dont il était à la fois le centre et le sommet, papa passait pour un remarquable intellectuel. Car il lisait. Et en guise de lecture, activité hautement culturelle, il ne lisait pas seulement la « Tante Voss », il lisait Schiller. Avec à son dictionnaire des œuvres de Schiller, la ville de Thésée, les rivages de l'Aulide, la Phocide et le pays des Spartes prenaient vie au travers des cartes géographiques colorées qu'il contenait. Il passait en outre son temps à étudier les *Pensées et Souvenirs* bleu de Prusse de Bismarck, les *Discours* de Bebel, il lisait Carl Schurz, Eugen Richter, les récits de voyages au Tibet de Sven Hedin, le *Voyage dans le Harz* de Heine et les trois premières pages du *Germinal* de Zola en français (le reste des pages n'a jamais été coupé). De temps en temps, il nous lançait avec un soupir que ses parents n'avaient pas eu les moyens de l'envoyer lui, leur seul fils sur sept enfants, au lycée ou à l'université. Au contraire, âgé tout juste de 14 ans, il avait dû travailler chez les frères Katz à Elberfeld comme apprenti passementier. Sa nostalgie : les études supérieures. Ou plus précisément : des études classiques au plus haut niveau possible, avec d'authentiques conseillers spéciaux de première classe, compétents dans les deux volets du droit, capables de débattre en latin de questions ayant trait à l'économie nationale. Son rêve inassouvi : participer aux soirées des associations d'étudiants traditionnelles. Foin des pandectes qu'il s'agit de manipuler, de feuilleter. Bas les masques ! Pas question de se défiler, bande de dégonflés ! Un respectable membre d'une association traditionnelle ne laissera pas des philistins obtus se payer sa tête ! Tenir la place qui est la sienne sur le terrain de jeu d'une association armée, après le petit verre du matin, chez les Borussiens de Bonn aux visages tailladés de cicatrices glorieuses (!). Papa désapprouvait les associations armées (!!) judéo-berlinoises (!) Sprevia (!!!) et Barkochba (!!!!), les points d'exclamation sont là pour les duels ! Après les sanglants échanges au sabre (terce, quarte, quinte, musique !), le cérémonial en l'honneur du père de la patrie, pendant lequel, aux accents solennels du chant *Tout se tait, chacun baisse la tête*, les chefs embrochent leurs couvre-chefs sur une lame. Puis les jeunes recrues trinquent, entrechoquant bruyamment leurs chopes pleines du breuvage d'orge fermenté sous les rapières croisées, les lèvent hardiment avant de les reposer tous ensemble avec bruit : *AD EXERCITIUM SALAMANDRI SALAMANDRORUM SALAMANDER INCIPITUR !* En guise de conclusion, les compagnons de beuverie de mon papa couvert de mousse l'invitèrent même à boire à leur tutoiement : « Ô la bière, culte, pape, taverne, journal ! Ô Krambambuli, Ô Alma Mater, Ô Studiosus plein d'allégresse, jupheidiheida ! Ô splendeur enfuie des associations ! Ô Gaudeamus Isidore ! Si libre, si indépendant, où t'es-tu enfui ? »

Privé de telles émotions fortes, papa se délectait d'un latin de cuisine de première classe : *Mensch sana in corpore sano. Rex pulex in Africam et multum in plus*[1] : « Le roi s'est enfui en Afrique et est tombé dans la mer. » *Plenus venter non studet libenter* qu'il traduisait par : « Expérience passe science. » Il lançait bruyamment dans la conversation, ou dans le silence, sans crier gare, des mots qu'il allait chercher

1. Jeu de mots remplaçant *Mens* par *Mensch*, « l'être humain ».

on ne sait où, ça n'avait ni queue ni tête, et il les répétait de façon obsessionnelle. Au bout de quelques semaines, quand lui aussi s'était lassé, il mettait sur le tapis des combinaisons compliquées, productions de son cru, comme : « Kuropatkin », « Parallelepiteton », « Ons Wilhelmientje », « Calta Palustris, la renoncule des marais », « la caillette ou la panse », « la Tasmanie OU Van Diemensland »,« Bab-el-Mandeb », « libre à vous ». Cette anthologie de belles sentences sur deux pattes s'enivrait d'un pathos d'avant-monde (*ethos potetos* = l'âme patate), rien que des CITATIONS. C'était dans l'air du temps : des peuples entiers communiquaient de la sorte, s'imaginant faire ainsi preuve de culture. Tout était placé sous les auspices des sentences et devises, jusqu'au moment où l'échange des devises sentencieusement sanctionna le tout. Des grandes phrases prises trop tôt au sérieux et jamais comprises jetèrent ma génération, au travers d'une vie remplie de citations, dans les bras d'une mort héroïque. *DULCE ET DECORUM PRO PATRIA MORI*, et si possible à plusieurs reprises. J'y suis parvenu : TOUT EST ACCOMPLI. Papa citait beaucoup, il citait de travers, il associait volontiers des citations différentes pour en renouveler l'effet. Il était impressionné de constater que son génie de prédilection, Schiller, osait se contredire lui-même. Il lançait, toujours d'une voix de stentor : « Honorez les femmes, elles tressent et tissent des roses célestes dans la vie terrestre car la femme est fausse par nature et cette créature perfide aime la nouveauté[1]. » « La preuve par les chiffres ! » et « Les chiffres ne prouvent rien du tout » étaient suivis par : *Quod erat demonstrandum !* Les liens de causalité étaient clairs pour lui, mais pas pour moi. « Les Juifs vont vite en besogne avec les mots[2] »

1. Citations tirées de deux poèmes différents de Schiller.
2. « Fausse citation » d'un vers de la pièce *Wallenstein*, de Schiller : « La jeunesse va vite en besogne avec les mots. » Jeu de mots sur *Jugend*, « la jeunesse », et *Juden*, « les Juifs ».

était associé à « Vite, rapide comme l'avide requin fendant les flots ! » Du matin au soir en passant par le midi, nous devions supporter le comte de Habsbourg :

De tous les dons de l'existence
La gloire demeure le plus haut.
Le corps déjà est poussière,
Le nom glorieux vit encore[1].

Il s'agissait, nous n'en doutions pas, du nom glorieux de Blumenfeld. Nous étions des idéalistes.

Un dimanche, mon papa se révéla à nous comme un poète de génie. Les veines de son front complètement saillantes, il laissa la poésie s'épancher de la plume en or de son stylo à encre :

Le père porte le sac à victuailles,
La mère suit avec la marmaille
Et la tante si charmante,
Avec le p'tiot prend la tangente !

Papa avait le sens de l'humour. Ce n'était pas un rigolard, mais un homme sombre et sévère, qui enjolivait sa gravité de mots d'esprit. Il lui arrivait souvent de rire à en perdre haleine. Il riait des travers des autres, et parfois même des siens. Mais malheur à ceux qui avaient l'aplomb de se gausser de lui ! Même maman ne pouvait se le permettre qu'après les plus extrêmes précautions, qui prenaient la forme de flatteries. Alors, tout le monde tremblait, papa y compris.

L'humour, la manne nourricière de ma jeunesse, était propriété privée des juifs ; un goy ne le comprend pas, mais le petit Moritz s'y entend déjà. Seuls les juifs étaient

1. Schiller, « La Fête triomphale ».

capables de raconter des blagues. Seuls les juifs savaient rire comme il fallait et au bon moment. Seuls les juifs étaient capables de construire en quelques mots une pointe qui chatouille l'inconscient. Le récit bref, art spécifiquement juif. Kerr, Kraus, Kafka. L'aphorisme comme mode de pensée : Heine, Freud. On cherchait à chasser les fantômes des pogroms par l'humour du ghetto. Pour se prouver à soi-même qu'on était un assimilé convenable, dans les blagues, on laissait croupir le juif de l'Est dans sa crasse. (Le juif de l'Est en train de se noyer : « Pas de bol, je suis en train de me noyer. ») Les blagues que je préférais mettaient en scène le rabbin miraculeux. Quand papa en rapportait une nouvelle à la maison, on ne parlait de rien d'autre pendant des semaines. Les mêmes blagues tournaient à longueur d'année, la répétition les faisait croître et embellir. Les blagues de papa étaient celles qui nous faisaient le plus rire, surtout quand il s'agissait de ses flatulences régulières qu'il appelait « le télégramme de Darmstadt » :

Papa pète,
Les gosses rient,
Quelle fête
Pour un bruit !

J'ai compris beaucoup de blagues après en avoir ri pendant des années. « Est-ce que les chameaux se marient aussi ? – *Seulement* les chameaux ! » Les questions reposant sur des jeux de mots me ravissaient, me pervertissaient. « Quelle est la différence entre un pudding et un épileptique ? – Le pudding est dans son assiette et tremblote, l'épileptique tremblote et n'est pas dans son assiette. » C'étaient toujours les mêmes devinettes : l'arc-en-ciel de Schiller, on y avait droit au moins deux fois par semaine.

Papa n'était pas seulement passé maître dans l'art du rire, mais dans celui du soupir. Après avoir, lors d'une dégustation matinale de mousseux au restaurant À la Grappe, trop goulûment fait honneur à la salade de concombres, son plat préféré, ou après une soirée animée entre hommes chez Mayer, où l'on trouvait des huîtres, avec la colique inévitable qui s'ensuivait, il passait des jours et des jours en lamentations, rideaux tirés, spécialistes à son chevet, comme si sa fin était proche. Monsieur le docteur rivalisait avec maman qui s'était transformée en pont des Soupirs, lui apportant infusions de camomille, gouttes de laudanum, enveloppements réfrigérés, bouillottes et lui passait le bassin. Et même quand papa allait bien, il soupirait pour trouver le sommeil : « Le bon pauvre papa ! »

Les souvenirs d'enfance de papa, je les connaissais par cœur, sous toutes les coutures, il les avait si souvent racontés. Mais hélas, il n'en avait que deux. Le premier, c'était le 2 septembre 1870 : en l'honneur de la victoire de Sedan, l'école ayant libéré les enfants qui fabriquaient de la charpie pour les pansements, il avait couru à la maison. Le second, qu'un garçon de sa classe s'appelait Berger et qu'on lui demandait où étaient ses moutons, ce qui faisait rire tout le monde. Maman n'avait pas de souvenirs d'enfance, parce qu'ils n'étaient pas encore à la mode en ce temps-là. Mes parents se surpassaient mutuellement dans la manière dont ils idolâtraient leurs propres parents. Ils ne savaient strictement rien de leurs grands-parents.

8

LES RÊVES DE MES PARENTS

Maman rêvait pour moi de grandes choses. Papa s'était mis en tête de faire de son héritier un journaliste, pour pouvoir en mettre tous les matins plein la vue à tout le monde avec un éditorial. Il était bien loin d'imaginer qu'un beau jour, des milliers de photos signées Blumenfeld auraient les honneurs de la presse. Je me devais de répondre aux rêves de mes parents : être d'une intelligence exceptionnelle, beau parleur, doué pour les lettres, versé en toutes choses, érudit au goût délicat, très musicien, plein de tact, supérieurement cultivé, pas imbu de moi-même, célèbre mais pas suspect, ni méprisant ni flagorneur, un juif moderne sympathique, exemplaire, noble, modeste, d'une absolue pureté, bon caractère, sportif, digne descendant de Heinrich Heine, pas énergumène, mais philanthrope particulièrement intéressant, un peu rêveur et problématique, idéaliste pas nihiliste, penseur profond (Rodin), qui dit oui à la vie, pas non, pas un béni-oui-oui, pas un raté, ami des arts mais pas artiste (des crève-la-faim ; un peintre, fi du barbouilleur !), ni brouillon, ni sagouin, ni débraillé, ni abruti, ni benêt, ni mollasse, ni surhomme, ni minus, surtout pas un médiocre, mais citoyen d'honneur de ce monde, sans peur et sans reproche, clair et net, salopiot à aucun prix, homme d'honneur éveillé, au cœur bien placé, apôtre de la vérité, prêt à souffrir le martyre pour ses convictions profondes sans jamais cependant permettre aux choses d'aller trop loin, libertin libéral dans le juste milieu, sceptique (maman disait « scheptique »), bon poids bon pied bon œil, sachant ce qu'il dit et ne le disant pas, ne voulant pas toujours avoir le dernier mot, bref, le genre de personnalité qui revient aux autres, aussi honnête que ses revenus, intègre à l'extrême, chaque denier dûment gagné – par alliance ne gâche rien – à la sueur du front – comme papa – et requin de la finance, syndic d'entreprises gigantesques, soutien de la société sinon de la meilleure, grand-maître de loges multiples, lauréat de prix Nobel et culturels, docteur honoris causa de toutes les universités, très bien vu du présent comme du futur, car qui plaît aux brutes de son temps vivra dans les siècles à venir ! Avant tout je me devais d'être le fils à jamais reconnaissant de parents chéris jusqu'à la passion, brûlant de l'unique désir de leur dorer un jour, avec respect, le crépuscule de la vie.

En un mot : un crétin.

En contrepartie, papa me promit l'édition complète en vingt-quatre volumes de *La Vie des bêtes* de Brehm, demi-reliure à la française, doré sur tranche, édition de luxe. Une promesse souvent faite et jamais tenue, tout aussi peu que celle de me faire préparer mon doctorat en économie nationale et en sciences économiques à l'École supérieure de commerce de Genève. Ce dont je lui suis tout aussi reconnaissant que de ne pas m'avoir fait embrasser les carrières de magistrat, de conseiller du consistoire, d'inspecteur des mines ou des hauts-fourneaux.

9

GRAND-PAPA MOSES ET GRAND-MAMAN LISETTE

Mon grand-père Moses Blumenfeld, appelé souvent et en vain Matthias ou même Mattatias, était un juif allemand d'ancienne souche, pur Allemand, né à Schwerte sur la Ruhr, le 12 décembre 1821, le même jour que Flaubert. Son arbre généalogique remontait fièrement au XVIIe siècle, menant à Fürth, Bavière. À Essen, capitale du roi pédé des canons, Krupp, il avait répandu pendant des décennies ses sentences de maître d'école et de prédicateur doublement direct, savant et circoncis. Certes, pendant la révolution de 1848, il n'eut pas la grâce de tomber en mars, mais fut tout de même mis aux arrêts en même temps que Carl Schurz et Hammacher. Son honneur n'était pas entaché, cela fut souligné, aussi ses élèves et sa famille purent-ils lui rendre les honneurs dus au martyr et combattant de la liberté. Sa vraie gloire, il la tirait de ce qu'en 1846, très en avance sur son temps, il avait interdit de cracher le tabac à chiquer dans la synagogue. Cinquante ans plus tard, l'ancienne Schützenstraße était rebaptisée Blumenfeldstraße, le plus grand honneur qu'ait connu notre nom. Sous Hitler, elle devint Streicherstraße. Aujourd'hui, elle a retrouvé son nom.

Après le décès de grand-papa, ses décorations furent mises sous verre dans un cadre doré et accrochées dans le salon de maman, je les avais vues fièrement se balancer sur sa poitrine de héros quand il vivait encore : la croix de fer de deuxième classe pour civils et son ruban blanc et noir, l'ordre de l'Aigle rouge, quatrième classe et deux médailles en métal doré de taille plus modeste. Souvenirs très vivants de ce grand-père. 1901 : je suis en vacances à Eisenach, je lui fourre des chenilles dans sa barbe de patriarche, alors qu'il somnole paisiblement dans l'herbe. Je les avais prises pour des vers à soie, et je voyais déjà Grand-maman en robe de soie tissée maison, hélas, je n'ai récolté que l'ingratitude : une paire de taloches. Grand-papa portait dignement une redingote gris foncé toujours pleine de taches que des mains attentives brossaient inlassablement. Quand il mourut de la prostate, le 9 janvier 1902, j'avais 5 ans ; il m'a laissé une vessie de buveur de bière. À compter de ce jour, papa n'a plus cessé de déplorer la mort de son « saint homme de père », citant avec nostalgie Matthias Claudius : « Hélas, ils ont enterré un homme de bien, qui pour moi était plus encore ! » J'ai tenté souvent et volontiers de consoler sa veuve, ma petite grand-maman Lisette (et ma fille porte son nom), en l'embrassant, en la câlinant. Tout le monde – elle y compris – voyait en elle une grandeur patriarcale. Elle a mis au monde sept enfants, je suis à peu près le dernier rejeton de sa descendance. Elle s'ornait de vieilles dentelles, sentait la lavande, le patchouli, l'orange, l'eau de rose, le camphre. (« Sur le vapeur d'où viennent du camphre les vapeurs ? Aucun doute, c'est ce vieux lord. » Wedekind.) Les parfums sont des souvenirs fleuris des origines, à l'origine l'urine pue les instincts originels, dit l'ancêtre Uranus, l'Anus originel. Grand-maman se distinguait dans la confection de *matzot* et de petits sablés. « Ces petits sablés, je serai encore capable d'en manger quand le corbillard sera devant la porte ! » Elle a emporté dans la tombe le secret de ses recettes. Sous mes baisers, elle marmonnait, en se débattant mollement : « S'il te plaît, arrête, oncle Leeeser (un tonton envahissant de son enfance) ! » Elle était née vers 1825, à Bonn, au bord du Rhin, et avait été élevée par des bonnes sœurs dans une école catholique. La mère de grand-maman, Fanny van Geldern, était la sœur cadette de celle de Heine, Elisabeth (Betty) van Geldern, et cette parenté était un sujet de fierté dans la famille, fierté qui ne m'a pas épargné, même si je partage cet arrière-grand-oncle mort sans enfants des suites de la syphilis avec des milliers d'autres cousins germano-juifs, comme des angelots produits à la chaîne.

10

GRAND-PAPA HENRY

Chajim Cohn naquit vers 1830 – il n'était pas sûr de la date – à Dobrzyn sur la Drina, à la frontière entre la Russie et la Prusse-Orientale, entre Golub et Rypin. Son père Itsche somnolait à la *schul*, étudiant le Talmud. Son grand-père, le rabbin, faisait des miracles, d'où mon intuition. Il s'enfuit à l'âge de 13 ans pour ne pas devenir soldat sous l'uniforme russe, atteignit en soixante jours l'Amérique à la voile, prit le nom de Henry et fit ses débuts à New York comme colporteur et *self-made man*, doublant dès la première semaine son capital de départ, un dollar, puis s'enrichit pendant la ruée vers l'or, comme propriétaire d'une salle de jeu portant le joli nom de « Pokerflat » située à Saint Louis, Californie, s'enrichit davantage encore comme propriétaire d'un grand magasin dans la ville des Mormons, Salt Lake City, et regagna en 1855 la bonne vieille Europe, pour épouser son amour de jeunesse, sa cousinette Rosa Cohn, arrière-petite-nièce de Meyerbeer et cependant dépourvue du moindre sens musical. C'était une petite souris grise, teint parcheminé, effacée, lèvres pincées, affublée d'un cornet acoustique et méfiante, ça va ensemble, qui lui donna six enfants bourrés de complexes. Grand-papa avait repris l'affaire Mentzel & Cie, producteurs de vins frelatés à Stettin sur l'Oder, à seulement deux heures de train de Berlin, mais au fin fond de la province, encore plus de nos jours, en Pologne.

J'ai hérité de grand-papa mon amour de l'escalade des tours, *Worcester sauce shaking before taking* (mes premiers mots d'anglais), l'art de préparer des grogs, de perdre en Bourse, et l'habitude de me ronger les ongles. Avant mon arrivée, il était le roi des onychophages. Ses trois fils l'imitaient sans mesure. Maman, redoutant le pire, me badigeonna de manière précoce les doigts de vermouth, en guise de reproche. Le vermouth devint mon breuvage de prédilection. Maman parlait trop souvent, trop gravement et trop longuement de mon vice, elle essaya de m'en dissuader par la corruption, le chantage et en me privant de mon argent de poche, du baiser du soir, de la tarte aux pommes à la chantilly et à coups de taloches. Elle commençait à m'ennuyer. Rien n'y fit. Pour finir, elle se mit à ronger elle-même mes ongles, pour me dégoûter. Je peux m'enorgueillir aujourd'hui avec une fierté modeste d'avoir surpassé grand-papa dans cet art. Je ne l'ai pas fait pour ses autres fonctions : revêtu d'une truculente dignité, il fut à maintes reprises président d'honneur des paroisses juives de Stettin, de Pasekow et de Heringsdorf et, s'entourant d'un nuage de simagrées et d'un voile de mystère, grand-maître d'une loge maçonnique. Il chiquait, prisait, possédait un flacon de poussière d'or qu'il avait ramassée lui-même en Californie : à sa chaîne de montre se balançaient diverses breloques, un cure-oreilles en ivoire et un authentique cristal ramassé en montagne. Il a écrit un gentil petit livre naïf sur ses années de formation en Amérique, édité par ses fils pour son quatre-vingtième anniversaire. Il était inoffensif, caractéristique dont j'ai aussi peu hérité que de son argent, qui devait être partagé entre ses quinze petits-enfants auxquels il devait être versé dix ans après sa mort. Il mourut, serein, en 1916, en pleine guerre. L'héritage fut balayé jusqu'au dernier centime par l'inflation et grâce à ses fils qui étaient d'une stupidité exemplaire en affaires. Quand un trillion de marks fut tombé à la valeur d'un cent américain, j'ai signé un reçu en échange, avec mes remerciements, d'un chèque de trois millions de marks. La bibliothèque de Grand-papa était pleine à craquer, remplie par des abonnements à tous les classiques, l'*Histoire universelle* de Becker incluse. Hideux volumes toilés couleur marron rouge que personne n'ouvrait jamais, et sur lesquels figurait en lettres d'or son nom, « Henry Cohn ». Dans les cabinets de grand-papa, en guise de papier toilette, des feuilles sur lesquelles étaient imprimées des citations de textes classiques. C'est ainsi qu'il laissait s'exprimer son amour des citations : « Car le commun descend sans un bruit dans l'Orcus » (Schiller, « Nénie »), « À grand-peine il arrive à la ferme » (Goethe, « Le Roi des aulnes »), « Le papier a bon dos », « Car là, au sein des eaux, règne la terreur » (Schiller, « Le Plongeur »), « La pomme a chu ! » (Newton), « C'est par ce chemin creux qu'il doit passer » (Schiller, *Guillaume Tell*), « Bouche bée et cœur ouvert sont deux présents du ciel, mais l'homme doit aussi avoir le ventre libre », « La vie est comme la lunette des cabinets, elle en voit de toutes les couleurs », « La vie est pareille à une chemise d'enfant : courte et merdeuse », « À qui roule sa bosse il faut des godasses, à qui moule sa crotte il faut la paix ! », « Tous les parfums de l'Arabie ne blanchiraient point cette main ».

On disait souvent et volontiers de lui qu'il était resté un coureur de jupons jusqu'à l'âge avancé de 87 ans. Pour ma part, armé de la lampe de poche qu'il m'avait offerte la veille, j'ai une nuit surpris l'octogénaire en train de se masturber. Un grand-papa idéal à la barbe fleurie, qui m'apportait toujours un joli cadeau. Quand il repartait, pour me consoler, il me donnait un mark. « Pour te vexer un peu », disait-il, après que je l'avais prié, alors qu'il venait de déposer la pièce dans ma main tendue, de « ne pas me vexer ». Je ne me lassais pas de le voir repartir, même s'il m'était à chaque fois difficile de lui dire adieu (presque autant que de dire oui ou merci). J'avais un besoin si urgent de cet argent pour satisfaire mes envies ! Tantôt ma collection de petits carnets, tantôt des graines pour mon jardin botanique, tantôt des timbres-poste.

C'est à l'occasion de son soixante-dixième anniversaire que je me suis retrouvé ivre mort pour la première (et presque pour la dernière) fois de ma vie. Le chœur des dames de la synagogue était venu au grand complet ou presque, pour louer à quarante-deux voix les cieux de l'Éternel. Les artistes avaient pour la circonstance été régalées très généreusement de sherry, de porto, de vin de Hongrie et de liqueurs pour dames particulièrement sucrées. Ces dames rivalisèrent de manifestations d'affection à mon égard et me laissèrent tremper mes lèvres dans leurs petits verres. Tandis que le galant héros de la fête raccompagnait ses invitées, je vidai tous les verres. Puis je dévalai en hurlant l'escalier, on me mit au lit où je cuvai ma première cuite. Chez Jack London – le goy a plus d'allure – cela aurait scellé le début d'une brillante carrière d'alcoolique. Mais je n'avais aucune disposition à cela.

Grand-papa et moi nous aimions d'un profond amour. Jusqu'au jour où je voulus, imitant en cela tous les gamins de ma classe, sortir dans la rue avec lui tête nue. Cette infraction aux us et coutumes américains lui déplut énormément et mit un terme à la première grande amitié de ma vie. J'en gardai une aversion pour les chapeaux, les amis, la famille, la société et l'Amérique.

11

HEINZ

Je la revois nettement, cette nuit qui vit naître le XXe siècle. Le 22 décembre 1899, j'avais eu un petit frère dont la circoncision solennelle devait avoir lieu dans l'après-midi de la Saint-Sylvestre, à l'instar de l'Enfant Jésus. De la chambre d'enfants promue au rang d'office, debout dans mon petit lit, je suivais avec étonnement l'agitation générale : chandelles et tantes, desserts glacés et larmes, grands-pères et rires arrosés de mousseux allemands, « Kupferberg Gold » et « Henkell Trocken ». Des cuisiniers en hautes toques blanches découpaient des faisans truffés en bel habit de plumes, tandis que des rabbins en hautes toques noires affûtaient leurs couteaux rituels. à mi-chemin entre rêve et réalité, je descendis de mon poste d'observation, me faufilai sur la pointe des pieds, plus furtif qu'un Indien, collé aux basques du rabbin noir, et le suivis par le couloir de service ténébreux jusqu'au fumoir vert sombre, puis, traversant le salon berlinois rouge, jusqu'au salon tendu de soie où je me cachai derrière les tentures de velours vert amande. Tous ces hommes sévères sous leurs hauts-de-forme marmonnaient des formules mystérieuses dans leurs langues secrètes. J'avais l'impression de tous les connaître, et pourtant aujourd'hui, ils ne se ressemblaient pas et se comportaient de manière différente. J'étais trop petit, il y avait toujours quelqu'un pour me boucher la vue. Les bribes que j'apercevais se mêlaient en un rêve sanglant. Ce n'est

Erwin, Annie, Heinz, 1904.

que soixante ans plus tard que je découvris dans le *Journal du voyage en Italie* de Montaigne, à la date du 30 janvier 1581, la confirmation de ce que j'avais vu : l'homme au couteau avait coupé mon petit frère pendant que les autres chantaient. Grand-papa s'était gargarisé de vin, du vin rouge ponceau dans un gobelet d'argent, puis avait sucé le sang de mon frère. Il avait ensuite promené l'encensoir sous le nez du petit juif tout neuf pour qu'il accède à l'Esprit saint. Ce mystère sous les auspices du rabbinat fut la toute première représentation théâtrale à laquelle j'assistai. J'ai longtemps cru aux histoires de meurtres rituels, pain bénit pour ceux qui interprètent les rêves ! À peine avais-je regagné mon cher petit lit que je dormais, jusqu'au moment où, à minuit, Bronja (Bronislawa), ma tante chérie qui portait en l'honneur du nouveau siècle un décolleté particulièrement plongeant, m'en sortit et me porta dans ses bras à la fenêtre. J'admirai les fusées du feu d'artifice, cierges magiques se reflétant dans la neige, tout en lorgnant avec étonnement le décolleté sans fond de ma jeune tante, tandis que les cloches carillonnaient à tout rompre, et je ne pus retenir mes larmes. Je comprenais, comme toujours, à la fois tout et rien. Il en fut ainsi tout au long de ma vie : tout et rien ! Bonne année 1900 !

Heinz, le petit frère tout neuf, était un poupon en massepain rose. L'envie du pénis, le complexe d'Œdipe ne défrayaient pas encore la chronique. Aussi me donna-t-il bien du bonheur jusqu'au moment où, à l'âge de 18 ans, dans les dernières semaines de la Première Guerre mondiale, en août 1918, à Jaulgonne-sur-Marne, il mourut en héros pour l'Allemagne, pour sa patrie, pour la vie de famille juive et pour la folie du monde. La perte la plus lourde de toute mon existence. Ceux qu'ils aiment, les dieux les rappellent à eux par une mort précoce. De nos jours, l'amour qu'ils portent aux humains semble s'être refroidi, car ils leur accordent une vie de plus en plus longue, malgré la bombe atomique et les différentes sortes de cancer. Mon frère Heinz associait un humour précieux et un amour primaire de l'or et des affaires. La vie l'intéressait plus que l'école, où il collectionnait les mauvaises notes, et trois fois par semaine, il devait prendre des leçons particulières. Après sa mort, j'ai appris par son journal intime qu'il avait déclaré d'entrée de jeu à son répétiteur que ses cours étaient mauvais et ne valaient pas les trois marks qu'ils coûtaient. Il lui avait proposé de mieux occuper son temps et de partager la somme avec lui. En cas de refus, il perdrait non seulement un élève, mais aussi trois fois un mark et demi par semaine. Le professeur se rendit à ses arguments, Heinz en tira quatre marks et demi tous les huit jours et assez de temps libre pour claquer au ciné cet argent gagné à la sueur de son front. Son humour empruntait aussi la veine poétique : pour le cinquantième anniversaire de l'oncle Georg, il prépara une surprise, un poème que personne ne devait voir avant le grand jour. Cette surprise fut envoyée par la poste à Stettin sous pli cacheté. Il en résulta une brouille qui divisa la famille pendant des années. Quant au poème : « Tonton Georg, t'es si poilu, on voit pas la merde qu't'as au cul ! » Quelle concision, quelle force d'expression, pour un garçon de 10 ans. Quel petit farceur ! Pour voir si papa était vraiment omniscient, il eut recours à une expérience très simple : papa avait deux serviettes de toilette, une pour le haut, l'autre, agrémentée d'un nœud, pour le bas. Après avoir permuté le nœud, Heinz observa, et découvrit que papa n'était pas du tout omniscient. Mon frère avait un penchant – qui m'est totalement étranger mais qui a joué un rôle déterminant dans sa mort précoce – pour l'aventure au grand air. Le dimanche, à 5 heures du matin, il arpentait le Grunewald, forêt bordant les beaux quartiers de Berlin, déguisé en scout au sein de la meute. Apprenti dans l'entreprise Seliger & Co., fabrique de boutons, il s'y montra particulièrement travailleur et montait en grade jour après jour. Il manquait souvent des boutons…

12

ANNIE

Feu ma sœur Annie avait commencé sous les traits d'une très mignonne petite fille, mi-charmeuse, mi-balourde – la prunelle des yeux de son papa. Mais hélas, jour après jour, elle devenait moins mignonne, jusqu'à se faner complètement autour de ses 13 ans, où ce n'était plus qu'une insupportable petite peste. Une petite oie autoritaire aux dents longues, pleine de taches de rousseur, envieuse et râleuse : je la détestais. C'est elle qui m'a fait vivre mes premiers conflits avec le beau sexe. Elle s'enorgueillissait de lui appartenir et faisait l'importante, car elle avait un an et demi de plus que moi. Cela lui conférait, prétendait-elle, des droits et des charmes qu'entouraient les brumes d'une mythologie mystique. Je devais lui obéir, la servir avec galanterie, tout particulièrement quand ses amies pouvaient nous voir. En guise de récompense, elle faisait preuve d'une énorme hypocrisie, me dénonçait en toute occasion, faisant la petite fille modèle auprès des parents, des bonnes d'enfants, des domestiques, des amis et ennemis. Quand elle était sur le point de perdre au jeu, elle en changeait les règles en cours de partie. Je ne savais pas dire si elle était vraiment une horreur ou si elle était au contraire très gentille (on parle aujourd'hui d'ambivalence). Je devais supporter tous ses caprices : j'avais 4 ans, elle refusait avec constance de se lever du pot de chambre où elle venait de faire ses besoins pour me laisser la place. Elle restait assise, résistance passive. Après l'avoir par deux fois avertie, je lui pissai sur la tête, sûr de mon bon droit. Soufflant et hurlant, elle me balança : « Tu vas me le payer ! » Nos parents étaient sortis. Quand ils rentrèrent, éclatant de colère, elle n'eut rien de plus pressé que de tremper ses cheveux, qui avaient eu largement le temps de sécher, dans le pot de chambre, et de cafeter en apportant la preuve de mon crime. Elle convainquit nos parents, et je fus bien puni : pendant quinze jours, plus de crème chantilly sur ma tarte aux pommes. Quel bonheur de détester Annie !

Gamine en pleine puberté (14 ans et 7 semaines, la chrysalide sort du cocon), elle avait fondé avec ses petites amies un cercle qui se donnait comme mot d'ordre : « Faire le bien, aimer le beau ! » Annie s'était chargée d'orner des tablettes en bois de cette sentence pyrogravée. Je lui donnai un coup de main, comme c'était vilain et brûlant ! Ce petit cercle avait un avant-goût douceâtre de *Jeunes filles en uniforme*. Si tous les jeunes Allemands étaient nés en Arcadie, toutes les jeunes Allemandes venaient de Lesbos. J'observais le phénomène avec un intérêt qui me coupait le souffle par le trou un peu élargi d'un nœud du bois d'une penderie dans laquelle je m'étais planqué avant la rencontre secrète des damoiselles. Après avoir soigneusement verrouillé la porte de la chambre, ces donzelles s'étaient mutuellement déshabillées et se baladaient en petites culottes de dentelle (ouvertes ou fermées). Un jeune garçon vit une petite culotte[1]… Et elles se montraient leurs poitrines naissantes, les unes pleines de fierté, les autres envieuses. Celle qui en avait le plus (Gerti Jakobi), toutes les autres devaient l'embrasser. C'était un des rites de ce petit cercle. Tout cela accompagné de chansons : « Gaie comme la libellule sur l'étang », ou « Petite fille, toute gentille ». Je me suis fait prendre un jour parce que j'avais éternué dans mon armoire, irrité par l'antimite. Je fus jugé en flagrant délit par un tribunal d'exception. Pour expier, je

1. Parodie du poème de Goethe, « L'Églantine ».

dus m'incliner profondément devant Annie, Grete Manes, Gerti Jakobi, Lotte Seliger, Edith Lewin et Marga Kühn, qui m'avaient ordonné : « À genoux, esclave ! » Ensuite, je dus ployer un genou en disant « Je vous demande mille pardons, nobles demoiselles ! », sur quoi j'eus la vie sauve. Quelle humiliation ! C'est ainsi que je fus initié aux mystères de Lesbos, Samos, Chios et Kos, tombai amoureux de jeunes lesbiennes et devins voyeur.

Gerti, qui rigolait tout le temps, m'invita en riant à passer chez elle le jeudi après-midi, après le cours de religion, ajoutant que ses parents ne seraient sans doute pas là. Son père était représentant en corseterie. Nous jouions à nous déguiser, et elle me faisait essayer des corsets tandis qu'elle mettait mes vêtements de garçon, drôlement trop serrés pour elle. Elle s'amusait plus que moi et riait à gorge déployée. J'étais gêné. Mais Gerti avait des joues si rouges, des yeux si brillants, que je lui accordais volontiers ce plaisir des jeudis. Hercule et Omphale. Avec toutes les filles du petit cercle (sauf avec Margot Kühn, qui d'ailleurs était la seule non-juive), j'ai un jour ou l'autre joué platoniquement au jeu de la séduction, même si elles étaient toutes plus vieilles que moi ; à ces âges-là, deux ans, c'est une génération entière. Je les aimais, je les détestais, tout comme je détestais ma sœur. La belle Grete Manes était la meilleure amie d'Annie, et son père, que nous appelions tonton Willy, était le meilleur ami de papa, alors que la mère de Willy était la meilleure amie de ma grand-mère Lisette.

Histoire fastidieuse et si souvent racontée. La mère de Grete, tante Marie, une petite bonne femme grosse et laide, me faisait la cour. Sa bonne d'enfants, Eulalie Hoffmann, surnommée Hoppi, qui n'était plus de première jeunesse, avait été prise au lit avec elle, et mise à la porte. J'étais fasciné, sans bien comprendre à quoi tout cela rimait.

Par la suite, Annie a appris la sténodactylo puis est devenue secrétaire particulière, d'abord chez un certain grand amiral Schräder, qui farfouillait sous ses jupes, ce qui l'emplissait à la fois de fierté et de réprobation. Puis elle travailla pour un dermatologue célèbre, le docteur Blaschko (vénérologue), prenant au sérieux de manière répugnante son travail auprès de filles perdues qu'il s'agissait de remettre sur le droit chemin, parlant d'« abolition ». Elle mourut le 24 juin 1925, avant d'avoir atteint ses 30 ans, sous l'uniforme d'une assistante de police, tuberculeuse au dernier degré et plus ou moins demi-vierge intacte. Paix à ses cendres, qui sommeillent peut-être aujourd'hui encore à la consigne de la gare Berlin Zoo. Dans l'une de ses multiples dernières volontés, Annie m'avait prié, car je vivais alors au bord de la mer du Nord, de répandre moi-même ses cendres dans les flots en déclamant des poèmes de Heine évoquant ces paysages. C'était l'époque de l'inflation et j'avais acheté au crématorium la boîte en fer-blanc contenant les cendres de ma sœur pour la somme de dix billions de marks (s'agissait-il véritablement de SES cendres ?). Avant de regagner la Hollande, je voulais m'envoyer un dernier verre derrière la cravate chez Kantorowitz, Joachimsthalerstraße, et j'avais déposé le petit paquet à la consigne de la gare Berlin Zoo. Quand, juste avant de prendre mon train, j'ai voulu le récupérer, impossible de remettre la main dessus. Je devais partir. Aujourd'hui, les cendres d'Annie m'attendent peut-être encore, ou plutôt, elles attendent la mer du Nord.

13

JEUX D'ENFANTS

Davantage que les jeux, venaient les prouesses enfantines : cochon pendu, galipettes, farces, grimaces, se lécher les narines, dévaler une pente en roulant sur le ventre, ventriloquie, danse du ventre, écrire son nom à l'encre jaune dans la neige, retenir son souffle pendant des heures (en trichant), émettre des bruits bizarres (je voulais parler avec mon cul : les sons sortent, mais la langue manque), bégayer, loucher, puer, boiter, faire semblant d'être sourd, d'être mort, mourir et ressusciter. J'étais champion en toutes ces formes d'art. Je méprisais les jeux de société officiels : main chaude, chat perché, métiers, portrait, statue, charades, pigeon vole, le facteur n'est pas passé, pierre feuille ciseau. Puéril, stupide.

Mon anniversaire tombait le 26 janvier, celui de l'Empereur le 27. C'est pourquoi, tous les ans, au soir de mon anniversaire avait lieu la répétition générale pour les illuminations des cérémonies en l'honneur de l'anniversaire impérial : à toutes les fenêtres de Berlin, les bougies devaient tristement se consumer en signe d'allégresse. Je n'ai jamais connu de carnaval joyeux, ils n'étaient pas tristes non plus… et ce n'était pas SEULEMENT de ma faute. J'ai vite appris à éviter les fêtes. Quand j'étais invité à une réunion enfantine, on me lavait de fond en comble et on m'affublait d'un costume marin, quelle torture, puis on me dessinait au charbon la barbe noire qui ferait de moi « Pierre le Nègre », ça faisait mal et en plus, ça ne se terminait jamais bien. Il y avait toujours de la triche, et je me retrouvais avec la carte fatale entre les mains. Ensuite, on me levait bien haut et tous les enfants se moquaient de moi. Rira bien qui rira le dernier ! Dans ma poche, je crispais mes doigts sur l'aiguille bien pointue avec laquelle je ferais un petit trou invisible dans le ballon en caoutchouc gonflé, le plus coûteux des cadeaux d'anniversaire, pour qu'ensuite il exhale lentement son dernier souffle. Si on s'y prend bien, rien ne sort à part le gaz. Le plus dur : prendre l'air absent pendant l'interrogatoire, ne pas rougir. Pour cela, il suffit de se concentrer de toutes ses forces sur l'idée de sa propre mort. Jamais on ne m'a soupçonné. Tuer les ballons en baudruche – même sous une forme atténuée – est aujourd'hui encore mon jeu de société préféré.

Mon instinct créateur trouvait à s'exprimer sans entraves dans le saccage de jouets. La « rage destructrice » des enfants Blumenfeld devint légendaire. Le soir de Noël, dès que les cadeaux avaient été déballés, je fendais le ventre du cheval à bascule pour voir à quoi ressemblait l'intérieur, car c'est l'intérieur qui est déterminant, disait maman. Il fut établi que les chevaux à bascule sont dépourvus d'âme ; c'est de la paille qui en sortait au lieu du sang. Je démontai avec le plus grand soin les nouvelles jumelles de théâtre en nacre de maman qui venaient de Paris. Quand il s'avéra qu'il n'y avait pas moyen de les remonter, je balançai de désespoir par la fenêtre toute cette quincaillerie dans notre cour, ce qui me valut d'abord une bonne raclée, et par la suite le titre honorifique de « Erwin le dévisseur ». Pour me consoler, j'inventai un vrai jeu digne des Blumenfeld, qui s'appelait « Sus aux armoires ! » et se terminait par une véritable effraction. Tous les enfants devaient grimper en même temps sur la grande penderie de maman et la piétiner jusqu'au moment où elle était éventrée, nous faisant tous atterrir parmi les vêtements. Maman possédait une robe de soirée jaune de chez

Drecoll (Paris), le reste venait de chez Herpich, Gerson, Israel, Kersten & Trop Cher de Berlin, ou de chez la couturière à domicile, la mère Geballe. Chaque enfant pouvait enfiler le vêtement sur lequel il était tombé. On s'amusait vraiment beaucoup, parce qu'avant le début du jeu, j'avais fermé à double tour les portes et qu'il fallait les enfoncer de l'intérieur. À la fin de la partie, les vêtements de maman étaient réduits en lambeaux, et maman et l'armoire piquaient une crise de nerfs.

Tout comme je détestais férocement les jeux de société, j'aimais avec passion les jeux auxquels on joue tout seul : les jeux de construction en bois me permettaient d'édifier des châteaux de chevaliers romantiques et des châteaux en Espagne où des soldats de plomb exécutaient mes ordres. Grâce à deux ou trois bougies, je produisais des effets de lumière en jouant ; je cherche aujourd'hui à les reproduire avec un nombre excessif de lampes, mais en vain. Les ombres d'antan, où sont-elles ? *Mais où sont les neiges d'antan* ?* La machine à vapeur, sa chaudière à alcool et son sifflet me mettaient en transe, la lanterne magique et sa lampe à pétrole brûlante projetaient des mirages, les expériences chimiques transformaient, à l'aide des quatre éléments, la chambre d'enfants en repaire d'alchimiste. Le sommet, c'était la pharmacie familiale accrochée au-dessus de la table de nuit de maman. Elle était placée si haut que maman laissait la clé dans la serrure, parfaitement tranquille. Il me suffisait de grimper au risque de me rompre les os sur une chaise posée en équilibre instable sur le lit pour découvrir, parmi les petites boîtes en carton aux étiquettes de toutes couleurs et remplies de poudres à coup sûr mortelles, des flacons avec une étiquette portant une tête de mort et deux tibias croisés, assortis du mot « POISON » (« Essaye-moi donc ! »). Je faisais fondre des comprimés dans des acides, et cela se mettait à bouillir, à écumer, à fumer, à siffler, comme quand l'eau s'unit au feu, l'écume bouillonnante éclaboussait jusqu'au ciel[1] et ce liquide était versé dans de petits flacons compte-gouttes déjà étiquetés comme laxatifs à utiliser en cas de chlorose. Personne ne démasqua mes agissements, mais personne n'y laissa la vie. En flirtant avec la belladone, le lysol, l'acide prussique, l'éther et l'arsenic, je me suis mithridatisé, ce qui devait m'être bénéfique lors de mes rencontres avec les gaz de combat et les vapeurs des chambres noires. Je m'enivrais de noms d'arômes et de puanteurs qui m'induisent aujourd'hui encore en tentation. Si mon démon a su ma vie durant me préserver du labyrinthe des drogues, c'est sans doute que je suis né drogué.

À chaque fois qu'un cortège funèbre de chars tendus de noir approchaït en trottinant, nos bonnes d'enfants nous tiraillaient pour nous entraîner vers le premier porche sombre et puant venu, afin de cacher aux bambins que nous étions ce que la mort avait de quotidien. En revanche, il nous fut permis, depuis les fenêtres du salon, d'admirer les fastes des obsèques de Mommsen, d'Anton von Werner, d'Adolf von Menzel. Jouer à l'enterrement devint notre jeu favori. Cela commençait en général par une opération du cerveau à laquelle moi, le professeur B., revêtu d'une chemise de nuit boutonnée dans le dos, je procédais sur la personne de mon pauvre petit frère Heinz en recourant à tous les instruments de ma boîte de compas. Je bouchais tous ses orifices avec des tampons d'ouate, je lui collais des pansements anti-cors sur les yeux, la bouche, les oreilles, je maniais d'une main experte pinces, sondes, baleines de corset en écaille de poisson, douches vaginales et fers à friser. Pour la trépanation, Heinz avait la tête tellement dure que je devais recourir au marteau. L'infirmière Annie, qui m'assistait en combinaison blanche, me passait les compresses, des serviettes humides. Le sang d'encre rouge coulait à flots. Je proclamais avec fierté « L'opération est un succès,

1. Friedriich von Schiller, « Le Plongeur ».

le patient est mort ! », et Heinz, en un dernier râle, rendait l'âme. Suivaient alors la toilette mortuaire, pratiquée selon les règles, mais gare aux chatouilles, puis l'embaumement. Un mélange de savon vert, de vaseline et de moutarde conférait au cadavre un aspect jaunâtre. Il était alors recouvert de la housse noire du canapé, le linceul et son contenu étaient déposés sur une planche à repasser élevée au rang de cercueil, et des mains attentionnées répandaient dessus des fleurs fanées, de préférence des immortelles. Comme le corps n'avait plus aucun rôle à jouer, Heinz avait le droit de se relever et de se rendre utile comme membre de la famille endeuillée. Sa dépouille était ensuite déposée dans la fosse béante, il fallait empêcher Annie, cachée sous un grand voile, de sauter dans la tombe pour suivre le cercueil, et ensuite, jouant désormais le rôle du rabbin, dans mon manteau d'hiver boutonné dans le dos, je tenais un discours funèbre pathétique, tous se pressaient sur les yeux leurs mouchoirs trempés à cet effet sous le robinet, et en échangeant les condoléances, tous en pleurs, se tenaient les côtes de rire. En guise de repas funèbre, nous nous régalions de gros sandwichs au boudin.

Le culte des morts est plus vieux que le cirque. Le clown est venu après le prêtre. Et la nécessité tragicomique d'éliminer les restes funèbres de manière hygiénique a développé un négoce qui rapporte des sommes phénoménales. L'incinération de la veuve joyeuse, comme nombre de belles coutumes anciennes, est une invention de médecins sous l'habit de fous du roi. Célébrons les défunts comme ils sont tombés. La manière dont on se débarrassera de moi me laisse froid.

14

PEURS

M. Adolph Mühlberg, fabricant de chapeaux de deuil, le père de l'autre Erwin, animal préhistorique répugnant atteinte de la maladie bronzée, prenait un malin plaisir à s'approcher de moi à pas de loup, pour me susurrer en crachant le feu qu'il allait me dévorer tout cru, peau et poils, après m'avoir dépecé selon les règles de l'art. Si mes parents regardaient dans notre direction, il affichait une gentillesse extrême, je disparaissais sous les langues de chat, les caresses et les petits gâteaux au chocolat. S'il me trouvait seul, il m'accablait des pires menaces. Un jour, j'ai failli y passer. Prétextant qu'il voulait me montrer de jolies choses, il m'entraîna dans sa cave. Aux lueurs de la chandelle, le billot m'attendait, entouré de haches, de scies, d'instruments de torture et de meurtre. Le monstre affûtait sa scie, dent après dent, en tonitruant à vous en faire frémir : « Ma fillette gît sur son lit de mort[1] ! » Assassinat en chanson, mélodrame allemand. Il jouait de l'orgue de Barbarie en virtuose. Quand je vis que sa bouche dégoulinait de sang, je m'arrachai à l'emprise de ce géant, me faufilai jusqu'à la porte et remontai quatre à quatre l'escalier de la cave, puis je courus, courus comme un fou dans la sombre nuit enneigée, de la Alte Jakobstraße jusque chez nous, Wilhelmstraße, en passant par la Kommandantenstraße, la Lindenstraße, la place

1. Vers tiré d'une ballade de Ludwig Uhland.

Belle-Alliance : Sauvé ! Je me glissai sans attirer l'attention dans ma cachette préférée, sous mon lit, tremblant de froid, et décidai de ne plus jamais en ressortir. Je m'endormis. On me cherchait partout. Enfin, on retrouva le fils prodigue, et papa me garantit l'impunité assortie d'un sauf-conduit. Dès que j'émergeai, il rompit son serment et me flanqua une raclée pour me punir d'avoir défendu ma vie avec courage. Maman ajouta le persiflage : « Ce gamin est psychopathe. Il commence par jouer l'homme des bois, ensuite il mime la folie de la persécution, un *pétagogue* énergique devrait chasser ces balivernes de la tête de cet être violent et retors. Ce garnement, sa place est dans une maison de redressement. » Par la suite, papa m'apporta une boîte de cigares en chocolat de la part de M. Mühlberg. Éducation moderne. Je refusai avec fierté mais les mangeai tout de même. Comme je ne voulais pas remercier, mes parents entrèrent en rage, j'aurais voulu que vous puissiez les voir ! Si les cigares n'avaient pas été dans mon estomac, ils me les auraient repris. Je ne suis pas seulement contre l'éducation moderne, mais contre toute forme d'éducation.

Pendant l'interminable hiver, la nuit recouvrait Berlin, glaciale, avec des quantités de neige et des crevasses infectées qui faisaient terriblement souffrir le petit Erwin. Et pour tout arranger, il avait toujours des souliers trop serrés fixés sur des patins trop lâches pour patiner dans le Tiergarten sur le Nouveau Lac jamais complètement pris ; il fallait faire du sport : *Navigare necesse est, vivere non.*

La séance chez le coiffeur, autre forme de torture. Rien n'y faisait, on me traînait à travers la Friedrichstraße chez Backofen, le coiffeur qui – comme il me le répétait à l'envi – allait me mettre dans le four (le *Backofen*) si je ne me laissais pas couper mes boucles sans faire plus de bruit qu'une petite souris. J'avais beau me débattre, on m'immobilisait en m'emballant dans un linceul blanc, on me juchait sur une chaise haute. Autour de moi, des sauvages brandissaient des lames et des ciseaux, appliquant de la mousse sur des têtes d'hommes inertes, toutes emballées dans des suaires. Il me fallait attendre mon tour. Devais-je donc me laisser faire ainsi sans protester, me laisser trancher la gorge ? M. Backofen, le traître, squelette aux boucles blondes, dansait sa danse macabre en s'approchant de moi, profitant de l'inattention générale, un long poignard étincelant à la main, pour me chuchoter à l'oreille : « Si tu t'avises de crier, au lieu de te couper les cheveux, je vais te couper la tête ! » Je m'y attendais. Rien au monde ne pourrait plus m'empêcher de hurler de toutes mes forces, jusqu'à ce que tout soit fini et que je me retrouve dans la rue, tout étonné d'être encore vivant, fier d'avoir une fois de plus eu la vie sauve grâce à mes hurlements. À partir de là, je commençais à hurler dès que nous prenions le chemin du salon de coiffure. Plus tard, je savais déjà lire, je découvris en face, à l'entrée d'un café ALLEMAND (à l'angle Friedrichstraße-Kochstraße), l'invitation : *JUDEN RAUS !* LES JUIFS, DEHORS ! (En Floride, en 1943, c'était une enseigne lumineuse : *NO DOGS ! NO JEWS ! NO NIGGERS !*) J'avais appris à ressentir une certaine fierté en pensant que nous étions le Peuple élu, haï depuis déjà des milliers d'années pour avoir toujours su lire et écrire. JEHOUA et ELIAHOU, les noms ineffables et très sacrés du dieu des juifs, contiennent toutes les voyelles ; et je suis fier d'être un juif sachant lire et écrire.

En ce temps-là, Berlin était infesté de flics, de pédés – *Urningen*, le plus joli mot de la langue allemande –, les crimes passionnels, les perversions sexuelles ne se comptaient plus, on n'entendait parler que de vauriens, de crétins, de m'as-tu-vu, de poètes et de penseurs, de juges et de bourreaux et autres chiens galeux des bas-fonds allemands qui ont tenu le haut du pavé à partir de 1932. Petit mouflet de 4 ans, j'appris en me jouant à lire et à écrire avec ma sœur, de deux ans mon aînée (mais juste avant d'entrer à l'école, j'avais tout oublié). Le premier mot que j'aie déchiffré sur une colonne Morris : MEURTRE ! J'étais en proie à la tristesse, d'où venait-elle, je ne le sais, comme disait Heine dans la *Lorelei*.

Mon enfance tout entière s'est déroulée sous le signe des plaisirs les plus abominables de la peur. Dans la rue, pas question de marcher tranquillement, mais toujours courir, courir, courir. Personne ne devait remarquer ma peur panique, je devais avoir l'air gai, calme et tranquille, car les assassins aiment les enfants tristes et tous les adultes étaient des assassins en puissance. J'appris donc à courir plus vite que n'importe quelle bête traquée à travers la forêt teutonne des contes sadiques de Grimm, Bechstein, Hauff, Etcetera Hoffmann et du *Struwwelpeter* (de l'aliéniste Hoffmann). J'ai connu les tourments de Gudrun dans les neiges de mars, et Falada accroché là, les tribulations de Rosa, fille de la pieuse Mathilde et du chevalier Egbert, et les œufs de Pâques, deux récits de Christoph von Schmid, la fidélité suspecte des Nibelungen sur les rives du Rhin. Aujourd'hui encore, le nom de Xanten sur le Rhin inférieur enchante mes rêves. Hors d'haleine, je parvenais à me cacher, échappant aux sorcières, aux assassins, aux bohémiens et aux magiciens, me réfugiant dans des placards, me cachant derrière les pans de murs. Dans l'escalier de service éclairé à la lueur avare des lampes à gaz, feux follets bleu jaunâtre, et empuanti de l'odeur des punaises, une cape magique me rendait invisible. Mon souffle s'arrêtait, mais mon petit cœur battait la chamade, envahi d'une peur féconde, car je savais que le Croque-Mitaine était là, le joueur de flûte de Hamelin, qui capture les rats et les enfants, cachant un sac sous son grand manteau noir. Dans ce sac, il y avait une scie, une longue scie aux dents acérées. « P'tit, tu me suis ! » me chuchotait le coupe-tifs d'un ton sans réplique. Une fois qu'il me tenait, il me bâillonnait, et me fourrait dans son sac qu'il chargeait sur sa carriole à bras pour m'emporter dans une cave obscure tout en sifflotant : « Y a une prune sur un prunier, je la veux, je la veux ! » Si mes parents refusaient de déposer dans les neuf heures qui suivaient une rançon de deux mille marks (or) derrière le mur du cimetière de la rue Belle-Alliance (ce qu'ils ne faisaient, par un souci bien compréhensible d'économie, que quand il était trop tard – d'ailleurs, les valais-je, ces deux mille marks ?), ma petite tête à laquelle je tenais tant – pas de tête, pas de vie – il allait me la trancher avec sa scie. J'étais seul à pouvoir le comprendre. Surtout, ne pas respirer, ne pas faire de bruit, ne pas être là, pour rester en vie. C'est avec Bertha, la nounou française, une petite brunette qui disait oui, que j'avais appris la peur du Croque-Mitaine. Elle chantait, d'une jolie voix touchante : « Y a un cadavre qui flotte dans les eaux du Landwehrkanal[1]. » La nuit, je n'osais pas fermer les yeux, pour déceler à temps le moindre signe de danger. Quand j'avais enfin réussi à m'endormir, complètement paniqué, les rêves m'assaillaient, plus assoiffés de sang que les peurs de la journée. Chaque bruit dans la maison, chaque souvenir faisait basculer le rêve dans l'horreur. Et pour couronner le tout, des petits vers gris clair me rongeaient de l'intérieur, me grignotant lentement et en secret. Monsieur le docteur l'avait diagnostiqué : « Cet enfant a des vers ! » On me faisait prendre en guise de vermifuge du chocolat gris-marron au goût affreux, mais parfaitement inefficace : j'étais maigre, blême, agité, rongé de soucis et de vers : un enfant nerveux. Maman avait trop tôt et trop souvent exprimé sa grande envie que j'arrête de faire « ma petite envie » au lit. À 5 ans, je continuais à me réveiller, mort de trouille, dans un lit trempé : on se moquait du pisseux. Pour me punir, mais aussi pour protéger le matelas, on avait glissé sous mon drap une alèse en caoutchouc

1. Allusion à l'assassinat de Rosa Luxembourg dont le corps fut jeté dans le Landwehrkanal de Berlin, dans une rengaine la tournant en dérision.

puante, tout le monde était au courant. On m'avait même menacé d'un fléau en train de devenir à la mode, le « psychologue pour enfants », comme on disait. J'éprouvais une si saine et innée répulsion pour ces représentants du monde médical que j'inventai une méthode secrète (aujourd'hui encore, il m'est interdit de la révéler) permettant de faire sécher les draps sans laisser d'auréole verdâtre : ainsi, pas de pièce à conviction. En parallèle, j'appris à garder mes soucis pour moi, je me renfermai.

Au commencement, quand je ne portais pas encore de pantalon, je faisais dans ma culotte rien que par peur de me pisser dessus. Je tremblais devant les gens et les possibilités, devant les choses, devant le visible et l'invisible, devant les bruits, devant l'inaudible. De la langue, du moindre petit mot naissait la peur. La peur de rester analphabète ma vie durant, alors que tout le monde savait lire, la peur de rester enfant, la peur de vieillir et de retomber en enfance, la peur de mourir jeune, la peur de mourir vieux, j'éprouvais sans raison la peur sans fond des abîmes, la peur injustifiée des plaines (la plaine est-elle plane ?), la peur d'attirer l'attention, d'avoir envie d'être remarqué et d'avoir envie de plaire : quand on chantait mes louanges, les larmes me venaient aux yeux (à l'âge de 9 ans, je me mis à pleurer quand Mme Fiegel, la mère d'un de mes camarades de classe – je garde un souvenir impérissable de sa poitrine –, me désignant, dit en français à son mari : *« Ce garçon est un génie*. »* Elle ignorait que je comprenais la langue). *« Une louange est une injure à l'orgueil* »* (Paul Valéry). Si on me réprimandait, les larmes me venaient aux yeux, de peur qu'on me laisse tomber (à chercher la grâce, Erwin est tombé en disgrâce !) ; peur de tomber dans des pièges, de me faire avoir, peur de devoir en supporter trop, peur de devoir plaire au grand nombre (il ne faut forcer la main à personne, et cela ne serait pas vrai pour Erwin ?), peur de la décrépitude, crainte de la déchéance, de la décadence, de devenir connu, des connaissances, de l'inconnu, de rester inconnu, d'être méconnu, reconnu – douce crainte, car le vrai génie reste méconnu. J'avais peur d'être trop polisson, de repousser, d'être répugnant et répudié, comme un lépreux (Erwin récrimine contre tout), de m'embourber dans le bourbier, de m'ensabler dans les sables mouvants, de me noyer en nageant à contre-courant, d'être repoussant, rejeté, ballotté de-ci et de-là, laissé en plan, trahi, vendu (comme Joseph par ses frères). Incurable ! Peur de dépérir à petit feu (atrophie mentale : « Maman je veux la lune ! ») puis, abandonné de tous, aveugle, perclus, sourd-muet, petit bossu orphelin conspué, peur d'avoir à mendier avec une canne blanche de porte en porte, et à manger de la vache enragée sous les huées. Incompris avili outragé – peur de devoir demander humblement pardon pour des méfaits non commis (comme le péché originel), d'être traqué, mordu, lacéré, déchiqueté par des dingues (depuis que, pour rire, j'avais voulu arracher la queue de Waldmann, le basset, et qu'il avait cherché à me happer la main). Peur du ramasseur de chiens – aussi noir que le redouté petit ramoneur –, qui lance un lasso nonchalant de la plate-forme de sa carriole comme s'il en avait après des chiens enragés. (En vérité, je vous le dis, c'est MOI qu'il cherche !) Peur du coureur professionnel, qui fait des siennes au pas de course et en maillot de bain à rayures (j'ai encore des frissons quand je vois un coureur disputer une course de vitesse). Peur de l'homme de guerre. Peur d'être soldat, de passer le conseil de révision, d'être appelé, engagé, enrôlé, cassé, dressé, dégradé, passé par les verges ; on arracha, au roulement sourd des tambours, les épaulettes du déserteur (comme cette place est grande, comme le chemin à parcourir est long) ; peur d'être là, bandeau sur les yeux, éternel innocent condamné pour haute trahison par une cour martiale à la mort à vie : roué-vif-écartelé par quatre chevaux, pendu, brûlé en autodafé, guillotiné (King Gillette), crucifié (Jésus Roi), parce que juif, puis plongé dans le coma (sans certificat de décès) peur d'être enterré vivant (monnaie courante en ces temps-là) – et personne n'entend mes cris et mes coups, quand je m'éveille, affolé, dans le cercueil. Peur de devenir fou furieux et d'être puni de la camisole de force (il est plus dur d'en sortir que d'y entrer : on n'est jamais relaxé de l'asile d'aliénés) ; d'être saigné à blanc, goutte à goutte, et laissé à putréfier. Bref, peur d'être un homme ! À peine est-on tiré d'affaire, l'histoire repart à zéro. La vie ? Éternel retour effroyable : *A tale told by an idiot full of sound and fury, signifying nothing*[1]. En tout cas, matière à littérature. La littérature universelle, les arts dans leur ensemble, sont-ils autre chose qu'un modeste compendium des jeux de notre enfance avec nos peurs ?

Je passais mon temps à réfléchir à la manière d'échapper à tout cela. On trouvait que l'enfant précoce que j'étais jouissait d'une imagination bien trop vive (« Son imagination dépasse les bornes. »). On raillait le drôle mélancolique que j'étais. On parlait *spleen*, Werther et autres amuse-bouches, le mot « masochisme » fut prononcé. Des expériences inquiètes et précautionneuses me permirent de découvrir les techniques raffinées de l'art qui seul donne la félicité de s'endormir et m'a toute ma vie préservé des somnifères et des médecins. Ma première maîtresse m'y aida, alliant tendresse mollesse douceur confiance abandon, sans que sa propre volonté y soit pour grand-chose. C'était mon oreiller. Je ne la trompai que rarement avec la couette (au plus froid de l'hiver). Soir après soir, je caressais cette bien-aimée jusqu'au moment où nous nous endormions ensemble, béats. Elle m'accompagna fidèlement à travers la Première Guerre mondiale, à l'Ouest rien de nouveau, et fut ma tout aussi fidèle compagne quand je désertai en décembre 1918 pour m'installer en Hollande. Lors de

1. William Shakespeare, *Macbeth.*

mon mariage, elle changea discrètement de sexe et devint *kaptijntje* (« le petit capitaine »). C'est seulement en 1940, dans le plus inhumain des camps de concentration français, au Vernet d'Ariège, qu'elle me fut volée sous ma tête par un prisonnier de l'île du Diable.

L'irrésistible magie de « Dors mon petit ange, dors, ton sommeil sera éternel » se vérifie sans cesse à nouveau dans le jeu de va-et-vient des vagues, qui montent, descendent, avancent et reculent jusqu'à ce qu'on ne puisse plus revenir en arrière, sortir de leur magie, jusqu'à ce que doucement on dorme du dernier sommeil. Compter, compter, compter, lentement décompter sans fin des nombres insipides, débiter des rangées de nombres, lentement écrire avec un crayon géant sur une ardoise géante des nombres géants, jusqu'au moment où le rêve m'étreint, le maître du sommeil. Le sommeil, dont jamais le rêve n'était absent, devint la meilleure part de mon existence : pas un jour qui s'enfuie sans que je m'étonne, comme le mendiant, qui chaque nuit rêve qu'il est roi, mène la vie d'un roi qui chaque nuit mène en rêve la vie d'un mendiant. Le vrai mendiant est le vrai roi. Mais il n'y a ni vrais mendiants, ni vrais rois, dommage. *« Au plus eslevé throne du monde, si ne sommes assis, que sus nostre cul** » (Montaigne). En rêve, il me vient des idées, je suis inventif, je vois clair, je compose, libre des chaînes de la raison. *We are such stuff as dreams are made on*[1]. Pas d'issue, alors je m'envole *ad astra*, vers le ciel : fuite dans l'envol. *Sursum corda*. Pas très facile d'un point de vue technique : dans l'eau déjà, nous sommes trop lourds. Icare a chu par suite d'une erreur de construction. Il faut connaître son propre angle (qui varie selon l'âge), chacun doit maîtriser son propre parallélogramme des forces, respirer lentement, profondément, avancer lentement sur la pointe des pieds et de manière régulière dans l'air lourd, échapper en flottant à la

1. Shakespeare, *The Tempest*.

terre. C'est ainsi qu'on devient libertin : soudain, des rêves d'une sauvage beauté, inattendus, des labyrinthes qui s'accrochent à vous. Au réveil, ils fuient dans le néant. Il y a bien des merveilles au monde, mais rien n'est plus merveilleux que le rêve. Éveillé, je n'ai jamais pu retrouver sa force créatrice.

15

TABOUS ET TOTEMS

Les tabous officiels n'étaient encore ni classifiés ni ratifiés. Au contraire, dans la maison paternelle, tout était encore *totem interditem*. Interdire, les parents y prenaient un plaisir fou. Les enfants devaient obéir sans discussion. Les adultes faisaient des lois pour demeurer les plus forts et mésusaient de leur autorité. Si cette dernière ne suffisait pas, ils menaçaient de la police. Ça marchait. J'avais la trouille. Le flic (moyen de transit emballé de bleu avec son « panier à salade ») dominait le monde. Aujourd'hui encore, le matin, pour aider le transit, je me souviens du gardien de la paix.

En tout cas, les parents en savaient beaucoup moins que nous, les enfants. Ce qu'ils avaient appris à l'école n'était plus vrai, en outre ils l'avaient oublié : nés idiots, rien appris depuis ! Mais mettre en doute la parole des parents, c'était péché mortel ! Cet axiome ne semblait pas ébranlé par les « petits mensonges » auxquels ils se voyaient jour après jour contraints – leur arrivait-il seulement de dire jamais la vérité ? Mais malheur à nous, pauvres petits, si nous nous risquions à prendre nos distances avec la vérité – il fallait bien qu'elle nous serve à quelque chose, notre imagination ! –, malheur à nous, si nous péchions contre tel ou tel commandement (je n'ai jamais réussi à retenir leurs numéros). À 6 ans, nous devions déjà être capables de les débiter tous les dix dans l'ordre croissant ou décroissant. Les commandements chrétiens se succédaient dans un ordre différent de celui des commandements juifs, et pourtant, ils présentaient une similitude déconcertante. Avant d'avoir saisi la différence entre mentir et voler, j'avais déjà compris que je n'avais pas le droit de commettre l'adultère, même si je me trouvais trop jeune pour cela. On nous troublait très tôt l'entendement.

Le pain était doté d'un caractère sacré mystérieux. Papa avait eu un accès de rage un jour où pour plaisanter je lui avais balancé par-dessus la table le morceau qu'il m'avait demandé.

La religion menait une double vie compliquée : les parents croyaient être des libres-penseurs, des athées croyants, des juifs modernes, bien au-dessus des superstitions primitives ; cependant, nous autres, enfants, il nous fallait prendre des sornettes à dormir debout pour vérités éternelles. Je n'ai encore jamais rencontré un homme dont j'aie pu croire qu'il croyait en Dieu ; j'en ai en revanche rencontré beaucoup qui auraient voulu le faire croire. La religion comme truc de prestidigitateur, permettant d'entretenir des relations juteuses avec des puissances supérieures. Corrompre les prévisions, fermer un œil, la religion comme équation avec un inconnu, « crime parfait » du petit-bourgeois de l'âme.

Chacun sait que ce même dieu qui apporte la victoire aux armées les plus fortes n'aide que celui qui s'aide lui-même. Je n'ai pas voulu laisser régner ce dieu des juifs bigot et sénile, qui nous a élus pour que nous soyons assassinés, et en plus par des goyim stupides. J'ai voulu démasquer ce fou criminel et le détrôner, j'ai voulu l'obliger avec Monsieur Son Fils à démissionner, car il n'a pas été à la hauteur de sa tâche : sa création est une erreur. Dans une ignorance particulièrement suspecte, ce sadique qui a toutes les perversités sur la conscience fait souffrir l'humanité. Si j'étais omnipotent, omniscient, omniprésent, je n'aurais inventé ni les bossus, ni les pervers sexuels. Cet éternel parâtre qui est au ciel nous traite, nous, son peuple élu, comme la lie de l'humanité. Comment se comporte-t-il avec les peuples qui ne sont pas élus ? Devrions-nous tomber à genoux devant lui, de peur qu'il nous traite encore plus mal ?

Nous autres, enfants, nous devions bien entendu prier, inutile de résister. Avant le repas, nous débitions sans reprendre notre souffle : BÉNISOISTUÉTERNELNOTREDIEU-QUICRÉESTOUTESSORTESDENOURRITURES ! En revanche, la prière de bonne nuit était chuchotée, mains jointes, humilité de façade, et on la faisait durer aussi longtemps que possible pour gagner un peu de jour, et le baiser de bonsoir en était la récompense : PETIT JE SUIS, J'AI LE CŒUR PUR, QUE SEUL DIEU L'HABITE, AMEN ! Après, et c'était un mystère, les mains ne devaient plus aller se cacher sous la couverture. « POURQUOI ? – Parce que ça déplaît au Bon Dieu ! – POURQUOI ? – Parce que, les enfants à qui on n'a rien demandé, leur place est sous la table ; qui trop demande reste sans réponse.

Ce qui me fascinait au cours des services divins où j'étais traîné par les grands-parents et les domestiques, c'était la partie technique et financière : la sacoche pour la quête et les lettres d'indulgence. Plus tard, dans l'organisation du bordel de la rue Chabanais, je compris, avec le drelin drelin de la caisse enregistreuse nationale, l'affinité élective entre l'amour et le tiroir-caisse. *Religion is a fortune*[1], l'aventure des célestes chevaliers d'industrie manipulée par la main du Très-Haut, attrape-couillons, chantage pour blaireaux, qui sont bienheureux d'être pauvres en esprit. Le pape vit somptueusement dans le monde, le créancier vit sur le dos de croyants et de leurs millions. AMEN !

Les véritables images pieuses de mon enfance, c'étaient les pièces d'or frappées au profil de l'Empereur : l'or dominait le monde ; « l'or est tout et le reste, sans or, n'est rien », disait Diderot. L'argent, c'était extraordinairement sacré. En

1. Titre d'un gospel célèbre au début du XXe siècle.

présence des petits, on ne parlait par principe jamais, c'est-à-dire toujours, d'argent. Et ce faisant, il était toujours fait mention d'un mystérieux partenaire en affaires, Saldo : je n'ai jamais fait sa connaissance. Mais en cas d'urgence, ce qui se produisait à chaque repas, nos parents utilisaient le langage codé de Jordan & Blumenfeld (*Utvorzichd*, U = 1, T = 2, V = 3, O = 4, etc.) dont j'eus vite une parfaite maîtrise. « Aaaliss, la salope, s'est offert pour T-mille un astrakan, qui est derrière ? Qui l'entretient ? De qui est-elle la petite amie ? » Doubles sens troublants, moi aussi, je m'intéressais à ses relations (et proportions), même si je ne pouvais les supporter. On vivait dans une relation de confort. (« Dieu merci, je peux dire que j'ai une relation de confort à l'existence, et ma relation peut dire de moi : Dieu merci ! » dit Pallenberg dans *L'Affaire Lola*.) « Elle est fiancée ? Contre qui ? Elle récupère quoi ? Un mariage d'inclinaison ? Ils se sont connus où ? À l'ombre du châtaignier ? Sous l'égide du marieur ? *Massel* et *Broche*, bonheur et bénédiction ! » Aaaliss, la salope, était gérante d'un magasin clandestin situé Tauentzienstraße, où se vendaient les parapluies de papa. Aaaliss, taille de guêpe et poitrine rebondie, fut pratiquement la seule femme divorcée de mon enfance (« divorce sans torts »). Son nom faisait sourire. Cette sorcière d'Endor fleurait bon la cannelle, le clou de girofle, les cigarettes égyptiennes, les dessous-de-bras déodorants et tous les autres parfums scandaleux de l'Arabie. Dans l'arrière-boutique, sa petite chambre qui sentait le renfermé, il y avait un canapé recouvert de velours rouge fatigué qui de toute évidence avait tellement vécu qu'il me faisait pitié. Le dimanche matin, la boutique était ouverte, même si jamais personne n'achète de parapluie le dimanche. Papa s'y rendait pour encaisser la recette du samedi. C'était l'argent du ménage, qu'il donnait à maman. J'étais contrarié de manger dans la main de cette salope. Et en plus, pour cela, il me fallait attendre un long moment dans la boutique. Papa trouvait convenable que son fils s'intéresse aux parapluies. Il passait des heures et des heures à faire ses comptes avec la salope, derrière une porte verrouillée. Quand il finissait par réapparaître, ronchonnant que les affaires étaient mauvaises, complètement essoufflé, Aaaliss, la salope, avait l'air tellement esquintée qu'on aurait cru qu'ils s'étaient bagarrés.

Les parents, hypocrites, se donnaient des allures de victimes du péché originel ; le seul coupable, c'était le phallus, et ils masquaient leur nudité derrière un rempart de cachotteries. Les cachotteries, c'est le pouvoir, c'est pourquoi les enfants ne doivent pas en faire et doivent dire tout et tout de suite à leurs parents chéris pour que ces derniers aient des ragots à se mettre sous la dent et puissent jouer les importants en société en étalant leur connaissance profonde de l'âme enfantine. Avant d'avoir assez de maturité pour posséder ses propres secrets, il faut démasquer ceux des grands : il faut se cacher derrière des rideaux, écouter aux portes, lorgner par le trou de la serrure (« Ce qui distingue la femme de l'homme, par le trou de la serrure t'en fais la somme », Ringelnatz) et reconstruire à partir des mouvements d'ombres nocturnes ce qui se passe pour de bon dans la chambre des parents. Au premier bruit suspect, j'écrasais mon oreille contre le trou de la serrure, pour découvrir que la nuit possède une acoustique qui lui est propre. Ou des raisons plus essentielles expliquaient-elles que maman, la nuit, chuchotait une octave plus haut, et papa une octave plus bas ? *Coloraturo contra basso buffo*. Sans doute utilisaient-ils la nuit une écriture secrète pour parler. (Je me suis intéressé aux encres sympathiques bien avant de savoir écrire : du pipi et du sucre, une fois chauffés, donnent sur le papier des signes marron. Parfait pour faire ressortir de prisons des messages secrets, appelés palimpsestes.)

Six, pour moi, c'était un chiffre qui donnait l'embarras du choix : sex + 6 = 12. Je savais de la vie sexuelle qu'elle était le résultat d'une cochonnerie excrémentielle, ruse dont la petite mère Nature s'était servie pour maintenir l'espèce humaine au prix de toutes les cochonneries possibles et à tort et à travers. L'existence comme forme la plus basse de l'être. Le corps était particulièrement inconvenant entre le nombril et les genoux. Les poils, discutables, la poitrine de la femme ça pend ça dépend, celle de l'homme aucun sens, la digestion, affreusement dégoûtante, contraire aux bonnes mœurs. Les relations sexuelles, c'était pour les chiens et pour les classes inférieures. Il était d'emblée clair pour moi que mes parents n'auraient jamais pu se laisser aller à de tels comportements pervers, incompatibles avec la vie d'une famille juive. Ils avaient une nature trop sublime, asexuée, comme les anges. Le bidet nettement moins sublime de leur chambre, on me disait que c'était une baignoire pour les pieds et c'est ce qu'il est resté jusqu'au bout. Les mensonges ont les jambes courtes.

Maman se considérait comme une incomparable spécialiste de l'éducation sexuelle. Quand je refusai de continuer à croire à la cigogne, elle me promit, pour mon neuvième anniversaire, de me dire rien que la vérité, toute la vérité – et tint parole. Au sommet de la pièce montée de circonstance, gâteau toujours un peu trop sec, se balançaient, calligraphiés de sa main en écriture gothique, les vers pleins d'enseignements de Ludwig Fulda :

D'où venons-nous ?
Où allons-nous ?
Nous l'ignorons.
Dans l'espace nous nous retrouvons
Avant de nous fondre dans le temps.

Et en dessous : « À suivre (dans un an). Maman. » Un an plus tard, elle reporta encore le moment de dénuder l'image de Saïs dans ses voiles et se réfugia derrière le thème du Graal dans *Lohengrin*, que je haïssais pour son anti-encyclopédisme :

« Jamais tu ne devras me demander ! » Les connaissances en matière de sexe étaient réservées à des sexologues, le professeur Magnus Hirschfeld ou le professeur Krafft-Ebing, ce n'était pas l'affaire du grand public, encore moins des enfants. Heureusement, cet été-là, sur la plage d'Ahlbeck, je vis une femme sortir de l'eau, elle avait dans le dos une horrible cicatrice, et je sus d'où nous venons.

De sa visite annuelle à Paris, où il allait chaque été acheter de nouveaux modèles de parapluies et ombrelles, papa rapporta, outre des ombrelles de dentelle parfaitement grotesques sous lesquelles maman, confuse, devait s'exhiber dans la rue, du gel de toilette vert pâle de Roger & Gallet et « Quelques Fleurs », un parfum de Houbigan. Ça sentait « je sais quelque chose que tu ne sais pas » : jeu de pouvoir, propriété, amour. S'y ajoutaient des jumelles de théâtre avec une garniture en nacre. Tout cela cachait de nouveaux secrets : larmes, comédie, fêtes de réconciliation. À table, les propos érotiques étaient discrètement habillés de français. Les parents parlaient sans se comprendre dans un mauvais français plein d'affectation et se faisaient l'impression d'être raffinés et pleins d'humour. Maman brillait avec son : *Öfföff kelackscbe !* « Œuf, œuf, que vois-je ! » J'en conclus de bonne heure que l'érotisme était un secret qui, tout comme le gel pour la toilette, avait un lien avec Paris. Sourire en *accent aigu** en réponse à un *accent circonflexe** à double sens, essentiellement pour les hommes, car les femmes, à y regarder de plus près, n'ont pas d'organes sexuels.

Il me fallait donc apprendre la langue de l'amour. À cette fin, je tombais amoureux de la gouvernante française d'Annie, Mlle Réséda Ansermier, et ce trois fois par semaine, l'après-midi. Elle répandait un vigoureux parfum de muguet, avait partout des fossettes, publiques ou secrètes, et cachait avec coquetterie une poitrine se balançant joyeusement derrière son jabot de dentelle que j'aimais remettre d'aplomb afin d'apprendre ainsi la langue française, un jeu d'enfant. Elle m'apprit aussi comment trouver sur sa nuque la racine de vie. Il fallait y aller avec d'extrêmes précautions afin de ne pas la rompre, mais sans pour autant la chatouiller. J'appris en un tournemain le français tel qu'on le parle à Lausanne. L'appétit est le meilleur des cuisiniers, l'amour le meilleur des professeurs, et pas seulement des professeurs de langue. Le jour où Mademoiselle nous quitta, je perdis aussi mon français.

Révolutionnaire de 10 ans, je gesticulais en débitant avec virilité des sentences nietzschéennes. Les jours où maman réclamait un respect particulier, je perdais tout respect. À propos des larmes que la migraine mensuelle lui arrachait, je prêchais « Tu vas chez les femmes ? N'oublie pas le fouet[1] ! », ce qui lui faisait empoigner une petite badine en osier parfaitement inoffensive pour faire passer ces excès pubertaires. Un jour, je me plantai, levant un doigt menaçant, devant papa pour lui enjoindre de ne pas procréer, mais de créer. Il me fixa d'un air amical à travers ses yeux de crapaud et se tapa le front en riant : « Quel idiot ! » Impossible de prévoir à l'avance si mon bagout berlinois allait me rapporter un baiser ému ou une paire de claques. L'inconséquence de mes parents avait un certain charme. Ils ne m'ont pas frappé souvent, mais toujours de façon injuste et au mauvais moment, selon la maxime : « Si tu n'écoutes pas, tu vas le sentir ! »

Une fois par an, pour des raisons de folklore, j'avais le droit de les battre à mon tour. Le 1er mai, nous grimpions de bon matin dans le lit de nos parents chaud comme un nid. La veille au soir, Hermann, le domestique, avait rapporté des branches garnies de petites feuilles vert tendre dont il avait fait des petites verges avec lesquelles nous avions le droit de les frapper. Je trouvais que c'était trop symbolique, les verges étaient trop petites.

1. Friedrich Nietzsche, *Ainsi parlait Zarathoustra*.

Pourquoi les parents ne peuvent-ils s'empêcher de violer la parole donnée ? Pourquoi les parents ont-ils des amis si désagréables ? Pourquoi les parents sont-ils d'ennuyeux ruminants qui ne font que répéter ce qu'ils ont déjà dit et redit ? Pourquoi les parents appartiennent-ils toujours aux générations précédentes ? Pourquoi sont-ils démodés, vieux, gâteux et gaffeurs ? Mes enfants se posent exactement les mêmes questions.

Je ne m'étais pas rendu compte que mes parents fréquentaient exclusivement des juifs. Ils ne s'en rendaient sans doute pas compte non plus. Il ne s'agissait pas de juifs de l'Est, Polaques ou Galiciens crasseux, mais de gens comme nous : des israélites allemands citadins, ouverts sur le monde, civilisés (un israélite est un juif honteux, un juif est un israélite insolent), qui ne voulaient rien savoir de la religion. Ce qui ne les empêchait pas de mépriser leurs coreligionnaires renégats qui avaient acheté un « billet d'entrée dans la culture européenne » (le certificat de baptême). (« Il s'est laissé avoir. ») Qu'un goy s'égare chez nous, c'était hautement improbable. Et quand cela se produisait, on ne savait plus du tout comment se comporter. Les étrangers étaient des phénomènes que l'on submergeait de manifestations de respect débiles, parce qu'on ne savait pas comment communiquer avec eux. Pour accélérer la compréhension entre les peuples, maman avait appris le volapük, une sorte d'esperanto qu'on parlait couramment au bout de six heures d'étude. Mais malheureusement, personne n'y comprenait goutte. Entre 1897 et 1913, les personnalités étrangères suivantes apportèrent leur éclat à notre modeste demeure : une Belge authentique, Eujeentje Paradis, de Bruxelles (née Wolf, de Cologne) ; une Française authentique, Rosa Lion, de Lille (née Cohn, de Essen), qui avait la cataracte, des lunettes et un fils, André, porteur de lunettes lui aussi ; l'oncle Louis Cohn, authentique oncle d'Amérique, Salt Lake City, Utah (né à Dobrzyn sur la Drina), grand-papa tout craché, traversait tous les cinq ans « la grande mare » avec sa femme, tante Harriet, fausses dents amovibles, *made in USA*, et leur fille Edna, deux mètres de haut, qui chantait dans le chœur du tabernacle mormon et était célibataire. C'était là notre monde international. Autour de nous, des murailles invisibles ; le monde est un ghetto : borghetto. Parias satisfaits dans leur *splendid isolation*. Mes parents se berçaient d'illusions. Un siècle d'émancipation avait pour toujours refoulé vers l'Est, où était leur place, les miasmes du ghetto et les fantômes des pogroms, les chassant hors d'Allemagne. Dans *Un conte d'hiver*, Heine avait prédit à l'Allemagne un avenir de chiottes. En 1850, Grillparzer prévoyait : « L'itinéraire de la culture moderne va de l'*humanité* à la *bestialité* en passant par la nationalité. » Je n'étais pas prophète : même après coup, je ne voulais pas avoir prévu que l'anéantissement de six millions de Juifs ait pu devenir une industrie à grande échelle pratiquée au nom du peuple allemand. Tout fut utilisé : des dents en or arrachées, des chevelures de femmes, des cerveaux d'enfants, du savon de cadavres. Six millions que je ne peux ni ne veux oublier une seconde, même au moment où je regarde la plus jolie des Allemandes droit dans les yeux. Les cauchemars de mon enfance, dans lesquels les Allemands me torturent à mort, ce n'était pas folie de la persécution comme mes parents cherchaient à me le faire croire pour me rassurer, mais réalité germanique.

16

IVAN

En ce temps-là aussi, la Russie s'était mise aux pogroms. Mon petit-cousin Ivan (le fils d'une sœur de Itsche, le demi-frère de grand-papa Henry né du deuxième lit avec la cousine d'une tante) avait fui en 1906 Dobrzyn sur la Drina et s'était réfugié à Berlin où la tribu n'avait rien pu faire d'autre que de l'accueillir avec une retenue méfiante et cordiale à la fois. Le dimanche, il lui était permis de se remplir la panse chez nous, mais à chaque bouchée, on lui faisait sentir combien nous autres, juifs de Berlin, étions plus raffinés que les porteurs de *tefillin* crasseux venus de l'Est (il ne portait pas du tout de *tefillin*). Combien grande était sa chance, lui, un mendiant qui parlait yiddish (en fait, il ne parlait pas yiddish et ne mendiait pas, mais il avait une odeur bizarre), de pouvoir s'asseoir à notre table au lieu de manger à la cuisine avec les domestiques. Je trouvais scandaleuse la façon dont ce garçon de 14 ans supportait tout cela. Papa lui donnait un peu d'argent de poche, une somme dérisoire, en échange de son travail à la fabrique de parapluies, où il devait dessiner des cannes dans un cahier d'échantillons. Pour le faire, il posait une canne sur la feuille, en dessinait les contours et coloriait de ses propres mains cette œuvre d'art : le résultat était infiniment plus réussi que l'original car Ivan était un artiste. Le dimanche après-midi, à la maison, nous faisions ensemble de la peinture à l'eau. Quel bonheur ! J'apportais les idées, lui le talent :

des montagnes se mirant dans l'eau d'un lac, les falaises de craie de Rügen, le Königsstuhl se reflétant au coucher du soleil dans les flots de la Baltique. Tout en peignant, Ivan décrivait les Cosaques fouettant du haut de leur cheval les Juifs avec leur nagaïka. L'art était l'antidote au knout, je succombai à l'art. Je fus vite capable de peindre moi aussi des rochers se reflétant dans l'eau.

À 15 ans, Ivan reçut son arrêté d'expulsion en tant qu'« étranger indésirable », il émigra en Amérique et vit aujourd'hui à Liverpool où il est devenu un Anglais aisé et avare : Sir Irving Sommerfield, précédemment Irving Saturday, qui avait succédé à Ivan Sonnabend succédant lui-même à Jitzrock Schabbes. Il se rend régulièrement à New York, tous les deux ou trois ans, aussi humble qu'il y a soixante ans, et en plus, un peu vexé. Je me vois en lui et m'observe dans mon état originel, gorille entre les déluges et escaladant les civilisations.

17

LE 140 WILHELMSTRAẞE

Notre maison était le décor idéal pour des mystères sauvages : vol, meurtre, assassinat. Deux maisons construites en fer à cheval autour d'une cour. Derrière la maison donnant sur rue, la cour de devant, et au contraire derrière la maison arrière, la cour de derrière. Chaque maison prétendait être la maison sur rue. On jouait le courtisan, on se faisait mutuellement la cour, se courtisait, se méprisait : une société pour soi. Chaque cour avait sa propre langue, ses propres bouffons. La cour de devant dans laquelle se trouvait la pompe à eau considérait avec commisération la cour de derrière. Par exemple, le père d'Alfried Rektor était mouchard et nous avions un sourd-muet, Otto Jakobi, qui savait presque parler et était très fort, tandis que la cour de derrière pouvait seulement exhiber un bossu qui avait très mauvais caractère, mais le grand-amiral von Tirpitz rendait souvent visite en douce au grand-amiral von Holle. Baie de beauté, détroit de honte, venus tout droit d'un jeu de rêve de Strindberg, séparés et en même temps reliés par le jardin, entouré d'une palissade en bois (avec des interstices pour lorgner à travers), on déchirait ses pantalons, neufs ou vieux. Le jardin était encore réduit par un cabanon adossé à la maison de devant. On y trouvait un demi-noyer dont la meilleure partie était tombée, complètement pourrie. Ses racines étayaient la maison de devant. Un orme étique soutenait la maison de derrière. M. Hermann Sendtke, notre concierge, me l'avait appris, car j'étais son chouchou (papa lui donnait les pourboires requis). M. Sendtke braillait de belles chansons : « La belle chemise blanche que voilà, sur le derrière y a du caca ! » ; « Tu m'aimes, je le sais bien, mais la lune, ton amour, elle s'en fout ! » ; « À quoi bon faire le bel esprit, tu feras tout de même pipi au lit, ou être solide comme le roc, si c'est pour chier dans ton froc ! » Il ne chantait que des trucs merdeux, comme l'âme du peuple allemand. Installé dans un entresol près du porche de la maison de derrière, au 67 Königgrätzerstraße, il régnait en tyran sur les deux immeubles, aux pieds ses pantoufles de feutre, secondé par sa noble épouse, Mme Sendtke. Ils se nourrissaient de hachis parmentier et de fromage puant. Il guettait par un soupirail et quand on sonnait, il n'ouvrait qu'à ceux qui s'assuraient de sa bienveillance contre un pourboire. Traverser cette maison évitait un détour. Je reprenais volontiers le poste de Cerbère : sévère et juste. Nul n'avait le droit de pénétrer dans le jardin, sauf moi. À l'automne on y trouvait quelques noix, quel régal ! M. Sendtke voulait me convaincre de les accompagner de vers de terre. Il avait beau me traiter de trouillard, jamais je n'ai pu surmonter mon dégoût. Il me montrait aussi le sang qui jaillit quand on les écrabouille et que, quand on les coupe en deux, chaque bout continue à vivre : Vie Éternelle. La cabane de jardin n'avait qu'une pièce. À la fin de chaque trimestre, à terme échu, M. Püschel fils, notre propriétaire, s'y installait. Il était pasteur à Prenzlau, membre de l'ordre de Herrenhut[1] et en même temps chevalier de Saint-Jean. Un gros type patelin qui regardait tout le temps dans le vague d'un air sinistre ; j'étais le seul à être gratifié de ses sourires charmeurs. Il me permettait d'entrer chez lui et de jouer pendant qu'il rédigeait les quittances. Les rideaux

1. L'ordre de Herrenhut, appelé aussi « Frères moraves », et dont le nom évoque la protection de Dieu, mais signifie aussi « chapeau d'homme ».

restaient toujours tirés. Dans la pénombre, j'étais fasciné par une épée noire très fine ornée d'une poignée en forme de croix. Un jour où je voulais aller chercher des noix dans le jardin, il m'appela et me fit entrer. Il se dressait là, dans une immense cape de velours noir ornée d'une croix blanche, et portait un grand chapeau noir à bords d'où pendouillait une plume d'autruche, comme un chevalier de contes digne d'être admiré. Je demandai : « Mais pourquoi un *Herrenhuter*, censé se coiffer d'un chapeau d'homme, porte-t-il un chapeau de dame ? » Il rit bizarrement et me tendit son sabre pour que je le tienne. Quand je lui demandai timidement de m'en faire cadeau, il ouvrit les pans de son manteau de chevalier et se dressa là, déguisé, en corset et culotte de dentelle, comme maman. Cette blague me fit bien rire, et en même temps, j'avais peur. « Si tu veux ce sabre, viens le chercher dans ma fente. » Il n'avait plus rien de gentil. Je commençais à m'ennuyer et dis que maman m'attendait pour le goûter. Il me menaça : « Si tu racontes à l'école à quel jeu nous avons joué ensemble, tu seras un menteur et je viendrai t'étriper avec le sabre que voilà. » À partir de ce jour-là, M. Püschel fils ne m'inspira plus aucune confiance.

Dans la cour intermédiaire, il y avait deux poubelles remplies à ras bord de détritus puants et de cendre fumante. Le matin, une fois celles-ci vidées par deux gigantesques cochers qui conduisaient la benne à ordures, deux hommes au teint cendré revêtus de tabliers de cuir dignes de héros de la mythologie, mon conseiller-portier préféré Sendtke m'enseignait le noble art de la chasse à courre. Spécialiste en tout ce qu'il entreprenait, il déversait dans les grandes poubelles métalliques rondes les souris et rats pris au piège la nuit d'avant. Il m'armait solennellement d'une tige métallique bien trop grande pour moi et me hissait jusqu'au bord du grand tonneau, et de là, je devais écrabouiller les bestioles misérables avec ce pied-de-biche. Plus facile à dire qu'à faire, car elles avaient la vie dure et se lançaient dans un sauve-qui-peut éperdu et j'étais trop malingre et trop maladroit pour manipuler efficacement mes instruments mortifères. Pour me punir de ma balourdise, les vermines sanguinolentes tournaient en rond en traînant leurs tripes sorties de leurs ventres et couinaient avec tous les accents du désespoir, et M. Sendtke était furieux. Je devais lui demander pardon, il se fourrait alors une bonne prise de tabac dans le nez, m'en donnait quelques brins, me tenait la main, secourable, et tranchait d'un geste professionnel chaque bête en deux, commentant son geste en rigolant : « C'est comme ça qu'on doit exterminer les rats juifs, l'engeance du genre humain ! Et toi, Erwin, tu deviendras un vrai Allemand ! » Je n'osais pas raconter tout ça à mes parents : ou bien ils auraient été fâchés contre M. Sendtke, ou ils ne m'auraient pas cru, ou ils m'auraient puni.

Alors, je la fermais. J'étais empli d'une fascination mêlée de dégoût pour ces « vrais Allemands ». Premier aperçu du génocide en tant que sport. M. Sendtke essaya même un jour, alors qu'il avait particulièrement honoré la bouteille, de me massacrer à coups de tisonnier. Dans la cave de la maison de devant, il trouvait de quoi étancher sa soif, et il s'y envoyait souvent un petit schnaps derrière la cravate. En le voyant se pointer avec le tisonnier, je crus qu'il voulait rire, mais quand fit mine de me balancer dans la poubelle, je pris mes jambes à mon cou.

Devant les poubelles, on aurait dit des potences, se dressaient les tringles pour battre les tapis. Les bonnes, cheveux bien serrés dans des chiffons à poussière, y battaient avec leurs tapettes d'antiques tapis persans, d'où s'élevaient des nuages de poussière. Un jour, j'organisai pour les enfants des deux maisons un concours, il s'agissait de faire pipi le plus loin possible au-dessus des tringles à tapis, et les filles, pour leur éviter tout complexe d'infériorité, jouaient les arbitres. Une heure avant déjà, nous autres, les garçons, nous avions fait le plein de limonade (s'il n'est rien rentré, rien ne peut sortir). J'étais sur le point de battre des records du monde de hauteur quand maman, traîtreusement, arriva par-derrière et brisa en mille morceaux sur mon postérieur une ombrelle en dentelle toute neuve. Je me retournai d'un air de défi et lui lançai, devant tous les autres enfants : « Je t'en prie, si ça te fait à ce point plaisir, allez, frappe encore ! » Maman, honteuse, battit en retraite. Quelle humiliation pour Jordan & Blumenfeld. Maman possédait une collection de plus de cent parapluies et ombrelles.

Dans la cour, nous jouions aux différences sociales : empereur, roi, noble, bourgeois, paysan, mendiant, nous jouions aux gendarmes et aux voleurs, à la police secrète, au maître et à l'esclave, à pince-mi et pince-moi, à cache-cache, aux billes, à la toupie, au cerceau, au *Hollandais volant*, aux Indiens. Je n'éprouvais qu'un intérêt négatif pour les amorces, les boules puantes, les poudres à éternuer et autres poils à gratter. Je ne nierai pas ma passion pour les arbalètes. Nous autres, enfants très dominants de la classe dominante, fréquentions des institutions éducatives de haute qualité. Les filles fréquentaient des écoles pour jeunes filles de la haute société. Il n'était pas encore question de mixité. Les garçons de la haute société, élèves des lycées, récupéraient en même temps que leur attestation de fin d'études secondaires le « service d'un an », et n'avaient de ce fait à effectuer qu'une année de service militaire comme volontaires, après quoi ils pouvaient devenir officiers et donner des ordres. Les enfants des prolétaires allaient dans des écoles communales puis devaient servir trois ans durant comme simples soldats pour devenir ensuite dans le meilleur des cas facteurs, domestiques, cochers, balayeurs des rues, ouvriers d'usine, criminels ou mendiants. Le monde s'ouvrait à eux.

L'entrée principale était réservée aux maîtres. « Les domestiques doivent prendre l'escalier de service ! » À la porte principale, on sonnait d'un doigt en appuyant sur un bouton, la porte s'ouvrait aussitôt et l'entrée de toute sa splendeur, propreté agressive, barres en laiton étincelantes maintenant les tapis parfaitement tendus. À l'entrée de service, on tirait sur un cordon et la cloche tintait. L'escalier de service, obscur, s'abîmait dans la crasse. Nous autres enfants, nous devions entrer par l'arrière, et on nous précipitait dans les bras accueillants des bonnes. Devant, rôti de veau, derrière, à la cuisine, viande de porc. Dès mon plus jeune âge, j'éprouvais une attirance certaine pour le personnel de cuisine (comme tout jeune homme, d'ailleurs) qui se révoltait contre la tyrannie de nos parents, mais une répulsion pour les bonnes d'enfants qui, lorgnant vers le haut, voulaient devenir bien vite elles aussi patronnes. Les domestiques n'avaient pas d'avenir, les bohémiennes le lisaient dans leurs mains.

Maman m'avait abandonné pour la première fois quand j'avais deux ans et demi et qu'elle était partie tranquillement en voyage. Elle devait le payer cher. Les domestiques m'endoctrinèrent. Au bout d'une semaine, quand maman revint, il était prévu que je l'accueille en tenue de cérémonie (en habits du dimanche) sur le seuil de l'entrée principale. Je fis mine de ne pas la connaître : « Dégagez, la vieille, vous êtes bête ! » Maman, accablée par la migraine et taraudée par le repentir, jura qu'elle ne m'abandonnerait plus jamais.

J'avais 4 ans quand un beau matin, on trouva dans le lit de notre cuisinière Olga Ziem le facteur qui apportait les mandats, victime d'une attaque cérébrale foudroyante. Le pauvre type n'avait même pas son pantalon. Les boniches dormaient à trois dans une soupente – une espèce de niche à chien avec une lucarne – qu'on atteignait depuis la cuisine par une échelle de poules. Je croyais qu'elle s'appelait « soupente » parce qu'on s'y pendait. Un adulte ne pouvait pas s'y tenir debout, on était donc obligé d'y rester couché. Que trois filles bien en chair puissent y dormir sur les deux lits métalliques, c'était difficile à croire. Mais là-haut, il régnait toujours une agréable chaleur, partout des pots de chambre pleins, ça sentait le fauve à plein nez. M. Schulz, le facteur à mandats, portait une barbe qui inspirait le respect (Van Gogh a fait son portrait), ainsi que des lunettes à monture d'acier. Il m'aimait bien et me laissait jouer sur ses genoux, à cheval sur mon bidet, sa barbe me servait de rênes. Le tumulte fut extrême, avec cris, police apposant devant moi les scellés sur sa sacoche. On fit venir le docteur Saatz, authentique docteur et conseiller secret. Il habitait juste en face de nous, entresol droit (le côté droit était plus noble que le gauche), et avait une liaison avec la plus célèbre des actrices du Théâtre royal, Amanda Lindner, à propos de laquelle sa femme, trempant de ses larmes son mouchoir en dentelle, me racontait en confidence des histoires excitantes de déluges et de berceaux flottant sur les flots. Ce fut un va-et-vient de voisins curieux et d'ambulances. Pour couronner le tout, la cuisinière Olga fut mise à la porte à grand fracas, comme si elle n'avait pas eu assez de contrariété. Maman se surpassa ; plus surréelle encore que papa, elle se dressa doigt tendu, telle la justice éternelle, sévère et inflexible, en criant : « Voici la porte ! » Le défunt facteur porteur de mandats, dont tout le monde s'accorda pour dire que c'était un beau cadavre, avait l'air si grave, et dans la maison, tout le monde ricanait. Mystère pour moi, les vraies énigmes sont insolubles.

J'essayais d'améliorer le sort des pauvres domestiques en leur rapportant ce que mes parents disaient à table à leur propos. Quand il n'y avait pas assez à raconter, je brodais, car je savais exactement ce que mes parents auraient pu dire. J'inventais, je mentais et gémissais sous le fardeau de ces intrigues dangereuses à vous couper le souffle. C'était plus fort que moi : je devais porter secours aux opprimés contre la classe dominante et, à l'instar d'un journaliste, il me fallait les alimenter en nouvelles quotidiennes. Ces filles, je les aimais, elles avaient la poitrine qui manquait à maman, et le courage qui me manquait à moi pour être insolent face à maman. Pour faire taire ma mauvaise conscience, je devais aussi de temps en temps rapporter à maman ce qui se racontait au sujet des parents à la cuisine. Je devins de la sorte agent à la fois double et provocateur.

Sur cette culture des bas-fonds germait aussi un excitant érotisme des bas-fonds. Des colporteurs irrésistibles vendaient dans l'arrière-cour des romans à quatre sous dont les filles dévoraient les livraisons hebdomadaires. C'est sur ce fumier qu'a fleuri la littérature allemande du tournant du siècle. Ella Tiersch avait la plus parfaite et profonde poitrine du monde, et par surcroît le popotin le plus plaisant. Pour me remercier de lui transmettre des informations secrètes, elle m'enseigna un jeu de patience auquel on ne pouvait jouer que dans la soupente, et seulement quand mes parents étaient tous les deux sortis. Amalia faisait le guet à la cuisine en chantant : quand elle se taisait, danger. Selon les règles du jeu, Ella cachait en un endroit très secret de son corps, par exemple dans son chignon, une pièce de six pfennigs, et je devais la retrouver ; ce jeu s'appelait « pisse-six ». Elle s'allongeait sur son lit sans l'arranger (comme personne ne grimpait jamais dans cet Olympe, personne ne se donnait la peine de disposer comme il faut les édredons à carreaux rouges et blancs dont on changeait les housses une fois par mois). Quand j'avais enfin réussi à découvrir la pièce, un baiser me récompensait et je pouvais la garder. Je savais bien sûr toujours parfaitement où elle était. Mais comme chercher était infiniment plus agréable que trouver, je cherchais longtemps, soigneusement, et partout, ce qui me permit de faire l'intéressante découverte que la femme présente plus de recoins que l'homme. Ensuite, nous échangions nos rôles : je devais m'allonger sur le lit, et Ella cherchait. Elle ne trouvait jamais. Souvent, j'avais peine à supporter ses chatouilles, il ne fallait ni rire ni parler – si on parlait, on avait perdu. Après avoir joué jusqu'à l'épuisement réciproque à pisse-six, Ella avait inventé une variante qui rendait la recherche encore plus difficile : on devait d'abord se déshabiller mutuellement, car il est manifestement plus difficile de cacher une pièce de monnaie sur soi quand on est nu comme un ver. Une fois bien cachée, elle devient pratiquement impossible à trouver. Comme ce n'était pas vraiment un jeu de hasard, mais qu'il requérait autant d'habileté que de perspicacité, j'ai toujours réussi à trouver la pièce. Poussé par l'envie d'être habile, je le suis presque devenu. Les jeux d'enfants cachent souvent des choses très profondes.

18

L'HORLOGER GIERITZ

L'horloger Gieritz portait un bouc raidi au cirage noir (comme Robert le Diable), un œil de verre (comme tous les horlogers), une jambe de bois et les deux béquilles qui allaient avec (ce n'est pas moi qui avais caché ses béquilles dans la cave !). J'aimais le regarder réparer ses montres à sa fenêtre ouverte sur la rue. Il parlait peu, mais un jour, sans aucune raison, il m'écrasa sans crier gare sur la main une crotte de nez gluante qu'il venait d'extraire, d'un geste aussi inexorable que le balancier d'une pendule. Je le racontai en pleurant à mes parents. Le dimanche suivant, quand la sonnette retentit à la porte, je savais que c'était Satan soi-même : l'horloger Gieritz en redingote noire, avec sa barbiche empesée, sa jambe de bois et ses béquilles. Il affirma avec le plus grand sérieux que j'étais un fieffé menteur et qu'il ne m'avait jamais de la vie écrasé une crotte de nez sur la main, parole d'honneur. Puis il se frappa la poitrine en disant : « Est-ce que j'ai l'air, moi qui suis un homme d'honneur, d'être capable d'aller écraser une crotte de nez sur la main d'un sale petit youpin menteur ? » Mes parents lui donnèrent raison et me laissèrent tomber. Je lui trouvais pour ma part l'air d'un menteur, mais il parlait d'une voix de poitrine tellement convaincante que je me mis à douter moi-même. Quand il eut tourné son talon, mes parents s'esclaffèrent tant après cette comédie dominicale qu'ils se souciaient comme d'une guigne de savoir s'ils devaient me croire ou non. Je ne trouvais rien de drôle à cette situation et tournai et retournai longtemps dans ma tête la question de savoir si la vérité est un mensonge crédible, ou le mensonge une vérité estropiée, ou l'un et l'autre identiques : images en miroir aux prémices inversées. Pourquoi le petit Erwin aurait-il dû imaginer de telles fariboles, mais aussi : Pourquoi l'horloger Gieritz aurait-il dû se comporter de manière aussi abjecte ? La vérité vraie : il m'a écrasé sa crotte de nez sur la main. En ce temps-là déjà, il n'y avait aucun moyen de le prouver. Aujourd'hui, soixante ans après, il n'y a plus personne au monde en dehors de moi qui ait connu Gieritz. Je jure que c'est une histoire vraie.

19

L'ÉCOLE

Au commencement était le verbe. Mais lequel ? Je compris que ce n'était pas vrai, vraiment ! Au commencement était le jeu. Jeu aimé. Jeux de mots bien-aimés. « Ésope reste ici et se repose ! » Aller, retour : poésie (palindrome, invention, paraît-il, de Schopenhauer). Fallait-il que tout eût commencé par un vague mot estropié ? Ou par un calembour ? Au commencement était le miracle de l'alphabet : A + B = C. Tout est bien qui finit bien, en fin de compte le premier mot surgit. J'ai eu du mal à apprendre à parler. Quand je voulais dire « je », je zozotais, ça faisait rigoler. Qu'est-ce qui était quoi ? Personne ne voulait me répondre. On faisait semblant de ne pas vouloir, mais on ne pouvait pas. Les chattes osent en Espagne. Tout cela est à Tristan. C't'âne y s'lasse, laisse un ski. J'ai bien failli, au début, perdre courage dans le labyrinthe verbal de l'enfer des bons mots, et j'ai bien cru ne jamais m'y faire. Pourquoi dois-je verbiager comme les autres, qui n'écoutent jamais ? Pourquoi pas zozoter, f'est fi doux à la langue. Pourquoi n'aurais-che pas le droit d'avoir mon charabia à moi ? Les langues sont des langages secrets, dangereux, que personne n'entend et qui ne disent jamais ce que je veux dire. Ou qui n'en disent que la moitié. Comment parle-t-on de soi ? JE, est-ce bien moi ? Il y a des fois où je suis aussi ME, MOI, MON et MIEN, jamais au grand jamais TIEN. Suis-je toujours le même ego ? Qui pleure dans ce miroir déformant ? Suis-je premier, entier, multiple, plus petit commun multiple ? Suis-je ou ne suis-je pas ? Serai-je un jour ?

Au commencement, le verbe, Sphinx menaçant, me posait des énigmes insolubles qui m'obligeaient à apprendre à réfléchir ou à périr. Le verbe s'encombrait de conventions, m'apprenait à mentir, à rire, à vivre. Il lui fallut longtemps pour m'apprendre à parler, plus longtemps encore pour m'apprendre à fermer ma gueule. Faute d'avoir le don des langues, je suis resté fidèle à ma langue maternelle, mon berlinois du tournant du siècle, jargon de l'allemand académique des classes moyennes (dans lequel ces chapitres prétendent être écrits). Quand je me mis à lire, les lettres et les mots étaient des hiéroglyphes. Quel en était le sens ? Il fallait que je l'apprenne à l'école. J'avais un tel appétit de savoir que j'eus peine à attendre le moment d'entrer à 6 ans à l'école élémentaire du Gymnase ascanien. Maman avait beau insister, je n'ai jamais réussi à avaler la moindre bouchée le matin avant l'école, de peur qu'on me chasse parce que je serais arrivé en retard.

Notre établissement était une institution prussienne (russienne avec un « P » devant) où l'on faisait ses humanités. Les professeurs feignaient hypocritement de croire dévotement en un petit Jésus réformé évangélique protestant. En fait, ils ne croyaient qu'à l'Empereur et au succès. La Vierge Marie, catholique et caricaturée dans les feuilles satiriques, était tournée en dérision. La vraie religion du pays, c'était le patriotisme qui seul apporte la béatitude. Rien que susurrer *La Marseillaise* aurait été crime de haute trahison, *L'Internationale*, n'en parlons pas. Une haine plus que féroce entre le corps professoral et les élèves tenait lieu de préparation à une mort glorieuse pour la patrie. Les professeurs et les élèves se poussaient mutuellement au suicide. Quand la Première Guerre mondiale éclata, chacun s'attendait au pire. Peuple allemand moutonnier et cruel qui partit à la guerre en chantant, décidé à se battre pour

Wilhelm, puis s'est précipité à sa perte en hurlant *Siegheil* à la gloire d'Adolf. Je n'ai jamais revu aucun des garçons de ma classe à l'exception de mon ami Ravel. Ils sont vraisemblablement tous morts et enterrés. En tout cas, pour moi, ils le sont : Albrecht, Allner, Arnold, Artz, Behrendt, Bersau, Bissing, Blumenfeld, Davidson, Diederichs, Gerbode, Hagen, Hauß, Harvard, Heinrich, Herbst, Jakobson, Joseph, Kirsch, Klauer, Lademann, von Ledebour, Lebrun, Lilienthal, Makowsky, Nast, Niering, Orlt, von Papart, Rahm, Roelofsz, Schattschneider, Schultze 1, Schultze 2 (des jumeaux rouquins), Seidenschnur, Storm, Völker, Warnatsch, Wolfheim et Zimmer. C'est à ma passion de l'époque pour les carnets de notes que je dois d'avoir toujours en tête la liste de ces quarante bûcheurs. Je claquais tout mon argent de poche en petits carnets reliés en calicot ou en toile de voile, je n'en avais jamais assez. J'avais un carnet par élève sur lequel je consignais chacune de ses réponses assortie du signe « + » ou « - ». Je notais également à l'encre rouge les appréciations portées sur chaque devoir écrit de chaque élève. C'était là ma principale activité scolaire.

Apprendre, pour moi, c'était secondaire. J'avais le pressentiment que l'injustice que je connaissais à travers les contes et légendes, et par ma sœur Annie, existerait aussi dans la vie et je voulais établir par le calcul pourquoi certains élèves étaient préférés à d'autres. Pendant la première année d'école, j'étais le meilleur de la classe. Conduite : excellente. Attention et assiduité : très bien ! Tout le reste : très bien ! Tenue des cahiers, hélas, seulement : bien. Douze félicitations, pas de mauvais points, pas d'absence, pas même de retard : un élève modèle. Je n'ai pourtant pas été premier, mais troisième. Les juifs ne doivent pas chercher à passer devant les autres. Je compris que la justice était une pratique sociale de l'arbitraire.

Puis ma moralité tomba en chute libre : mes notes se mirent à dégringoler classe après classe. Conduite : laisse à désirer. Lettre de mon prof principal à mon père : « Erwin, autrefois si obéissant, tente régulièrement de perturber les cours en sifflant. Que cet avertissement lui serve de leçon et le préserve de futures réprimandes ! Sentiments extrêmement distingués, Brauer. » C'est ce même Brauer qui, à la fin de ma troisième année d'école maternelle, nota dans mon livre d'amitié :

Ce que t'impose ton devoir
À l'accomplir tu aspires
Et avancer il faut te voir
Sur ton chemin sans un soupir.
Meilleurs vœux au petit Erwin de la part de son maître Brauer.

J'eus mon premier blâme en cinquième. Jusque-là, rien que des compliments, une fois peut-être une mauvaise note. Trois mauvaises notes valaient un blâme, trois blâmes entraînaient une heure de colle, pour deux heures de colle c'était le *consilium abeundi*, le conseil de quitter l'établissement : on était mis à la porte. Le blâme était inscrit dans le registre de la classe et en plus dans mon carnet de correspondance que papa devait signer, ce qui était très facile, car je sais bien imiter les écritures. Le premier blâme, je l'ai eu parce que je n'avais pas fait ma préparation latine. J'étais contre les devoirs à la maison, mais je n'étais pas prêt à supporter la réalité d'un blâme. Deux jours avant, Hauß s'était vu supprimer un blâme en versant des larmes de crocodile (son père était président de l'Administration royale prussienne des brevets). Mais le prof injuste me laissa brailler jusqu'à ce que la classe se fiche de moi ; aucune indulgence. Comment aurais-je pu faire une telle honte à mes parents ? Le suicide semblait la solution la plus adaptée. Quand j'arrivai à la maison trois quarts d'heure après l'horaire du déjeuner, je me fis tellement engueuler pour ce retard que, profond mystère, le blâme passa complètement aux oubliettes.

On nous inculquait du haut de la chaire la conscience de classe. À la maison déjà, j'avais eu honte de voir mes parents courtiser des amis argentés, alors qu'ils se voyaient témoigner un respect exagéré par des relations moins aisées. À l'école, nous apprenions les fondements des relations sociales : « Tu dois ME saluer le premier, car je tutoie des gens qui ne t'ignoreraient même pas, et par conséquent, j'irai plus loin que toi ! » Le lundi matin, après la prière « Puissions-nous commencer notre semaine au nom du père, qui a créé les chevaux et leur crottin, *amen* », on lisait le pedigree social de chacun des élèves : Le père de Niering (électeur de troisième classe) était contrôleur d'omnibus et catholique, et ça se voyait : son fils avait un visage de cureton. On voyait aussi qu'il était élève boursier : trop pauvre pour payer les frais de scolarité, on le méprisait pour cela. Rudolf Herbst rougissait aux accents d'un rire énorme, car il était né hors mariage, ce qui lui valait chaque semaine le pilori. Ernst Albrecht Behrendt au contraire nous fascinait : son père était président des Chemins de fer royaux et prussiens, il avait un appartement de fonction dans la gare Potsdamer Bahnhof (et du haut des fenêtres de la salle à manger, on avait vue sur le cimetière des victimes de Mars). Le grand-père de Behrendt, juif converti, avait fondé l'église de la Trinité, Königgrätzerstraße et avait ainsi acquis sa respectabilité à la Cour. Pour le septième anniversaire de Behrendt, j'avais été invité à un goûter. Sa maman avait commencé par me poser sur la table aux cadeaux avant de me présenter aux grandes personnes : « Un des nôtres ! » Tout le monde applaudit, je pleurai d'émotion.

Pour maintenir vivace l'antisémitisme existant, monsieur le directeur de notre école, le professeur Dr Busse, nous avait servi en guise de professeur de religion la plus cocasse caricature du juif de l'Est. Le docteur Jizrock Jannowitz marmonnait un vrai yiddish d'opérette. Il stigmatisait les élèves chrétiens en les qualifiant de « partisans de la religion sœur ». Quand ce vieillard tremblotant et presque aveugle, au moment de psalmodier d'une voix larmoyante la prière finale, coiffait son haut-de-forme élimé dans lequel l'un de nous avait auparavant vidé une bouteille d'encre Kaiser (elle coule bleue et noircit en séchant), nous riions à en pisser dans nos frocs pendant que l'encre dégoulinait lentement sur sa barbiche blanche de vieux bouc.

Après la religion, l'éducation physique destinée à endurcir les corps était la matière la plus importante. Revêtus de tenues de gymnastique brunâtres, camisoles de force sans ceinture avec des brassards sur lesquels, précurseurs de la svastika, resplendissaient les quatre « F » de la devise *Frisch Froh Fromm Frei* : « Hardis, Joyeux, Pieux et Libres ». Entre l'époque du petit père des gymnastes, Jahn, et celle de Baldur von Schirach, les heures de gymnastique s'étaient engluées dans la mélasse des chants patriotiques aux accents pédés de la main gauche, « l'âme en quête de la terre des Grecs[1] ». Le « cabanon puant » (les chiottes) de la cour de récré s'y prêtait. En 1903, Marquart, le prof de gym, a dû payer la note : quatre ans de prison. Élèves des petites classes, nous faisions comme si nous savions pourquoi et nous gaussions sous cape en faisant des tractions, en grimpant à la perche ou en lançant le marteau. Pour le lancer de javelot et de poids, le saut d'obstacles, les exercices aux barres et au cheval d'arçons, j'étais médiocre ; les exercices libres et par équipes ne me disaient rien, au contraire du saut en hauteur et en longueur, de la course de haies, du chat perché, de la course d'endurance et des jeux de piste du samedi après-midi dans les champs de Tempelhof. Nous apprenions à nager dans la piscine populaire de la Dennewitzstraße où régnait une puanteur digne de la cage aux singes. Le jeu, c'était de réussir à pisser dans l'eau sans

1. Goethe, *Iphigénie.*

que le maître-nageur le remarque. Les plus téméraires réussissaient pire encore. On chantait en toute circonstance : en marchant au pas, on hurlait des chants d'assaut, *La Garde au bord du Rhin* et *La Chasse sauvage de Lützow*, accompagnés d'effets d'écho. Quand venait ma chanson préférée, « En avant, en avant, sans hâte, sans hâte, pour que l'infanterie de Krähwinkel nous rattrape », je perdais le pas à force de me tenir les côtes.

J'étais d'une taille d'une petitesse suspecte avec une tête un peu trop grosse. Comme j'étais léger comme une plume, je courais vite. Par défi, je m'affalais en pleine course de tout mon long sur les pavés acérés. J'ai pendant toute ma jeunesse toujours saigné de quelque part, et je rigolais de mes blessures dans la fière prescience des croûtes qui allaient me chatouiller. À l'école, dans les bagarres entre classes, je me jetais rien que par peur, au beau milieu de la mêlée guerrière pour tout oublier, tout mais surtout moi : héros couard. J'exagérais. Aucun jeu n'était assez sauvage à mon goût. Un jour, dans une bataille de boules de neige, j'en ai pris une en plein dans l'œil. Depuis je n'ai plus pu attraper ou lancer la moindre balle, j'avais la trouille.

Malgré mes talents de navigateur, le club d'aviron du Gymnase ascanien ne s'ouvrit pas à moi. Les Juifs n'accédaient pas davantage au corps des officiers. C'est pour la même raison que malgré des prouesses exceptionnelles à la barre fixe (j'ai même un jour failli réussir un moulinet géant), je ne parvins qu'au rang de deuxième de la quatrième équipe, chargé de présenter les exercices devant le groupe. Une honte lors des démonstrations de gymnastique, quand l'ensemble des parents suivent le spectacle.

Redoutant constamment de ne jamais y parvenir, nous apprîmes à lire et à écrire couramment l'allemand, avec une calligraphie superbe, en écriture gothique :

Les cornes du bœuf sont éminentes.

Ou pour l'orthographe :

Après L, N, R, en tous cas ;
Jamais CK ni TZ n'écriras !

Nous apprenions des axiomes, des dogmes, des définitions, des bêtises : « Marcher, c'est éviter constamment de tomber. » (Est-ce que vivre, c'est éviter constamment de mourir ?) Je m'entichais de bizarreries linguistiques, de finasseries grammaticales. Sujet, prédicat, objet, attribut, définition adverbiale de l'espace, du lieu et du temps. Nous apprenions à déclamer en échangeant les rôles. Les ballades de Schiller, « La Cloche », « Le Plongeur », « Le Garant ». Nous apprenions à apprendre par cœur, en général des poèmes en guise de punition. Je n'ai encore jamais osé jusqu'à maintenant en oublier le moindre mot. « On apprend pour oublier », sans apprendre comment on oublie. La seule chose que j'ai apprise : comment on apprend. On nous enseignait que la langue allemande est la plus belle, la plus riche, la plus unique langue au monde.

Langue maternelle, sons familiers,
Comme ils sont doux à mon oreille.

On nous faisait rédiger des essais fastidieux, longs d'au moins quatre pages, sur des sujets fastidieux. *Nous apprenions* une histoire faite de chiffres : 3, 3, 3 bataille d'Issos, 768-814 Charlemagne, 1618-1648 guerre de Trente Ans, 1870-1871 guerre de mille huit cent soixante-dix à mille huit cent soixante et onze. Nous restions englués au plus profond du Moyen Âge, l'époque moderne n'était pas politiquement incontestable. Nous bûchions le latin sept ans de suite, sept longues heures par semaine. César, *De Bello*

Gallico, en guise de somnifère. On traduisait des mots sans parvenir à un sens. Nous apprenions toutes les inoubliables règles de la grammaire latine.

En parallèle, nous apprenions en nous jouant l'alphabet de l'amour :

***A**lbert **b**aisa **C**harlotte **d**ans l'**é**cole **f**ermée à **g**auche du **h**angar **i**noccupé. **J**our de **K**ermesse **l**ibidineuse ! La **m**ignonne **n**'eût **o**uvert **p**our **q**uiconque ! **R**ubicond, **s**e **t**ripotant, **u**n **v**ieux, **W**illiam-**X**avier, **y** **z**ieutait.*

On nous dégoûta avec autant de succès du grec. Deux ans de suite à travers l'*Anabase* de Xénophon jusqu'à hurler, sans illusion : « Thalassa, thalassa, H_2O, H_2O ! » Le résultat fut imprévisible : quarante ans plus tard, j'ai développé un profond intérêt – sans posséder un profond savoir – pour les langues classiques. La « petite crapule », le professeur Dahms, devait le savoir (« Je suis le petit pélican, j'ai toujours un pantalon blanc ! »), lui qui avait tenté à coups de canne de nous inculquer les charmes de l'ablatif absolu, du *Gerundium* et du gérondif (« A. c. I. » , c'était facile). Nous apprenions le français avec l'accent berlinois et avec le mépris un peu envieux que chaque brave von Tellheim allemand se doit de manifester envers chaque chevalier d'industrie velche trichant au jeu *(corriger la fortune*)*, Riccaut de La Martinière (dans *Minna von Barnhelm* de Lessing, la plus ennuyeuse des comédies que les professeurs d'allemand sont parvenus à étiqueter chef-d'œuvre de l'humour allemand). L'anglais était facultatif, car l'anglais n'était pas une langue mais un idiome commercial. Cela ne comptait pas pour le bulletin. Cela n'avait d'intérêt que pour les pauvres élèves qui par la suite sombreraient dans le négoce. Nous apprenions que Shakespeare, en soi illisible, n'avait accédé à sa véritable signification que grâce à la traduction allemande magistrale de Schlegel et Tieck.

Au cours de ces longues années d'école, nous apprenions le faux enthousiasme mais pas les langues étrangères. Nous apprenions que « les montagnes séparent, les mers unissent » (le sang est plus dense que l'eau), mais nous n'apprenions pas que les langues unissent davantage. C'est ce que j'ai appris dans la vraie vie, stupide et muet en terres étrangères.

Je m'efforçais de comprendre les particularités de mon appareil intellectuel. POURQUOI étais-je bon en physique, mauvais en chimie, bon en géométrie, mauvais en algèbre, pourquoi avais-je plus d'aisance avec les nombres pairs qu'avec les impairs, pourquoi un est-il plus simple que deux, pourquoi arrivais-je mieux à additionner qu'à soustraire, mieux à multiplier qu'à diviser, pourquoi étais-je fort en calcul mental, mauvais en fractions ? Les puissances, ça allait encore, extraire les racines carrées, ça faisait mal, je calais sur les logarithmes, sans parler de sinus, cosinus, tangentes, cotangentes. L'indicatif était plus facile que le subjonctif, l'actif plus que le passif, le passé simple plus que le futur simple, les tonalités majeures que les mineures. Le nord et le sud, on les trouvait même les yeux fermés, l'est et l'ouest sont encore problématiques aujourd'hui, même à l'état de veille. Un professeur de géographie exceptionnel, M. Kraetsch, que nous surnommions « Krikrakré »), nous y aidait : « Ceux qui confondront l'est et l'ouest auront d'abord un blâme, la deuxième fois une heure de colle, et la troisième, dehors ! » Sur quoi aucun de nous n'a osé se tromper. (« S'estomper est humain », avais-je écrit dans une dictée, car je craignais un des redoutables pièges de M. Brauer.)

L'éducation que nous recevions visait à faire de nous des officiers, des fonctionnaires, des idiots et des héros. On était allemand, allemand *über alles*. On était prussien, mes couleurs, vous connaissez ? On était brandebourgeois typé : sainte Trinité. Sensass. Je n'ai jamais été allemand. En réalité, j'ai toujours été seulement berlinois et le suis resté, toujours seulement berlinois. Ou plus précisément : berlinois du Sud-Ouest de Berlin, et de l'Ouest-Ouest. Les autres quartiers de la ville, c'était l'étranger. Je ne suis jamais devenu hollandais ; en dix-sept ans, je suis tout juste devenu amstellodamois. Je n'ai jamais été français, mais toujours Montparnos, *de la rive gauche**. Je ne suis pas américain mais new-yorkais passionné, Midtown-Manhattan. Je suis habitant des grandes villes dans certains de leurs quartiers. Les patries me sont étrangères. L'amour passionné de la nature était obligatoire alors qu'on ne connaissait la nature au plus du haut de la carriole des parties de campagne. (« Ici, la tradition est respectée, les familles peuvent se faire un café ! ») En histoire locale (la géographie des petits de l'élémentaire !), nous apprenions que Berlin est de loin la plus belle ville du monde. Nous étions invités à admirer avec respect la statue de Roland, le phallus municipal, devant le Märkisches Museum. Nous apprenions par cœur les noms des rues qui croisent la Friedrichstraße : « *Sous les tilleuls (Under den Linden)*, dansaient les *ours (Bärenstraße)* en parlant *français (Französische Straße)*, vinrent les *chasseurs (Jägerstraße)* qui tirèrent les *pigeons (Taubenstraße)* en mettant sur la tête des *Maures (Mohrenstraße) une couronne (Kronenstraße)*. Les *Leipziger (Leipzigerstraße)* en devinrent *crépus (Krausenstraße)*, et chassèrent le *cuisinier (Kochstraße)* par la *Puttkammerstraße* jusqu'à *Hallesches Tor.* » Nous apprenions ce que nous savions déjà par cœur, combien nous autres, Berlinois, nous sommes supérieurs à tout le monde, et que c'est une malédiction que d'être né habitant d'une petite ville, ou pire encore, paysan. Les provinciaux, les jeunes balourds autrichiens, on se doit d'en rire, surtout à cause de leur idiome. Les dialectes sont des tares dont on porte soi-même la responsabilité. Les dialectes saxon, bavarois ou de Prusse-Orientale sont à chier. Le pire, c'est le yiddish incompréhensible, ou parler avec les mains. En revanche, parler le jargon berlinois a un charme irrésistible.

Nous étions supérieurs. Nous avons même appris à regarder de haut les gratte-ciel, démesure ridicule, car chez nous, pour cause de pression insuffisante de l'eau et d'échelles de pompiers trop courtes, les immeubles n'avaient pas le droit de dépasser les vingt et un mètres.

Allemagne, mon conte d'hiver, que je n'ai connue qu'à travers les cours de géographie et pour l'avoir sillonnée au cours des vacances d'été. Déjà le plus petit voyage se transformait en catastrophe énorme qu'avaient précédée durant des semaines des préparatifs d'une complexité impensable. Maman dirigeait l'organisation générale, passait des jours et des jours à remplir beaucoup trop de valises, de cantines, de cartons, histoire de tester ce qu'il fallait prendre, plaids en rouleaux, bouteilles thermos, etc. Les bagages étaient faits, défaits, refaits, on soupesait, balançait, réservations compliquées, guichets à billets, transporteurs, tout en accord avec le médecin de famille. Peur constante de la surexcitation des changements avec bagages laissés en plan et trains ratés. Peur de prendre le mauvais train. Pas de voyage sans larmes.

Deux fois par an (à Pâques et aux vacances de la Saint-Michel), j'allais à Stettin chez mes grands-parents, pour m'y faire gâter. Grand-papa se faisait un point d'honneur de me proposer tous les jours un nouveau divertissement. Le quartier du port avait une rue interdite : la ruelle aux péchés ! À trois reprises au cours de ma jeunesse, je suis allé à Essen : cheminées d'usines, syndicats, hauts-fourneaux, terrils, puits de mine. À l'entrée du quartier interdit, je lus lors d'un congrès des Eucharistiens : « Approchez, catholiques, ici, pour trois marks, vous pourrez vous envoyer en l'air ! » Chaque année, il y avait le voyage des grandes vacances vers les stations balnéaires bondées de la Baltique : Binz, Heringsdorf, Misdroy, Sellin. À Norderney, station balnéaire sur la mer du Nord, je me suis perdu dès le premier jour, et on m'a appelé par haut-parleur. Sur la vasière, j'ai eu le mal de mer. À Müritz, il y avait des millions de moustiques, et pas encore de DDT. À Kösen, sur le sable chaud des rives de la Saale, où Annie devait prendre des bains salins, j'ai failli massacrer à coups de pelle mon cousin dégénéré et détesté Werner, parce qu'il ne voulait pas descendre de mes barres parallèles. À Friedrichroda, dans le Harz, la montagne s'appelait « Gottlob », (« Dieu soit loué »), et Annie y a gagné un concours de diabolo parce que, désigné comme arbitre, j'avais triché. Le roi de Bulgarie assistait au spectacle. J'ai d'ailleurs envoyé par méprise et maladresse un diabolo sur le front de mon père qui dormait. Il a eu très mal et j'ai été très ennuyé. Année diabolo-diabolique. À Weimar, j'ai admiré la maison de Goethe et décidé d'avoir moi aussi plus tard des meubles marron clair et des fauteuils tendus de vert. Plus le voyage en train durait, plus nous étions contents. Au début, je continuais à croire que nous faisions un voyage à travers Lilliput, tous les gens semblaient si petits depuis la fenêtre du compartiment, surtout à Bückeburg. Les pays étrangers, c'était comme des pays de rêve. Johannisbad en Bohême, ascension de la Schneekoppe… Sur l'île danoise de Bornholm, je vis un sauveteur courageux et noble en pleine action. La jeune femme dont il avait sauvé la vie lui donna un baiser en guise de récompense. En outre, il y avait là des toilettes brevetées avec chasse d'eau et une lunette recouverte de velours rouge, je n'ai jamais rien revu de semblable. À Zandvoort en Hollande, station balnéaire, la mer du Nord a guéri mes horribles furoncles (la syphilis de papa ?) et j'entraperçus les contours roses de mon avenir hollandais. J'admirai plein d'enthousiasme les canaux d'Amsterdam, *La Ronde de nuit* de Rembrandt, les bougies de Gerard Dou et je tombai amoureux des nuages hollandais.

Lors d'un voyage en ce merveilleux mois de mai 1960 particulièrement pluvieux, je revins à Berlin soixante ans après mes années d'écolier. Dans l'intervalle, la ville, plus encore que moi, avait conquis la place incontestée de ruine la plus hideuse du monde. Comme lors de mon voyage de noces, je descendis à l'hôtel Am Zoo, situé sur le Kuhdamm (dehors les princes électeurs, place à ces vaches de nazis !). Pour le premier petit-déjeuner (l'inverse de la Cène, souper ultime), on me servit de la part de la direction de l'hôtel un jus d'orange glacé dans une coupe en argent (« Des oranges d'Israël, bien entendu, monsieur Blumenfeld ! »), de l'AUTHENTIQUE café frais moulu (j'avais oublié qu'il en existait du faux), avec de la crème fraîche, des croissants au pavot, des petits pains, des tartines, du jambon de Westphalie et un plateau de fromages. Je me mis en route sous une bruine légère pour de l'Ouest occidental (le nouvel Ouest) remonter *à rebours** vers le Sud-Ouest, berceau de mes jours. Non loin de là, une colonne restée en guise de vestige témoignait des splendeurs passées de la hideuse synagogue située Fasanenstraße. Des juifs berlinois qui avaient survécu y avaient apposé une plaque commémorative, avec une inscription en hébreu, traduite en allemand au-dessous : « Aime ton prochain comme toi-même » (Moïse, livre III, chapitre XIX, verset 18). Comme je la prenais en photo, un père tenant deux petits garçons par la main s'approcha et l'un des enfants me demanda : « Tu photographies quoi ? » Le père vint plus près, lut l'inscription à haute voix et commenta d'un ton satisfait : « J'les aime bien quand ils restent discrets ! » Je fus saisi, moi, le vainqueur de l'histoire, par une gueule de bois sentimentale en titubant à travers les ruines des idoles détrônées des années de l'Empire que j'avais vécues ; en tout premier, il faut mentionner la ruine de l'église du Souvenir, Kaiserwilhelmgedächtniskirche (ça lui va très bien !). Le café Größenwahn et sa folie des grandeurs, disparus. La Tauentzienstraße, resplendissante allée du flirt au temps de ma puberté, avait perdu de son lustre et n'était plus qu'une sorte de foire provinciale. Le KaDeWe, le grand magasin de l'Ouest, semblable à lui-même dans le plus pur style Messel de 1910, avait perdu tout son éclat.

(À son ouverture, j'avais pu y admirer la machine volante avec laquelle Blériot avait en 1909 traversé pour la première fois la Manche en soixante-douze minutes.) À l'endroit où se trouvait le 56 Ansbacherstraße, où papa est mort en 1913, commence le chemin que je suivais pour aller à l'école. J'en connaissais la moindre pierre. Où les pierres sont-elles passées ? La mer d'immeubles d'autrefois était devenue un maigre champ d'herbe rase avec des amoncellements chaotiques. Même le ciel était rongé. Soudain, effroi : mon sens de l'espace, mon instinct de pigeon voyageur dont je suis très fier, m'avaient abandonné : la colonne de la victoire, la Siegessäule, que pour la première fois de ma vie je pouvais voir depuis cet endroit, et sa Victoire fraîchement redorée se dressaient 45° plus à l'ouest que dans mon souvenir. Comme si soudain l'Arc de Triomphe se dressait au sommet de Montmartre. Je n'appris que deux ans plus tard que M. Hitler avait transplanté cette colonne de la Victoire au centre du Großer Stern. Le lendemain matin, j'achevai cette promenade sentimentale en allant jusqu'à mon école, longeant le Landwehrkanal, sous les marronniers en fleur. Les barges naviguant sur la Spree n'étaient plus poussées par des hommes sauvages à l'aide de longues perches, mais motorisées. Je passai le lugubre port servant jadis d'abri aux mauvais garçons. Le monde s'arrêtait près de la sinistre ruine de la gare, Anhalter Bahnhof. Derrière, sur un espace libre que les mâchoires du temps avaient épargné, immuable, mon école, mon Gymnase ascanien. Le lierre abritant les moineaux et leurs pioupious avait disparu, les bâtiments en brique, casernement des plus hideux, resplendissaient dans leur ocre claire comme du caca de bébé. Le secteur : nature en négatif, pas une maison. Même le Café Fer-Blanc en fer forgé (les pissotières publiques), au coin des rues Großbeerenstraße et Halleschestraße, avait dû déclarer forfait. Une colonne Morris toute neuve était érigée du mauvais côté, dominant ce paysage lunaire couvert de pissenlits.

Seul le Gymnase ascanien se dressait là, dans sa sévérité cruelle, ennuyeux comme l'âme de monsieur le directeur. Quand je voulus me risquer à photographier l'ensemble, il me sembla que le visage d'une jeune personne me considérait d'un air amical depuis les fenêtres de la classe « Untertertia » O située au deuxième étage. Je frappai discrètement à la porte sur quoi une voix autoritaire me cria : « Entrez ! » Trente gamines en jeans et pulls à col roulé, cow-girls complètement américanisées, me lorgnaient avec des sourires indifférents. La salle de classe n'avait pas changé d'un pouce, mais l'empereur en plâtre avait disparu, les lampes à gaz étaient devenues électriques. La chaire trônait, immuable, sous le même tableau noir, et le jeune prof était en train d'y écrire : « Les soieries artificielles allemandes l'emportent dans le monde entier par leur qualité exceptionnelle. » Il m'aboya dessus sans la moindre douceur : « C'est à quel sujet ? » Je m'efforçai d'éveiller son intérêt pour mon histoire : « Il y a cinquante ans, j'étais assis dans cette salle de classe. » Gloussements des ménades. Le prof leva les bras d'un air méprisant : « Comme il ne vous aura pas échappé, chère victime d'une guerre mondiale, il ne s'agit plus d'un lycée, mais depuis de nombreuses années de l'École de commerce pour ouvrières de l'industrie textile du quartier Mehringplatz ! » (mon ancienne place Belle-Alliance). Comme je faisais mine de protester, il pria Mlle Schultze, une des élèves, d'aller chercher le concierge de l'école pour qu'il vire l'importun. En disant ces mots, il flanqua en l'air un coup de pied symbolique. N'eus-je pas la présence d'esprit de sortir de moi-même, ou étais-je sur le point de voir s'accomplir un des autres cauchemars de mon enfance ? Quoi qu'il en soit, un petit bonhomme coiffé d'une casquette rouge de chef de gare entra en scène et me mit dehors.

20

JADIS ET DAGUERRE*

J'avais 10 ans, et une fois de plus, je n'avais pas fait ma préparation latine (le Pont sur le Rhin de César accompagné d'un vocabulaire diabolique) ; en me levant, pour échapper à l'école, je prétextai d'épouvantables douleurs abdominales, dans le bas du ventre, à droite. Je n'avais rien, mais monsieur le docteur diagnostiqua sans hésiter une appendicite, mal tout à fait d'actualité et potentiellement mortel. À peine trois heures plus tard, l'autorité en la matière, le professeur Roetter, consulté dans la plus extrême urgence, avait extrait mon appendice. Il se raconta par la suite que l'intervention avait coûté trois cents marks. Je compris alors la valeur d'un diagnostic et décidai de rester en bonne santé ma vie durant, décision à laquelle j'ai réussi à me tenir, par simple peur des médecins. Au moment où je sortis de l'anesthésie, à l'hôpital Sainte-Hedwige, une religieuse moyenâgeuse dans son déguisement noir et blanc, la sœur Bonaventura, se penchait sur moi pour m'embrasser le front. Dans la bousculade, on avait mis dans ma valisette une petite chemise de nuit de dentelle. Quand la religieuse se pencha vers moi d'un air enamouré pour vérifier sous ma chemise si j'étais vraiment une petite fille, un frisson lesbien noir et blanc me saisit. Ce sentiment passionnel fut refoulé au plus profond et remplacé par un appareil photo portatif, pour, sublime sublimé, ressurgir plus tard en photo-érotisme. L'appareil photo, 9 × 12 doté d'un objectif Aplanat extra-rapide, dépoli, déclencheur à poire en caoutchouc rouge,

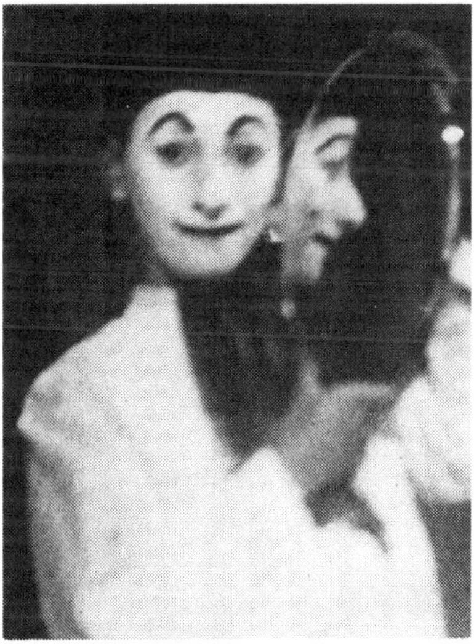

Mon premier autoportrait, en Pierrot, 1911.

châssis métallique et pied, était un cadeau de l'oncle Carl, photographe amateur éclairé, pour me récompenser d'avoir su souffrir en héros et sans me plaindre. J'étais depuis des temps immémoriaux hypnotisé par tout type d'appareillage photographique. Le format 9 × 12 était à ce point partie intégrante de mon système que j'en fis mon format de prédilection. Quand trente ans plus tard, aux USA, il me fallut penser en 4 × 5, j'en fus plus douloureusement affecté que par la canicule new-yorkaise.

C'est avec la découverte du pouvoir magique de la chimie, des jeux de l'ombre et de la lumière et de l'opposition à double tranchant entre positif et négatif qu'a vraiment commencé ma vie. J'ai débuté bon photographe. Pour mettre immédiatement à l'épreuve ce petit appareil et m'assurer qu'il était véritablement capable d'enregistrer tout ce qu'on plaçait devant sa lentille, j'avais composé une nature morte des plus compliquées : le Moïse de Michel-Ange, sur les genoux une pomme de terre à moitié épluchée, une brosse à dents fichée dedans, le tout posé sur un exemplaire ouvert de la Bible illustrée par Gustave Doré. Mon frère Heinz, accoutré du pince-nez de maman et du fixe-moustache de papa, appuyait sa tête sur un pot de chambre retourné, brandissant dans son poing serré le corset de maman roulé en boule. Il n'y avait qu'un pas de cette expérimentation aux photos publicitaires que l'industrie américaine m'achèterait quarante ans plus tard deux mille cinq cents dollars par cliché.

J'avais aussitôt développé cette toute première œuvre dans les toilettes familiales à la lueur rougeoyante d'une bougie. Je plongeai en tremblant la plaque de verre dans une assiette à soupe remplie de pyrogallol, le révélateur. La lunette blanche toute neuve des toilettes s'en trouva à jamais maculée de brun, et la punition fut à la hauteur du forfait. Mais le négatif était parfait. La lumière du soleil me permit de tirer un positif sur du papier enduit de celloïdine avec un fixateur doré : j'étais photographe.

Faire des photos, ce n'était pas encore un métier, mais plutôt un sport supposant un déguisement approprié, comme faire du vélo, de l'alpinisme, jouer au tennis ou rouler en automobile. Un photographe professionnel était un lamentable animal préhistorique bon à rien (Hjalmar Ekdal dans *Le Canard sauvage* d'Ibsen). Revêtu d'une veste de velours élimée, arborant une lavallière graisseuse et des intentions cachées grivoises, il faisait glisser du bout d'une canne des petits rideaux pour orienter la lumière. Il vous tournait laborieusement de ses mains moites la tête de droite à gauche, pour finir par la coincer en faisant une clé, et ensuite, au moment où il susurrait, caché derrière sa cape noire « Un petit sourire ! *Le petit oiseau va sortir*!* », on pouvait tout juste cligner des yeux. Résultat : des photos bougées. Miracle inconcevable du Nouveau Monde : je devais un jour gagner mon pain en exerçant ce métier de misère.

21

MON MEILLEUR AMI

Rien n'est si propre à l'homme
Rien ne lui sied si bien
Que de savoir être fidèle
Et constant en amitié[1].

Jusqu'au premier jour de classe, la lune avait été mon seul et unique compagnon, je lui vouais tout mon amour sans pour autant être lunatique, et pourtant c'était une maladie à la mode. Quand je m'arrêtais, elle faisait de même, comme un chien bien dressé, et attendait que je me remette en route. Je flirtais avec les étoiles fixes qui brillaient au firmament, et je connaissais même quelques-unes de ces beautés par leur nom : Arcturus, Bételgeuse, Orion, Sirius, Cassiopée, Véga de la Lyre, Altaïr de l'Aigle et les Pléiades. Le premier jour de classe, après six années de privations, je m'enflammai et me berçai dans l'illusion d'avoir enfin trouvé l'ami qui me vouerait une amitié éternelle. Rien ne pourrait jamais nous séparer. Ni Erwin Seidenschnur, dont la longue chevelure blonde de page lui tombait sur les épaules, ni Walter Lebrun, qui, étant huguenot, parlait couramment français avec son élégante maman. Ravel Roelofsz, en revanche, était hollandais. Rien que son nom

1. Simon Dach, trad. J.-P. Lefèbvre, in *Anthologie bilingue de la poésie allemande*, Paris, Gallimard, 1993.

suscitait un énorme intérêt : c'était le seul Ravel de toute l'école, il devait son prénom à un riche cousin français, Raoul. Il ne se passait pas de jour sans considération sur les raisons pour lesquelles le « oe » de « Roelofsz » devait être prononcé « u ». Ravel prit de la sorte immédiatement une place particulière en tant qu'expert en matière de prononciation du hollandais et en matière d'art hollandais : Vanne Daïque ! Ravel, né comme nous tous à Berlin, était le seul Hollandais parmi les cinq cent soixante-dix-neuf Ascaniens. Il ne parlait pas hollandais. Les étrangers étaient une espèce rare, ce qui permettait d'oublier qu'il était juif. D'une modestie arrogante (vertu hollandaise), il se laissait admirer comme un monument.

Les Roelofsz avaient usurpé le privilège de décider de manière définitive ce qui était honnête, authentique, de trancher entre l'art et le kitsch. Chez moi, je n'avais été exposé qu'à de légères supercheries familiales. Je me précipitais désormais tête baissée dans le repaire des prétentions inimaginables du clan Roelofsz. Le cavalier traversant le lac de Constance était tombé mort de son cheval quand il avait compris qu'il avait traversé de nuit le lac gelé ; je tremble pour ma part aujourd'hui encore d'effroi en pensant combien innocent j'étais en me laissant happer par ce maelstrom de mensonge humain, par cette école de la duplicité pleine d'idéaux d'emprunt et d'idées volées.

Ravel était un petit trouillard hypocrite, arborant un sourire sincère, honnête comme un livre d'histoire allemande. Il savait feindre l'esprit, se faire passer pour *« génial à tout prix* »*, impressionner, et je tombai dans le panneau : je le révérais à l'égal d'un dieu. Une mèche artiste flottait à tous les vents au-dessus de son visage de carlin étonnamment pâle. Il paraît qu'il y avait eu un problème au moment de sa circoncision : il avait troqué la peau de son pénis contre la pâleur verdâtre typique de Matthias Grünewald. Ses yeux étaient gris clair. Tous, et surtout ses parents et lui-même, trouvaient qu'il était un génie d'une exceptionnelle beauté, et le faisaient savoir à tout un chacun, et surtout à moi. Je n'étais pas particulièrement laid, mais on m'attribua, d'abord dans le cercle de famille, puis dans le cercle amical, le rôle flatteur de l'ami laid. Je me devais d'être d'une laideur repoussante, et en même temps terriblement spirituel, avec une pointe de méchanceté, ils l'ordonnaient. Mes ongles rongés jusqu'à la racine devinrent un phénomène que l'on montre à tous. Ils me reprochaient en rigolant de ne pas avoir de bosse. Quand, à la puberté, mon mignon petit nez commença à se transformer, à grossir, m'attirant des plaisanteries dont on aurait pu se dispenser, je dus revêtir les rôles de Cyrano, du Youpin rouquin, du nain Long-Nez et du juif Abner. Ce rôle de Quasimodo m'aurait été insupportable si le miroir, joli miroir, ne m'avait pas assuré que cette tribu ne m'enlaidissait que pour s'embellir. Hanswurst dans une arlequinade : la vie, quelle pantalonnade. Un rôle de premier plan, taillé sur mesure pour moi, grand mime. De telles machinations ont curieusement la vie dure : un demi-siècle plus tard, des descendants de la famille Roelofsz qui le tenaient eux-mêmes de leurs parents, me rappelaient combien j'étais laid en ce temps-là. Les photos prouvent le contraire.

Nous mêlâmes notre sang à la lumière de la bougie afin de devenir frères de sang, ce qui devait jeter des ombres décisives (et chinoises ?) sur les chapitres ultérieurs de mon existence. (Frapper vigoureusement avec la plus dure des brosses à cheveux de maman le dos de la main humecté d'eau, faire de vigoureux moulinets des bras et mélanger le sang qui perle avec du marasquin venant de la petite armoire à liqueurs de papa.) Avec le sang ainsi obtenu, Ravel enlumina un certificat scellé à la cire. Notre devise : « À la vie à la mort. » Je jurai parjurai de garder l'affaire secrète, convaincu qu'il s'agissait là du plus sacré des serments. Comme l'anniversaire de l'assassinat de César avait été le prétexte de la cérémonie, nous nous saluâmes désormais poing droit levé, l'un hurlant « Iduus ! », l'autre répondant par : « Martiae ! » Fantasmes classiques. GARDE-TOI DES IDES DE MARS !

Chez les Roelofsz régnait un irrépressible besoin de blaguer, et surtout de raconter des histoires qu'on pouvait transmettre à son tour. Les plus jeunes enfants de la maison – il y avait deux grands et deux petits, on se les passait, ils passaient le rhum – devaient bien trop tôt servir des bons mots, et derrière chacune des balivernes qu'ils prononçaient, on supposait une profondeur pleine d'humour. Je fus surpris de trouver là un public acquis à la moindre des âneries qui franchissaient mes lèvres. « Ah mon garçon, heureusement que tu ne sais pas combien tu as de l'esprit ! » Je me sentais tout aussi flatté qu'humilié quand j'entendais alors répéter mes propres imbécillités, que je venais de proférer, mais déformées, retournées, mal comprises et affadies, présentées comme création originale d'un des membres de la famille. On avait oublié que j'en étais l'auteur. Monde repoussant de valeurs mensongères. Ils ne parvinrent pas à me faire répéter mes propres histoires, cela eût blessé ma fierté d'artiste. Je découvris avec surprise combien la moindre platitude devient profondeur pour qui n'y regarde pas de si près. Je prenais les choses trop à cœur et on me reprochait de couper les cheveux en quatre. Je m'entendis servir des sentences dont je ne savais rien, je devins l'improvisateur de la famille. Un mot en engendrait un autre par parthénogenèse. Sans avoir eu un seul cours de philosophie – n'oublions pas que je n'avais que 10 ans – je fus capable, sous le nom de « Professeur Fictus Schwangro », autrement dit « l'Engrossé », théoricien de la connaissance, de disserter une heure d'affilée sur « Le monde est profond mais négatif ». La famille assemblée était pendue à mes lèvres, convaincue que je n'avais pas la moindre idée du caractère obscène de ce nom. Les enfants sont des pornographes. Je conclus sous des applaudissements frénétiques : « Mourir est la plus belle des morts ! » Ravel, s'appliquant et soupirant, notait tout, mot à mot. J'avais déjà appris auparavant à l'admirer comme l'inventeur du soupir créatif. C'était au moment où il avait réussi comme d'un coup de baguette magique à décorer avec force soupirs et avec des craies de couleur le tableau noir de la classe d'un sapin de Noël, et s'était ensuite laissé admirer par maîtres et élèves (même des autres classes) comme l'un des inventeurs, d'une modestie exagérée, de l'arbre de Noël. Cette famille me promut donc au rang d'amuseur, de fou du roi, de pique-assiette (rosbif) tout en essayant de faire de moi un prolétaire qu'il était absolument impossible de présenter à des gens de la bonne société. Et pour couronner le tout, on attendait de moi de la reconnaissance pour m'avoir rabaissé au rang de clown de cette famille.

Le père de Ravel, Roelof Roelofsz, était négociant en fourrures et travaillait pour la célèbre maison Roelofsz & Roelofsz. Il s'occupait, en dehors des plus nobles fourrures, d'exercices de gymnastique de nature religieuse et de fausse fourrure. Il était en partie co-inventeur d'un col en fausse fourrure « Iltis Kolinsky » (mi-peau de lapin, mi-Kandinsky), vendu au kilomètre aux fabricants de vêtements de confection pour dames, ce qui eut quasiment pour conséquence de permettre à toute la famille de vivre en se parant des plumes d'autrui. Fausse éducation, fausse imagination. Le papa négociant en fourrures devait sans relâche se prouver à lui-même, mais aussi à son épouse (qui le méprisait), à ses enfants merveilleusement géniaux, à ses concurrents et au monde entier, que bien qu'il fût originaire des Pays-Bas et de surcroît israélite, personne à Berlin ne pouvait lui en remontrer. Les juifs hollandais attribuaient le fait que depuis des centaines d'années ils n'avaient subi aucune persécution à leur supériorité sur tous les autres juifs. Les autres n'étaient ni patriotes, ni honnêtes, ni modestes, ni capables de s'adapter, et ils ne savaient pas davantage comment se comporter dans la bonne société. Les juifs hollandais au contraire étaient accueillis dans le monde entier comme des citoyens modèles. *Leve de koningin !*

Une fois par an, le chasseur de fourrures déguisé en brave voyageur à la John Bull, coiffé d'une casquette de jockey à carreaux et la pipe au bec, se rendait à Londres en première classe en passant par Amsterdam. Il en rapportait le dernier air d'opérette à la mode, qu'il chantait faux *(Mikado)*, et aussi toujours la même anecdote où l'on voyait son ami le capitaine Bigsby entrer au grand galop dans la salle à manger après avoir monté l'escalier sans descendre de cheval. Sa petite bouche se pointait pendant ce récit, comme les bouches des membres de la famille suspendus à ses lèvres, comme si tous avaient voulu dire « turlututu chapeau pointu ». Cette caractéristique familiale s'est maintenue jusqu'à maintenant.

La « Meeli » de Ravel (son père était son « Peeli »), sa petite maman, Ellinor, Éléonore, Nora, était à ses propres yeux issue de la race des grandes et petites femmes éternellement incomprises : Nora (ou *Une maison de Poupée* d'Ibsen) mâtinée de l'Effi Briest de Theodor Fontane, héroïne de roman, idole des années Art nouveau de Berlin, Rebecca West moins Hedda Gabler : Irene Triesch, la Duse de la famille juive. Fille d'un marchand de biens déchu, elle s'adonnait à l'exercice de l'importance sociale. Sans aucune éducation, arrogante, noyée dans ses bouquins, elle rêvait avec des accents élégiaques de l'esprit de l'art, voulant dire par là que tous les artistes devaient rêver d'elle. Elle attendait avec impatience le baisemain dévot de professeurs de piano tremblants afin de pouvoir, scandalisée par une telle impudence, les gifler. Elle posait comme principe absolument évident que tout être vivant, homme, femme, enfant ou chien, devait l'encenser sans espoir de retour. Elle, la plus exceptionnelle de toutes les figures, le rêve de tous les artistes de Sacher-Masoch à Henner, en robe noire et longs gants blancs. J'avais 11 ans quand elle me surprit en train d'examiner les livres déposés sur sa table de nuit : Casanova, *Yvette* de Maupassant (en version allemande, elle ne parlait pas français), *Justine* du marquis de Sade, *La Sonate à Kreutzer* de Tolstoï, *Sapho* de Daudet, *La Profession de Madame Warren* de Shaw, *Le Sang généreux* de Wildenbruch et des courtoisies à la Courths-Mahler. Mi-boudeuse, mi-autoritaire, elle m'intima d'une voix tremblante d'émotion l'ordre d'entrer dans sa chambre à coucher, dans la pièce où j'avais commis cette indiscrétion révoltante. Pour expier, je fus condamné à baiser son pied revêtu d'un bas à motif floral. Pour cette scène, elle portait des sous-vêtements particuliers, moulants, style directoire (pantalon Mozart, *haute nouveauté* !* – prononcé « huute nouvuté »). Finaude, Mme Putiphar mêlait flatteries et insultes : elle m'embrassait sur le front en signe de pardon (et ce faisant, s'admirant dans le miroir, elle récitait à mi-voix les vers « Tu te regardes en souriant, Éléonore, tu te considères toi-même et souris à nouveau ! Qu'as-tu donc, confie ta peine à ton amie[1]... »), puis me giflait, symboliquement bien sûr, de son gant qu'elle avait ôté, en pinçant le nez : « Mon petit bonhomme, cette fois, tu m'as bien fait mal. Je me demande si tu peux te racheter. Avec ta petite tête de Moses Mendelssohn, tu n'es plus un gamin. En fait, désormais, tu devrais m'appeler "très honorée madame" ! » J'avais une culture pornographique trop fragmentaire pour goûter le charme de cette situation. Son érotisme m'échappait, je trouvais ça bête, je ricanais.

Nulle mère virginale n'a autant exhibé de manière hypocrite et scandaleuse son auréole de sainte. S'abandonnant avec un doucereux sourire, chaque vendredi soir (le

1. Citation légèrement modifiée de Goethe, *Torquato Tasso*, acte I, scène 1.

shabbat), les yeux baissés de manière exemplaire (c'est d'elle que les enfants tenaient cette attitude), elle laissait son époux dévotement amoureux la bénir comme princesse du Sabbat, affichant une insolente humilité, juste avant le rôti. Elle me surveillait alors pour s'assurer que je gardais mon sérieux. Je me mordais les lèvres. Les Roelofsz nous surpassaient en matière de piété. Les remords faisaient que chez nous, pour le Yom Kippour, il n'y avait pas de jambon. Chez les Roelofsz, c'était comme ça tous les samedis. Ils nommaient la synagogue « temple », ça faisait plus sacré. Pour Noël, ils allumaient le sapin de Hanouka. Contrairement aux femmes du peuple, la mère de Ravel n'avait pas porté ses enfants dans son ventre, mais sous son cœur. Lorsqu'elle attendait le petit dernier, son mari lui avait en toute simplicité offert un double rang de perles (venant bien sûr de chez le joaillier de la Cour) et j'avais demandé en plein repas « C'est des vraies ? », récoltant des regards scandalisés. Ensuite, Ravel m'expliqua : « Chez nous, tout est vrai ! Maman aurait tout de suite des boutons si elle portait du toc : ma mère est une vraie dame ! »

Un beau matin, nous avions déjà 14 ans, Ravel arriva en classe tremblant d'émotion. Pendant la première récré, il me fit venir au « petit coin », pour m'y confier un secret d'État : la veille, sa maman avait fait du patin à glace sur le Nouveau Lac, la glace avait cédé et elle avait failli se noyer (chose impossible dans cette petite mare). Un gardien de la paix lui avait sauvé la vie et l'avait ramenée en fiacre à la maison. Le médecin de famille lui avait ordonné de garder strictement le lit. Peeli était en voyage d'affaires, Meeli avait donc prié Ravel de passer la nuit auprès d'elle dans son lit. Comme je lui demandais comment ça s'était passé, Ravel avait répondu que ça puait. Dix ans plus tard, il prétendit ne plus se souvenir de rien. Comme toujours, dit-il, j'avais complètement fabulé.

Ravel avait bien entendu aussi une tante préférée, Làlà, qui se rengorgeait d'être la sœur aînée de sa mère – elles étaient jumelles. Au lieu d'être deux sœurs en chair et en os, ces deux élégantes apparitions parallèles étaient faites de soie et de velours noirs, leurs cous un peu fanés enchâssés dans d'étroits colliers de perles. Elles portaient toutes deux le même mantelet d'astrakan, les mêmes gants en agneau, elles se croyaient irrésistibles, étaient insupportables. Pour les intimes, tante Làlà était tout simplement Làlà. L'oncle Fritz, connu pour être blagueur, l'appelait souvent « Olàlà ». Personne ne se risquait à rire. Elle était la veuve divorcée sans torts et sans enfants d'un vaurien qui avait fait banqueroute et elle déversait sans retenue les vagues de son instinct maternel sur les enfants de sa sœur détestée. Elles débordaient même jusqu'à moi. Elle habitait près du lycée et nous repêchait en bonne camarade après les cours pour nous gaver dans son appartement un peu exigu (nous étions assis l'un sur l'autre) de limonade, de tarte aux pommes et de conversations sérieuses. Nous pouvions, avec elle, nous plaindre sans retenue de nos parents, elle faisait preuve d'une extrême compréhension. Nous y rencontrions souvent un jeune ami de la maison, personnage imposant en redingote et chapeau haut-de-forme, arborant une insolente moustache. Nous étions persuadés que monsieur le docteur Bortz était son favori. La maman de Ravel était elle aussi bien disposée à son égard, il faisait partie du groupe des amis « rosbifs » des Roelofsz. Je plaisais à ce dandy, ce qui me convenait. À la suite de la soirée magique d'un vendredi soir chez les Roelofsz, il m'expliqua les choses de la vie sur le chemin du retour. Il ne voulait pas croire que les tragicomédies qui se déroulaient dans la maison Roelofsz eussent échappé à mon don acéré de l'observation : les rivalités entre les deux sœurs, le caractère borné du père, la manière dont les enfants étaient idolâtrés. Je n'avais rien vu de tout cela, il m'ouvrit les yeux. Je l'admirais de toute ma reconnaissance. L'ami Bortz, âgé de 36 ans, mourut en trois jours d'une pneumonie dans les premiers mois de la guerre de 1914-1918. C'est à Làlà que j'adressai la première lettre de condoléances de ma vie, quatre pages qui me valurent ses louanges, sa reconnaissance et un baiser sur le front à faire peur. Je me plaisais dans ce rôle de consolateur de la veuve, et flirtais peut-être même avec l'idée de succéder au défunt sur ce trône. Juste avec l'idée : Làlà elle-même ne m'intéressait en rien ; elle me faisait peur. Après la mort de ce petit jeune homme, nous aperçûmes un jour en pleine rue Làlà bras dessus bras dessous avec le père de Ravel. Quand ils nous remarquèrent, ils s'écartèrent d'un air de gêne. Nous imaginâmes, Ravel et moi, que son père se devait en la circonstance d'accomplir un devoir biblique.

La précocité de Ravel confirmait l'aphorisme de Karl Kraus : « Gamins éveillés, hommes endormis ! » Âgé de tout juste 12 ans, il faisait de gentils petits exercices préparatoires en matière de perversité : le crépuscule venu, il se faufilait dans le Tiergarten et courait derrière des mendiantes en loques pour leur taper sur la poitrine avec les gants en agneau glacé de sa maman. Il ne put jamais m'expliquer pourquoi il faisait cela et prenait quand je l'interrogeais un air mystique. À cette époque-là, sa mère se plaignait par téléphone à la mienne que j'aie avec son petit Ravel parlé de reproduction. De tels propos inconvenants étaient à proscrire une fois pour toutes. Sinon, elle se verrait contrainte de défendre à son fils de me fréquenter. Elle prenait personnellement en main des questions aussi importantes que celles de l'éducation sexuelle de son aîné.

Après son passage d'un an sous les drapeaux, Ravel devint artiste peintre, afin de satisfaire les attentes de ses parents avides d'honneurs. Il peignait selon toutes les écoles : du génie, mais pas de talent. Les peintures devaient satisfaire à une condition : être jolies, susciter les compliments, recevoir des prix. *L'art pour l'admiration** : *mutual admiration* *society*. Ses soupirs d'artiste s'amplifiaient parallèlement aux regards langoureux de ses clientes sur les portraits qu'il peignait en proportion de l'importance sociale de l'objet et de sa rétribution. Il s'accrochait à des noms, s'enthousiasmait pour tout ce qui lui semblait lui permettre de se dorer à l'ombre des titans. Grand homme pour les petits, il dissertait en termes définitifs devant des disciples : « L'impressionnisme – une impression venue du dehors ! L'expressionnisme : une expression de l'intérieur ! » (N'étaient-ce pas là les propos de Herwarth Walden dans sa revue *Der Sturm* ?) Malheureusement, notre adorateur du succès était tout aussi aveugle aux couleurs que pauvre en idées.

L'insuccès de sa quête d'un style personnel l'avait conduit à se livrer à l'imitation. Vingt ans après Chagall, il faisait bondir des vaches en l'air, vingt-cinq ans après Van Gogh ses champs de choux ondoyaient dans le vent, trente ans après Modigliani, il traçait des visages longilignes. *Art only begins where imitation ends* (Wilde). Quand même le petit guide des paysages de Müller ne parvint plus à lui offrir des sujets, Ravel se tourna vers l'abstraction. Quand tous les « -ismes » l'eurent écarté du revers de la main, il devint sensationnel et peignit pour une galerie d'Amsterdam une cuvette de toilettes au couvercle soulevé et son contenu. Nous pourrions par conséquent considérer légitimement Ravel Roelofsz comme l'un des co-inventeurs du pop art, tout comme il se définit lui-même, alors âgé de 50 ans, dans une de ses minces publications à compte d'auteur, comme l'un des co-inventeurs du photomontage.

Il convenait à son tempérament mégalomane d'élever au rang de vertu d'une race supérieure la pâleur maladive de sa peau et ses yeux limpides. C'était tout aussi allemand que juif ou hollandais (trois peuples élus). De semblables atavismes et de fausses analogies l'ont poussé vers un mysticisme nourri de forêts et de prairies. Il entreprit, arborant un sourire douceâtre, de se christianiser : robe de moine, barbe. De nos jours, certains affichent leurs poils pubiens sur leur visage pour que tout le monde les ait à la bouche. Quand la pilosité de Ravel s'avéra insuffisante pour une barbe et la moustache qui l'accompagne, comble de l'obscénité, il renonça vexé à cette course à la barbe et se précipita, sous les auspices du Bauhaus, dans une religion nourrie des superstitions de l'Orient des matins qui chantent : MAZDAZNAN. Un pervers sexuel et aventurier, ZARADUSCHT Hanisch, officiait comme grand prêtre de ces chiens de race blonds et blancs. Des exercices de respiration en robe de bure, sanctifiés par le sang des menstrues d'une vierge de Bâle, accompagnaient, parmi les vapeurs d'ail et d'oignon, des mouvements de ravissement dans la rosée matinale. Pour finir, Ravel s'abandonna aveuglément, stupidement, fanatiquement et yeux fermés à la mode montante des chemises noires, se flattant de ressembler à Benito, et parvint même à déclamer une strophe de *Giovinezza*, prouesse quand on songe à son absence de talent pour les langues. Il approuva même Adolf Schicklgruber, jusqu'au moment où ce dernier lui tomba personnellement sur le râble. Mon meilleur ami s'engloutit avec notre amitié éternelle dans les marécages des Pays-Bas. Je n'ai guère revu ce tartuffe des marais ces trente dernières années. Il y a quelque temps, il a pour la toute dernière fois esquissé entre deux gémissements mon portrait sous les traits d'un vieux juif répugnant complètement décati, tel qu'enfant il voulait me voir.

22

L'ÉDUCATION SENTIMENTALE*

Avant ma naissance, suivant les injonctions du romantisme allemand, j'avais rêvé d'amour céleste. Je vins au monde érotomane platonique. De tout mon amour, j'aimais seulement l'amour, j'aimais TOUTES les femmes, jamais UNE SEULE. Dès que les choses menaçaient de prendre un tour personnel, elles dérapaient. Par peur des femelles, je me suis réfugié auprès de l'éternel féminin. ELLE, mon idée platonique, était une svelte princesse de conte de fées, aux yeux en amande assombris par la nostalgie, longs cheveux tombant sur les épaules, seins bourgeonnants, pudique jusqu'à la tombe.

Nous nous comprenions sans parler, loin de tout malentendu, dans des instants d'une intense profondeur, et nous connaissions l'ineffable. Nous souffrions par la beauté, nous mourions éthérés, Art nouveau. Je croyais au nécessaire accouplement entre l'amour et la beauté, réservé de manière exclusive à des gens jeunes, nobles, bons par la grâce de la beauté. *KALOIKAGATHOI.* Que de vieux jouisseurs (de plus de 30 ans !) puissent s'égarer dans les arcanes de l'amour, c'était de la perversité.

Devenu photographe, je découvris à contrecœur que des yeux bleu clair rayonnants sont en général des yeux myopes. Une poitrine à la perfection classique ne donne pas nécessairement le meilleur lait. Et en toute fin de compte, c'est grâce à Narcisse et Écho que j'entrevis les tragiques interactions entre la beauté et l'amour : la fable du jeune homme d'une parfaite beauté qui n'est pas capable de donner, et de son homologue, la nymphe Écho, qui ne sait que donner ce qu'elle a reçu : deux impuissances de l'âme.

1.

Avant de m'aventurer au-dehors, je m'exerçai dans notre chambre d'enfants auprès de Trude, notre nounou, notre chère Tuttimaus, plus toute jeune cependant (elle avait 28 ans). Une nounou, quand on la trouve gentille, on a le droit de la patouiller sans se gêner, de la câliner, ce que je faisais volontiers. Son père était fabricant de poudre, et elle en avait l'odeur. Elle était marquée de minuscules traces de varicelle que je cherchais à faire disparaître sous mes baisers. Pour m'en remercier, elle m'apprenait à faire le baiser du papillon et à coller des découpages. Au retour d'oncle Bruno, le plus jeune frère de maman, d'un « voyage d'études » en Amérique (il avait rapporté une photo que nous autres, enfants, n'avions pas le droit de regarder, où on le voyait entre deux beautés polynésiennes aux seins nus), il s'installa dans un coin de la pièce et regarda ma nounou si longtemps qu'elle finit par l'épouser. J'avais 9 ans, j'étais opposé à ce mariage et ne lui ai jamais pardonné d'avoir rendu ma bien-aimée très malheureuse. Il ne m'a jamais pardonné lui non plus, m'a dénoncé pour tentative de désertion pendant la Première Guerre mondiale et a voulu me faire citer devant la cour martiale.

2.

J'avais en secret à la fois le désir de voir des femmes nues et celui d'avoir un « atelier d'artiste ». Ce n'est que bien plus tard que le mot « studio » me fit battre le cœur. À 9 ans, à la main de ma séductrice de nounou, je visitai pour la première fois ce genre d'atelier (celui du peintre Leo Prochovnik), où des chairs nues se cachèrent précipitamment derrière un paravent. Les contours me permirent de deviner qu'il s'agissait de Trude Borgzinna, une cousine de notre nounou, que l'on soupçonnait de poser, mais surtout de poser nue. Quand après cet événement je la rencontrais, nous rougissions l'un et l'autre. Elle ne pouvait sans doute pas imaginer que je cherchais à l'habiller et à la déshabiller des yeux, que je savais qu'elle était de mœurs légères. Car j'avais vu ses dessous honteusement froissés étalés sans pudeur sur le canapé de l'atelier. Par-dessus, elle portait une robe d'été en voile imprimé mille fleurs encore plus transparente, surtout à contre-jour. Ainsi naquit mon amour des transparences.

3.

Au cours de l'été 1908, au moment du krach de Wabash à la Bourse de New York, pendant les grandes vacances que nous passions à Gremsmühlen, j'étais chargé d'aller tous les matins chercher le journal qu'apportait le train, afin que papa et grand-papa puissent calculer combien ils avaient perdu. C'est ainsi que je rencontrai Trude Rosenbaum, originaire de Essen, et qui était chargée de la même mission pour son père. Nous éprouvâmes une attirance mutuelle. Un ruban en satin bleu ciel retenait sa chevelure blonde. Elle avait 9 ans, mais était d'une maturité étonnante pour son âge. J'aurais pu parler de tout avec elle, mais je n'en avais pas le courage. Nous échangions nos expériences. Elle prenait des cours de danse de salon, avait peut-être un amoureux. Pour suivre le programme que je m'étais fixé pour ces vacances, je devais tomber amoureux d'elle. Je l'emmenai en promenade sur le lac, la barque était instable. D'un téméraire coup de rame, j'éloignai un venimeux serpent d'eau qui menaçait sa vie (une anguille ?). En guise de remerciement, elle chanta pour moi *Ma petite poupée, tu es la prunelle de mes yeux*, du début jusqu'à la fin. Une larme humectait sa paupière. Devais-je moi aussi pleurer d'émotion ? Non ! Incapables de nous regarder en face, nous regardions tous deux ailleurs. Les yeux clos, tremblants, nous manquâmes tomber à l'eau. Le lendemain, elle partait. En guise d'adieu, elle me tendit la main sans mot dire. C'en fut trop. Je poursuivis seul mes promenades en barque, je rêvais d'elle. À la fin des vacances, je me fis graver rien que pour elle un cent de cartes de visite. Je voulais sur l'une écrire « p.f.c. » (« pour faire connaissance ») et sur une autre « p.p.c. » (« pour prendre congé »). Elles seraient l'une et l'autre présentées à sa porte à Essen par un laquais en livrée. Quand je me rendis deux ans plus tard à Essen, impossible de mettre la main sur un laquais ; je n'ai jamais revu Trude. Parfois, quand le soir sur Columbus Circle, une émigrante grassouillette passe près de moi en se dandinant, une question me traverse l'esprit : TRUDE ROSENBAUM ?

4.

Il a été tellement question d'amour, on en a tellement parlé, tant écrit sur le sujet, que mon cœur fut envahi d'une chaleur platonique. Paula Levy avait une mère qui me charmait, agile, riche, élégante, russe. Comme je n'osais pas tomber amoureux d'une femme mariée de 32 ans, je perdis la tête pour sa fille, pas très belle, mais spirituelle. Cependant, mon camarade de classe Walter Seliger lui faisait déjà la cour ; ceci concluait l'affaire.

L'amour est un omnibus
Qu'on attend mordicus.
Quand enfin il passe
Le contrôleur crie : Plus de place !

5.

L'amour suivant, je le partageai avec mon meilleur ami, Ravel. Amour partagé, amour redoublé, nous semblait-il : il s'agissait de Hilde, une jeune fille de bonne famille, aussi belle que riche, nous avions joué une fois avec elle au cerceau dans les allées du Tiergarten (elle portait un chapeau de paille, une capote) ; nous avions décidé de l'aimer et dès lors, nous nous promenions chaque jour pendant des heures sous ses fenêtres sur le quai Lützow, pour entrevoir son ombre. Nous connaissions bientôt toutes les ombres de la famille et nous les aimions : Hilde, son adorable petite sœur Ilse, et même son frère Fritz, qui pourtant fréquentait le gymnase royal Wilhelm, appelé par la voix populaire « lycée des bottes vernies ». Nous nous prenions pour Dante. Chaque semaine, j'adressais à notre belle deux lettres anonymes. Tous les lundis : « Mon cygne chante *Penthésilée* même à l'heure de sa mort. » Et tous les jeudis : « Est-ce là cette fête des roses que tu promettais ? » Au bout de préparatifs qui durèrent des mois, nous montâmes à l'assaut : l'un de nous deux devrait adresser la parole à Hilde sur le chemin de l'école. Le sort tomba sur moi.

J'appris fébrilement par cœur la question que nous avions rédigée ensemble. Je lui barrai la route en rougissant : « Croyez-vous-peut-être, ou vous imaginez-vous que nous sommes amoureux de vous ? » Elle répondit : « Non. » Décontenancé par cette repartie, je battis en retraite. Je n'ai plus de ma vie échangé un seul mot avec notre grand amour.

6.

J'aimais la sœur de Ravel, belle comme une image, Carola, de deux ans notre aînée, blonde, yeux couleur bleuet, je l'aimais comme on aime seulement à 14 ou à 75 ans. Selon les coutumes de la tribu, elle était géniale, écrivait des poèmes préraphaélites et anémiques. Elle mourut peu avant le lever du soleil après une opération ratée d'une tumeur au cerveau, nous étions bouleversés. Si innocente, si jeune, on parlait en chuchotant de « la faute des pères », désignant ainsi son père. Pendant qu'elle était à l'agonie, paralysée, je tentais, jouant mon rôle de petit fou, de lui arracher un dernier sourire crispé. Aimer une mourante semblait un bonheur insigne. Ravel et moi entendîmes depuis la pièce voisine le médecin légiste lui découper la tête à la scie (« Le son de la flûte, clarté lunaire pour l'oreille », Jean Paul[1]). Nous avions décidé de déclamer le Tasse et n'y parvînmes pas. Que sont les souffrances du jeune M. de Werther comparées à avec celles d'un garçon de 14 ans !

7.

Mon premier enterrement : Éveil du printemps[2]. Sur la tombe encore ouverte de Carola, sa meilleure amie me serra dans ses bras, envahie de douleur, et plongea sa petite langue dans ma bouche. Je pensai qu'il s'agissait d'un rite funèbre juif et répondis de même. Cette coutume venue de temps immémoriaux adoucit ma douleur : Ah, si j'avais un millier de langues ! Pour étudier ce genre de rites religieux et en même temps me débarrasser de tout sentimentalisme, je participai dès lors régulièrement à l'enterrement d'inconnus, sans avoir jamais retrouvé à nouveau cette coutume archaïque.

8.

Le Mengel, place Magdebourg, était notre lieu de rendez-vous avec les jeunes filles de la Charlottenschule, et nous nous y régalions presque tous les jours de têtes-de-nègres, de pets-de-nonne, de mille-feuilles, de bonbons acidulés, de réglisse et de meringues à la chantilly.

Chéri, où est ton p'tit chou à la crème
Que faire d'un thé sans mon chou
La vie sans mon p'tit chou a perdu sa gaîté
À chaque goûter, je veux lécher ma crème fouettée.

1. Jean-Paul, écrivain allemand, 1763-1825.
2. Titre d'une pièce de Frank Wedekind.

C'est là que je rencontrai à 15 ans la petite Lotte qui en avait 12. C'était une vieille fille, qui simulait, sans avoir lu Dostoïevski, des crises d'hystérie ou d'épilepsie et s'affalait par terre de tout son long au beau milieu de la confiserie pleine de monde. Je projetais de rédiger un essai intitulé « La Vie intime des laiderons ». Je succombai aux charmes de sa construction quadratique. Mais de son côté, elle n'aimait que Ravel, mon meilleur ami, et écrivit en guise de consolation dans mon livre d'amitié : « Soyons donc frère et sœur ! » Quand je l'ai revue l'an dernier à New York, elle était devenue un énorme Pythagore inversé. Quand nous nous sommes salués, elle s'est jetée sur le tapis avec ses cent kilos, en présence de ma famille. Gardez-vous des amours de jeunesse !

9.

Pendant les dernières vacances d'été avant la débâcle que connut notre famille, à Johannisbad, en Bohême, je m'étais laissé entraîner, pendant une folle bataille de confettis à en fourrer une poignée dans les profondeurs de satin du profond décolleté d'une certaine Gertrud Samosch particulièrement affriolante dans son fourreau noir. Je découvris qu'elle ne portait pas de corset, contrairement à maman, mais avait une poitrine brûlante revêtue de dentelles excitantes. À la place de la gifle redoutée, je reçus le premier baiser enflammé de ma vie, auquel je ne pouvais m'empêcher de repenser en voyant des photos de la célèbre danseuse Valeska Gert. C'est ce que je racontais en 1937 à Paris à la terrasse du Café du Dôme à Pavel Barchan, ancienne coqueluche du bistrot La folie des grandeurs, quand il bondit pour aller baiser la main dans un geste plein de superbe berlinoise à Valeska Gert, mégère décatie. La clé de cette énigme : Valeska Gert ÉTAIT Gertrud Samosch. En 1943, pendant la guerre, je l'ai photographiée à New York, où elle se produisait dans le Bowery, complètement fanée, chantant et dansant ses anciens tubes au Beggar's Cellar, café homo. Quand je l'ai revue une dernière fois en 1965 jouant un vieux médium dans le film de Fellini *Juliette des esprits*, j'ai failli avoir une attaque.

10.

J'avais été charmé par les nattes opulentes de Lilly. Je voulus tenter ma chance sur un banc du Tiergarten après que nous avions longuement parlé ensemble. Quand elle leva les bras pour m'en entourer, j'entrevis dans l'emmanchure de son corsage à manches courtes son aisselle et ses petits poils collés par la sueur : j'en voulus à dame Nature, je n'étais pas à la hauteur. Dégoûté, je laissai tomber Lilly et, de retour chez moi, j'écrivis ces vers inspirés par Heine :

Quand ivre de félicité
Je voulus déclarer ma flamme,
Lui dire toute mon ardeur
Et lui confier ma souffrance,
Je sentis qu'une puanteur
Refoulait du fond de sa panse !

Je m'étais dit qu'en poésie, l'essentiel, c'était la rime, et moins la vérité. Pardonnez-moi, Lilly et toutes les autres !

23

MIETZE

Sous des réverbères allumés par un allumeur de réverbères en guenilles à l'aide d'une longue perche, les filles de joie se doraient au soleil, équipées à l'image des personnages de Félicien Rops. À tous les coins de rue, la mort guettait, dans son déguisement pervers. Berlin grouillait de ces souris excitantes et défraîchies portant des bas de soie noire ajourés (seules les professionnelles en portaient), juchées sur d'étroites bottines vernies à hauts talons (assorties à des rêves masochistes) et enfermées dans des corsets encore plus étroits. Les putains de 1920 satisfaisaient le complexe d'Œdipe de nos pères, elles évoquaient le souvenir des femmes de 1870, tout comme les tailles de guêpe de 1947 me rappelaient les prostituées de 1910. J'étais sous l'emprise de la perversité, je me prenais pour une réincarnation de Baudelaire, que je ne connaissais que de nom. Ces personnes n'étaient pas capables de marcher, elles trottinaient. Même pour rester debout, elles étaient trop entravées. Elles faisaient osciller leurs poitrines gonflées de coton et ressortir leurs popotins tremblotants, coudes largement écartés de la taille. Leur enseigne, c'était un énorme sac à main noir luisant de graisse qui se balançait à côté de leur parapluie qu'elles pouvaient utiliser pour frapper. Visages poudrés de blanc, yeux peints de noir, au-dessus de joues enflammées de rouge. Elles ne parlaient pas comme des êtres humains, mais susurraient comme des sorcières de l'amour, sifflant comme dans des nuits de Walpurgis classiques. Elles donnaient des coups de coude aux hommes en faisant claquer leur langue et gesticulaient bizarrement. C'était ça, le plaisir ! Elles ne craignaient rien tant que les mœurs (la police), leur julot (leur maquereau) et le mal français (la syphilis). Elles faisaient en général le trottoir deux par deux et se postaient avec art aux coins de rue, sous la surveillance de Julot, de la poli et de la syph. La prostitution de rue m'apparaissait comme un amour céleste, supraterrestre. La confession de Wedekind :

Combien me plairait mieux être simple catin,
Que l'homme le plus loué, l'homme le plus heureux[1] *!*

À l'âge de 12 ans, je fus pris de l'ardent désir de conquérir au moins une fois une dame de ce genre par mes déclarations et d'être aimé en retour. À 15 ans, je pris, après une héroïque lutte intérieure, mon courage à deux mains et trois marks (économisés sur mon argent de poche) et m'enhardis à chuchoter à une blonde particulièrement svelte stationnée au coin de la Schillerstraße et que j'avais longuement étudiée (il FAUT connaître les femmes) : « Mademoiselle, je vous aime ! » Le sang me monta à la tête, je la fixais, épuisé. Elle réagit avec un détachement méprisant : « Pas de blabla, t'as cinq marks ? » Je n'en avais que trois. Elle m'ordonna d'un ton dénué de toute nuance d'amour et parfaitement professionnel : « Chéri, à la caisse, gare aux poulets, fissa, des pépettes, et que ça saute ! » Je sortis ma fortune de ma poche sans lâcher prise. Elle s'adoucit : « Qu'est-ce que tu veux que j'fasse avec ça ? Te chatouiller la queue ou te chier sur la poitrine ? Tu dirais quoi d'être dessous ? » Sans même écouter le menu, je répondis plein

1. Frank Wedekind, « Confession », in *Confession et autres poèmes*, trad. Pierre Gallissaires, Paris, Ludd, 1985.

d'ardeur : « Mademoiselle, je vous aime ! » Elle rétorqua : « Conneries et blabla ! Je m'en tape ! », m'empoigna par le bras et m'amena tout droit au 22 de la Nettelbeckstraße. Coup dur inattendu : en effet, dans cette maison habitaient les Lewin, d'horribles partenaires de mes parents pour les parties de *skat*, avec les horribles enfants desquels nous étions obligés d'être amis. S'ils me prenaient ici, dans leur escalier, avec ma maîtresse, il ne me restait plus qu'à me suicider sur-le-champ. (« Un noble sang[1]. ») Quelle chose terrible, l'amour et le petit-bourgeois habitaient le même immeuble. Impossible de reculer. J'étais trop profondément enfoncé dans la fange. À 15 ans, je n'étais plus un enfant, j'étais un homme, un viveur. Je voulais susurrer mon amour sur son sein. Mietze me méprisait parce que j'avais encore l'air d'un écolier, je voulais lui prouver qu'à 15 ans, on est un homme. Je me devais de la séduire à force de ruse et d'intelligence, et si besoin la contraindre. Ensuite, je l'aiderais à revenir sur le droit chemin. « J'ai en effet l'habitude de sauver des vies » (Bismarck) ! Rien n'était plus éloigné de moi que l'immoralité ; je voulais la transcender par l'esprit. Elle me prendrait dans ses bras avec reconnaissance. Elle trouva qu'Erwin était un joli nom. Qu'elle connaisse mon nom, était-ce dangereux ? Elle ouvrit laborieusement la porte de l'immeuble. Une éternité. Je la suivis avec précaution dans l'escalier obscur pour pénétrer dans ce monde infernal. Un faux pas pouvait m'être fatal. Les Lewin ! Je m'accrochais à son manteau comme un enfant aux basques de sa mère. Nous avions franchi sans embûches l'appartement des Lewin, troisième étage. Il fallait rompre le silence et je lui demandai ce qu'elle lisait. « Ta gueule ! Je lis l'avenir dans le crottin ! » Et elle ouvrit à grand fracas la porte de l'appartement du quatrième. Atmosphère à couper au couteau. Elle frappa d'un air de

1. Récit de Ernst von Wildenbruch.

mystère à plusieurs portes, me fit entrer sans un mot dans une mansarde sombre, en sortit sans un mot et me laissa seul, de nuit, dans une chambre inconnue. Pas sympa ! Où était-il, le petit dieu de l'amour et ses petites ailes ? La chair était-elle si triste ? Elle n'arrêtait pas de parler dans la pièce voisine avec des hommes, comme si je n'avais pas été là. Je ne comprenais pas la langue qu'elle parlait. Elle revint en fumant une cigarette et alluma une lampe à pétrole d'un geste beaucoup plus naturel que dans tous les drames de Hauptmann, Halbe, Holz, ou dans *Les Bas-fonds* de Gorki. Le mot « surréalisme » n'était pas encore né. Désespérance inconnue et magique : le « milieu de la prostitution » ! Une cage à oiseau était accrochée là, sans oiseau. Elle n'aimait sans doute pas les oiseaux. Un matelas fatigué, de ses entrailles ouvertes la paille jaillissait, était posé sur un lit en cuivre. Un broc renversé derrière un chaudron de sorcière rempli à ras bord et d'où s'élevaient des miasmes puants. « Moi, pipi ! » déclara-t-elle et elle s'exécuta sans aucune pudeur, avec un naturel effrayant, je n'avais encore rien vu de semblable. Comme elle réclamait son thaler, je refusai de me laisser berner : « Auriez-vous auparavant la bonté de vous déshabiller ? – Pourquoi ? » demanda-t-elle d'un ton coupant. « Parce que j'aimerais examiner de l'intérieur les organes génitaux féminins. » Pour augmenter le caractère érotique de la scène, j'avais apporté ma loupe grossissant cinq fois. Je voulais aussi avoir un aperçu plus profond des sels animaux. « La grande encyclopédie Meyer m'a certes déjà donné une connaissance assez précise de tout cela, mais je n'ai pas de représentation concrète du clitoris. Et la différence entre les grandes et les petites lèvres. Je suis sûrement plus informé que vous de ce qui concerne le calendrier de la fécondité, car en sciences naturelles, j'ai toujours la meilleure note ! » Pour finir, je m'enquis de l'état de son utérus. Elle me regardait bouche bée. Mes connaissances semblaient lui faire une forte impression. « Allez, tes sous, sinon j'appelle mon fiancé qui est dans la pièce d'à côté, il va te remettre ta raie d'aplomb avec sa hache ! » Je m'étonnai d'apprendre qu'elle était fiancée et lui remis trois semaines d'argent de poche, déçu, car j'avais espéré qu'elle se donnerait à moi par amour. Je pris en même temps la décision de m'acheter des patins à roulettes et de les utiliser dès le lendemain pour aller à l'école au lieu de prendre le trolley n° 99. Joie, étincelle divine, tu me coûtes cher, surtout quand c'est avec une belle venue de l'Élysée. « Alors ? » bâilla-t-elle, comme si j'avais été ennuyeux. Je tins bon, exigeant qu'elle se déshabille avec mon aide. Après une conversation d'une telle profondeur et en dépit des différences sociales, nous pourrions nous aimer. « Il faut que tu me racontes avec tous les détails comment tu as perdu ton innocence, et pourquoi tu es devenue fille de joie. Pour t'en remercier, je te déclamerai ensuite "Dieu et la bayadère", de Goethe, et si tu le veux, nous pourrons le réciter à deux. Je suis un grand acteur, il ne faut pas que tu en parles. » Et déjà, je commençais : « Mahadeva, le seigneur de la Terre, descendit… – Arrête tes conneries », dit-elle, « si tu me files deux marks de plus, je me mets à poil et tu peux me regarder la chatte. Allez, sois gentil, mon chéri ! » Quand je lui avouai que je n'avais pas un centime de plus, elle déboutonna soudain très vite son manteau, le laissa glisser par terre d'un mouvement des hanches et se dressa devant moi, sans blouse, enserrée dans un corset couleur chair et avec une combinaison de flanelle noire de crasse : était-elle par hasard enceinte ? Horreur de la nature et de l'art. J'en restai baba. « Le tulle en haut et rien en bas ! » dit-elle, et avec précaution, comme si cela lui faisait mal, elle se mit à extirper des bouchons d'ouate qu'elle se coinçait en guise de protection entre le corset et la poitrine, je la regardais faire avec horreur. Avait-elle la poitrine enflée ? Elle semblait si énorme. C'en fut trop pour moi. Des taches rouges se mirent à danser dans la nuit, danger, je voyais partout des taches rouges, je fus saisi d'une peur panique : la syphilis ! Étais-je déjà infecté ? Je voulus me précipiter dehors, pris de panique. Elle ne voulut pas me laisser partir avant d'avoir fait ce qu'il fallait, verrouilla la porte et mit la clé dans son sac à main, se métamorphosa en tigresse dans la fauverie, s'étira avec lassitude sur le lit, me tira la langue d'un air d'invite et dans l'horreur qui émanait d'elle, elle commença, se léchant les lèvres, à devenir dangereusement belle. Trop tard ! Ma décision était prise : par trois fois je dis non, donnant de ma dextre ma parole la plus sacrée. J'étais un homme et lui dis poliment mais d'un ton ferme : « Laissez-moi sortir je vous prie. Vous ne cherchez à me séduire que pour rire ! – Allez p'tit, sois pas mal élevé ! – Encore une fois, je vous prie, laissez-moi sortir ! »

Elle ne réagissait pas : je m'approchai de la fenêtre, comme pour appeler au secours. Je savais que c'était tout à fait impossible : la maison des Lewin, l'école, la réputation ! Étais-je un pervers sexuel ? « Si tu te déshabilles, j'en fais autant ! » dit-elle. Je commençais sans mot dire à faiblir, quand me parvint sur un ton d'impatience « Si tu veux pas, tu as déjà ! », et elle se mit à se rhabiller devant le miroir, comme si elle avait été seule. Elle brossa sa chevelure crasseuse couleur paillasse, se poudra le dessous des bras, le visage, se poudra partout, s'étala du rouge sur les joues et retrouva l'air de tout à l'heure, au coin de la rue, marchandise offerte aux clients. Combien plus attirante est une femme à demi vêtue qu'une femme habillée ou déshabillée ! Elle retourna dans la pièce voisine, me laissant à nouveau seul un long moment, j'entendais des rires, se moquait-on de moi ?

Ensuite, nous descendîmes sur la pointe des pieds l'escalier, passant devant la porte des Lewin. Mietze ouvrit la porte de l'immeuble, me poussa dehors d'un geste de mépris : « Dégage, gamin ! » Je me précipitai dehors, je fonçai chez moi, petit enfant coupable innocent, sans avoir osé toucher la dame. Toute l'affaire n'avait pas duré une demi-heure.

Ainsi prit fin l'aventure la plus extraordinaire de mon enfance. En fait, elle n'a jamais pris fin : je me suis trop souvent aventuré dans les lieux où Mietze la prostituée déambulait, pour la revoir, pour devenir son ami. Mais de son côté, elle, qui signifiait tant pour moi, ne me connaissait plus. Elle me lançait, comme à n'importe quel inconnu : « Alors, petit, tu viens ? »

24

LES ARTS

Qu'est-ce qui me poussait, moi qui venais du meilleur juste milieu, à m'aventurer toujours sur cette « *rive gauche** » dont tous les chemins mènent à Montparnasse ? Cela ne peut pas SEULEMENT s'expliquer par la poitrine de ma nourrice dont l'influence m'a rendu accro aux nombres d'or (« La distance entre deux mamelons constatée pour la toute première fois détermine pour toute la vie les rapports »). Il y avait là un penchant raffiné pour les finesses, l'amour de l'anecdote, le besoin de construire stimulé par l'interdit qu'avait formulé le dieu de mon enfance : « Tu ne te feras point d'image ni de représentation quelconque… » Il y avait aussi la crainte de ne jamais parvenir à un goût personnel. Le bon goût, pour moi, c'était une constante, un mètre étalon en platine conservé à Paris dans une salle souterraine et voûtée et sur lequel veillaient d'un air de mystère des intellectuels snobs. Je pensais qu'on ne pouvait pénétrer dans ce monde fermé que sur la recommandation de riches protectrices. Enfant, je tombai amoureux de Paris sans l'avoir jamais vu – rien d'inhabituel pour moi – et c'est à 40 ans seulement que je compris : le goût n'est en fait qu'avant-goût. « Goût » vient de « goûter ». Les Américains n'en ont pas ; bébés, ils sont nourris de laits maternisés qui n'ont aucun goût, et deviennent des bébés insipides. Le goût ne s'apprend pas dans les livres, pas même dans les livres de cuisine. Dès ma naissance, j'ai eu des plats favoris (auxquels je suis demeuré fidèle) : soupe froide à la bière, saucisson de foie, magret de canard, saumon fumé, airelles, graisse d'oie, *Pumpernickel*, *Worcester sauce*, Berliner Weiße (bière agrémentée de sirop), griottes, galette de pomme de terre à la compote de pommes, entrecôte accompagnée de petites patates sautées, amandes grillées, moka. J'ai toujours détesté : le riz, le roquefort, les nouilles, les boulettes de Königsberg, le foie de veau, le pain de viande, la soupe aux lentilles, le gorgonzola, le babeurre, les cacahuètes et le thé. J'ai connu en matière de goût des errements, mais aussi des humeurs : aujourd'hui, j'aime les épinards, demain je n'en voudrai pas ; cela ne tient pas seulement aux épinards. Il était *a priori* clair pour moi que l'instinct créateur est tributaire de la latitude et de la longitude, que les tempéraments résultent des températures, qu'aucun génie n'a vu le jour au sud de l'Équateur, qu'au pôle Nord les peintures à l'eau gèlent et que le Sahara est une région pauvre en adeptes du patin à glace. Je savais que l'art vient après le pain. J'ai très tôt pressenti les relations culturelles entre la pyramide de Khéops et les pyramides mayas, je cherchais et trouvais des ressemblances en tous lieux. J'étais doué, mais sans aucune orientation particulière : j'hésitais entre pompier, philosophe, conducteur de benne à ordures, médecin, rabbin, acteur. Je savais, sans certitude aucune, que je n'étais pas un génie, et je partageais le point de vue de papa : le génie, on ne le rencontre que chez les hommes : ils inventent, se battent, gagnent de l'argent, ont des soucis. Les femmes en revanche accouchent, font la cuisine, tiennent la maison et font des travaux d'aiguilles, sans savoir ce qu'elles font, comme par exemple maman. On apprend en se jouant à parler, à chanter, à composer des poèmes, à penser ; on engrange les impressions, on imite, avant d'oser produire quelque chose de personnel. Le style, ça vient plus tard, ou jamais.

25

LA MUSIQUE

Au commencement pas de parole sans son, pas de chant sans paroles. Les exercices de piano égrenaient la gamme à travers la maison. Les contes de bonne femme attendaient comme des princesses transformées en grenouilles dans le puits sans fond des sentiments originels. Sons, mélodies, paroles. Des profondeurs : chant populaire, sens profond.

Juju la harpe coassait dans les arrière-cours, les petits chanteurs itinérants tremblants de froid sous leurs capes chantaient faux des chorals d'une profonde tristesse et les invalides à jambes de bois clopinaient avec leurs orgues de Barbarie sur lesquels des petits singes déguisés en Turcs dansaient sur l'air du *Beau Danube bleu* jusqu'à ce qu'on se décide à leur balancer un billet froissé de quelques pfennigs emballé dans un bout de papier journal. Les domestiques hurlaient jour et nuit des chansons d'un érotisme mélancolique et sentimental.

Deux yeux noirs
Des fesses charnues
Font tout mon bonheur
À cette heure !

(Il s'agissait en fait de lèvres charnues, pour un peu mon fétichisme se serait contenté du postérieur.) Les gamins des rues, je les enviais, ils pouvaient, par-delà le bien et le mal, faire ce que bon leur semblait. Ils m'apprenaient des chansons défendues :

Tu es fou, mon enfant, à Dalldorf tu iras
Où se trouvent les fous, c'est assez bon pour toi !

Quand ma femme se met à poil
Elle a une de ces dégaines
Fausses dents, jambes de travers.
Elle a une ca, ca,
Une capeline !
Mais elle n'est conne, conne,
Qu'honnête !

Ma femme, elle aime bien la saucisse,
Si y en a pas elle pisse !

T'as pas vu le petit Mosche ?
J'viens d'le voir passer
Sa veste verte
Est pleine de merde
Ça pue, Dieu que ça pue !

Ma jolie loupiotte,
Où donc sont les chiottes ?
J'ai tellement mal au ventre,
Je ne peux plus attendre !

Prenez à droite, prenez à gauche, allez toujours tout droit
Et vous verrez de loin un certain petit endroit !

C'était le genre de chansons qui nous étaient interdites, mais quand nous les chantions, tout le monde rigolait.

Tous les matins, le premier régiment d'infanterie de la garde défilait sous nos fenêtres aux accords des trompettes du Jugement, en marche au pas de l'oie vers le champ de manœuvre. Nous autres Prussiens, nous n'avions pas perdu de guerre depuis un siècle et nous le proclamions à la face du monde. J'admirais les hussards, les uhlans, les dragons, mais avant tout les cuirassiers de Pasewalk avec leurs aigles dorés sur leurs casques argentés, fièrement campés sur leurs montures derrière leur tambour à la barbe fleurie monté sur son cheval gris pommelé. Je devins militariste, juché avec mon casque en papier sur mon cheval de bois.

Contrairement aux bonnes qui laissaient des inconnus les prendre dans leurs bras sur les bancs des parcs de Kreuzberg, les bonnes d'enfants retrouvaient secrètement leurs galants dans des églises bien fraîches. Pendant qu'ils chuchotaient *pianissimo*, les organistes s'exerçaient *fortissimo*, répétant sans cesse les mêmes morceaux qui par la suite m'étaient devenus étrangement familiers, souvenirs primitifs d'une existence antérieure. La gamme de *do* majeur, sans complexité, unidimensionnelle, mesure à quatre temps, c'était ma mélodie préférée. Je doute aujourd'hui encore de la légitimité de l'existence du *ré* majeur, sans même parler des perversités des gammes mineures. Même pour les tons, je reste un voyeur. Les timbales étaient bien entendu mon instrument préféré, même si déjà en ce temps-là j'étais dépourvu du moindre sens du rythme. Mes parents eux aussi manquaient de manière spectaculaire de tout sens musical. Maman jouait du piano de deux doigts, et elle jouait faux, et quand il était aux cabinets, papa tonitruait : « À l'assaut, la pointe de mon sabre me chatouille ! »

Tous les quinze jours, le dimanche, quand les domestiques étaient de sortie, nos parents, qui ne pouvaient pas nous laisser seuls à la maison, nous emmenaient aux concerts d'abonnement de l'après-midi à la Philharmonie. Le public attablé buvait des bocks de bière en écoutant Bach, Beethoven et Brahms. Les musiciens étaient déguisés en garçons de café. Caché sous l'estrade du chef, j'admirais le batteur, capable de taper sur ses instruments comme un sauvage. Pourquoi n'existe-t-il pas de concertos pour timbales seules ? La cithare était mon deuxième instrument préféré. Quand j'allais chercher ma sœur Annie à l'école Burtin (le superlatif des écoles supérieures de jeunes filles : la fine fleur gravissait les gradins de l'amphi), nous passions devant le magasin de jouets de Lechleitner, fournisseur de la Cour, à qui l'Empereur achetait régulièrement des chevaux à bascule pour ses fils (Friedrich Wilhelm, August Wilhelm, Eitelfritz le vaniteux, Waldemar, Sigismund, Oskar). J'eus le coup de foudre pour un accordéon-cithare de la région d'Appenzell : je me voyais déjà danser en culotte de cuir en m'accompagnant moi-même. Vers Noël, je rêvais tout haut de cithares, jusqu'à ce que maman faiblisse. C'est alors que s'exprima un trait effroyable de mon caractère : une heure avant l'ouverture des cadeaux, en regardant par le trou de la serrure, je vis l'Appenzelloise sous le sapin de Noël. Je me faufilai en tremblant jusqu'à maman et m'entendis lui dire que je préférerais vraiment une machine à vapeur à réservoir horizontal, niveau à eau, soupape de sécurité et sifflet à vapeur. À l'époque, il n'était pas possible de procéder à un échange. Le valet de saint Nicolas, Knecht Ruprecht, qui ressemblait à s'y méprendre à ma cousine Ada et parlait comme elle, m'apporta donc l'instrument splendide non sans avoir auparavant tenté de me faire chanter, me menaçant de m'emporter dans son grand sac parce que je me rongeais les ongles. Je parvins à l'éviter en hurlant à pleins poumons. Quelques minutes plus tard, j'avais désaccordé de manière définitive l'instrument aux cordes délicates. Jamais je n'appris à jouer de la cithare.

Ma culture musicale devait être favorisée par l'apprentissage du piano. Monsieur le professeur de piano Ziehlesch coûtait dix pfennigs de moins que la moyenne de ses collègues (il donnait ses leçons pour deux marks), avait un nez busqué et puait du bec. Impitoyable, il battait la mesure en tapant sur mes doigts gelés du bout de son crayon jaune, ce qui n'améliorait pas mon attaque. Au bout de trois ans de torture totalement infructueuse, il fut remplacé par Mlle Liebmann. Affublée d'une douce moustache soyeuse, elle n'avait absolument aucun sens de la musique et de sa bouche émanait une odeur âcre. Le seul but de son enseignement était de me rendre capable d'émouvoir aux larmes mes parents dans des quatre mains joués avec ma sœur pour les anniversaires. Il fallait quelque chose de classique, avec de jolis trilles résonnant bien ! J'étais obligé de me lever pour enfoncer la pédale. Mlle Liebmann aimait Wagner. Je protestais contre cette antisémite bruyante. Elle me remettait en place : « Le poète est posté sur des contreforts plus élevés que ceux du Parti ! » En fait, elle avait une verrue sur le contrefort de son nez. Pour l'anniversaire de papa, nous devions jouer l'ouverture de *Tannhäuser*, celle de *Lohengrin* pour l'anniversaire de maman. En guise de récompense, on me permit de choisir ce que je voulais jouer pour mon propre anniversaire. Je répondis : « Rien du tout. » Comme elle insista, je choisis Mozart : « Mozart est tellement mièvre ! » dit-elle. « Tu es trop grand pour ces fadaises baroques ! Pour te punir, tu joueras *L'École de la vélocité* de Clementi ! » Elle essaya ensuite de reprendre place dans mon cœur avec un arpège *glissando*. Avant le cours suivant, je planquai la partition dans le ventre du piano. Quand Mlle Liebmann arriva, nous nous lançâmes dans une quête éperdue : sur les armoires, sous le tapis, derrière la bibliothèque, jusqu'au moment où j'ouvris le couvercle du piano et en tirai la partition d'un air surpris. Mlle Liebmann me considéra à travers ses lunettes cerclées de métal et lança alors d'un ton parfaitement serein : « C'est un jeu qui est aussi vieux que les leçons de piano. Au bout d'un quart d'heure, tous les élèves retrouvent toujours les partitions dans le piano. » Elle n'a pas réussi à tuer mon amour de la musique. Au contraire, il s'était encore accru après mon premier opéra : *Tsar et Charpentier* de Lortzing, dans le théâtre qui porte son nom. À chaque siège, une petite lampe électrique qu'on pouvait allumer (pour lire le programme dans le noir), c'était bien plus intéressant que la musique. Elles étaient Dieu merci encore là pour mon deuxième opéra, *Fra Diavolo.* Pour « Martha, Martha, tu disparus… » du baron von Flotow, je m'étais habitué aux petites lampes et trouvais les opéras d'un comique ennuyeux. Pourquoi les chanteurs étaient-ils si laids ? Il aurait mieux valu ne pas le demander. Pourquoi passaient-ils leur temps à répéter en se coupant mutuellement la parole des choses que de toute façon personne ne comprenait ? Mon premier opéra sans lampe, *Carmen*, avec La Destin, fut une déception. Comment un torero pouvait-il tomber amoureux d'une grosse vache pareille ? Le petit Chérubin de Lola Artôt de Padilla était plus svelte et je tombai amoureux de Mozart. Je composai sur-le-champ mon unique opéra, *Semiramis*, en six actes (pourquoi donc toujours faire des opéras en cinq actes ?). Je parvins jusqu'à la quatrième mesure de l'ouverture (fortement influencé par *Fra Diavolo*) et à la première aria de Pharaon :

Serviteurs, qu'on me distraie,
Appelez mes magiciens !
Je veux festoyer gaiement,
Je ne l'ai vue depuis longtemps !

À la maison, je n'entendais pas de bonne musique, il m'a fallu attendre trente ans avant de pouvoir assouvir ma soif de mélodies sur la poitrine rebondie du gramophone et du poste de radio. Au début du XVIe siècle, le petit « Que sais-je ? » Montaigne était réveillé tous les matins sur l'ordre de son papa par un orchestre de chambre (à coucher). C'est ma radio qui me réveille chaque matin à sept heures et demie avec de la musique baroque, tout doux, par des pianissimos qui n'existaient pas autrefois, et on peut entendre Mozart à toute heure du jour et de la nuit dans l'éther new-yorkais.

26

LE THÉÂTRE

Saperlipopette
Debout sur les planches
Une minette
Sur la scène se déhanche.

Des bonnes d'enfants dénuées de scrupules dévoyèrent mes premiers pas et m'emmenèrent à la Fête de la bière sur la prairie Hasenheide, où je rigolais, pleurais, applaudissais dans des théâtres obscurs sans comprendre goutte à ce que je voyais. Mes parents m'emmenaient au cirque pour me récompenser quand j'avais été sage. Il y en avait deux : le cirque Busch et le cirque Schuhmann. J'y comprenais tout, et en particulier les clowns, mais pas ce qu'ils disaient. Le plus excitant, c'était quand les crocodiles dansaient dans un manège subaquatique. Hélas, je n'avais droit qu'aux matinées pour enfants, où aucun dompteur n'était dévoré, où aucun acrobate ne tombait dans le vide, se rompant le cou. Mais Berlin était avant tout une métropole du théâtre. À l'été 1905, je succombai corps et âme au charme des planches, censées représenter le monde, quand Max Reinhardt m'eut entraîné dans les forêts mystérieuses du *Songe d'une nuit d'été* de Shakespeare. Dans le rôle de Puck, Gertrud Eysoldt aux yeux limpides traversait les nuits de rêve suspendue en l'air et rivalisait avec les feux follets électriques. J'étais attiré par les studios de cinéma, je voulais mettre moi-même au monde des petits songes de nuits d'été, écrire des pièces dans lesquelles, unique acteur en costumes appropriés au milieu de décors que j'aurais moi-même dessinés, j'aurais créé tous les rôles, dans ma propre mise en scène pour ensuite éreinter moi-même, critique sarcastique, mes propres représentations. Une vie bien remplie !

Les drames classiques, je les vis d'abord dans des « matinées scolaires » à tarif réduit de qualité déplorable et destinées aux élèves des écoles bourgeoises. Le vrai théâtre avec des acteurs célèbres, c'était le soir, trop tard, trop cher, j'étais trop jeune. Pour accéder sans billet à des premières pour lesquelles il ne restait plus une seule place, j'avais recours à une ruse : revêtu du costume de ma bar-mitsva, une mèche rebelle me retombant sur le front, mon cartable serré sous mon bras, je fonçais sans me soucier des portiers chargés de fermer les loges, tellement convaincu moi-même d'être un important critique que je n'ai jamais été arrêté dans mon élan. Je supportais la soirée à l'orchestre, places debout (« siège debout »), et rédigeais dans la nuit, assis dans mon lit, une critique assassine dans le style de Kerr ou de Schlenther. Le lendemain matin, je me précipitais sur le journal pour voir si j'avais eu raison.

J'étais sous le charme du héros de Reinhardt Moissi, qui volait les cœurs avec sa mélopée hystérique, sa tête bouclée penchée ; l'imitais mieux qu'il ne faisait lui-même, parlant avec des accents encore plus faux, je creusais mon front juvénile de profondes rides de théâtre et m'encharbonnais les yeux avec les produits de maquillage professionnels de Leichner. Je fus vite capable d'imiter d'autres acteurs, même Kainz, Matkowsky, Sommerstorff, que je n'ai jamais vus. J'apprenais à grand-peine des monologues et faisais comme si après l'avoir un peu feuilleté, j'avais *Hamlet* tout entier dans la tête. Malheur aux hôtes qui ne m'invitaient PAS à leur donner en me faisant prier un échantillon de mes talents d'acteur. Je mendiais les applaudissements tout en faisant mine de les mépriser. Personne ne comprenait, personne ne pouvait comprendre (même pas moi) ce qui se déroulait dans les profondeurs de mon âme d'artiste. Être incompris, c'était un besoin impérieux de ma jeunesse, de ma vie, de mon temps.

27

LE MIROIR

C'est dans la maison familiale que je me préparais à la pratique des beaux-arts. Parmi d'innombrables clés, il y en avait une, dans la corbeille à clés de maman, tête en laiton ornementée, qui nous interdisait l'accès à son salon poussiéreux abandonné aux mites. Le saint des saints n'était ouvert que dans des circonstances particulières. Avant d'ôter les housses des fauteuils recouverts de soie, il y avait l'étape du grand ménage et le tapis avait droit à un massage au chou aigre. À l'aide de cette clé, je m'enfermai en secret, tous rideaux tirés, sous ces voûtes sacrées, mon premier musée. Une peinture à l'huile de taille imposante, qualifiée par papa, jouant les critiques d'art, de « croûte », y était accrochée sur la tapisserie en soie damassée vert amande : il s'agissait d'une copie réalisée à la pinacothèque de Munich du *Jeune berger*, dont l'original avait pour auteur Franz von Lenbach, par la meilleure amie d'enfance de maman, Elise Mentzel de Stettin (grand-papa Henry avait racheté à son père son négoce en vins à des conditions tout à fait avantageuses). Un jeune berger s'y dore au soleil sous un ciel beaucoup trop bleu, allongé sur une prairie beaucoup trop verte, grandeur nature, *spleen* y compris. Romantisme pastoral allemand des environs de 1900. Sans avoir lu tous les contes de Krafft-Ebing, il était clair pour moi que ce représentant pangermanique des tendances obscures était un onaniste professionnel qui avait usé à l'excès du canif rouillé traînant par terre à côté de lui jusqu'à pouvoir ouvrir et refermer sa baguette comme un casse-croûte à la saucisse. Un lourd cadre doré renforçait le caractère choquant de la scène. Juste à la droite de ce tableau, Böcklin et son inévitable *Île des morts* faisait une impression d'une profondeur voulue sous la forme d'une gravure sur cuivre vert grisâtre (« Si tu fais tes emplettes chez Jahndorf, pas d'achats chez Wertheim[1], tu ne rapporteras rien qui vaille chez toi »). Flanquée d'un côté de *L'Aurore* de Guido Reni en tirage polychrome et de l'autre d'une beauté sépia à demi nue de Henner dont l'abondante chevelure recouvrant sa poitrine fit de moi un fétichiste des cheveux, la grosse horloge sonnait avec solennité de son gong aux sonorités de cloches de cathédrale et décomptait. L'horloger Gieritz venait chaque semaine la remettre à l'heure, et dès qu'il avait tourné les talons, je m'employais à réduire ses efforts à néant. Sur le mur qui leur faisait face, dans des cadres en or et dus au talent de cette même Elise Mentzel, on pouvait voir les portraits désincarnés des parents de mon père, réalisés d'après des photographies, à côté du *Watzmann enneigé* d'Achenbach[2] se reflétant dans les eaux du lac de montagne, dû lui aussi à Elise Mentzel. Devant Phryné se dénudant de manière impudique et la Hille Bobbe ricanant sans retenue, placées sur des pieds style Art nouveau en bronze, on trouvait quelques bibelots : le *Moïse* de Michel-Ange recouvert de vert-de-gris (deuxième prix au bowling), le *Faune ivre*, *Antinoüs* (faux marbre), le *Tireur d'épine* (albâtre rose), un *Mercure* (faux bronze), le *Semeur* de Meunier (offert par le personnel pour le jubilé de l'entreprise). *Pasiphaé*

1. Jeu de mots sur le nom de la célèbre chaîne des magasins de confection Wertheim, fondée au milieu du XIXe siècle, et sur l'expression *etwas von Wert heimbringen* qui signifie « rapporter chez soi quelque chose qui a de la valeur ».
2. En fait tableau de Ludwig Richter.

et *Iphigénie en Aulide à Tauris* (gravures) suscitaient des questions mythologiques auxquelles ne répondaient que des érections incompréhensibles. Sur la petite table du salon se trouvait le *Zarathoustra* de Nietzsche, que personne n'avait lu.

Le véritable et authentique miracle cependant, c'était le miroir géant, qui occupait le mur entre les deux fenêtres du salon, entouré de tentures de soie vert olive artistement drapées. Maman m'avait appris que l'œil est le miroir de l'âme. Je regardais mon âme les yeux dans les yeux, je passais des heures assis sur l'authentique tapis de Smyrne saxon devant le miroir du salon et je faisais des grimaces pour mûrir, avoir l'air vieux, découvrir mon âme. Bien que j'aie pu depuis apprendre le contraire, je reste convaincu que derrière la transparence du verre, une autre vie se déroule dans un autre monde. Nous sommes des sosies. Sans miroir, je ne serais jamais devenu homme. Les sots appellent cela le complexe de Narcisse. Pas d'art sans miroir, pas de musique sans écho.

Quand je m'exerçai à l'âge de 11 ans pour la première fois à expérimenter de mes propres mains sur moi-même les joies du plaisir, après m'être préalablement fait le serment de ne me livrer qu'une unique fois et dans un but expérimental à cette exploration métabolique, je m'étais agenouillé, voyeur de moi-même, devant le miroir pour guetter l'instant important où apparaîtraient sous mes yeux des cernes violacés, qui marqueraient sans équivoque que j'étais entré dans la confrérie des noceurs. Bien au contraire mes yeux s'ouvrirent et je compris le sens de l'expression *Liebestod*[1]. J'eus la surprise, par-delà le miroir, de retrouver mon ancien visage. Moi qui avais redouté que chacun puisse lire sur ma figure mon « crime contre la vie à naître » ! Je tenais les théories terrifiantes sur les risques de

1. À l'origine, titre du prélude de l'opéra de Wagner *Tristan et Isolde*. Avec l'usage, désigne toute aria où l'amour entraîne la mort.

la souillure de soi-même de la *Grande encyclopédie pour la conversation* de Meyer, qui me guettait, mise sous clé dans la bibliothèque de papa, et pleine des fruits les plus pourris de la connaissance. J'accumulais avidement, caché sous mon lit ou installé aux cabinets, à la lueur de la chandelle, mon savoir interdit. Tout était écrit dans une langue si mystiquement complexe que je pensais y découvrir une religion interdite : *Credo quia absurdum.* Je croyais, parce que c'était absurde, que le juif Onan, dans le désert, avait inventé de ses propres mains l'onanisme, qui mène rapidement à un tabes dorsalis doublement infecté et tant redouté dont sa jeune victime complètement épuisée n'est délivrée, après de longues et terribles souffrances, que par une mort précoce. J'en tirai les conséquences qui s'imposaient : dès que j'étais contrarié par mes parents, par la vie ou par moi-même, je prenais joyeusement mon destin en main et tentais, au moyen de la méthode décrite dans le Meyer, de mettre un terme à ma jeune vie. Je dus souvent recourir à cette méthode et le fis volontiers, sans être jamais parvenu au but recherché : je me suis toujours retrouvé plongé dans un profond sommeil.

Qu'est-ce donc qui me poussait vers les arts ? Le sexe. Mes premières excitations visuelles, je les reçus des journaux satiriques de papa. Les charmes retrouvés semaine après semaine des mêmes demi-mondaines en petite culotte de dentelle réglaient mon programme d'autosatisfaction. Je me trouvais aussi de la sorte familiarisé avec la confection pour dames.

Aide-moi, mon gars, déboutonne,
J'arrive pas jusqu'en haut.

Dans le *Simplicissimus*, Ferdinand von Reznicek m'enseigna comment déshabiller selon les règles une blonde effarouchée assise sur le bord de son lit. C'est Ernst Heilemann qui m'apprit dans les *Lustige Blätter*, gazette grivoise, comment une femme légère, dans une loge, aidée par le champagne et par un lieutenant des chevau-légers, met les cornes à son vieux mari. Dans *Jugend*, l'imitateur de Beardsley, le corrupteur Franz Ritter von Bayros, me donnait des leçons particulières : détournement de mineurs par des Messaline furieusement corsetées, en tenues agrémentées de plumes d'autruches et qui recouraient aux services d'obscènes griffons singes. Tous les jeunes Allemands de cette époque-là ont suivi les mêmes cours d'onanisme à l'aide de ces déesses de l'amour – avec des résultats divers.

L'art et la nature, c'est une seule et même chose. En commençant par les dioramas (dans les passages ou chez Kastan), où je pouvais découvrir et admirer les frères siamois, Agha, la lévitation virginale, les Lilliputiens, le géant Machnow, l'entrée du port de New York, des personnages de cire poussiéreux dans des cabinets aux horreurs, des fœtus noyés dans l'alcool dès leur plus tendre enfance et autres monstres, passant de l'art animé du théâtre à l'art figé du musée. Auparavant, j'avais aussi revécu, grâce au stéréoscope, toutes les phases de la crucifixion de Sa Majesté le Sauveur sur le mont Golgotha, ce qui signifie « crâne », illuminé par les feux de Bengale. Sur une colline voisine elle aussi vouée aux crânes, et où prenait position l'état-major, Moltke, Bismarck et Roon avaient salué avec effusion leur vieil empereur et sa famille, et au premier plan, un grenadier se redressant avec peine, en train de perdre tout son sang, leur rendait les honneurs.

Mon premier vrai musée fut le musée de la Poste, où étaient exposés sous verre tous les timbres du monde. Malheureusement, j'étais trop petit et ne pouvais rien voir. J'avais aussi, un dimanche, visité une exposition où on pouvait découvrir grâce aux rayons X des montres cachées dans des petits paquets fermés hermétiquement. Ensuite, on tira les rideaux. On resta longtemps dans l'obscurité jusqu'au moment où quelque chose voleta bien trop vite en passant sur un drap humide, accompagné d'un AAAHHH ! général. Papa m'avait levé bien haut pour que je puisse mieux voir. Ce n'est qu'après coup, quand on m'eut expliqué précisément ce qui s'était passé, que je fus en mesure, tout en larmes, de comprendre ce que j'avais vu : des mouettes en plein vol : mon premier film. Je n'ai jamais réussi à comprendre pourquoi il était présenté au musée de la Poste. Personne ne pressentait la naissance d'un art nouveau.

Deux fois par an, je devais accompagner papa à la GRANDE EXPOSITION DES BEAUX-ARTS de Berlin qui empestait l'odeur des couleurs à l'huile et où la peinture anecdotique allemande faisait des ravages. Des scènes de boudoir douceâtres succédaient à d'imposants tableaux de batailles, le vacarme de la guerre à des natures mortes pleines de sérénité. J'appréciais Eduard Grützner, peintre de genre, maître des moines paillards : une bergère toute en rondeurs sert une oie fumante au prieur replet, qui lui pince les fesses d'un air réjoui. Sous l'image, gravé sur une plaque dorée, le titre : « Un beau morceau ».

J'attendais des GRANDS musées qu'ils me permettent d'assouvir en paix mes curiosités érotiques. Par conséquent, mon amour des musées n'avait fait que croître, si bien que mes parents se virent contraints de s'assurer les services du « jeune M. Drippe », fils du tailleur de papa. Cet étudiant pauvre, mais dépourvu de tout intérêt pour l'art, devait en échange d'un modeste salaire m'accompagner tous les dimanches dans un musée. D'abord les « petits musées » : le musée des Arts et Traditions populaires et ses merveilles en plumes péruviennes, ses momies, le musée d'Histoire naturelle avec des arbres géants fossilisés, le musée des Arts décoratifs et ses ennuyeuses vaisselles en porcelaine, les Écuries impériales où l'on voyait des calèches de toutes époques, l'Armurerie où l'on pouvait admirer toutes les décorations sur tous les uniformes possibles, le musée des Hohenzollern avec des monarques empaillés, le Märkisches Museum pour les arts populaires, l'Urania où pour cinquante pfennigs l'entrée on pouvait, quand personne ne faisait attention, bousiller des instruments précieux pour faire des expériences. Le plus assommant, c'était le musée de la Mine. Ma patience était à bout et je réclamai, comme par défi, les GRANDS musées.

Sans gratifier d'un regard les débris de marbre du musée des Antiquités, je me précipitai dans la Galerie nationale, où dès l'entrée, des orgies gigantesques signées Makart tentèrent en vain de me séduire. Je cherchais des scènes intimes d'où émane une beauté pleine d'âme. Dans les recoins de petites salles latérales scintillaient des impressionnistes français, tremblants comme de l'air chaud et que l'on ne pouvait comprendre qu'à travers le prisme d'un fameux tempérament. Renoir, le renne noir ! Chez Daubigny, tombé sous le charme, je cherchai et découvris le point rouge, dont je déplorais l'absence chez Corot. Je trouvai l'accomplissement de tous mes vœux auprès des maîtres anciens du musée de l'Empereur Frédéric (Kaiser-Friedrich-Museum) qui montraient sans pudeur, à travers des voiles la dénudant encore davantage, une beauté que mes parents pudibonds avaient voulu m'interdire : la Vénus de Botticelli et sa chevelure d'or, la Lucrèce de Cranach et son poignard, qui m'offraient avec une innocence obscène le mont de Vénus de leur érotisme. Je me vouai virilement, jeune garçon encore, aux fétiches de mon existence : yeux, cheveux, seins, bouches. Succombant à mes sujets de prédilection, je considérai mon reflet dans la fontaine de Jouvence de Cranach le Jeune : de hideuses vieillardes y descendent sur la gauche dans une petite source de forme carrée d'où, attendues galamment par des jeunes gens assis devant des tentes pourpres ouvertes, elles ressortent sur la droite sous les traits de jeunes vierges charmantes. Une association de peinture et de poésie : *Avant et après**. Je n'ai jamais considéré une jeune déesse sans me représenter la manière dont le temps la transformera en vieille sorcière. Je me suis souvent attardé au musée du Louvre devant une sculpture du Moyen Âge : *Cadavre d'une noble dame rongé par les vers (Bourgogne,* XIII*e siècle).* L'impression littéraire la plus profonde sur le même sujet me venait de Villon : « Les Regrets de la belle heaulmière ». J'ai apporté ma contribution à ce chapitre de la *comédie humaine** par un nu de Carmen, septuagénaire, qui quarante-cinq ans plus tôt avait posé pour *Le Baiser* de Rodin. Chez Brueghel d'Enfer, j'ai retrouvé avec surprise les terreurs de mes propres nuits : *danse macabre**, sabbat de sorcières, enfer, meurtre, et dès le premier coup d'œil, je devins pour toujours un admirateur du maître Jérôme Bosch. Je me racontais des histoires que je lisais dans les yeux de Rembrandt, reflets de son âme, et je me sentais poète.

28

POÉSIE ET PROSE

J'avais très tôt découvert le charme des comptines et des calembours. Je n'aimais pas ce qui ne rimait à rien. Je m'enthousiasmais pour les poèmes que l'on pouvait déclamer sans même les comprendre. Je n'ai découvert François Villon, le poète de ma vie, qu'à l'âge de 40 ans. Je n'avais jamais compris jusqu'alors pourquoi la France n'avait pas de poésie du grotesque, pas de Morgenstern, pas de Ringelnatz, même pas un *Struwwelpeter* ni *Max et Moritz*, alors que l'Angleterre avait au moins des porcochonneries en vers salés, les divins limericks.

J'avais commencé par les contes et légendes des héros pour arriver, après *Bas-de-Cuir*, vers la puberté, au *Comte de Monte-Cristo*, et donc au roman. La rage de lire m'avait saisi. Objectif minimum : un livre par jour. J'engloutissais beaucoup, comprenais peu, tout me plaisait ; je n'osais même pas m'imaginer que je puisse comprendre quoi que ce soit. L'art trônait pour moi trop haut sur l'Olympe de la suffisance classique pour pouvoir être compris par un élève de seconde. Je n'osais pas sauter un mot, de crainte que justement ce mot-là recèle la réponse à l'énigme universelle. Mais ce qu'était cette énigme universelle, je ne le trouvais même pas dans les *Énigmes de l'univers* du professeur Ernst Haeckel. Au rayon livres du grand magasin de l'ouest, le KaDeWe, qui venait d'ouvrir, *Le Chat noir* d'Edgar Allan Poe (illustré par Kubin) me sauta à la figure quand j'ouvris l'anthologie *Terreurs et frayeurs* de Franz Blei, qui me prit dans les rets du bref récit nécromant. Je me précipitai chez moi pour en écrire un à mon tour : un médecin éminent découvre le sérum du génie et l'injecte dans le cerveau de son fils nouveau-né, l'enfant devient sur-le-champ un génie (nombres premiers, sanscrit, quadrature du cercle, Kamasutra et Véda). Le père est assailli de jalousie. Dans un accès de folie, il tue l'enfant génial et s'enfonce lui-même la seringue dans le cervelet, pour rendre l'esprit après un cri qui n'en finit pas. Je lus ce récit à des amis de ma « clique », à la lueur de la chandelle, dans une atmosphère lourde de la fumée des cigarettes et saturée de sherry, étirant à ce point mon cri d'effroi que les frères, jaloux, stipulèrent dans les statuts du groupe qu'aucun cri ne devait excéder une minute. Pour me venger, j'écrivis une nouvelle comprenant cinq minutes de silence.

« À quoi bon fêter mon treizième anniversaire si seul mon millième sera célébré ! » écrivis-je dans mon journal. Je méprisais ce que Berlin dévorait, j'étais ennemi des best-sellers. Un instinct sûr (autrefois, on parlait d'ange gardien) plaça mon éducation intellectuelle entre les mains de Wedekind, Strindberg et Dostoïevski. Sans eux, je serais devenu un autre homme, sans eux, le monde aurait été autre.

29

BAR-MITSVA

Le jour où, alors que j'avais 13 ans, une bibliothécaire me refusa *Sexe et caractère* de Weiningen parce qu'elle considérait que je n'étais pas assez mûr, je décidai de constituer ma propre bibliothèque avec les œuvres complètes de tous les classiques (pas des « morceaux choisis » dont l'essentiel a été supprimé), y compris tous les livres interdits. Pour me les faire offrir, je devais satisfaire au désir de mes parents et subir la bar-mitsva, ce qui heurtait de front mon engagement de libre penseur : *Paris vaut bien une messe**. Nous venions de nous installer dans les quartiers ouest de Berlin qui étaient alors à la mode (tout comme le soleil, ma vie s'est déroulée d'est en ouest), aussi cette cérémonie fut-elle retardée d'un an. Dans un costume en drap noir, coiffé d'un chapeau noir, je dus débiter à toute allure à la synagogue devant la communauté assemblée des prières en hébreu. Quand, dans cet imposant édifice, je n'entendis plus ma propre voix, le trac m'envahit et je flanchai : ensuite, baisers de mes tantes me félicitant d'avoir été formidable.

Le soir, réception monstre en tenue de gala avec menus imprimés comme chez Kempinski. De telles débauches d'affectation constituaient les points culminants de la vie sociale de mes parents. Des mois durant, dans une ambiance à la fois tendue et surexcitée, on ne parlait de rien d'autre que de savoir *QUI* on *DEVAIT* inviter, CE qu'on allait servir à nos chers hôtes (des *chateissim* – de pauvres cochons) pour les impressionner. Papa, dans un élan théâtral, tenait pour « du homard, du saumon et du jambon frais d'ours ». On avait loué des chaises spéciales, de la vaisselle, un vestiaire, des cuisiniers spéciaux, des domestiques, des extras. Et M. Perls, un humoriste en smoking, troubadour et pianiste virtuose. À la répétition générale, la veille du grand jour, tous les participants étaient vexés.

Au soir tant attendu, M. Perls improvisa, pour accompagner l'entrée des invités dans la salle à manger, un amusant pot-pourri avec des extraits de la *Marche de Hohenfriedberg*, du chant de Hanouka, de *Pauline va danser* et du *Beau Danube bleu*, pendant que chaque cavalier menait sa dame avec une cocasse noblesse jusqu'à la table. Quand chacun eut trouvé sa place, la fête put démarrer, on aurait dit une ruche bourdonnante, la chaleur devint insupportable et le festin commença : hors-d'œuvre variés, œufs de mouette sauce Cumberland, huîtres de Nouvelle-Zélande, écrevisses de l'Oder à l'aneth, caviar Malossol sur lit de glace, moelle de bœuf sur canapés, escargots de vignes et beurre aux herbes, foie gras. Puis un succulent bouillon clair avec des boulettes de *matza* (roulées à la main et humectées de salive par grand-maman Lisette), du saumon du Rhin (ou grande alose) sauce hollandaise, du homard de Heligoland avec du beurre en coquilles, pointes d'asperges fraîches blanches comme neige, suivies de l'inévitable rôti sanguinolent avec petites pommes de terre au beurre persillées, ensuite perdrix accompagnée d'airelles mises en bocaux par maman soi-même ou faisans aux morilles et aux cèpes en sauce à la crème aigre, après quoi, comme il se doit, la « bombe glacée Prince Puckler à la façon de Henry Cohn », tutti-frutti aux myrtilles fraîches arrosé de marasquin à la crème, un plateau de fromages avec une multitude de fromages qui puent, toutes les sortes de pains du monde. Un plateau de fruits agencé et surchargé avec goût par maman (et comme sensation les premières bananes *ALLEMANDES* de nos colonies) vint couronner le tout.

Chaque plat était accompagné par le vin *ad hoc*, mousseux, liqueurs, cognac français (tous produits dans l'entreprise de négoce en vins de grand-papa). On servait le vin blanc dans des coupes romaines, hideuses coupes de toutes couleurs en cristal taillé, collectionnées par maman (chaque verre brisé était accompagné de pleurs, c'était toujours la faute de l'autre et réciproquement, bonheur d'Edenhall[1] aux accents de cristal). Du moka fumant fut servi dans de minuscules tasses rococo avec des mignonnes cuillers dorées à l'or fin en forme de pétales de rose. Le personnel servait en gants blancs. Les invités se devaient de refuser dès qu'on leur présentait à nouveau un mets. Le juste nécessaire était de règle, mais chacun se laissait attendrir. Maman ne se lassait pas de dire : « Mieux vaut se gâter l'estomac que gâter l'aubergiste ! », mais elle était elle aussi tellement surexcitée qu'elle n'arrivait pas à avaler une bouchée. De temps en temps, malheureusement, vomissements ; en général sur le chemin des toilettes – dans le couloir berlinois long à n'en plus finir. L'hymne *Trinquer est un plaisir fort sage* marqua le début des libations. Le maître des menus plaisirs, M. Perls, se surpassa au piano. Des feuilles sur lesquelles étaient imprimées des chansons à boire accompagnées de refrains à n'en plus finir furent distribuées. Entre les plats, discours pompeux. Celui de grand-maman Lisette était connu de tous : « Cher héros de la fête ! chers amis et hôtes ! », et elle n'allait jamais plus loin, les applaudissements couvraient sa voix. En revanche, grand-papa Henry n'était pas un orateur ; en portant son célèbre toast aux dames « Messieurs ! Et : messieurs, les dames ! », il ne put s'empêcher – tout confus – de s'esclaffer si fort qu'un éclat de rire général explosa et tous se mirent à chanter : « En la

1. Titre d'un poème de Ludwig Uhland.

matière il est unique ! Vive notre cher grand-papa ! » Mais quand mon père frappa contre son verre, un silence plein d'attente envahit la salle, on aurait entendu une aiguille tomber, tous se retenaient de respirer. Il savourait à fond la forte impression qu'il faisait. La sueur perlait à son front de penseur. Il démarra en chuchotant, personne ne le comprenait. Personne n'avait osé crier « Plus fort ! », mais il amplifiait mot après mot le niveau sonore. Tante Philippinette ne put s'empêcher d'éternuer, papa hurla, furieux, « Silence ! » et recommença à zéro. Au bout de dix minutes, on commençait à l'entendre, mais personne n'y comprenait goutte, c'était trop spirituel. On eût dit que dans la demeure du seigneur il défendait les droits de peuples opprimés. Ses yeux lançaient des étincelles. Partant des droits de l'homme, il arriva plein de hargne à la culture, aux cultes, à la littérature, à l'éthique, à l'économie nationale OU PLUS PRÉCISÉMENT (le terme préféré de son vocabulaire d'orateur) à la politique DU PARAPLUIE. Au bout d'une heure à couper le souffle, il proféra d'un ton triomphal sa citation incongrue de Schiller « Rapides comme l'avide requin, fendez les flots ! » et un enthousiasme sans bornes éclata. Les tempêtes d'applaudissements avaient à peine cessé que papa se releva, causant une panique générale, tapa sur son verre et annonça d'une voix de stentor : « Et je donne maintenant la parole à mon prince héritier, le héros de cette bar-mitsva, l'élève de troisième Erwin Blumenfeld ! » Quelle déveine ! Espérant qu'on m'oublierait, j'avais un peu arrosé la fête. C'est dans cet état qu'il me fallut improviser le discours traditionnel de bar-mitsva, que l'on m'avait fait ingurgiter au cours des mois précédents. On me contraignit à grimper sur une chaise, pour que tout le monde me voie mieux. Je titubais. Deux tantes me maintenaient : « La coutume est ancienne en Israël par laquelle un garçon qui célèbre sa bar-mitsva est invité à laisser libre cours à ses sentiments. Je ne veux pas m'écarter de cette belle coutume ancestrale et… » Une fois bloqué, je parvins tout juste à m'arracher le serment de devenir « un digne Blumenfeld puissance Cohn au carré », affirmation qui souleva un tonnerre d'applaudissements, et je roulai sous la table. Mon succès le plus éminent lors de l'ultime grande soirée de ma vie.

Le résultat de ces efforts surhumains fut décevant : au lieu des 360 volumes attendus, je n'en reçus que 237, dont cinq fois le recueil de citations célèbres de Büchmann et trois éditions des œuvres de Goethe. Maman sacrifia une armoire de cuisine désaffectée – ce qui me vexa – et je la remplis de mes trésors : ma bibliothèque à moi.

30

LES JOIES DE LA DÉCOUVERTE

Je tente en vain de retrouver le style enfui. Je n'arrive plus aujourd'hui, avec la meilleure volonté du monde, à comprendre pourquoi, quand j'avais 15 ans, « Rose, la belle femme de l'agent de police », me semblait atteindre des sommets en matière d'esprit. Le professeur S. Friedländer, néokantien et spécialiste fanatique de la polarité et de la vision excentrique, avait publié dans la revue expressionniste *Der Sturm*, sous le pseudonyme de « Mynona », des « Délices de la petite confiserie spirituelle » qui me transportaient d'enthousiasme. Quand je fis par la suite la connaissance de l'auteur en chair et en os, j'eus peine à comprendre qu'un adulte au savoir encyclopédique, qui avait même été imprimé, puisse discuter avec un écolier comme moi. Il ressemblait à Hans Christian Andersen, jouait l'homme du monde et le libertin, se donnait des allures de « génial mais méchant » : un stimulateur ! C'est de sa bouche que j'entendis pour la première fois les termes magiques de « psychanalyse » et de « relativité » ainsi que le nom de Montaigne. Il me montra la sortie de secours de la maison de mes parents, par le Café Größenwahn (ancien Café des Westens), où les génies jouaient des heures durant au nirvana derrière un verre à eau vide, quand ils n'étaient pas en train de s'insulter. La Bohème jouait la folie (Maupassant, Van Gogh, Nietzsche) ou l'épilepsie (Dostoïevski, Flaubert). C'était dans l'air du temps. Je n'ai jamais atteint l'honneur insigne d'être reconnu par le garçon rouquin et bossu qui s'occupait des journaux. Il ne m'ignorait même pas.

Sur la terrasse du café donnant sur le Kurfürstendamm, à l'angle de la Joachimsthalerstraße, le « cygne noir d'Israël », Else Lasker-Schüler, célèbre pour avoir tissé le « tapis du Tibet », trônait, installée à sa table ronde en marbre :

Ton âme qui aime la mienne
Y est ourdie dans le Tibet du tapis[1].

Je m'assis près d'elle et je la fixai. Des heures durant. Jusqu'au moment où Youssouf, prince de Thèbes, Tino de Bagdad, le Malik, comme elle se faisait appeler, m'agressa, folle de rage : « N'avez-vous rien de mieux à faire, espèce de mal élevé, que de me dévisager ainsi ? » Comme toujours, j'avais laissé à la maison ma présence d'esprit et je répondis « non ! » en rougissant. Cette réponse lui plut. « À propos, vous êtes en quelle classe ? » Je balbutiai : « En troisième au Gymnase ascanien. » J'avais réussi à rompre la glace.

Elle me fit venir à sa table et se mit à fantasmer à propos des hauts faits de son fils « gééénial », le petit Paul, qui fréquentait l'Odenwaldschule et subjuguait tout le monde par sa beauté. Elle racontait comment, avant même d'avoir un an, il avait réussi à sortir de son berceau (elle l'avait observé par le trou de la serrure) pour aller récupérer sur le mur le calcaire si nécessaire à la construction de ses os. J'eus la présence d'esprit de citer Strindberg : « Les enfants sont des miracles ! – Oui, mais les petits Paul sont des génies ! » corrigea-t-elle. (Tous les génies potentiels de mon existence se prénommaient Paul !) Je me pâmais d'orgueil : j'avais réussi, sans aucun concours extérieur, par ma seule personnalité, à conquérir le plus grand poète allemand

1. Else Lasken-Schüler, trad. J.-P. Lefèbvre, in *Anthologie bilingue de la poésie allemande*, *op. cit.*, 1993.

vivant (Karl Kraus lui avait décerné ce titre honorifique, et en réponse, elle l'avait déclaré cardinal). Je connaissais Lasker-Schüler et Lasker-Schüler me connaissait : *Gradus ad Parnassum*. Sa personnalité me fascinait plus que sa poésie et sa prose réunies. Ses cheveux, coupe garçonne particulièrement excitante. Des demi-lunes en cuivre se balançaient à ses oreilles, des perles d'ambre, des verroteries multicolores et des colliers en simili enserraient son cou. Elle gesticulait dans sa vieille veste de matelot, par-delà l'argent et la mode : chaque pouce de sa personne, un Malik, un roi, toujours un peu ramassée, un tigre prêt à bondir.

Ce n'est qu'après sa mort qu'on apprit – je ne voulais pas y croire – qu'elle qui m'avait traité comme si nous avions le même âge avait exactement celui de ma mère. Elle, qui pourtant exigeait de chacun, ami comme ennemi, un respect absolu récompensé régulièrement par de violentes colères imprévisibles comme l'orage dans un grand ciel bleu qu'elle répandait sur ses vassaux. Je n'avais pas le courage de la traiter de « prince », contrairement à nombre d'autres personnes. Cela me semblait d'ailleurs ridicule.

Bientôt, nous étions de vieux copains : « Vous êtes vraiment capable de vous enthousiasmer ? De mourir pour une idée ?? De poser des bombes ??? De faire sauter cette métropole de petits-bourgeois avec une bande de brigands et sous l'égide du spirituel cavalier bleu ???? Ce soir : répétition générale près du Gnou. Je lirai de nouveaux poèmes et l'antique *Tapis du Tibet*, mais d'abord, vous m'offrirez un café ! Avec MON argent, petit insolent, qu'est-ce qui vous prend, je ne me laisserai pas insulter ! Il y a une heure, j'ai étranglé de mes mains un philistin milliardaire follement riche. Son dernier mot : "C'est bon ?" Soyez entre 5 et 8, à la minute près, au café littéraire Reuß et Pollack. Apportez des pistolets, nous autres, artistes, sommes des jurés conjurés, la révolution est au programme. Horrible massacre avec beaucoup de morts. On me craint horriblement ! Mot d'ordre :

Dar es salam ! Car je suis tombée follement amoureuse à en mourir du plus grand fils de roi nègre de l'Afrique australe allemande du Sud de l'Ouest du Nord et de son épouse préférée Souleika. Ils vivent en union libre sous leur wigwam à Friedenau l'éternelle sur la Damuka, "Exposition coloniale de l'armée et de la marine allemande". Il fume le calumet de la paix en pointant ses lèvres en forme de cœur, elle est parfumée comme une gazelle, pas comme dans un zoo mais comme dans la forêt vierge. Ils sont ardemment jaloux l'un de l'autre, de mon amour et de Kete Parsenow. Jurez-moi sur votre sang le secret et venez ! Vous qui pratiquez la magie noire, ô mon magicien du noir et blanc ! » Animé par l'espoir secret de pouvoir un jour photographier la poétesse, je lui avais chanté les louanges de mon appareil photo et elle m'avait aussitôt donné ce titre. Je ne l'ai hélas jamais photographiée.

Je me retrouvai à 7 heures tapantes devant la librairie fermée. Personne. Je m'y retrouvai une heure plus tard ; je frappai un long moment avant qu'un nez d'épervier se pointe en disant : « Je suis Curt Erich Glaser », me faisant entrer dans cette caverne d'Ali Baba remplie de livres : je restai muet d'admiration. Assise par terre jambes croisées, Lasker-Schüler était là, jouant les fakirs, hurlant qu'elle ne tolérerait plus longtemps les calomnies de Höxter qui, dit-elle, s'était comporté comme un cochon, M. Blumenfeld, le magicien du noir et blanc pouvait en témoigner (je n'étais au courant de rien). C'est en ces termes que je fus présenté, je serrai des mains, m'inclinai tel Moissi, ce qui était censé exprimer ma personnalité. J'avais l'impression d'être très adulte dans ce rôle d'artiste en devenir.

Ils se querellaient tous autour de noms qui ne me disaient rien, parlaient de discriminations, d'injustices criantes, de plagiat. Le prince braillait qu'elle n'avait absolument aucune intention de se prostituer au Gnou et décampa sans qu'ait été évoqué le tapis du Tibet.

Vers 1915, déjà bien imbibé et d'humeur joyeuse, j'entrai dans la pissotière de la Potsdamer Platz. Un jeune dandy, arrivé par l'autre entrée, se planta à côté de moi, se coinça un monocle dans l'œil, déboutonna son pantalon à carreaux noirs et blancs et dessina d'un jet magistral mon profil sur le mur : je ne pus m'empêcher de le féliciter. Nous devînmes amis. C'est l'être le plus génial qu'il m'ait été donné de rencontrer, narrateur d'exception et puissant dessinateur. Il s'agissait de George Grosz. Il faisait partie, tout comme Mynona, du cercle de Lasker-Schüler, c'était son Bas-de-Cuir.

Lorsque après la Première Guerre mondiale je me suis à plusieurs reprises rendu à Berlin depuis la Hollande, je suis toujours descendu à l'hôtel Koschel (qui devint par la suite le Sachsenhof), sur la Nollendorfplatz, où Lasker-Schüler occupait une minuscule mansarde. (Lors de mon dernier séjour à Berlin, en 1960, le concierge de l'hôtel n'avait même jamais entendu son nom.) Vers 1926, Grosz me raccompagna un soir à mon hôtel, ivre mort. À l'entrée, nous croisâmes le Prince de Thèbes en train de rentrer, qui nous emmena dans sa mansarde sous les toits. Nous nous proposions de la mener un peu en bateau. Elle trônait, sorcière indienne décatie, sur son lit de fer, dans la fumée des bâtonnets d'encens qui l'entouraient. Grosz était assis sur le coffre en bambou, j'étais accroupi. Elle délirait, parlant de cabale, de matérialisations. Nous n'étions pas disposés à nous associer à ses élucubrations spiritistes, mais elle était plus forte que nous. Ses yeux lançaient des éclairs qui mettaient mal à l'aise, et nous ôtèrent l'envie de rire. « Les mains coupées sanguinolentes de mes ennemis mortels vont flotter à travers la pièce ! » Nous n'osâmes pas faire un geste quand des mains sanglantes entrant par la lucarne fermée se mirent à flotter dans la pièce, s'arrêtèrent puis disparurent par la porte close. Je vis les cheveux de Grosz se dresser sur sa tête, il demanda à qui appartenaient ces mains. En guise de réponse, elle proclama d'un ton hystérique : « Voici maintenant les mains de Paul Cassirer et de sa débauchée de Tilla (Tilla Durieux, l'Eboli, la Judith, la Jocaste de Max Reinhardt). Mon magicien du noir et blanc, jurez de me venger ! » Une main de femme transperça sous nos yeux d'un poignard une main d'homme avant de disparaître. La vieille magicienne me mit un poignard d'enfant au manche ciselé entre les mains. « Les Cassirer ont séduit mon fils, mon merveilleux Paulo, ils l'ont gavé de morphine et de cocaïne pour en faire un homosexuel, ils lui ont inoculé la tuberculose pour me faire souffrir, ils ont fait pourrir mes livres, ont rompu tous leurs engagements, leur vie est perdue ! La semaine prochaine, Cassirer part pour l'Amérique en passant par la Hollande. Dans votre Kalverstraat, à Amsterdam, vous lui planterez ce stylet dans le cœur en criant TINO ! » Je ne connaissais pas Cassirer et n'avais pas la moindre envie d'assassiner quelqu'un, je tentai de me tirer de sa plaisanterie douteuse en prenant le même ton prophétique : « Cassirer sera mal accueilli à New York. Au bout d'une semaine, découragé, il mettra terme à son voyage et regagnera Berlin, où Tilla le poussera au suicide. Vous êtes vengée ! » Grosz acquiesça de la tête : « Ainsi soit-il ! » Au moment du départ, nous nous serrâmes solennellement les mains, et fûmes tous deux soulagés d'avoir derrière nous cette sonate des spectres. Un mois plus tard, je recevais une lettre à Amsterdam : « Mon magicien du noir et blanc ! Comme vous l'aviez prédit, Paul Cassirer s'est suicidé. Merci. Prince Youssouf. »

Peu avant l'arrivée de Hitler, elle nous rendit visite pour quelques jours à Zandvoort aan de Zee. Quel insupportable tyran et quel trouble-fête. Elle mourut à Jérusalem en 1945, âgée de 76 ans.

Peu avant l'arrivée de Hitler, George Grosz s'exila à New York, la ville dont il avait toujours rêvé, devint citoyen américain, et comme maints autres artistes, y perdit son art.

En 1959, avant son retour à Berlin, nous bûmes ensemble un dernier verre dans un bar. Il se plaignit de repartir avec seulement soixante-cinq mille dollars, pas un de plus.

Arrivé à Berlin, il se soûla à mort en quelques semaines. Son exécuteur testamentaire, une relation commune, me raconta un an plus tard que les tableaux et dessins laissés par Grosz à ses deux fils avaient rapporté plusieurs millions de dollars.

31

MON OLYMPE

Who would care to go out to an evening party to meet Tomkins, the friend of one's boyhood, when one can sit at home with Lucien de Rubempré ? It is pleasanter to have the entrée in Balzac's society than to receive cards from all the duchesses in Mayfair.

OSCAR WILDE

SHAKESPEARE Tragédie grecque Marlowe
Molière Wedekind Strindberg
MOZART Monteverdi Purcell Bach Vivaldi Händel
Gluck Haydn Jazz
BOSCH Brueghel Grünewald Cranach Holbein
Greco Rembrandt Vermeer Chardin Goya Daumier
Van Gogh Gauguin Cézanne Degas Toulouse-Lautrec
Seurat Douanier Rousseau
Futuristes Cubistes Dada George Grosz
Tapisseries gothiques primitives de maîtres anonymes
VILLON Charles d'Orléans Scève Homère Ovide
La Fontaine Baudelaire Rimbaud Verlaine Apollinaire
Gryphius Claudius Heine Wilhelm Busch Morgenstern
Ringelnatz *Struwwelpeter*
BALZAC Stendhal Flaubert Maupassant
Les contes de Grimm Gogol Poe Dostoïevski Kafka

CASANOVA Montaigne Diderot Voltaire Swift Sterne
Egon Friedell : l'histoire culturelle de l'époque moderne
LAO TSEU Platon Schopenhauer Nietzsche Freud
SOURIRE DE REIMS grec archaïque (des Cyclades au VIe siècle)
Égypte Mayas sculptures nègres art précolombien
NEW YORK Paestum cathédrale de Laon
Méliès Charlie Chaplin Buster Keaton les Marx Brothers
Asta Nielsen

32

LE TOURNANT DU SIÈCLE

AINSI se déroulaient les jours heureux de mon insouciante jeunesse à Berlin au tournant du siècle. Tandis que je défaillais de peur, mes parents me montraient du doigt combien, comparée à d'autres enfances, la mienne était dorée. Ils se demandaient si je serais jamais capable de réfléchir au sérieux de l'existence. Les bourgeois radotaient, parlant du progrès irrésistible de l'époque moderne, ils inventèrent grâce à la guerre des Boers le camp de concentration sans rien remarquer de la révolution universelle apportée par Nietzsche, Van Gogh, Rimbaud, Strindberg, Wedekind, Freud, Einstein, Curie, Cézanne. On imaginait, à cause d'un rythme qui s'accélérait, être dans une période de transition d'une importance décisive. Seul le tramway restait semblable à lui-même :

Berlin, tu te hâtes tant
Tu ne rêves que de vitesse
Tu ne connais repos ni cesse
Pas le temps ! Pas le temps ! Pas le temps !
Approche en brinquebalant
Le tram cahotant
Et unique survivant
Du vieux Berlin d'antan !

Il était encore possible de se déplacer à travers toute l'Europe centrale sans la contrainte honteuse du passeport, survivance moyenâgeuse (sauf pour les juifs de l'Est crasseux qu'on expulsait de partout, à juste titre). Le monde avait (et a encore) l'affaire Dreyfus sur le dos. *J'accuse*, Zola, 13 janvier 1898. Je subodorais des obscénités cachées derrière tous ces chuchotements. On était plus obscène que jamais. (Huysmans, *À rebours* ; Oscar Wilde, *Le Portrait de Dorian Gray*.) Derrière le poing d'acier plein de style de son empereur de la paix adoré et de sa noble épouse Augusta Victoria, Berlin surpassait le monde entier de sa laideur. Après être passés de la barbe aux favoris, les moustaches avaient disparu : le nudisme se profilait. L'homme n'imaginait pas qu'il serait vite supplanté par les machines qu'il était juste en train d'inventer. Le cheval, qui pendant un millénaire avait fidèlement contribué à la construction d'une civilisation, flairait avec des narines plus sensibles la fin de l'Occident et renonça à la course. On glissa provisoirement de l'omnibus tiré par des chevaux aux rails du tramway hippomobile détrôné par le tramway électrique, à l'autobus. De la calèche, on passa au taxi, à côté de la Régie des transports berlinois. L'atmosphère protégée des chandelles fit place aux lampes à pétrole, à l'éclairage au gaz (manchon Auer), puis au luxe prohibitif de l'ampoule électrique à incandescence accompagnée de courts-circuits intempestifs. Plus de lumière ! Les chandelles minables ne continuaient à brûler que dans les cabinets et dans les églises. Les machines à écrire écrivaient comme des livres par l'intermédiaire d'une sténodactylo. Et ce fut l'avènement de l'auto-érotisme :

Chéri, prenons l'automobile
De Hambourg jusqu'à Kiel
Ne te fais donc pas de bile !

Vinrent les premières extases automobiles : « Monsieur, laissez-moi m'étendre sous votre radiateur, c'est tellement jouissif ! » Nul ne pouvait imaginer que l'automobile, « Bien mieux que les chevaux », selon le slogan, deviendrait le plus grand tueur en série de tous les temps. Sa Majesté l'Empereur avançait en tête de son armée au son d'une fanfare de Walkyries : « Tutatu ! » Des aéronefs dirigeables allemands, rigides et semi-rigides, explosaient à grand fracas dans les airs, pour célébrer leur supériorité sur les aéronefs latins *(« plus lourds que l'air* »).* L'Allemagne en tête, jusque dans les airs ! Depuis une tribune édifiée tout spécialement, je vis l'un des frères Wright (Orville ou Wilbur ?), casquette de jockey campée à l'envers sur la tête, battre le « record du monde du Berliner Zeitung am Mittag » : onze minutes sans escale à une altitude de plus de vingt mètres. Les premières liaisons factices (Alloalloquiestàlappareil ?) furent établies par la fée Clochette. On nous sonnait. Le téléphonaniste chantait sans qu'on puisse le taxer d'érotisme oral :

Allo, douce fée Clochette,
Allo, si je reste trop longtemps planté ici,
L'angoisse m'envahit,
Je ne trouve pas de sonnette,
Comme j'aimerais être relié à toi pendant des heures !
Allo fini mon bonheur,
Allo voilà que tu rechignes
Ma sylphide allons dans les vignes
Du central téléphonique, nique, nique !

Des phonographes dotés d'imposants pavillons égratignaient la voix de leur maître Caruso. Aux enfants que nous étions, on offrait même des cylindres de phonographes en chocolat, que l'on pouvait d'abord écouter, puis manger. Il n'y avait encore ni haut-parleurs, ni microphones. Même l'Empereur était obligé de crier s'il voulait être entendu.

En ce temps-là, tout le monde parlait plus fort, de manière plus insistante ; même le silence avait une autre tonalité. L'humanité ignorait tout des ondes qui à l'aide de petits coffres magiques (postes de radio et de télévision) se transforment en applaudissements, en vacarme et en jeux de lumière. Bien avant Asta Nielsen, Waldemar Psylander, Olaf Fönss, Lupu Pick, Sven Gade, Bébé Abélard, Henny Porten, Max Linder, Ernst Reicher, Harry Liedtke, Max Landa, Bunny, Prince Rigadin et Billy West (précurseur oublié de Chaplin), des baisers, des effusions, des coups de feu de plusieurs minutes papillonnaient déjà sur l'écran humide des palais du cinéma, des boîtes à images, des salles de bioscopes et de cinématographe *(Mir is de Kinne matt, o Graf!)*, en berlinois : *Kintopp !* Ma naissance a coïncidé avec celle du reportage photographique. Jusque-là, les événements, représentés par des dessinateurs surdoués, étaient publiés avec plusieurs semaines de décalage dans la revue *Die Woche*. Un jour, la revue *Die Illustrierte* publia un photoreportage montrant l'Empereur presque en direct, bougé, flou comme dans la vie, rejetant dans l'ombre tout ce qui avait existé jusqu'alors, y compris *Max et Moritz*.

Le mark demeurait une monnaie solide comme le roc, garantie par cent vingt millions en lingots stockés sous la surveillance de l'armée dans la tour Julius de la citadelle de Spandau. Qui aurait pu imaginer que sous la devise « Un mark sera toujours un mark ! » il arriverait à se diluer au point de devenir un trillion. La livre britannique démontrait une solidité encore bien supérieure. Les prophètes échouaient, les spéculateurs prospéraient. Peu après avoir préservé (plus grand que nature, peinture colossale du professeur Knackfuß d'après des esquisses de l'Empereur en personne) leurs biens les plus sacrés du péril jaune sous le général maréchal en chef von Waldersee lors de la révolte des Boxers, la répétition générale de 1914 se déroula sous la forme de la guerre russo-japonaise, avec Weihai, Sakhaline,

Mukden et Port-Arthur (« Arthur, Arthur, Arthur, t'as une de ces coiffures ! »). Mais le théâtre des opérations se situait à plus de dix mille kilomètres de chez nous, à un mois de distance, perdu dans le lointain, et quand le soleil brillait, papa vendait davantage d'ombrelles et de cannes, quand il pleuvait, davantage de parapluies ; et personne ne pouvait imaginer qu'ombrelles, cannes, mon brave homme de père et le bon vieux temps nouveau auraient quelques années plus tard disparu. Seuls les parapluies sont restés, même si la concurrence avec les imperméables les fit bien souffrir, ces parapluies que j'avais appris à détester dans ma plus tendre enfance, quand, retenu par la ferme main de papa, je devais rester planté pendant des heures devant les vitrines remplies de parapluies et d'ombrelles tandis qu'il maudissait, fou de rage, la concurrence déloyale de ses rivaux. Même mon inconscient, encore balbutiant, commençait à se manifester, réclamant, souhait refoulé depuis trop longtemps, Anneliese. Sous le soleil rien de nouveau : Juvénal, satire VI (90 av. J.-C.) : *Qualicumque voles, Judaei somnia vendunt* : « Les Juifs te vendront tous les rêves que tu voudras. » Les premiers slogans s'abattirent sur une population qui ne s'y attendait pas : PRENEZ VOS BAINS À DOMICILE ! (Invitation inouïe : même chez l'Empereur et sa famille, au château, il n'y avait qu'une seule baignoire, et en plus, elle était en marbre !)

Cuisine au gaz ! Chie du riz ! Odol purifie l'haleine !
Pour les yeux, va chez Mampe,
Envoie-toi un verre derrière la cravate
Plus besoin d'aller chez Ruhnke
Tu peux tout de suite tout voir en double !
Chiffre d'affaires élevé, utilité néant !
Raffermis tes seins avec Megabusol ! Pilules orientales !
Doux comme un papillon printanier
Je suis soutien-gorge (Rilke)

D'abord il l'éclabousse
Puis elle l'éclabousse
Tout Berlin s'éclabousse
Avec Putex !
Le feu ne se répand pas
Si tu as Minimax chez toi
Mais Minimax ça sert à rien
Si tu n'es pas chez toi
Ne donnez à vos fillettes et garçons
Que le jus de pomme de Poetkos, de Guben !

L'art tentait de s'affranchir de l'objet, d'être *SANS OBJET* ; futurisme et cubisme avaient toujours un pied dans le réel. Les premiers paysages cubistes de Juan Gris, Braque, Picasso et les futuristes du mouvement, Carlo Carrà, Severini, Boccioni, Balla, présentaient des détails surréalistes. Kandinsky commençait à flirter de manière abstraite avec l'expressionnisme.

Les atomes étaient presque encore insécables, d'où leur nom, imbécile ! Même si on savait déjà qu'il n'en allait pas ainsi, on l'enseignait toujours. Les éditions de manuels scolaires ne suivaient pas le rythme.

Quand la *Berliner Zeitung* rapporta que Marconi avait envoyé par télégraphie sans fil la lettre « S » de l'autre côté de l'océan, papa éclata de rire en lisant ce canular, seuls les imbéciles tomberaient dans le panneau, mais PAS LUI, car « Comment transmettre un télégramme sans fil conducteur ? » Papa faisait confiance à son sens commun, tout comme moi, qui en 1945 déclarai que la bombe de Hiroshima était un coup de bluff. Car « Comment assassiner quatre-vingt mille innocents avec une seule bombe, et en plus au nom du Sauveur ? »

33

LA DÉBÂCLE

Peu avant son effondrement, papa m'avait traîné au spectacle, pour voir *Les Avariés* de Brieux, une pièce larmoyante française, ou *soap opera*, censée le dispenser de m'initier aux dangers des rapports sexuels, entreprise difficile. Pour m'appâter, il m'emmena d'abord chez Niquet, où on pouvait déguster les biftecks les plus savoureux et boire des panachés bière framboise. Je détestais le théâtre de verdure où se déroulait le spectacle. Pour me venger, j'avais mis une culotte de dentelle d'Annie récupérée dans la corbeille à linge, avec l'intention de me branler à mort pendant la représentation, et j'y serais parvenu si papa ne m'avait pas constamment dérangé. Je n'arrivais pas à comprendre pourquoi il s'était senti obligé de m'emmener dans ce théâtre merdique. Comme la maladie innommable n'était évoquée dans la pièce que de manière symbolique, je n'y compris goutte. Sur le chemin du retour, papa proclama sur un ton d'un pathos antédiluvien : « C'est seulement quand la médecine aura vaincu ce terrible fléau que s'ouvrira un monde meilleur devant l'humanité ! » Je ne savais toujours pas de quoi il parlait.

Un an après, le 26 juin 1912, il bondit sur la table chargée des cadeaux d'anniversaire de ma sœur Annie en lançant un cri de guerre : « Caïcus, Hermès, Kaister, Méandre ! » (du nom de fleuves d'Asie Mineure qui se jettent dans la

Méditerranée). Il se jeta ensuite sauvagement sur Gerti, qui riait à gorge déployée, la camarade de classe de ma sœur dotée de la plus belle poitrine, pour la lui pincer, à la grande surprise des jeunes filles, et je le regardai faire avec envie. Il fut alors enfermé pour cause de surmenage aigu dans l'asile du docteur Alexander, aliéniste à Westend, d'où il fut renvoyé chez lui six semaines plus tard avec des éruptions cutanées, un zona sur le visage et sur le torse, incurablement guéri.

Quand on comprit qu'il n'en avait plus pour longtemps, il fut envoyé sous la houlette de l'oncle Bruno pour un tout dernier voyage dans le Harz. Et pendant ce temps-là, on rassembla à la maison un véritable conseil de famille au cours duquel je fus – sans qu'on m'ait le moins du monde consulté – chargé de subvenir aux besoins de ma pauvre vieille mère – en ce temps-là, à 43 ans, on était vieux. Consciente de la solennité des circonstances, elle avait décoré de chandeliers en plaqué argent la table, recouverte d'une nappe en dentelle brodée de ses propres mains descendant jusqu'au sol. Tandis que les espérances de sa vie et de notre famille étaient portées en terre, elle se mordit héroïquement les lèvres, en dépit des signes précurseurs d'une tuberculose (ou était-ce une syphilis pulmonaire ???), quand la stéarine des bougies, en coulant, menaça de gâter le travail de ses mains. Willy Manes, le meilleur ami de papa, présidait la séance. C'était un vieux grigou riche comme Crésus, bégayant, inculte, syphilitique, juge au tribunal de commerce, ce qui lui valait un profond respect. Tout me sembla comique et théâtral, et je ne pus m'empêcher de rire bêtement, ce qui suscita l'ire des personnes présentes. Elles me reprochèrent de ne pas être à la hauteur de la situation, car, circonstance aggravante, je n'avais même pas encore choisi de métier. Il fut par conséquent décidé sur-le-champ qu'après mes études secondaires, aux vacances de Pâques 1913, on me mettrait dans la confection pour dames. Je me voyais déjà en Napoléon du *crêpe de Chine** et éclatai de rire, ce qui dressa encore davantage les esprits contre moi.

L'oncle David Rothschild, un nain hideux, voyageur de commerce chez Putzrath & Säuberlich, qui se rengorgeait volontiers de toute son impuissance, ce qui plaisait modérément à son épouse barbue, la tante Emma, se leva pour annoncer que son ami, le roi indiscuté du corsage Otto Moses, de la maison Moses & Schlochauer, spécialisée dans les robes, corsages et peignoirs, avec qui il venait justement de passer deux semaines charmantes à Pontresina, consacrées essentiellement au poker, s'était généreusement déclaré prêt à me prendre comme apprenti, ce qui revenait à toucher le gros lot. Moses, compagnon parfait, célibataire, ami du monde féminin, se baptisait lui-même Moser quand il était en vacances, et plaisantait : « Je n'ai rien à ajouter, rien à retrancher. » (En vacances, c'était un autre homme.) Après un passage chez Moses & Schlochauer, le monde de la confection me serait ouvert. Le conseil de famille, ému, accepta cette proposition. Avant qu'on me congédie, je dus encore, en guise de remerciement, déposer un baiser sur le crâne chauve d'oncle David ; le programme de la réunion prévoyait des décisions plus importantes, pour lesquelles j'étais trop jeune. En effet, le nom de la famille était en jeu. Il manquait certaines sommes qui avaient été confiées à papa, son affaire était au bord de la faillite.

Une fois couché, je me mis à réfléchir. C'est alors seulement que les bonnes réponses me vinrent à l'esprit. J'étais pieds et poings liés, je devais, puisqu'il n'y avait pas d'autre issue, me soumettre à mon sort. Peut-on seulement se rebeller contre son destin ? Au lieu d'œuvrer dans le sens de mes intérêts, je devins fataliste, têtu. Nous avions appris à l'école à regarder de haut le fait de gagner de l'argent. Le noble prince Hamlet commerçant dans la confection pour dames, voilà qui s'accordait avec ma vision du monde. En outre, j'étais enchanté par la perspective de laisser bientôt derrière moi le gymnase. Moi, l'autodidacte, j'avais perdu toute envie d'apprendre sur ordre. Mon meilleur ami était parti pour son année de service militaire : seul, ça ne m'amusait plus du tout.

J'en ai plein plein le dos
Je m'achète un gros pétard
Je le charge de poudre et de plombplombplomb
Et je me fais sauter la calebasse
Trois quatre cinq six sept huit neuf dix
Valet dame roi as !

34

M. & S.

Contrairement à toutes mes attentes, la terre ne se mit pas à trembler quand le 1er avril 1913, à 8 heures pétantes, je me présentai chez Moses & Schlochauer (que les mauvaises langues déformaient en Nochschlauer, « plus malin », ou même Arschlochauer, « ah trou du cul »). Comme au premier jour d'école, mon petit cœur se serra douloureusement et en plus, j'avais mal au ventre. Personne ne se souciait le moins du monde de ce que mon univers était la proie des flammes ; et pas seulement le mien : dès lors, il n'y eut plus un jour sans nuages. Les mêmes nuages d'orage qui s'amassaient au-dessus de moi irradiaient le monde de leurs éclairs. Après les cauchemars de ma jeunesse, les choses sérieuses commençaient vraiment, et elles avaient pour nom M. Otto Moses (ainsi que son jeune frère M. Leonhard Moses, le « jeune M. Moses ») et M. Sally Schlochauer. Moses méprisait Schlochauer, le regardait de haut comme la soie considère la laine. Quand M. Otto Moses démarrait son examen matinal et redouté de l'entreprise, le premier à le voir lançait à haute et intelligible voix : « Treize ! » Ô Éternité, parole foudroyante[1] ! Celui qui l'entendait devait immédiatement faire passer le message et trois secondes plus tard, chacun était plongé jusqu'au cou dans son travail. Malgré ses semelles de crêpe, Treize n'a jamais réussi

1. Début d'une cantate de Bach.

à prendre ses employés en train de se tourner les pouces. M. Moses portait une barbe à la Henri IV poivre et sel mêlée de vert *(le « pervert galant* »).* Quand il piquait une colère, il se fourrait les deux pointes jaunasses de ses moustaches dans les commissures des lèvres. En même temps, sur son front noble mais bas, deux petites cornes s'enflaient, comme chez le Moïse de Michel-Ange. Il ne parlait que très rarement. Mais quand il parlait, tous tremblaient, sauf Angrick, un mannequin qui était sa chose, elle tremblait d'une autre manière. Encore aujourd'hui, Moses me poursuit au moins deux fois par semaine dans mes rêves. M. Schlochauer, qu'on appelait « Dix-Sept », assortissait à deux yeux de porcelaine blanc-bleu une tête recouverte de boucles bleu-blanc. Un bel homme dans l'industrie du corsage. Il se laissait adorer à l'égal d'un dieu. Une ou deux fois par saison, il s'entendait à séduire tous les cœurs avec son sourire charmeur. Par ailleurs, sa colère pouvait être sans bornes. Ses crises commençaient régulièrement par « C'est véritablement la fin de tout ! » et s'achevaient avec l'écume aux lèvres, qu'il léchait avidement en grondant doucement « Et zut de flûte ! ».

À 8 h 10, M. Schmidt II, comptable en chef et fondé de pouvoir, m'appela devant son haut pupitre, pour me donner de haut ses instructions, et le fit sans détour : « Aucun employé de notre maison n'est autorisé à entretenir quelque relation privée que ce soit avec une dame travaillant dans notre maison. » (Il ne me fallut qu'un an pour comprendre que M. Schlochauer (Dix-Sept) sautait toutes les dames de la maison, tandis que, plus réservé, M. Otto Moses (Treize) se concentrait de manière exclusive sur les mannequins.) « Il y a assez de putes à Berlin, et ce que vous faites avec les dames des autres maisons nous laisse froids, sauf quand il s'agit de nos concurrents directs : Fraenkel & Roer, Fischbein & Mendel, Ball & Müller, Mendelsohn, Meyerhof & Mamroth, les secrets de la maison doivent être préservés à tout prix, c'est leur raison d'être. Le premier secret de la maison, c'est notre distinction *Loherkafin* ; d'ailleurs, tout ce qui se déroule entre ces quatre murs, sans aucune exception, relève du secret. Naturellement ! Car tout dans le monde se referme de manière naturelle, seul mon pantalon ne se referme pas tout seul, encore un secret de la maison. Je connais une lapine insolente, d'une minceur parfaite, la fameuse Mietze Schmidt chez Orgler & Fidelmann, superclasse, pas moyen de la chasser du gland ! Elle a une chatte en forme de bec, quand ça vient, c'est déjà là, quand c'est là, c'est déjà fini : se séparer fait mal ! Si je vous recommande, vous pourrez lui faire à l'œil un doigt d'honneur, si vous lui plaisez, vous pourrez coucher avec elle, sauf qu'elle a un cathare de la moule ! Si tu niques à Yom Kippour, t'as la chtouille pour Souccot : les trappeurs sillonnent le désert, la chtouille teint ta chemise en vert ! Et ça coûte un max. Les retards : à trois retards, on vous retient un mark de salaire, au sixième, vous serez mis dehors, vous ferez un sacré vol plané – donc, tâchez de rester en bonne santé, mais profitez de la vie : c'est beau, la jeunesse. Attention, c'est tout ! Souvenez-vous du joli poème :

Je me souviens du bon vieux temps
Où tous mes membres étaient agiles
Sauf un !
Ce temps-là est révolu
Tous mes membres sont raides
Sauf un !

Votre salaire vous sera bien entendu payé en or. Durée de l'apprentissage : trois ans, le 31 mai 1916, vous en aurez terminé, vous serez jeune employé et le monde s'ouvrira à vous. Mon pantalon neuf, vous en dites quoi ? Franchement, vous me plaisez bien ! Pendant la première année, vous gagnerez déjà quinze petits marks par mois, c'est extrêmement convenable, chez nos concurrents, les apprentis doivent en plus payer les frais d'apprentissage. De ces quinze marks, il faudra bien entendu déduire l'assurance maladie et l'assurance sociale, vous en profiterez plus tard, quand vous aurez 75 ans. Nous n'accordons pas d'avances, donc vous avez intérêt à vivre selon vos moyens, et non au-dessus. Vous pourrez de temps en temps vous permettre une cigarette par jour, mais n'allez pas trop souvent aux toilettes pendant les heures de travail, ça se remarque. Videz-vous de votre merde avant, ou après. Les heures de travail, c'est de 8 heures du matin à 8 heures du soir, avec une heure et demie pour le déjeuner. Si vous voulez faire votre chemin dans l'existence, restez le soir jusqu'au moment où les chefs s'en vont, on peut se rendre utile, et c'est bien vu. Pendant les heures de travail, on ne s'assied pas, c'est évident, d'ailleurs, il n'y a pas de chaises. Si personne ne regarde, vous pourrez de temps en temps vous adosser au mur, nous ne sommes pas des tyrans et nous sommes de notre temps mais : si l'un ou l'autre de messieurs les chefs traverse le magasin, vous devez toujours être en train de travailler comme un fou, c'est tout de même pour ça qu'on vous paye. Si vous faites vos preuves, au bout d'un an on vous augmentera de cinq marks, de dix au bout de deux ans. Pour Noël, vous aurez une prime de deux marks. Et maintenant, allez retrouver M. Schulz, votre maître d'apprentissage, et que ça *saute.* Vous lui devez obéissance en toutes choses. Dans l'entreprise, tout le monde va toujours un peu plus vite qu'il ne le peut, même quand il n'y a rien à faire, car il y a toujours quelque chose à faire, même en morte-saison. Et un dernier conseil : l'âme de la crémerie, c'est la galette ! Le négociant ne prend qu'à contrecœur de la merde en guise d'espèces sonnantes et trébuchantes ! »

Je me précipitai auprès de M. Schulz, le prototype du commis négociant, du sous-fifre rampant dans son *cutaway*, pantalon à rayures et visage boutonneux, un peu plus vieux que moi, qui balançait volontiers sa main dans sa poche de pantalon. Il me conduisit comme une pièce de bétail à travers le local commercial, me présentant à chacun des quarante-huit employés : « Voici notre nouvel apprenti, M. Blumenfeld. » Chacun répondait « Enchanté ! » et me serrait vigoureusement la main. De retour dans le hangar, M. Schulz m'installa derrière une boîte remplie de milliers de boutons, et m'ordonna d'un ton brusque de les trier aussi vite que possible, il s'assit sur la table et me regarda travailler. Quand, quelques heures plus tard, j'eus achevé ce travail de Romain (je n'avais couru que deux fois aux toilettes pour pleurer un bon coup), il me dit d'un ton méprisant : « Vous avez l'air d'un vrai lambin, nous allons vous en faire passer le goût, après le déjeuner, vous recommencerez à zéro ! » Et il flanqua tout le résultat de mon travail dans la caisse, et me donna cinquante pfennigs pour aller lui acheter à la pharmacie une douzaine de préservatifs intenses du docteur Morgenstern et deux pilules à faire bander un cerf, mission qui me parut indigne de moi. Était-ce pour cela que j'avais réussi deux semaines plus tôt mon brevet de fin d'études en dissertant sur le sujet « Dans quelle mesure devons-nous accorder au plan moral plus d'importance à *Iphigénie en Aulide* qu'à *Iphigénie en Tauride* ? » Je fis donc ce que je faisais enfant – tout n'est-il pas répétition ? – avec les ballons gonflés au gaz : j'eus recours à la pointe de l'aiguille. L'après-midi venu, je refusai, après une lutte intérieure éprouvante, de trier à nouveau les boutons et je m'attendis à être passé par les armes. En fait, M. Schulz haussa les épaules : « Tant pis ! Espèce de pédant ! » C'était un lâche.

Le lendemain, à 9 heures du matin, il me fallut faire entrer avec l'aide de M. Wolfsberg les cinq mannequins de la maison dans des blouses de coutil blanc bien trop serrées. Ce n'était pas un jeu d'enfant et il fallut recourir à la force et à l'habileté d'au moins deux hommes vigoureux. En ce temps-là, les mannequins ne faisaient pas le même régime qu'aujourd'hui, il n'y avait pas encore de photos de mode ni de pilules pour maigrir. « Svelte et mince ! », tel était le mot d'ordre. Il fallait enserrer les dames de force dans leurs corsets jusqu'à atteindre les tailles de guêpe requises (42 ou 44). La mère Mattausch, un ancien mannequin qui baladait en suant ses kilos accompagnés d'un sourire doucereux et venimeux, supervisait l'opération. En ce temps-là, on suait ! Pas question de bain quotidien, ni de déodorant, ni d'hygiène féminine, on connaissait les miasmes et la vermine. Mlle Mattausch était une vieille cochonne ; dès qu'elle faisait son entrée, on rivalisait de grossièretés. En me disant bonjour, Mlle Angrick s'offusqua d'un ton geignard de mes mains crevassées par le froid de l'hiver : « Je ne laisserai pas maltraiter mes petites fesses à la peau tendre comme celle d'un bébé par ce genre de paluches à la toile émeri ! » Elle demanda à ses collègues d'un ton inquiet s'il fallait me soigner. Mlle Mattausch annonça qu'on avait décidé par esprit de solidarité de m'aider. Je redoutais le pire mais n'osais pas jouer les empêcheurs de danser en rond. Fasciné par cette situation et flatté par l'intérêt de toutes ces insolentes jeunes sorcières à demi nues, je n'avais pas d'autre solution que de laisser M. Wolfsberg, minuscule torpille, me nouer sur les yeux une combinaison crasseuse. Ensuite, il me fit marcher en rond, Colin de cette curieuse partie de colin-maillard, pendant que toutes chantaient l'hymne rituel de M. & S.

Buvons à la santé du héros
Capable de désaltérer la sombre caverne d'une fillette
De la chaleur de sa semence
De baiser debout douze fois en une nuit
De niquer à en faire voler la merde
Et s'entrechoquer les roupettes !

Mlle Angrick plongea mes mains marquées par l'hiver dans le brûlant chaudron de sorcière, un pot de chambre que ces dames venaient de remplir. Ce contact avec les mères me fit frissonner. La gentille Edith me claqua un baiser baveux : « Voilà, tu nous appartiens ! » Deux jours plus tard, mes mains étaient guéries. Peu après, un apprenti qui travaillait chez un concurrent me raconta qu'à son premier jour chez Mendelsohn, Mamroth & Veilchenfeld, il lui avait fallu subir le même cérémonial initiatique. Pas besoin de faire le tour du monde pour se livrer à l'étude des mœurs étrangères. Comme dit mon ami Krause : « C'est chez soi que c'est le mieux ! », et il a raison, Krause ! C'est ainsi que je suis devenu marchand. L'étape suivante, qui devait faire de moi un grand négociant, je n'ai jamais réussi à la franchir, en dépit de mon orgueil qui me disait que quand on veut on peut. La puissance n'est pas une question de volonté. L'argent, c'est la puissance, et de l'argent, je n'en avais pas du tout. Je n'ai pas pu : sublimer, c'est être impuissant.

À la seconde même où j'entrais dans cette maison, je savais que je commettais une erreur fondamentale. J'aurais dû devenir acteur (ce qui aurait été une autre erreur fondamentale). Ou poète. Quand il fallait que j'aille chercher des corsages dans l'échoppe d'ouvriers de la Frankfurter Allee, j'étais saisi comme il se doit par toute la détresse de l'humanité entière. Je n'avais jamais été dans un quartier populaire, n'avais jamais vu dans quelles conditions vivent « les pauvres », comment des couturières, entassées dans des salles puantes, travaillent à leurs machines à coudre. L'horreur que cela m'inspira me poussa à composer un poème dans le style de Heine :

Coudre, coudre, coudre,
Jusqu'à la mort,
Appuyer sur la pédale,
Ne donne pas de pain,
Coudre, coudre,

Pleurésie,
Cœur qui saigne,
Pincements, saignements,
Fin de la journée,
Cris, silence,
Sommeil, mort.

(3 mai 1913)

J'étais plus doué pour la souffrance que pour la poésie.

Chez M. & S., le ton était rude et conventionnel. *Doit et avoir*[1] associé au premier succès cinématographique de Lubitsch, *Mariage à l'entreprise*. Au début, j'étais ajusteur au service des lainages, avec Mieke Tierfeller, une méchante bossue. Je devais classer des fiches de commandes, couper selon les indications du manuel de l'ajusteur des coupons de 1,65 mètre de voile de lainage bleu marine 8103 pour la fabrication de cinq corsages 9626, je devais rassembler les accessoires correspondants (boutons, passementerie, dessous-de-bras, etc.) et assurer un ordre parfait au magasin de lainages. Mon maître d'apprentissage, M. Schulz, fut vite renvoyé parce qu'il était toujours en retard et que sa chaude-pisse (la pointe de mon aiguille ?) lui faisait perdre son temps aux toilettes. Je fus promu chef du service des lainages. J'aurais préféré la soie, c'était plus noble, et surtout, la soie était le domaine d'une blonde particulièrement attirante aux incisives toutes blanches, Emmy Kussero, qui portait des corsages transparents. Elle montrait volontiers ses charmantes gambettes jusqu'en haut et ses petites culottes en dentelle à l'entrejambe renforcée auxquelles plus d'un faisait ses dévotions. C'était la petite amie du premier voyageur de commerce de Eisner & Ehrmann, étoffes en gros ; parfois, notre M. Schlochauer était lui aussi très tendre avec elle. Pour rigoler, elle s'était fait

1. Titre d'un roman de Gustav Freytag.

faire des cartes de visite : *EMMY !*, avec dessous un pigeon voyageur, et les vers :

Tes beaux yeux sont mortels
Accomplis donc mon vœu le plus cher sur cette terre
Lègue tes yeux à un enfant
Et fais de moi sa mère !

Au verso, on pouvait lire : « Allez, chéri, fais-moi ça ! »

35

LA MORT DU PÈRE

Quand, épuisé et les yeux gonflés de larmes, je rentrai à la maison après mon premier jour de travail, mon père malade me regarda d'un air tellement coupable que je me jurai de ne plus jamais montrer mon désespoir. Il souffrait surtout de ne plus pouvoir envisager de me faire devenir économiste. Son affaire, sa fierté, sa réputation, sa santé connaissaient des difficultés, en particulier financières. Il avait la folie des grandeurs, fit imprimer dix mille cartes de visite en chinois, avait des accès de colère – notre toubib parlait d'EUPHORIE – me giflait parce que j'arrivais avec dix minutes de retard au restaurant forestier du zoo. Le 15 septembre 1913, il fut victime d'une attaque cérébrale à son bureau, on le ramena à la maison en ambulance, la bouche écumante, paralysé du côté gauche, notre médecin de famille le nourrit de morphine, il râla pendant trois jours et mourut le 19 septembre bouche grande ouverte et sans avoir repris connaissance. On noua une serviette sous le menton du cadavre pour le retenir et deux cierges furent placés à la tête du lit. La puanteur envahit la maison. Maman, revenue précipitamment du sanatorium où elle soignait ses poumons, alluma une lampe (lampe à huile pour honorer les morts), pleura sans larmes et fit teindre en noir ses vêtements. Je n'avais pas la moindre idée de ce qu'on attendait de moi en tant que chef de famille, je gagnai tristement ma chambre et écrivis dans mon journal de mauvais poèmes sur la mort de mon pauvre père. Je n'appris que bien plus tard à quel point il était véritablement pauvre. Il n'y avait encore aucun Horatio pour aider le petit Hamlet sur le chemin de la vérité. Je laissai mes larmes dégouliner sur les lignes que j'écrivais et jurai haut et fort de ne plus jamais me masturber et de subvenir aux besoins de ma mère. J'ai été doublement parjure. Aux questions que je posai sur la cause de sa mort, chacun me mentit en disant que papa était mort d'un surmenage particulièrement excessif.

Je voudrais ici témoigner encore d'une belle et émouvante coutume très ancienne de la franc-maçonnerie qui m'a permis dans ces heures sombres de découvrir la bonté humaine et sa force consolatrice : à la mort de Carola, un inconnu avait apporté deux coffrets de cuir pour le grand jour des condoléances ; l'un était vide, l'autre rempli d'or. Si les proches du défunt sont dans le besoin, qu'ils puisent à leur guise ; s'ils se trouvent dans des conditions favorables, qu'ils mettent généreusement de l'or dans la cassette vide. Comme papa avait sa vie durant été frère maçon, et en était fier, j'attendais avec impatience l'arrivée de notre Sarastro endeuillé. En vain. Grand-papa m'expliqua que cette coutume n'était respectée que chez les gens riches. « Doux est le sommeil du travailleur » (Ezéchiel), ces paroles furent sculptées sur la sobre pierre de granit, suivant ainsi le désir de papa. On pouvait choisir pour son dernier repos une concession annuelle ou perpétuelle. Cette dernière solution paraissait moins coûteuse. Dès 1938, Hitler mit fin à cette perpétuité.

Les seuls actifs laissés par papa étaient des passifs. Famille, dettes, pas un sou. Des oncles nerveux avaient liquidé avec une hâte suspecte l'entreprise Jordan & Blumenfeld. Ils avaient trouvé un accord avec les débiteurs, sur une base de 45 %, ce qui en ce temps-là était infamant. Le pire, la faillite, plus un radis, la banqueroute, le dépôt de bilan, la déconfiture, fut évité.

Papa avait, cela vint au grand jour, hypothéqué des sommes qui lui avaient été confiées par un partenaire, et avait ce faisant fait de la cavalerie, et ça n'avait pas marché. L'oncle Willy, qui était riche, s'engagea généreusement à renflouer les caisses. Nous étions pauvres. Dieu soit loué, papa avait reçu en cadeau de noces de grand-papa Henry un diamant gros comme le pouce monté sur une épingle à cravate. Quand nous voulûmes le vendre, il s'avéra que c'était de la verroterie : papa avait dépensé depuis belle lurette le vrai diamant. Grand-papa pleura, claquant des dents, c'était à vous briser le cœur, il avait les yeux rouges et pleurait en silence. Je n'ai jamais vu depuis quelqu'un pleurer de façon aussi poignante. Les autres avaient du mal à cacher une joie mauvaise. Des années plus tard, tante Ellinor, la mère de mon meilleur ami, disait à sa nièce, ma fiancée : « À une époque où personne n'aimait prononcer le nom de Blumenfeld, je recevais Erwin chez moi ! »

Notre maison fut liquidée avec un certain décorum. Des meubles furent vendus. Nous nous réduisîmes, nous installant dans une arrière-cour. Maman jouait la pauvreté la plus désespérée, et restreignait tout de manière exemplaire ; des morceaux de vieux journaux en guise de papier toilette, une nappe en toile cirée lavable, des serviettes en papier, pas de dessert à midi, et pour le dîner, un seul plat, des vieilles croûtes au lieu de petits pains frais, du café réchauffé, de la margarine en guise de beurre. Pour faire des économies sur l'éclairage, l'appartement était plongé dans une demi-pénombre. Elle anticipait la situation catastrophique de 1916. Et par contraste, elle se glorifiait de toujours fleurir la tombe de papa. Il ne lui était pas resté un pfennig de sa dot de cent mille marks. Plus tard, j'appris qu'elle avait mis de côté sur un compte secret quarante-cinq mille marks pour des jours encore plus difficiles (« Être prêt, c'est l'essentiel ! »). Cet argent fut dévoré jusqu'au dernier sou par l'inflation. Pour nourrir ses petits affamés et donner au monde un exemple de la manière dont une veuve doit se battre, elle voulait fonder une nouvelle entreprise reposant sur une forme de parasitisme : fourguer par téléphone à parents et amis du chocolat, du thé, du café, en dessous du prix officiel.

Il lui fallut bientôt regagner son institution spécialisée dans les problèmes pulmonaires. On nous confia, Heinz et moi, à la famille Jordan. Ils avaient récupéré en guise de compensation notre piano Ibach et la bibliothèque en noyer de papa. Plus Dickens à titre exceptionnel. Tante Clara, une sœur courte sur pattes et rondouillette de papa, avait dû épouser – on parlait de mariage de raison – un homme de trente ans son aîné. L'oncle Moritz, qu'on appelait « petite Morille », autrefois associé de papa, esclave méprisé et comptable, était, avec ses 80 ans passés, parvenu au sommet de sa sénilité barbichue. Il avait vu s'évaporer 55 % de son patrimoine dans l'affaire, et désormais, les Jordan se réjouissaient de récupérer sur notre dos – nous étions considérés comme sous-locataires – quarante-cinq marks par mois tout en se donnant des allures de bienfaiteurs. Je détestais tante Clara, apôtre de la nécessité et présidente d'association, depuis qu'elle avait osé pour mes 5 ans m'offrir une paire de chaussettes vertes à rayures roses. Les cadeaux utiles, c'est un affront. Des soixante-quinze ans de son passage sur terre est restée la maxime splendide : « Un vase de nuit n'est pas un vase du soir. » Les désirs de vengeance sur les rives du Jourdain (Jordan) étaient stimulés par Ada, qui était pour l'oncle Morille la prunelle de ses yeux. C'était sa fille unique, et dans les années 1930, elle était d'une laideur si exceptionnelle qu'elle ressentait pour moi une affinité élective. Elle voulait tout le temps discuter avec moi (et lâcher son venin), tout en m'écrasant sur sa poitrine. Jusqu'au moment où, déesse de la vengeance fêtant son triomphe, elle me révéla le crime épouvantable commis par mon père envers sa famille. Elle me mit en même temps en garde contre les dangers du commerce de la chair : « Qui se livre dans sa jeunesse aux femmes de mauvaise vie est puni, car devenu homme, il meurt de la *siffelis* ! » Et en disant cela, ses yeux brillaient comme si elle avait déclamé d'un ton de rhapsode son poème préféré, *Le Cantique triomphal de Débora*. Je lui demandai à quand remontaient les faits, elle répondit : « Il avait 19 ans. Les voies du Seigneur sont impénétrables. » Cette révélation m'ouvrit les yeux ; je compris la folie du monde.

Il convient de rapporter ici un fait qui se déroula trois mois après la mort de papa. Un dimanche après-midi, je m'ennuyais ferme, assis dans la véranda des Jordan (un balcon tout ce qu'il y a de plus ordinaire), quand un courant d'air frais apporta sur la droite l'esprit jaune translucide de papa ; flottant dans l'éther, il leva la main comme pour dire quelque chose et disparut sur la gauche. Convaincu qu'il s'agissait d'une authentique apparition, je bondis, plein d'excitation, et trouvai le courage de confier l'événement à mon journal intime, tout en sachant que chaque mot était un mensonge.

Peu après, à cause de ma constellation, *Aquarius*, le Verseau, j'eus à consulter le docteur Grunwald. Sérieux comme le directeur général d'une entreprise de pompes funèbres, il était assis à son bureau, sous la reproduction, en deux exemplaires identiques placés côte à côte dans des cadres dorés, de la gravure *Le Combat contre la mort* – cadeaux de patients qu'il avait sauvés. L'homme à la faux, armé de cette dernière, lutte avec le chirurgien armé de son scalpel ; le patient, sur la table d'opération, joue le rôle du spectateur curieux du résultat. Le médecin me considéra avec une expression de tristesse : « On ne peut pas dire grand-chose de la sexualité », dit-il d'un ton lourd de sous-entendus, et une larme dégoulina sur sa barbe grisonnante. « Quand on en est à l'érection, Erwin, en général, il est déjà trop tard ! » Cette maxime pleine de sagesse m'est souvent revenue à l'esprit au cours de mon existence. En général, trop tard.

Le Salvarsan ou 606 arriva lui aussi trop tard pour mon pauvre papa. De nos jours, avec les sulfamides et la pénicilline, on se débarrasse plus facilement de la syphilis que d'un rhume. L'université de New York a du mal à se procurer un authentique cas de syphilis pour illustrer ses enseignements. Les médecins ont gagné une bataille décisive et perdu une énorme source de revenus (c'est la raison pour laquelle il a fallu attendre si longtemps). La faute, comme toujours, à un Juif et un Japonais. Auschwitz et Hiroshima ont en partie compensé. Pour rester en relations cordiales avec les facultés de médecine, Dieu a donné aux médecins l'énorme marché que représente le cancer. Même si le cancer n'est pas une infamie officielle, les traitements sans fin, les séances de rayons, les opérations, donnent aux médecins la possibilité de mener une existence de luxe. C'est dans les années noires des épidémies dues au plaisir que naquit le vilain symbole de la bourgeoisie, le préservatif (qu'on appelle aussi Fromms Act, Neverrip, *condom*, *capote anglaise** ou Parisien), qui doit en même temps prémunir contre la vie et contre la mort. Dans les toilettes pour hommes, on pouvait pour un demi-mark acheter à un distributeur automatique des désinfectants inutiles accompagnés de fastidieux modes d'emploi. Le mercure et l'arsenic n'étaient pas assez efficaces pour chasser l'envie ni pour empêcher la contagion. Là où la médecine échouait, la religion prétendait triompher ; elle chuchotait en confidence à l'une des deux oreilles « Croissez et multipliez ! » et à l'autre « Abstinence ! ». Chaque nation réagissait selon son esprit national : *la belle France, comme toujours, se démerdait avec un certain sourire**. Les tempéraments latins ne prennent rien *au sérieux** : Casanova, tome III, chapitre 2 : « Mes folles entreprises connurent leur terme par une maladie qu'une belle putain hongroise m'avait transmise. Pour la septième fois. Comme toujours, au bout de six semaines de traitement, j'en fus débarrassé. Tout au long de mon existence, je n'ai rien fait d'autre que me rendre malade quand j'étais en bonne santé, et recouvrer la santé quand j'étais malade. J'y parvins dans les deux cas avec le même succès, et aujourd'hui (à 77 ans), je jouis d'une excellente santé, que je mettrais volontiers à nouveau en danger, si l'âge ne m'en empêchait pas. La maladie que nous appelons "le mal français" ne raccourcit pas la vie pourvu que l'on s'entende à la soigner. Elle laisse des cicatrices dont on se console volontiers quand on se remémore le plaisir avec lequel on les a acquises… » Les Germains, braves petits-bourgeois, se rongeaient en d'obligatoires remords de conscience, et de prostates inflammatoires dégoulinait le protestantisme sur les cantons administratifs : SS Syphilis, le cavalier de l'Apocalypse du Dieu de la vengeance jusqu'à la septième génération pour ceux qui s'aiment. La religion comme maladie vénérienne de Vénus mère. La peur du déshonneur étranglait le plaisir. La vie se défendait, élevait des barricades, produisait des antitoxines spirituelles : les antipsychotiques. La maladie ronge les capacités de savoir ou les augmente : la syphilis rendit aveugle le peuple allemand qui refusait de la voir. Du jour au lendemain, l'humanité guérie bien trop vite – les humanités sont ainsi – oublia les souffrances de quatre siècles. Notre refus de tirer enseignement de nos souffrances est en partie responsable de ce que nous demeurons des enfants attardés. Quand la syphilis fut enfin vaincue, les Allemands se dressèrent contre elle armés jusqu'aux dents, en troupes défensives derrière leur artillerie : aveuglement, hypocrisie sourde-muette (« je m'appelle Hase, je ne suis au courant de rien »), foi, mensonge, espérance, *Deutschland, Deutschland über alles !* On ne pouvait ni ne voulait plus vivre sans syphilis. Les sous-hommes libérés de leurs chaînes aspiraient à de nouvelles chaînes, de nouvelles tortures : l'intelligence allemande devint non-sens, l'illusion allemande folie allemande. Le peuple allemand devint une masse brune et puante. La langue le savait déjà, la rumeur courait : dans le dictionnaire de l'argot de Paris de 1901, de Rossignol, on peut lire : AVOIR LE NAZI = ÊTRE NAZIGUÉ = AVOIR LA SYPHE. Pour en revenir à Wotan : il tonitruait et réclamait ses sacrifices humains. Pas un ou deux envoyés à dache, mais des millions à Dachau et ailleurs. Wotan obtint ses six millions de Juifs, et leur or atterrit à la Banque d'Allemagne. Hitler lui-même souffrait d'une grand-mère juive, ce qui donne du piquant à l'histoire – même si les Juifs n'aiment pas qu'on en parle. Je me représente volontiers le Führer terminant ses jours à Brooklyn sous les traits d'un brave vieux rabbin, après avoir obligé un de ses innombrables sosies à se suicider avec Eva Braun dans le bunker de la Wilhelmstraße.

Devoir de la reconnaissance à des maladies, on n'aime pas ça. C'est pourquoi on a toujours évité de chercher les interactions réciproques entre la religion, la syphilis, le génie, la folie, la germanité. Notre culture européenne contemporaine est une syphilisation par spirochètes, premier des cadeaux rapportés du Nouveau Monde. Le monde stérilisé de demain sera-t-il encore capable de réfléchir ? (*Non cogitunt, ergo non sunt !* Georg Christoph Lichtenberg.) *Horror vacui !* Comment parviendrons-nous à ce qu'existent les indispensables génies, sel de la terre, sans lesquels les idiots ne peuvent pas végéter ? Nouvelles épidémies, nouveaux espoirs. Nous faut-il attendre ardemment, nous consumant d'attente, les influences vivifiantes des radiations atomiques (du strontium 90 sur nos asperges !) ?

Par instinct de conservation : soyons épicuriens, même si, comme c'est mon cas, nous n'avons pas la moindre idée de ce que cela signifie. Si nous ne voulons pas être assassinés par nos enfants, nous devons les éduquer. Nos divertissements sexuels d'aujourd'hui étaient hier encore crimes passionnels. Encore une chose que nous ne devrions pas oublier. Heureux qui oublie : mais c'est un bonheur qui nous précipite dans la bêtise. Depuis que les États ont pris notre vie en main, la police des mœurs, comme toute police, dérange les mœurs. Éducation sexuelle. Difficile de concevoir la transmission du savoir sexuel entre pères et fils, de génération en génération, sans recours au bordel et aux filles de joie. On ne peut, avec la meilleure volonté du monde, tout laisser à la charge des mères, déjà lourdement marquées par l'hérédité et par leurs écoles supérieures de jeunes filles, même si elles le feraient volontiers.

La mauvaise volonté des associations de femmes au foyer frigides cherche toujours à étrangler les progrès en matière sexuelle des derniers millénaires. Considérer le plaisir en faisant la grimace, nier l'envie des chattes pour les pénis, le puritanisme méthodiste constituent le crime contre l'humanité le plus lamentable, le plus débile, le plus dénué de hauteur de vue. Les Pères pèlerins sont coupables de la décadence de l'Amérique et si nous n'y prenons pas garde, ils seront responsables de la décadence du monde. Où Vincent Van Gogh pourrait-il aujourd'hui déposer son oreille fraîchement coupée ? Chez le psy ? Ne laissez pas les mendiants jouer avec le feu de Prométhée. Le feu peut s'éteindre. Nietzsche et Wedekind l'ont martelé bien avant moi ; il est de mon devoir de le répéter.

Une autre guérison s'accomplit lentement pendant mon existence : la religion, cette tumeur du cerveau pascalienne, est en train de sécher sur pied, après avoir pendant des millénaires rongé l'intelligence du monde : mes arrière-petits-enfants ne sauront même plus ce qu'ils ont traversé : la religion et la syphilis seront des éléments de l'Antiquité classique : Mythologie.

36

PRINCIP

Après un dimanche matin d'été rafraîchissant à la station balnéaire familiale de Wannsee qui venait d'ouvrir, où nous avions admiré des baigneuses superbes en fumant des cigarettes, d'humeur radieuse, je regagnai avec mon frère la gare de Bahnhof Zoo. Maman était à Davos pour cause de pneumothorax, la famille s'occupait gentiment de nous. Nous étions ce jour-là invités chez un cousin qui avait réussi, le directeur de banque Georg Wolfson, et arrivâmes, comme d'habitude, avec une demi-heure de retard. Chez les Wolfson, la nourriture était toujours excellente. Martha Wolfson, une petite cousine de Essen, provinciale, jeune, arrogante, suprêmement orgueilleuse en ce qui concernait sa place dans la société, était à mon égard d'une gentillesse flatteuse ; elle me prenait pour un représentant de la jeunesse citadine de l'époque. Son jeune époux Georg, blond rouquin toujours souriant, qui regardait au loin d'un air détaché, venait justement à cause de cette hypermétropie d'être nommé directeur de toutes les caisses de dépôt des banques allemandes. À notre entrée, il était assis, blême, contrarié, et se mordit les lèvres d'un air offensé sans répondre à notre salut ; Martha, les yeux embrumés, regardait fixement devant elle, et resta muette. Je voulais habilement montrer à mon jeune frère comment on s'invente des excuses en pareille situation et racontai de manière cocasse que nous avions rencontré M. Moses, mon chef, qu'il nous avait extrêmement gentiment invités à prendre une bière, ce que nous n'avions pas pu refuser. (En fait, le jeune M. Moses, M. Leonhard, m'avait aperçu de loin et avait détourné les yeux.) Mon histoire n'eut aucun succès, personne ne m'écouta, le milieu de la banque méprise les négociants. Georg regardait au loin d'un air absent et quand le téléphone sonna, il se précipita dans la pièce voisine. Martha disparut avec lui sans nous gratifier d'un regard. Situation plus que gênante. Pour nous punir, on nous laissa seuls un grand quart d'heure. Après la séance de natation, nous crevions de faim et nous discutâmes à voix basse pour savoir si nous ne devions pas tout simplement décamper, quand la bonne d'enfants entra et pria d'un ton pointu les jeunes messieurs de se rendre à la salle à manger. Monsieur (docteur ès sciences naturelles) et Madame firent bien plus tard leur entrée. Une table mise selon toutes les règles de l'art, des fleurs, comme dans une vitrine. Le petit Gerd braillait déjà sur sa chaise haute. La bonne d'enfants le tortura d'abord encore un peu, puis s'assit, les parents n'étaient toujours pas là. On nous servit. Pleinement conscients de notre faute, nous mangeâmes de bon appétit, moelle de bœuf sur pain grillé, bouillon froid agrémenté de persil, asperges de Belitz aux morilles, saumon du Rhin (que l'on appelle aussi « poisson de mai ») avec des petites pommes de terre en robe de chambre, arrosés de Piesporter Goldtropfen, un riesling (la ville natale de Martha faisait malheureusement partie de la région industrielle de la Ruhr et non de la Rhénanie, région romantique rêvée de la bourgeoisie allemande ; c'est la raison pour laquelle on servait toujours chez les Wolfson les plus excellents vins du Rhin). Puis, sévères comme des papes, les deux époux offensés nous rejoignirent et prirent place. Martha dit, d'un ton amical et ambigu : « Je suis contente, mes amis, de voir que vous ne vous êtes pas laissé couper l'appétit ! » Georg regardait dans le vide, jouant l'homme brisé. Dès la première bouchée, le téléphone le rappela dans la pièce voisine. Martha le suivit, affichant une mine funèbre. Revenant au moment du dessert (meringues à la crème et fraises des bois), Georg demanda « Comment va votre maman ? », avala sans prêter la moindre attention à la réponse une fraise des bois puis se précipita derechef sur le téléphone. Après le repas, Heinz voulut me montrer comment on fait pour s'excuser selon les règles. Mais Georg ruina son projet et proclama d'un ton solennel : « Je peux maintenant vous parler en toute liberté. Le bureau télégraphique de Wolf est en pleine action. Malheureusement, ou peut-être heureusement, la Bourse est fermée le dimanche ! Grâce à ma ligne privée de directeur qui me relie directement avec Vienne, j'ai obtenu de première main des informations secrètes : l'héritier du trône autrichien, l'archiduc François-Ferdinand, et sa noble épouse la duchesse Sophie von Hohenberg viennent d'être assassinés à Sarajevo par un lycéen serbe » – et en disant ces mots, il me regarda d'un air de reproche –, « Gavrilo Princip » (Ce nom sortait-il de l'imagination de Kafka ?) « Mes amis, une guerre mondiale semble inévitable… » Mon frère et moi fûmes pris d'un fou rire irrépressible, à nous rouler sur le tapis. À cause de notre retard, nous nous étions attendus à une engueulade tout à fait méritée et ne pouvions pas croire qu'un directeur de caisses de dépôt puisse réagir ainsi à l'assassinat d'un grand-duc en Serbie. Heureusement, le téléphone sonna de nouveau et le couple offusqué disparut à nouveau dans la pièce voisine. Toujours hilares, affalés sur le tapis, nous nous demandions quelle attitude avoir. Nous trouvâmes convenable de nous excuser tout de même selon les règles. Le moka fut servi au fumoir, où mon frère dit avec un sérieux tout à fait crédible : « Je vous prie à nouveau de nous excuser et de ne pas nous tenir grief de notre retard ! » Georg regardait au loin, l'air absent. « Parce que vous êtes arrivés en retard ? » Le téléphone sonna à nouveau, c'était, il faut le noter, la première guerre dans laquelle il allait jouer un rôle historique. En 1815, Rothschild accumulait ses millions à l'aide du télégraphe optique, en 1870, le télégraphe apporta la dépêche d'Ems, en 1940, c'était au tour de la radio, et pendant la prochaine guerre, on verra ses fils tomber en direct à la télé. On n'arrête pas le progrès.

Nous n'avons plus jamais ri d'aussi bon cœur, et nous n'avons plus jamais été chez les Wolfson : mon petit frère Heinz a dû tomber pour sa patrie, et j'ai dû laisser tomber ma patrie : *Princip !*

37

TREIZE VOIT NOIR !

Un an plus tard, mon ascension fulgurante chez Moses & Schlochauer débuta de manière tout à fait inattendue quand M. Otto Moses (Treize) grogna à mon intention pendant son inspection matinale : « B'jour ! » Il ne s'était encore jamais abaissé à souhaiter le bonjour à un de ses employés. L'ensemble du personnel se mit à spéculer sur les raisons qui m'avaient valu, justement à moi, cet honneur. Je commençai à bénéficier d'une position particulière et dès lors, j'arrivai chaque matin avec six minutes de retard, sans que Mlle Schmidt III, assise spécialement à cet effet près de l'entrée, me note sur la liste des retardataires. Elle me tenait pour un neveu caché des Schlochauer, et c'est sans doute elle qui lança la vague rumeur selon laquelle j'étais le fruit d'une erreur de jeunesse de Mme Schlochauer avant son mariage. Les autres apprentis, mes camarades Phillips, Diemel, Brasch et Wolfsberg, n'avaient pas le courage d'arriver en retard, et c'est la raison pour laquelle personne ne les considérait comme des neveux cachés. Wolfsberg se distinguait par une gonorrhée dont tout le monde parlait, car il passait son temps aux toilettes pour se soigner, se nettoyer et pleurer.

Quand, au lendemain de Sarajevo, j'arrivai au travail à 8 heures et 6 minutes, comme toujours bourrelé de remords et hors d'haleine, Mlle Schmidt III me dit que je devais immédiatement me rendre avec l'ensemble des livres de commandes du magasin au bureau particulier, le saint du saint des chefs, où l'on n'était convoqué que pour être mis à la porte ou quand il y avait une catastrophe.

En ce temps-là, il fallait être au moins millionnaire pour s'offrir une automobile. Comme M. Moses voulait éviter au maximum d'être sollicité pour des augmentations, il se faisait déposer chaque matin à 8 h 15, un quart d'heure après l'ouverture officielle des ateliers, à l'angle Leipzigerstraße et Kommandantenstraße par le domestique de la maison, Robert Scharffenberg, déguisé en chauffeur à l'aide de lunettes destinées à protéger de la poussière et d'une casquette à visière, au volant de sa limousine noire brillant de tout son éclat. De là, il parcourait à pied les deux cents mètres restants. Cela me permettait d'arriver en retard sans prendre aucun risque. Ce jour-là, sournoisement, il avait été ponctuel, avait immédiatement demandé où j'étais et découvert le pot aux roses. Plein de défi, je sentais la fin de mon séjour chez Moses & Schlochauer proche. J'avais alors déjà réussi à gravir les échelons me menant au poste de chef de magasin et chef du rayon soie, laine, coton et dentelles. J'avais abandonné à Wolfsberg les boutons et la passementerie. J'avais en tête la situation globale de l'ensemble des stocks, aucune commande ne sortait sans ma signature énergique et totalement illisible. Outre la reconnaissance que me valait cette connaissance des magasins, je jouissais, en guise d'augmentation, d'une confiance particulière qui m'honorait : M. Schlochauer (Dix-Sept), par exemple, avait pour maîtresse une authentique chanteuse d'opéra, petite mais olé olé, Mlle Sigrid Niklas Kempner ; sa mère était professeur de chant, son frère était même maître de chapelle. Tous les soirs, avant la fermeture, elle venait faire visite à son Sally pour lui adoucir l'existence. Dix-Sept était un grand amateur d'opéras. Aussi la maison était-elle souvent fermée fort tard. Un soir, M. Schlochauer vint me retrouver au magasin, de fort bonne humeur et m'offrit, pour m'acheter, un bonbon à la menthe qu'il réchauffait depuis un moment déjà dans le creux de sa main. « Puisque vous êtes de toute façon ici jusqu'à la fermeture, vous pourriez me rendre un service tout à fait personnel, sans aucune relation avec le travail, j'espère que vous comprenez ce que je veux dire ! C'est mieux éclairé dans l'entrée, ce serait mieux pour votre travail ! Et si ma bourgeoise se pointe, pour vous « Mme Schlochauer », vous comprenez, vous taperez deux coups secs de la clé sur la vitre en lui disant que je l'attends par-derrière, au comptoir des livraisons en ville où je contrôle les expéditions. Baguenaudez aussi longtemps que possible avec elle, parlez-lui du temps et des affaires, elle s'intéresse aux deux ! »

J'eus dès lors pour mission de veiller chaque soir sur les joyeux pépiements de mon chef et je pus grâce aux miroirs, fissures et trous de serrures profiter moi aussi des points culminants.

D'abord chemisiers et robes
Puis les jupons aux mille plis
Et les dessous et cetera
Enfin, enfin, ELLE apparut !

Un beau soir sa vieille vint effectivement à l'atelier, pendant que la demoiselle Sigrid, largement dévêtue, fredonnant *Rigoletto*, se balançait jambes écartées sur les genoux de M. Schlochauer. Je bondis pour barrer la route à l'épouse et à ses cent cinquante kilos, et m'inclinai bien bas. Depuis l'entrée, il y avait plusieurs chemins possibles, dont l'un menait à la salle de vente, au paradis où justement M. Schlochauer était en train de prendre son cours de chant, et l'autre vers l'enfer, le local pour les expéditions en ville, où je devais expédier Mme Dix-Sept. Je n'eus pas la présence d'esprit de trouver la clé avec laquelle je devais frapper à la vitre. Je balbutiai des phrases incohérentes, disant « M. Schlochauer travaille dessus à la ville d'expédition », elle fonça en hochant la tête, franchissant la porte que je venais d'ouvrir toute grande. Je me précipitai au tout dernier instant dans la salle de vente. Dix-Sept bondit sur ses pieds, tout excité : « C'est la fin des fins ! Présentement, je suis absent ! » Puis il reboutonna sa braguette (à cette époque, la fermeture Éclair n'en était qu'à ses premiers balbutiements), poussa avec mon aide la diva aux trois quarts dévêtue dans l'armoire restée ouverte et destinée aux robes du soir en soie et se précipita en hurlant « Vous allez voir de quel bois je me chauffe ! » pour retrouver sa vieille dans le local des expéditions en ville. Des cris s'élevaient de l'armoire : « Je suis enfermée ! » Je perdis tout à fait la tête et sautai dans l'armoire sur la célèbre diva. Maintenant ou jamais ! Elle bouillait ! Je redoutai une fièvre nerveuse et voulus intervenir pour la consoler. Elle me donna une gifle en haut, un coup de pied en bas et cria complètement hystérique : « Vous allez y laisser votre prochaine augmentation, sale cafard ! Au secours, ma robe, au secours, mes chaussures, où est ma petite culotte, vite, vite, vous ne pouvez pas faire vite ? Au secours, mon sac ! » Une fois que j'eus tout balancé dans l'armoire à toute vitesse et refermé la porte, elle gémit lamentablement pour avoir son parapluie. À peine avais-je refermé l'armoire qu'entraient bras dessus bras dessous M. Sally et Mme Jenny Schlochauer, couple rayonnant. Je remis d'un geste professionnel la clé de l'armoire à Dix-Sept. Il la fourra dans la poche de son veston et dit sur un ton un peu plus cordial qu'à l'accoutumée : « Monsieur Blumenfeld, apportez-moi immédiatement les livres de comptes des stocks ! Il faut que nous rajoutions une commande de crêpe Georgette, nous en avons encore pour un moment ce soir ! M. Scharffenberg (le premier domestique) devrait faire venir une calèche pour ma moitié ! » Il se campa en un geste téméraire juste devant l'armoire dans laquelle j'avais enfermé la Niklas. C'était plus beau que *Les Noces de Figaro*.

En dépit de cela, il était tout à fait envisageable qu'aujourd'hui Otto Moses (Treize) me jette dehors sans délai à cause de mon retard, sous les railleries du personnel jaloux de mon ascension rapide. Je monterais alors sur les planches et tel un autre Hamlet, plus grand encore que l'original, je « plongerais la scène dans les larmes et ébranlerais toutes les oreilles par mon horrible récit[1] ». Je toquai, fataliste, à la porte du bureau privé. M. Schlochauer (Dix-Sept), dégoulinant de bave, m'ouvrit, c'était vraiment la fin de tout ! Il verrouilla la porte derrière moi. Quelles étaient leurs intentions ? Immense, M. Otto Moses (Treize) se dressait devant moi, mordillant les extrémités de ses moustaches tournées à la main, ce qui permettait de conclure à une excitation exceptionnelle. J'avais joué avec l'idée de lui lancer au visage mon mépris pendant que son regard vert basilic me disséquerait. J'avais encore tout récemment vu de mes propres yeux, par le trou du chauffage central fraîchement installé, la manière dont Mme Bernstein, la femme de son meilleur ami, l'avait imploré en pleurant de lui accorder trois cents marks (plus que mon salaire annuel !). Elle avait noble allure, agenouillée devant lui. Ce n'est qu'après un baiser peu compréhensible qu'il lui accorda deux cents marks, qu'elle dut d'ailleurs aller pêcher elle-même dans la poche de son pantalon. Et voilà que je n'étais même pas en mesure de prétexter que le métro avait une fois de plus déraillé sur la Hausvogteiplatz. Pas un mot ne sortait de ma bouche. Les paroles proférées soudain par Moses firent d'autant plus l'effet d'un coup de tonnerre : « Où en sommes-nous pour le 7718 de Jarroson Fils ? » Fier de ma connaissance parfaite de l'ensemble des stocks, je m'empressais de répondre : « Trois cent trente pièces crêpe Tango (orange, couleur mode) en stock à Lyon disponibles sur demande et quatre ici à la coupe. » D'un air conspirateur, Moses se tourna vers Schlochauer :

1. William Shakespeare, *Hamlet*, acte II, scène 2.

« On télégraphie ? » À l'époque, on ne le faisait qu'en cas de décès, car chaque mot coûtait cinq pfennigs, et même le double pour l'étranger ! M. Schlochauer acquiesça. « Exécution ! » À cet instant, M. Otto Moses grandit, se dépassant lui-même, les petites cornes jaillirent sur son front, il grandit, grandit. Sans attendre l'accord de Schlochauer, qui devenait de plus en plus petit, sa bouche répandit des paroles d'une divine sagesse. « Téléphonez immédiatement à Wolf (l'agent de Jarroson Père & Fils) pour lui dire qu'il télégraphie de toute urgence à Lyon que nous annulons trente-trois pièces de crêpe Tango pour commander à la place en livraison expresse sous dix jours deux cents pièces de même qualité en naturel ! » Je chuchotai, interloqué, que nous avions déjà commandé trois semaines auparavant cinquante pièces de blanc 7703. M. Moses (Treize) souffrait-il du même genre de surmenage que papa ? Était-il frappé de folie des grandeurs ? Perdait-il la boule ? Il se passa quelque chose : son œil gauche se ferma, et de son œil droit, environ dix centimètres au-dessus de ma tête, il transperça la carte de l'Allemagne qui décorait le mur de son bureau. Sans me gratifier du moindre regard de son œil encore ouvert, il ordonna d'une manière parfaitement limpide : « Ce qui se déroule en cet instant et en ce lieu précis est un secret commercial historique. Ne vous avisez surtout pas de laisser échapper le moindre mot devant quiconque. Tout est en jeu. Les murs ont des oreilles – et son œil unique me fixait – et des apprentis qui regardent par le trou de la serrure. Je connais mes troupes et ai pris toutes dispositions pour éviter les fuites. Robert Scharffenberg monte la garde ! Même si la discrétion en soi est une affaire d'honneur, je vous demande cette fois en outre de prêter serment que vous allez fermer votre gueule ! Répondez par un oui sans réserve ! » J'étais trop bouleversé pour seulement acquiescer de la tête. « La guerre va susciter une augmentation imprévue de la demande de noir. Quand la guerre va éclater, il nous faudra être armés jusqu'aux dents pour faire face à la demande. » Ce disant, il grinça des dents de manière visionnaire. « Si cette guerre, comme je le prévois, est une guerre mondiale et dure trente ans, elle ira de 1914 à 1944. Chaque femme allemande se mariera plusieurs fois et aura par conséquent plusieurs fois besoin de vêtements de deuil. La demande en matière de robes de grossesse en noir va exploser. Je vois l'avenir plus noir que noir. Dès que l'hécatombe commencera, un marché gigantesque du deuil va s'ouvrir : plus les hommes tomberont au champ d'honneur, plus elles auront envie de tomber sur un soupirant. Il faut célébrer les fêtes comme elles tombent. » Il prédit : « En vérité je vous le dis, les femmes se baladeront en dessous affriolants noirs. Écrivez : Peignoirs de veuve en plumetis noir avec passepoil amovible gris clair pour le demi-deuil. Le bleu noir de Moses & Schlochauer va conquérir le monde. La concurrence peut bien se noyer dans le noir marron ! La guerre signifie moratoire : personne ne payera ! Nous pouvons, non, nous devons prendre des dispositions exceptionnelles. Commandez immédiatement le double de notre consommation de l'an dernier pour livraison sans délai avec clause d'annulation, en zibeline noire, satin noir, serge noire, crêpe de laine noir, crêpe de coton noir, crêpe marocain noir, voile noir, demi-voile noir, voile de laine noir, voile de coton noir (pour corsages bon marché transparents de deuil), voile Ninon noir, voile Chappe noir, marquisette noire, taffetas noir, cachemire de laine noir, côtelé de laine noir, damassé noir, tulle de soie noir, tulle de coton noir et velours chiffon noir. Faites partir l'ensemble de ces commandes ce matin même en express ! Actuellement, vous gagnez combien ? » Je me voyais déjà en profiteur de guerre. « Vingt-cinq marks par mois. – C'est déjà ça ! » dit M. Schlochauer. M. Otto Moses écrasa pour la première et dernière fois de sa poigne de marbre lourde d'une tonne mon épaule pendante : « Monsieur Blumenfeld, après la déclaration de guerre, l'affaire va péricliter pendant plusieurs semaines, voire plusieurs mois. Je m'engage ici même, en complet accord avec M. Schlochauer (qui acquiesça) : le salaire de vingt-cinq marks que vous touchez actuellement ne sera pas diminué pendant les trois premiers mois de la guerre. Après cela, qui vivra verra. »

Le lendemain de la déclaration de guerre, la déclaration suivante était placardée à l'entrée de la maison : « Jusqu'à nouvel ordre, cette entreprise n'est ouverte que par demi-journées, et par conséquent, les salaires seront diminués de 50 %. Moses & Schlochauer. » Quand un mois plus tard je tentai, gêné, de rappeler la promesse qui m'avait été faite, j'allai voir Dix-Sept (Treize m'aurait tué de son mépris). M. Schlochauer déclara d'un ton offusqué que ce jour-là, il n'avait pas acquiescé par écrit mais seulement de la tête ; et que je devais avoir honte de revendiquer en des temps si graves un traitement particulier. En temps de guerre, même des promesses écrites n'étaient qu'un bout de papier : 50 %, c'était mieux que rien, un point c'est tout !

Revenons à Moses : il devenait de plus en plus nettement visionnaire : « Dans le marché des affaires saisonnières, on va de surprise en surprise, surtout en période de guerre mondiale. Le rose, fini, fini le ciel, le vert Nil, le champagne ! Annulez sans délai les commandes en cours pour toutes les couleurs pastel, on y perd de toute façon toujours de l'argent ! » Schlochauer intervint en faveur du bleu ciel, à cause de ses yeux bleu laiteux, mais Moses ne se laissa pas fléchir : « Il n'en est absolument pas question ! Nous, les Allemands, nous en avons plein le dos de nous faire ridiculiser (balader) deux fois l'an par Paris. En montant à deux mille par robe, Poiret a poussé le bouchon trop loin – il a fallu en venir à cette guerre, aussi lamentable que cela soit : l'Allemagne doit acquérir son indépendance par rapport au reste du monde, Berlin doit se libérer de la pagaille parisienne ! Et pour les idées, le cas échéant, on peut les faire venir *via* la Suisse ! » (À chaque saison, M. Moses achetait à Paris dix extravagants modèles de haute couture, qu'il transformait pour en faire une collection allemande d'un chic fou ; la confection pour dames berlinoise, c'était ça !) « Le noir 7702, voilà l'avenir ! Je vois poindre à l'horizon le feldgrau, ce sera le dernier cri de la mode, et nous lui donnerons le numéro 7756 ! Avant qu'il soit trop tard : commandez en France tous les échantillons disponibles de *gris**. Même la rayonne a sa chance sur le marché. Aujourd'hui, pas question de perdre une minute pour le déjeuner, NOUS DEVONS VAINCRE ! » Initié à des secrets d'affaires particulièrement vitaux, je regagnai, tête basse (tel Moissi), ma table de travail. Et que ferions-nous de tout ce crêpe de Chine s'il n'y avait pas de guerre ? Je venais de passer près d'une heure dans le bureau particulier des chefs, tous les yeux étaient fixés sur moi. Seule Emmy Kussero pouvait se vanter d'en avoir fait autant. Dès lors, j'arrivai en retard, et ce de manière officielle, tout comme elle. Même M. Moses n'osait pas protester. Le caractère manifeste de mon INAPTITUDE AU SERVICE MILITAIRE faisait ma force.

Quand, après les premières actions militaires d'envergure, le commerce du veuvage se mit à prospérer, la concurrence fut anéantie : seuls M. & S. étaient en mesure de livrer sans délai des étoffes de deuil d'excellente qualité et dans toutes les quantités souhaitées : victoire sur toute la ligne !

38

LA GUERRE ÉCLATE

Les semaines qui suivirent furent remplies d'annulations, d'ultimatums, de rumeurs mensongères (cancans de latrines et de toilettes publiques), de discours de propagande militaire et d'éditoriaux patriotiques, dansant avec leurs slogans sur une poudrière, jusqu'au moment où les choses sérieuses débutèrent, c'était le 3 août. Je peux dire « J'y étais ! », quand Sa Majesté l'Empereur du haut de ses créneaux (du balcon du Palais) s'époumona, devant une foule entassée depuis des heures dans le Lustgarten, dans l'enceinte du Palais, lui criant des paroles d'airain qui, en dépit du porte-voix que l'un de ses adjudants lui tenait devant la gueule, restèrent incompréhensibles. C'est seulement le soir, dans le journal local, qu'on put lire avec enthousiasme les paroles accueillies par des vivats le midi même. Aucun journal ne mentionna ce que j'avais vu la veille au soir : des ouvriers, des *Sozis*, des socialistes, de la « racaille apatride » défilant derrière des drapeaux rouges, pour manifester contre la guerre. La police se livra à une véritable chasse à l'homme et tira sur la foule dans le coude de la Spree. Je compris lentement que les forces des ténèbres étaient à l'œuvre, que c'en était fini de la liberté, en particulier de la liberté de la presse, un peuple en armes – et non en larmes – commençait à tenir bon en chantant. « Hardi ! On les aura ! » hurlait le prince héritier, revêtu de sa tenue favorite de hussard à tête de mort, debout dans sa Daimler décapotable.

Sa Majesté l'Empereur, dans son uniforme tout neuf de feld-maréchal en chef surchargé de décorations, avec son col en castor, sa cravache, son bâton de maréchal et ses guêtres en cuir, appelait ses partisans et tous ils accoururent, absolument tous :

À chaque balle un Ruskof
À tout coup un Franzos'
À chaque shoot un Briton
À chaque baffe un Nippon
Et que les Serbes de Serbie
Soient tous occis !
Si l'amour nous unit
La haine le fait aussi
Pour nous un seul ennemi :
L'ANGLETERRE et ses amis !

(Fin du chant de haine de Lissau)

Mais papa
Riposte fièrement, comme un vieux vétéran :
Tu peux dormir en paix, patrie chérie,
Tout ira bien tant que tes fils auront du cran !

Ma chérie, les balles jamais ne touchent
À la cinquième compagnie
Et tout le monde rigole.

Au ciel sont réunis à la fin
Bismarck, le vieux Moltke et Stein,
Arrive alors le père Wrangel.
Mes enfants, dit-il à ces grands capitaines,
Je pensais que la terre s'était arrêtée de tourner,
Je me dis : ça alors, c'est bien comme autrefois,
Y en aura toujours un pour la faire tourner !

Ce que j'avais jadis vécu enfant, ce que j'avais pressenti jeune garçon, notre petit cœur battait si fort quand nous jouions aux soldats ! Nous allons vaincre, nous devons faire la guerre, nous avons le temps, l'argent, le courage, ce qui dure longtemps se terminera bien ! Ne rien lâcher, nous faisons le poids, avance, chéri, à nous la victoire, l'espace ! Waldemar, Waldemar, mon minou, il fait bon s'bécoter, ici, en Galice, Waldemar, Waldemar, un p'tit bisou, un tout petit, l'amour est tout, dans cette boue, c'est notre atout ! Je crois, je crois bien voir là-haut une colombe, venue d'un nid allemand, faut pas la laisser tomber ! Marianne, Marianne, j'crois bien que t'es en panne ! Le gars Ivan a pinté ta benzine, jamais t'iras jusqu'à Berline ! Poincaré, j'en fais qu'une bouchée ! Allemand, je veux l'être, des rocs jusqu'à la mer, Allemand, comme l'étaient nos pères. Mais surtout, gloire et victoire à toi, Allemagne, *Deutschland über alles !* D'ailleurs : Un cri gronde comme un coup de tonnerre, comme le bruit des épées et des vagues écumantes[1] : Aurore, aurore, mort précoce[2], forêt d'Argonne, bientôt cimetière silencieux, du même pas, du même pas[3]. La jeunesse estudiantine, après un bac de fortune vite expédié (personne n'échoua), partit au pas de l'oie et en chantant des hymnes patriotiques, aux paroles exemplaires pour de futurs livres de morceaux choisis dans des établissements supérieurs de formation, droit vers la mort au champ d'honneur. Pas de plus belle mort au monde[4] ! En signe de reconnaissance, la patrie reconnaissante leur décernait des croix de fer de deuxième classe, clouées sur la sobre croix de bois plantée sur leur tombe de héros. Vint le tour des chants de paix : Tout sera comme avant, la paix, les chants joyeux, le bistrot jusqu'à 6 heures… Puis, un peu plus bas et

1. « La Garde au bord du Rhin », poème patriotique mis en musique au XIXe siècle et qui a joué un rôle d'hymne national « officieux ».
2. Parodie d'un poème patriotique de Wilhelm Hauff.
3. Ludwig Uhland, « Le Bon Camarade ».
4. Chant militaire, entre 1600 et 1700.

d'une voix triste, la rengaine de Käthe Erlholzen : « Ils ne reviennent pas tous, ceux qu'on voyait au temps de la paix, la myrrhe et le lilas blanc ornent le catafalque. » Comme lors de toutes les guerres depuis la Crucifixion du Rédempteur, celle-ci aussi fut perdue sous le signe de la Croix : croix de fer (hors classe, réservée à l'Empereur et à lui seul, grand-croix pour Hindenburg et Ludendorff, première classe, deuxième classe, comme dans les chemins de fer) ; Croix-Rouge, croix de saint Jean, croix de Malte, croix blanche croix jaune et croix verte pour les gaz. De cet embrouillamini cruciforme s'est cristallisée la plus allemande de toutes les croix : la croix gammée. *In hoc signo vinces !*

C'est la guerre, c'est la guerre hélas,
Ange de Dieu protège-nous
Et fais tonner ta voix !
C'est la guerre, hélas,
Et je souhaite ardemment
Ne pas en être coupable

(Matthias Claudius)

Un abrutissement général, nouveau pour moi, s'installa : tous pour un, un pour tous ! Étroitement enlacés, le style allemand, hideux matamore, et le camarade autrichien, allié méprisé, marchaient au pas, en route vers l'enfer. Thomas Mann, idole de la bourgeoisie, écrivait : « Je viens d'entendre, maintenant, en pleine guerre, que dans les hôpitaux de campagne ceux qui ont perdu la vue à la bataille sont les plus belliqueux. Ils se bagarrent comme des enfants, ils se balancent à la figure leurs yeux de verre ! Ils n'agissent pas sous l'emprise d'un désespoir infernal, mais dans une exubérance tout à fait naturelle[1]. »

1. Thomas Mann, *Betrachtungen eines Unpolitischen*, « Considérations d'un apolitique ».

Au cours des semaines qui précédèrent la guerre, j'avais considéré avec un sourire de commisération l'inquiétude puérile des grandes personnes. Nourri tout au long de mon enfance par les préjugés que sont la morale, l'idée de progrès, la culture, j'eus jusqu'à la toute dernière heure de la paix la conviction inébranlable que la guerre était impossible. Vingt-cinq ans plus tard, en août 1939, à Paris, je me trompais tout autant en pensant que la guerre me ficherait la paix, et aujourd'hui, un demi-siècle plus tard, à New York, je n'arrive toujours pas à me faire à l'idée qu'à tout instant quelques bombes à hydrogène peuvent détruire toute vie sur la planète. Si jeunesse savait, si vieillesse pouvait ! Je considérais la guerre comme une faute de goût, une conjuration fomentée contre moi par des majorités nombreuses d'adultes idiots, moi qui étais le représentant général de la jeunesse du monde. Je croyais au pouvoir des mots. Bouger seulement l'ongle du petit doigt aurait été indigne de moi. Persuadé de ce que la jeunesse saurait le moment venu prendre les choses en main, je misais sur une révolution universelle de l'esprit au moyen de la si confortable résistance passive. Pour moi, la lutte des classes était une bataille de boules de neige entre classes de sixième et de cinquième, opposant des imbéciles les uns aux autres, et on pouvait au mieux espérer que ceux qui étaient les moins bêtes sortiraient vainqueurs. Il valait mieux ne pas s'en mêler. Pour moi, les conflits sociaux n'existaient pas. On m'avait mis une muselière bien trop tôt ; je souffrais des injustices sans pour autant aboyer, en outre, je n'étais pas un chien. Je n'aurais jamais reconnu que j'étais un bourgeois, je me considérais comme membre de l'aristocratie de l'esprit. Après la Première Guerre mondiale, je réclamai dans un manifeste que soient fusillés tous les responsables de la guerre, donc tous ceux qui avaient plus de 40 ans. Ce manifeste finit, comme 90 % de ce que j'écrivais, dans la corbeille à papier. Aujourd'hui, le révolutionnaire passif d'alors arpente les routes du monde, vieillard un peu confus et rescapé des fusils.

Chaque mère allemande était en ce temps-là obligée de sacrifier sur l'autel de la patrie ce qu'elle avait de plus cher au monde, son anneau de mariage en or, ses longues tresses blondes, ses fils. Dans cette période de grande détresse, ma pauvre mère, par ailleurs déjà trop éprouvée, et en outre malade des poumons, ne voulut pas laisser sa descendance livrée à elle-même. Elle emprunta le tout dernier tortillard qui reliait Davos à Berlin, avec pour tout bien son petit bagage à main. Particulièrement excitée par ce qu'elle avait vu, elle arriva au but à 3 heures du matin, faisant la gueule parce que nous n'étions pas allés l'attendre à la gare. Elle nous raconta que, en violation du droit élémentaire des peuples, son train avait été, en Allemagne du Sud, et alors qu'il circulait à pleine vitesse, la cible de flèches en aluminium (!) lancées par des machines volantes ennemies. Une bombe, qui grâce à Dieu avait fait long feu, était même tombée sur le convoi. Maman était scandalisée de constater que nous n'avions pas fait de conserves d'œufs, en de telles périodes, il fallait faire des réserves.

Les visions du prophète Otto Moses se réalisèrent. Au bout d'une brève période de transition, les affaires devinrent florissantes. Bientôt, toutes les prostituées se baladaient en costumes de veuves. Ma position dans l'entreprise s'améliorait au fur et à mesure des victoires. Toutes les batailles furent gagnées, jusqu'au moment où, quatre ans plus tard, la guerre fut perdue : alors, héros invincibles et invaincus, pour autant que nous étions toujours en vie, nous regagnâmes en boitillant la patrie ruinée, retraversant le Rhin pour préparer la prochaine guerre au nom d'une république en laquelle personne ne croyait.

Au cours de cet automne plein d'effluves séducteurs, Berlin embaumait comme jamais auparavant du parfum nostalgique des asters. Ou bien s'agissait-il de colchiques (que je ne connaissais que dans les poèmes) ? C'était la nouvelle puanteur répandue par le benzol (ersatz de carburant).

J'écrivis des poèmes tristes et mauvais sur cet automne de ma vie et les envoyai à la revue littéraire *Weiße Blätter* ; on ne me les retourna jamais. Un autre de mes poèmes eut davantage de succès : j'avais, plutôt par plaisanterie, dessiné pour M. & S. un chemisier couleur feldgrau en crêpe de laine (4848) : simple et d'un mauvais goût exemplaire, avec col officier, passementerie martiale, épaulettes de général, motif croix de fer et authentiques boutons militaires. En un mois, il se vendit quatre mille exemplaires de ce chemisier feldgrau. En contrepartie, dès la seconde bataille d'Ypres (introduction des gaz de combat), en juin 1915, mon salaire me fut à nouveau intégralement versé, mais désormais en billets de papier ; l'or, je l'avais donné pour l'acier. On transperçait déjà de clous des effigies en acier de Hindenburg. Un beau matin, Otto Moses (Treize) fit son entrée dans son bel uniforme de campagne tout neuf, gris, magnifique, taillé à la main de manière irréprochable : tenue de comptable aux armées en second du train du bataillon de réserve. Une semaine plus tard, M. Schlochauer entra en scène, seulement un demi-grade en dessous, sergent du même régiment. Bientôt, Treize et Dix-Sept arboraient avec modestie la croix de fer à leur boutonnière. QUI GRAISSE BIEN ROULE BIEN, devise du train. Le troisième comptable, M. Laurinat, qui avait tout manigancé, continua à toucher plein salaire après son incorporation avec une augmentation de 13 % en compensation. Selon M. Moses, on aurait pu interpréter une augmentation plus importante comme une tentative de corruption.

Bientôt, avec M. Wolfsberg, je fus le dernier des hommes de chez M. & S. Alors que j'avais pris pratiquement un quart de livre et grandi d'un demi-centimètre, la Direction supérieure de l'armée avait diminué de cinq centimètres ses exigences minimales, faisant ainsi preuve de compréhension. On mobilisa même des nains pour le travail de sape. Si cela continuait, je serais bientôt reçu à mon baccalauréat mention fosse commune (conseil de révision) *summa cum laude*. Je me trouvai donc dans l'obligation de réfléchir à des moyens susceptibles de préserver ma santé. « Écartez les jambes, les filles, l'Empereur a besoin de soldats ! » Je pourrais peut-être, à force de m'adonner aux plaisirs de la chair, attraper une maladie de cœur ! Je décidai de faire la fête nuit après nuit, de retrouver Orphée aux Enfers (« Orpheum » était le nom d'un établissement de bals). Je devins roué, m'égarant dans des nuits noires et obscurcies, me trimballant dans des clubs douteux, des troquets où se produisaient des entraîneuses, je fréquentais des théâtres interlopes, j'allais du Métropole aux Folies Caprices en passant par le Jardin d'Hiver. Je fréquentais le dancing Amor, les chanteurs de Stettin, les boîtes louches, seul la plupart du temps, apprenti plein de mélancolie et d'ennui. Je méprisais les charmes auxquels je me mesurais : Fritzi Massary, Claire Waldoff, Joseph Giampietro, Tielscher, Bender, Curt et Ilse Bois, les enfants prodiges. Je fumais des cigares brésiliens et vomissais, je buvais de l'ersatz de moka sucré à la saccharine, tant qu'il y eut de l'ersatz, je m'enivrais avec curiosité chez Kantorowitz en consommant des boissons aux noms excitants : absinthe, arack, armagnac, anisette, tout l'ABC jusqu'à amontillado. J'étais malade avant le deuxième verre. Si une dame de mauvaise vie s'approchait, une cocotte, je tremblais comme le tremble ; si elle répondait à mon désir secret et m'adressait la parole, je me terrais sous terre, terrifié. Ne valait-il pas mieux tomber en héros sur le champ de bataille du mariage et éviter ainsi tout risque de contagion ? Se réfugier dans le mariage, et même dans le mariage idéal ! J'étais parfaitement sérieux. Mon meilleur ami, Ravel, à qui j'exposai cette intention, hocha d'un air de désapprobation sa tête chenue et me tendit la main d'un air de mélancolie feinte : « Il vécut, prit femme et mourut. Tu es perdu pour l'immortalité ! »

Pour mener une vie dissolue, tout comme pour faire la guerre, on a besoin d'argent, d'argent, encore et toujours.

La patrie qui tombait de plus en plus bas entraînait avec elle tous et tout dans la panade. Je réussissais de manière étonnante à économiser sur mon salaire, en me privant de nourriture avec grandeur : on trouvait encore gratuitement des ersatz de petits pains chez Aschinger (chaux artificielle et bois), à condition de boire une tasse de café de glands (des glands allemands) pour cinq pfennigs. Tous les mois, je donnais consciencieusement à ma mère vingt marks pour mon entretien. Elle se régalait sans réserve d'accomplir le devoir qui était le sien : m'éduquer à remplir mes obligations de soutien de famille. Entre autres, elle s'entendait à l'art de me rendre mesquin : celui qui ne respecte pas le million ne vaut pas le milliard. Gagner sa vie était humiliant. Être obligé d'arrondir ses fins de mois était vexatoire. Convaincu du caractère sordide de toute affaire, je faisais sans problème des affaires sordides, je fournissais des tantes, leurs amies qui n'étaient jamais contentes, en blouses moins chères que le prix de gros, calculant la matière première bien en dessous du prix d'achat, et je faisais de telles erreurs à mon avantage que je n'avais presque jamais rien à payer. Je volais, ça allait de soi, et méprisais le danger. Affaire peu satisfaisante. Par chance, je ne fus jamais démasqué. Si c'était sorti, il ne me serait plus resté qu'à me supprimer. Mon collègue d'apprentissage Brasch avait fait fabriquer une superbe robe noire en velours pour sa « petite » amie, une courtisane de deux mètres de haut ; inspirée par Asta Nielsen, nous l'avions dessinée ensemble. Quand on s'aperçut qu'il s'était compté les huit mètres de chiffon de velours à moitié prix par rapport au prix de revient, il fut flanqué dehors. (Son père, acheteur chez Wertheim[1], se servait depuis une saison chez Fischbein & Mendel au lieu de le faire chez M. & S.) À la suite de cela, il fut envoyé avec le plus grand chic à la mort en tant que volontaire dans un

1. Voir note 1 page 171.

régiment de uhlans. Je le vis une dernière fois sur l'allée de la drague devant le KaDeWe, Tauentzienstraße, bras dessus bras dessous avec Brunhilde Krause dans son miracle de chiffon de velours. Une pleureuse se drapait comme le deuil autour de son chapeau de velours large comme une roue de moulin. Quand il m'aperçut, Brasch sortit son monocle de son œil, comme l'eût fait un lieutenant, et regarda ailleurs. Mourir pour Brunhilde, quelle félicité !

Peu après le début de la guerre, Ravel me fut arraché par ses parents qui l'emmenèrent en Hollande. Comme ils avaient vu juste, quel bon sens ! Les Hollandais gardèrent une neutralité bienveillante, loin au-dessus des partis ; ils étaient des êtres supérieurs dont chacun recherchait la bienveillance, ils avaient des privilèges, savaient tout mieux que les autres, ce qui leur rapportait beaucoup d'argent : d'abord des valeurs, puis des valeurs exceptionnelles. Ils mangeaient à leur faim et impressionnaient tout le monde. Vint le mot « inflation », et l'inflation resta. Je compris que les rats quittent le navire quand il coule et regrettai seulement de ne pas pouvoir faire comme eux. Seul dans l'obscurité profonde, il me fallait rester dans ma patrie, auprès de ma mère, comme la loi l'exigeait. *Dum sanctis patriaelegibus obsequimur*. Je reconnus la profonde importance du passeport.

39

LEENTJE

Le 26 juin 1915, jour le plus fastidieux, le plus chaud, et vingtième anniversaire de ma sœur préférée Annie, mon destin fut scellé. En ce désespérant samedi après-midi, j'eus l'idée – pas besoin d'aller la chercher bien loin – d'écrire une lettre pleine d'esprit aux trois cousinettes dont Ravel me parlait dans ses lettres d'Amsterdam de manière si tentante. Ravel était de cette espèce particulière qui rencontre toujours des gens particuliers, et tout particulièrement des cousines particulières – c'était un fétichiste des cousines. Son séjour à Amsterdam m'offrait l'occasion de mettre en pratique le privilège postal de M. & S. Il devint mon allié dans cette chasse au bonheur. Une censure militaire rigoureuse n'autorisait qu'une feuille par enveloppe et découpait de manière impitoyable ce qui ne lui convenait pas. Après d'innombrables lettres gribouillées en tout petits caractères, envoyées en recommandé et par express, ce fut le tour des cousines. Dans un déploiement d'humour noir, je priai des âmes sœurs de me consoler dans ma solitude. En ce temps-là, une lettre d'une seule page sortait aussi facilement de ma plume que j'ai aujourd'hui du mal à produire une page recto verso. Je me prenais pour le Don Juan de la correspondance. Les plus jeunes des sœurs répondirent sur un ton d'humour affecté. Les Hollandais ont un humour qui ne donne que difficilement à rire quand on n'est pas initié. Lena, l'aînée des cousines, dont le diminutif mélodieux était Leentje, me prit tragiquement au sérieux comme j'avais rêvé de l'être depuis toujours. ELLE, à presque 19 ans, donc avec deux mois d'avance sur moi en matière d'expérience (je ne suis jamais parvenu à la rattraper), me prenait, moi qui en étais au stade du rongeur d'ongles, pour un homme, pour un héros, pour un amant immortel. Au bout de trois mois de correspondance débridée, c'en fut fait de nous. Nous terminions chacune de nos lettres par « ÉTERNELLEMENT L'UN POUR L'AUTRE ! » Son père mourut de manière soudaine d'une septicémie, ce qui nous rappela que nous sommes éphémères. Nous en tirâmes les conséquences qui s'imposaient et nous épousâmes, sans nous être jamais vus. Nous décidâmes, avec l'omniscience de nos 19 ans, romantiques et inexpérimentés, de traverser la vie main dans la main, âmes entremêlées, jusqu'au bout du monde ; un demi-siècle plus tard, nous sommes presque arrivés au but, incorrigibles grands-parents qui savent tout mieux que tout le monde : en versant des larmes, Leentje me prend, se prend et prend le monde aussi ridiculement au sérieux que dans cette première lettre. Je suis perturbé par ses larmes comme jadis. Tout s'est bien passé, c'est un miracle.

Comme les futurs défenseurs de la patrie ne pouvaient plus s'en éloigner, ELLE vint, contre la volonté des deux familles, en mai 1916, au moment de la fête de la Pentecôte, à Berlin. J'allai à sa rencontre jusqu'à Hanovre. Monté dans l'express, le jeune Napoléon du crêpe de Chine maigre comme un clou serra après une fraction de seconde d'hésitation entre ses bras sa petite Hélèna rondouillette, aux mignons petits yeux de chouette bleus rayonnants et aux folles boucles blondes. Au bout de deux semaines de félicité, elle dut regagner la Hollande : son visa était périmé. En guise de cadeau d'adieu, ma jalouse de mère lui dit : « Puisse Erwin ne jamais de la vie te donner l'occasion d'être jalouse ! LA JALOUSIE EST UNE PASSION QUI

S'ATTACHE À RECHERCHER LE MOYEN DE SOUFFRIR ! » La malédiction s'est accomplie : je me suis retrouvé avec une épouse jalouse !

40

UNE VIE DE HÉROS

Je devais bientôt exhaler le dernier souffle de ma vie de civil. Je devins avant la fin du mois d'août voyageur de commerce chargé d'une exceptionnelle collection de deuil : robes de deuil, corsages de deuil, peignoirs de deuil, dans sept valises, avec deux mannequins et le domestique Robert, allant par monts et par vaux de Magdebourg à Dessau, de Braunschweig à Halberstadt. Je vendais magnifiquement et en plus, une petite ruelle pleine de bordels m'offrit quelques expériences. Le 13 octobre 1916, lors d'un nouveau conseil de révision, je fus déclaré bon pour le service, et mon incompétence totale en matière d'automobiles me fit affecter aux transports. *Canis a non canendo*. Au cours de ce mois de novembre, je passai de la grisaille de la patrie à la grisaille et à l'effroi du champ de bataille, dans un froid de canard, après une étape à l'enfer pour jeunes recrues de Zwickau en Saxe. Notre bataillon était stationné dans le dancing *Au paradis*. Paradis sans chauffage, il surpassait le plus modeste des enfers. Déjà brillaient à l'horizon les feux follets annonciateurs des inépuisables ressources des Allemands en matière de concentration. À l'époque, le sadisme de cour de caserne se contentait de nous autres, les recrues. Tourmenter les nouveaux, c'est dans la nature de la bonté humaine.

« Debout, faites les lits ! » (Le lit fait au carré doit se présenter comme un cercueil d'enfant !) La nuit, allongé au-dessus de moi dans le lit supérieur, un pisseur, ça dégoulinait, dégoulinait goutte à goutte, comme dans une grotte à concrétion. Dès 4 heures du matin, des toqués et des chefs de chambrée nous jetaient dans la glaciale nuit d'hiver en aboyant comme des chiens « Sortez de votre merde ! » et nous envoyaient chercher de l'eau pour la toilette (dans les chaudrons servant pour la cuisine) à la mare gelée (il fallait creuser un trou dans la glace), pierre ponce en guise de savon, distribution de café (jus de chaussette), des heures et des heures de station debout immobile (agrémentées par des flexions) devant le Paradis, dans la neige, par – 25 à l'ombre. Debout ! Couché ! Debout ! Garde-à-vous ! Regardez devant, sortez le menton, sortez la poitrine, rentrez le ventre, discipline, service. Quand il gelait à pierre fendre, le sergent-chef Peters sortait de son bureau et rotait « Bougez-vous ! » comme un éclair bien réglé, suivi par un nouveau « Fixe ! », puis on nous versait la solde sur la base d'une monnaie figée (trois marks trente-trois pfennigs pour dix jours), et venait la question des réclamations : « Si quelqu'un a encore des prétentions envers la compagnie, argent, pain, denrées alimentaires ou autres, qu'il avance et le signale ! » Silence glacial. Jamais encore dans l'histoire de l'armée allemande un homme de troupe ne s'est avancé pour faire valoir des droits. « Puisque personne ne s'est présenté, je déclare le paiement de la solde achevé ! » Puis il hurlait au sous-officier de service, Weiß (surnommé Weiß-qui-Tire parce qu'un jour, il avait par mégarde tiré sur une de ses recrues), « Rire de merde ! » que ce toqué transformait en l'ordre « Bref rire militaire ! Une ! Deux ! » et nous devions d'un seul coup hennir « Ha ! Ha ! », puis nous figer dans un silence de mort. Le sergent-chef grognait alors, content de lui : « Faites-les ramper et se frotter les coucougnettes jusqu'à leur faire bouillir la calebasse ! » En d'autres termes : corvée de chiottes, briquer les tinettes à la brosse à dents ! Et l'après-midi, leur chanter, à lui et à sa fiancée :

J'aime bien l'or et l'argent
Et je sais bien quoi en faire
Si j'en avais un océan
Pour plonger dedans !

Invitation amicale aux aspirants solvables à lui graisser la patte, car il avait pouvoir de vie ou de mort. En chantant la chanson *Zwickau, ville magnifique, dedans un soldat !*, au pas, au pas, fusil à l'épaule, jusqu'à l'autre bout de la ville, jusqu'au « Soleil », second dépôt de recrues, en s'emplissant les poumons de benzol, le courage de l'homme allemand se gonflait : des lavettes pisseuses se transformaient en HÉROS ALLEMANDS mûrs pour le front ! Serment au drapeau sous les bourrasques de neige. Démangeaisons horribles sur le crâne la boule à zéro. La nuit, monter la garde ! Les pieds en compote à force de marcher emballés dans des guenilles et plongés dans des bottes d'uniforme montant aux genoux, dégueulasses depuis les Guerres de Libération (1813-1815). Personne ne pouvait les nettoyer, mais nous, on y était obligés. (Quand il faut, il faut !) La bouffe : conserves d'ersatz de baleine, accompagnées de légumes secs suivis de chiasses misérables dans des latrines horribles. Après le service, beuveries, bière jusqu'au brouillard le plus complet. Pincer les fesses des serveuses, jouer l'homme, se jeter vingt chopes de jus d'orge derrière la cravate, toute la compagnie qui dégueule : bande de merde ! J'appris à haïr ce peuple de merde, cette bande de merde ! Merde de merde ! Du « Sortez de la mouise » dans le matin merdeux à la corvée de chiottes par un temps mouscailleux dans cette merde de guerre. Frichti merdeux, chié aux chiottes. On chie sur tout et on vous emmerde ! Avant de dire ouf, on s'est fait à la merde. Après quelques semaines, on s'y sent foutrement bien, on s'en fout et s'en contrefout et on braille : « Les chiottes sont en flammes, hip, hip, hourra ! On se tient les coudes, hourra, hip, hip, hip, hourra ! » Ah, quel bonheur d'être soldat ! Quelle veine d'être de la chair à canon ! Bienheureuse la cinquième roue du carrosse ! (« Vous pouvez être contents d'être la cinquième roue, si vous étiez le trou du cul, vous passeriez en premier, mais puisque vous êtes la cinquième roue, vous passerez en dernier ! ») On constatait avec étonnement que les soucis étaient restés à la maison, les sermons quotidiens de maman, les colères de Treize, la rage de Dix-Sept. On ne savait bientôt plus de quoi on avait eu tellement peur dans le civil. Maintenant, à la garnison, on était chez soi, et on avait peur du champ de bataille, car les listes des pertes s'allongeaient tous les jours. Le plus sûr semblait être la prison : on ne serait vraiment libre et en sécurité qu'aux arrêts, mais là aussi, le courage nous manquait.

J'avais loué une petite chambrette où, après le service, j'écrivais des lettres d'amour à ma fiancée lointaine dans sa Hollande pacifique perdue dans les brumes. Je ne pouvais même pas me plaindre, à cause de la censure. Je devins as de l'auto dans les ateliers Audi. Se trimballer à vingt à l'heure au volant d'une décapotable de l'auto-école sur les routes enneigées des monts Métallifères saxons, allant de troquet en troquet, c'était ça, la race des seigneurs. On n'était pas un simple soldat d'infanterie, ni un lansquenet, on était monsieur le conducteur d'automobile. Nous apprenions à nous soûler la gueule et à nous planquer. La pire punition dont on pouvait nous menacer : être dégradé et retourner dans l'infanterie ! En ville, des bistrots sans alcool, où l'on trouvait du cidre, nous faisaient de l'œil : les bordels, dans leurs vitrines, une nature morte aux pommes et au cidre éclairée de rouge nous promettait le canapé qui se trouvait derrière. À l'intérieur attendaient des putes fatiguées ! « *Prosit, Prosit*, buvons à l'art de vivre saxon ! »

Congé de Noël couleur feldgrau à Bonn, où je rencontrai ma Leentje, chaperonnée par sa maman, une veuve souriante de 40 ans, chez sa grand-maman antique et toute minuscule ! Huit jours de paix et de joyeuse surexcitation, concert de Noël à Gürzenich près de Cologne, un ultime bifteck chez Klein à Honnef sur le Rhin, promenade à dos d'âne sur le Drachenfels, adieux déchirants, retour à Zwickau.

Trois mois plus tard, en mars 1917, je me retrouvai sur le front comme conducteur d'ambulance avec un brassard de la Croix-Rouge, ce qui avait un inconvénient : en cas de capture on était immédiatement restitué. Auparavant, on nous avait équipés à Berlin de superbes uniformes noirs en cuir impeccables, avec de glorieux manteaux de cuir. On nous chargea avec nos ambulances Mercedes flambant neuves sur un train de marchandises partant de la Anhalter Bahnhof. Mon frère Heinz m'accompagna au train. Je ne l'ai jamais revu. Je compris vite que nous roulions en direction du front ouest. Au bout de quatre jours, nous arrivâmes à Montcornet, à trente-trois kilomètres au nord de Laon, et il nous fallut, avant même de quitter la gare, remballer nos beaux uniformes dans nos Mercedes, qui repartirent vers leur point de départ, pour instiller un nouveau courage à de nouvelles troupes montant au front. Pour nous, dans des guenilles pouilleuses et feldgrau, une nouvelle vie commençait.

41

JADIS ET LA GUERRE*

Nous fûmes transportés comme du bétail humain dans des camions jusqu'au campement sanitaire n° 7, près de Notre-Dame-de-Liesse. Les premiers jours au front furent pénibles, tout comme l'avaient été les premiers jours de la vie de recrue à Zwickau. Mais dans l'intervalle, on s'était habitué au pire. La double ration de schnaps ainsi que la tristement fameuse soupe à faire pendre les queues (bromure de potassium) permettaient de surmonter les premières manifestations du mal du pays. L'appel avait perdu son caractère effrayant. Nous autres hommes d'équipage, nous n'avions plus qu'un ennemi : messieurs les officiers (en commençant par notre ennemi mortel, le cabot). On ne saluait plus que ses propres supérieurs. Plus aucune responsabilité, on était libre, avec une trouille légitime devant la paix ardemment désirée. Fantasme général : la perm. Le premier pou récupéré sous mon aisselle, je l'ai trempé de mes larmes. Mais bientôt, quelle rigolade lors de l'épouillage au « Lausoleum », où cela se déroulait, on ne parvenait plus à se débarrasser des adorables bestioles. Même les totos portaient sur la poitrine leurs propres croix de fer, noires sur fond blanc. Méprisants, ils regardaient de haut les morpions qui élisaient domicile dans les poils pubiens. « La prostitution de la chair considère avec un doux sourire celle de l'esprit » (Veit Kunz, Franziska, Wedekind). La première Française que je vis accroupie dans une vespasienne sans être gênée par ma présence me donna la chair de poule. *C'est la guerre**. Quand je sortis mon premier cadavre d'enfant d'une maison bombardée (Chivy-lès-Étouvelles), je ne pus m'empêcher de vomir. *C'est la guerre**. Bientôt, la peur de mourir en héros passa au second plan, dépassée par la peur de la vie après la guerre, de cette lamentable existence bourgeoise. Rétrospectivement, personne n'avait jamais aussi bien vécu qu'au front, et c'est pour cette raison qu'il y aura toujours des guerres. *C'est la guerre**.

Sous un ardent soleil de juin, les deux batailles de l'Aisne et de l'Ailette faisaient rage en même temps que celles du Chemin des Dames et autour de Soissons. Par la suite, les historiens eurent peine à s'y retrouver. Je n'ai jamais connu dans ma vie que des batailles allant par deux. Mon cri du matin : « Bordel de merde ! Blumenfeld arrive, les batailles peuvent commencer ! En cas de pluie, elles se dérouleront en salle ! » J'étais affecté à un hôpital de campagne de la septième armée (saxonne), qui opérait fiévreusement à Ardon-sous-Laon. Au mépris du danger, deux ambulances, protégées par le drapeau de la Croix-Rouge, devaient, sous la mitraille et les tirs de barrage, dans une atmosphère à couper au couteau, foncer vers le Jugement dernier, monter en première ligne, d'où plus d'un valeureux guerrier fit route vers le Walhalla.

Nous roulions, roulions sans cesse, traversant des jours bien trop clairs, des nuits bien trop ténébreuses (extinction des feux), passant Chauny, Craonne, Craonnelle, Chevregny, Chavignon, Chivy-lès-Étouvelles, Coucy-lès-Eppes, Coucy-le-Château, Cerny, Pargny, Filain, Vauxaillon, Bourguignon, Berry-au-Bac, Nouvion-le-Vineux, Laval, Urcel, Château-Presles. Et le courage, toujours absent, était si las et la nostalgie si grande. Sans ménager ni le matériel ni les hommes, suivant en cela les ordres du haut quartier Général, je tombai amoureux des noms inoubliables des villages de la campagne française. Ce n'est que bien plus tard que j'ai lu *Le Grand Meaulnes*.

Dans nos ambulances, il n'y avait place que pour quatre étroits brancards. Quand les affaires étaient florissantes, on pouvait ficeler sur chacun deux blessés graves (c'était pourtant déjà trop juste pour un tout seul). Rapides comme le vent (à vingt à l'heure maximum), nous filions avec nos cargaisons gémissantes et mettions toujours cap sur l'hôpital d'Ardon, notre premier objectif. On y débarquait, triait et étiquetait toute cette misère. En général, sur huit, quatre arrivaient morts. J'étais promu conducteur de corbillard. Au cours d'une de mes premières nuits, sans lumière et sans expérience, je basculai dans un virage avec tout mon chargement. Les moribonds hurlaient dans la voiture renversée, je restai à terre, épuisé, et dormis, récupérant tout mon soûl. Un survivant : moi. Le gymnase de l'école du village abritait les blessés. À l'entrée, le médecin militaire adjoint von Schulzenburg déterminait sans prendre de gants qui devait être balancé par le soupirail par lequel en temps de paix on jetait le charbon dans la cave située sous le gymnase. « Les vivants jamais contents, les mourants, reconnaissance éternelle ! » proclamait-il avec un sourire professionnel. Les cris de désespoir s'élevant des Enfers le contredisaient tandis qu'on torturait à coups de vaccins antitétaniques ceux qui étaient restés à la surface.

Quand l'infirmerie d'Ardon n'avait plus de place, je devais faire du porte-à-porte dans les patelins voisins avec les « simulateurs » qui peu à peu accédaient au statut de cadavres, jusqu'au moment où je parvenais enfin à m'en débarrasser loin à l'arrière dans des petits hôpitaux de campagne. On ne se bousculait pas, loin du danger, et les balades étaient appréciées à travers cette belle contrée. D'abord, en zigzaguant, on gravissait la colline pour franchir le Moyen Âge de la porte d'Ardon, atteignant la cathédrale de Laon, qui dominait majestueusement le paysage de sa rayonnante beauté. Elle fut pendant la Première Guerre mondiale la dame de mes pensées, tout comme la basilique de la Madeleine de Vézelay pendant la Seconde. Au son des canonnades qu'accompagnait le râle des mourants, les bœufs passant la tête par les fenêtres les plus élevées des tours me gagnèrent au gothique. Tandis que le matériel humain était déchargé près du portail latéral, sous les regards vigilants d'une « videuse de pots de chambre » (infirmière) chargée de l'accueil, nous ne levions pas le petit doigt, nous, qu'on appelait « messieurs les conducteurs d'ambulances ». En revanche, la petite sœur Bonaventura, 20 ans, pâleur séduisante, me filait en douce des casse-croûtes au boudin double ration (on les appelait « zobs de nègres »). En guise de remerciement, je faisais passer clandestinement les petites missives inoffensives et les petits paquets de bondieuseries qu'elle adressait en zone occupée à un prêtre de l'église Saint-Géry près de Valenciennes – délit de haute trahison ! – où j'étais pareillement accueilli par des casse-croûtes. Le secret attise l'amour, et vive la reconnaissance du ventre, nous devînmes amis, Bonaventura et moi. Pendant des heures plus calmes, nous lisions ensemble, cachés derrière les grandes orgues, dans la fraîcheur de la cathédrale, le seul livre en français que j'avais sous la main, *Le Rouge et le Noir* de Stendhal. Pour elle, c'était un péché, je m'efforçais de la convertir à l'athéisme, tandis qu'elle voulait faire de moi un jésuite. Convertir, c'est la séduction sublimée. Si nous n'avions pas l'un et l'autre été si timides et en outre fiancés (son fiancé était le jeune Seigneur Jésus) et si elle n'avait pas eu pour sa part des intentions supérieures dont j'étais bien loin, nous aurions péché avec joie. Elle me bourrait cependant de casse-croûtes au boudin, expression de son amour : *« Je suis chrétien, je mange du pain, de la saucisse et du boudin* ! »* Ce faisant, j'apprenais le français comme on doit l'apprendre : *pour l'amour de Dieu**. Quand je repartais pour le front, elle m'aspergeait d'eau bénite. Je lui répondais par un flacon d'eau de Cologne et étais fier de voir la nonnette se parfumer derrière l'oreille.

L'été devint de plus en plus chaud. Le fossoyeur d'Ardon avait pris la poudre d'escampette. La chaux vive et le phénol vinrent à manquer. Malgré l'instauration de l'état de guerre, la population civile ne se laissa pas contraindre à ensevelir nos chers défunts qui réclamaient à leur manière le repos éternel : ils puaient. Leur puanteur s'élevait vers le ciel comme une énorme clameur, pour la plus grande joie des mouches vertes. Les miasmes émanant de cent cadavres couverts de sang, entassés dans une cave, constituent un phénomène naturel, en particulier pendant les mois d'été. Nous vivions avec des masques à gaz sur le visage. L'air vicié faisait étouffer les blessés graves. Les médecins étaient dans l'incapacité d'opérer, même avec des masques. Les doubles batailles continuaient à faire rage. Cette guerre de folie était devenue impossible à endiguer : *ULTIMA RATIO REGUM. AD MAJOREM DEI GLORIAM.* La situation devint si pestilentielle que même le haut commandement de l'armée menaça d'y mettre son nez. On nous annonça qu'un médecin général des armées était en route pour une inspection : et merde ! Malgré la chaleur, chacun se mit à trembler dans son froc. Le commandant de la place donna l'ordre à la population d'Ardon de prendre à sa charge les frais d'obsèques des divers héros, dont plusieurs poilus, qui attendaient dans l'école. Cet ordre ne suffit cependant pas à sortir les cadavres de la cave ni à les précipiter dans la fosse commune.

Le médecin-chef Rosencrans, ni juif, ni soldat de métier, un adorable vétérinaire originaire de Königsberg, la ville de Kant, était un joueur de poker plein d'humour (il jouait aussi au pharaon ou à la roulette russe), et il lui arrivait de régler ses dettes de jeu en faisant parvenir au gagnant un paquet contenant un membre fraîchement amputé. Il avait peine à être catégorique. Il n'a jamais regardé personne en face. Il regardait toujours de côté, même en opérant. Assumer une responsabilité l'écrasait. Il obéit plutôt à la nécessité qu'à un penchant personnel en faisant entrer en salle d'opération ses deux ambulanciers, Kuhlmai et Blumenfeld.

Mon bon camarade August Kuhlmai, de meilleur tu n'en trouves pas[1], était taillé en cube, aussi haut que large, un mètre cinquante : le mois de Kuhlmai est là, les arbres verdissent ! Il avait deux fois mon âge, un vieil homme. Même au cœur des plus chauds combats, pendant les batailles, il portait sous sa lourde veste de cuir une veste en laine tricotée par grand-maman Ladislava Kuhlmai, la légendaire sage-femme et faiseuse d'anges. Il puait à moitié le demi et trois fois la sueur. Il ne dormait jamais sans ronfler : une lutte polyphonique entre un chat fou d'amour et un éléphant taré s'engageait, qui couvrait le vacarme le plus sauvage du Chemin des Dames. Sous un cœur en or il arborait fièrement sur le côté gauche de sa poitrine un bubon chronique. Il portait en outre au-dessus de sa barbiche berlinoise une moustache rectiligne et farouche, mi-Hindenburg, mi-Ludendorff, anticipant Hitler. Avant la guerre, il avait été successivement déménageur à Rixdorf et tueur de cochons aux abattoirs de Pankow. La devise de Kuhlmai : PERSONNE NE PEUT ME…, ILS PEUVENT BIEN TOUS SE FAIRE… Ce qui m'appartenait était à lui. Il me prenait tout sans mot dire. Il aurait été capable, en parlant encore moins, d'écraser celui qui aurait osé me voler la moindre babiole. Quand il s'agissait de couper mine de rien la sacoche de poitrine d'un moribond et de lui faire les poches, c'était un monstre allemand à qui on pouvait faire confiance.

Une nuit, il prétendit avoir porté tout seul sur ses épaules un piano à queue de concert. Pour lui complaire, je fis l'incrédule, et fus obligé de parier avec lui les deux marks qu'il m'avait laissés dans ma sacoche dont il avait contrôlé le contenu pendant que je dormais. Comme toujours quand il avait un petit coup dans le nez, c'est-à-dire en permanence,

1. Vers extrait du célèbre poème de Ludwig Uhland « Le Bon Camarade ».

August était parfaitement de parole. Minuit approchait, mais il me fallut entamer avec lui sur son tape-cul (sa charrette) une course folle (sans ordre de mission), jusqu'à Crécy-sur-Serre, où il avait dégotté un piano à queue. De tels instruments avaient une importance stratégique depuis que notre lieutenant général Kotschote avait découvert que leur couvercle était idéal pour coller des cartes d'état-major. Pour chaque couvercle de piano à queue, c'était double ration de combat de schnaps. À 2 heures du matin, August tira les civils terrorisés de leurs lits pour une perquisition. Accompagné de protestations d'innocence et de vociférations, un piano de concert Érard passa par la porte à deux battants, vacillant à la lueur de la lune dans la rue du village jusqu'au pont qui traversait la Serre. Une basse s'élevait de ses entrailles, accompagnant la marche du grand-maître de l'ordre des Chevaliers teutoniques :

La vache chie plus que le rossignol
Le bruit qu'ça fait, ça nous affole
Mais le champion c'est le taureau
Il ne chie pas des ronds de chapeau !

D'un geste de spécialiste, August fit sauter le couvercle et balança le piano dans la Serre, où une carrière de concertiste prit fin sur un accord à l'unisson.

Quand Kuhlmai et Blumenfeld se présentèrent en tenue réglementaire, veste de cuir et fusil au pied, le médecin-chef se curait les ongles avec son scalpel et oublia de nous ordonner « Repos ! » Sans ciller, Kuhlmai resta dix minutes immobile comme une statue. Je ne parvins pas à garder mon sérieux. Le médecin-chef Rosencrans, trop excité, ne remarqua pas mon comportement, qui n'avait rien de militaire. Sur le ton du commandement (commander est un art au même titre que jodler), il nous donna l'ordre d'emballer un par un tous les cadavres entassés dans la cave, cette nuit même, et de les en sortir discrètement. « Quand il s'agit de cadavres, j'exige une obéissance de cadavre ! » Le village allait mettre à notre disposition une charrette avec son cocher et un valet qui transporteraient les ballots jusqu'à la fosse commune. Des soldats des unités de fortifications s'occuperaient de les recouvrir. L'ordonnance du médecin-chef se tenait derrière lui, le caporal des services sanitaires Schpuhntz, arborant une enveloppe de taille humaine en papier d'emballage marron foncé d'où nous souriait une grande croix noire. Le médecin n'avait pas de cheval, mais il portait en permanence des éperons et une cravache, pour renforcer son allure militaire. Se tapant sur les fesses avec cette dernière, il ajouta d'un ton de mépris : « Et bien sûr, les sacs à Juifs ornés de l'étoile de David sont en retard, pour changer ! » Puis il commanda à son ordonnance de nous montrer l'usage du sac à macchab. Schpuhntz posa ce dernier par terre, ouverture sur le côté, et s'installa à côté de tout son long. Au commandement « DEDANS ! », Schpuhntz roula selon les règles dans le sac ouvert. Rosencrans m'ordonna de tenir le rabat et d'attacher selon les règles les trois liens fixés latéralement, avec des rosettes, pas des nœuds. Puis il finit par quitter le ton officiel : « Pour finir, vous devrez remonter les cadavres emballés et les balancer sur la voiture, un jeu d'enfants pour deux héros de votre trempe ! Et pour adoucir cette corvée », il baissa le ton, « vous aurez une bonne surprise : j'ai obtenu que la population d'Ardon verse pour chacun des héros passés de vie à trépas dans cette école trois marks à titre d'indemnité. Vous toucherez cinquante pfennigs par cadavre remonté. Le reste sera partagé entre les officiers et la Croix-Rouge. Je vous suggère d'arrondir au-dessus quand vous contrôlerez les effectifs. Un maître d'école français, c'est bien connu, est beaucoup trop avare pour savoir compter au-delà de trois. Nous ne nous laisserons pas rouler par un Français. Compris ? Si tout n'est pas parfaitement clair, je récapitule.

Un : Mise en sacs des cadavres. Deux : Sortie de la cave. Trois : Évacuation. Cinquante pfennigs par sac. Tout est clair ? » Plus moyen de retenir August. Tout le monde sait qu'un soldat qui n'obéit pas à un ORDRE AYANT DIRECTEMENT TRAIT AU SERVICE en présence de l'ennemi peut sans autre forme de procès être passé par les armes. C'est à cet effet que les officiers portent des armes de service. Cette gratification d'un demi-mark montra d'autant plus combien l'armée allemande fait preuve d'humanité dans sa façon de mener la guerre. Un Kuhlmai envahi de reconnaissance hurla de tous ses poumons : « Un ordre, c'est un ordre ! Levons la jambe, vive la patrie ! » Le médecin-chef hurla en retour : « Ta gueule ! » Kuhlmai rétorqua : « À vos ordres, monsieur le médecin général ! » Je fus alors moi aussi incapable de me retenir plus longtemps et hennis un bref rire militaire. Kuhlmai m'adressa de ses petits yeux de cochon un clignement qui en disait long. « Ce soir, 10 heures ! » Le médecin nous congédia avec un salut militaire. Nous hurlâmes « À vos ordres, monsieur le médecin général en chef ! » et fîmes demi-tour, allure martiale, en colonne, fusil à l'épaule, pour regagner nos véhicules. Kuhlmai braillait : « Ce soir, 10 heures, ma douce souris, plus question de se mettre au lit ! »

Avant d'avoir pu développer des plans de bataille plus précis (je n'imaginais pas combien ce terme était exact !), je reçus l'ordre de transférer immédiatement les blessés graves de l'infirmerie de campagne de Filain-Cercueil. August me donna ses dernières instructions : « Ne laisse personne dans les barbelés, chaque cadavre est précieux, ne ramène pas de soldats vivants, ils peuvent attendre. » Une heure plus tard, mon auto avançait en cahotant entre les trous de grenades du Chemin des Dames jusqu'à l'infirmerie de campagne « Cercueil 209 ». August s'était envoyé derrière la cravate ma triple ration de combat de schnaps et je me retrouvai, complètement à jeun, au cœur d'une des plus sanglantes batailles de l'histoire de l'humanité. Seul. Tout explosait. La vie s'était réfugiée dans le ventre déchiré de mère Nature, violée à tout jamais.

L'Enfer.
Pleurs et tremblements !
Meurtres, imprécations, gémissements, peur, croix, martyre, vers, plaies, poix, torture, bourreau, flammes, puanteur, esprits, froid, effroi !

(Andreas Gryphius)

Les trous d'obus se succédaient. Ardeur du soleil au-dessus d'un paysage vide et figé, lunaire. Immobiles, cloués au ciel, des petits nuages s'élevant des schrapnells, anges de mort. Une main pendouillait sur un tronc d'arbre calciné qui avait volé en éclats. Un cheval coupé en deux hennit des jours durant, à l'agonie, au bord du chemin. Un plaisantin lui avait accroché autour du cou un panneau indicateur. J'avais peur de la nuit qui approchait, mais ici, j'étais fataliste. Arrivé au poste de pansement, j'accrochai au siège du conducteur mon lourd casque d'acier, mon *Stahlhelm*, et mon masque à gaz, et je descendis dans l'entonnoir profond. Pendant qu'on chargeait en hâte mon automobile, je sortis le cou, de manière téméraire, pour essayer de repérer un de ces chers Français et défier le destin en récupérant une légère blessure. Je ne savais pas encore que le destin ne se laisse pas fléchir.

Retour à Ardon, à pleine cargaison : pas de place. En route pour Laon, où j'échangeai mon chargement contre un casse-croûte au boudin. Puis, complètement lessivé, je m'engageai dans une impasse. Je m'allongeai sur une des civières sanglantes de mon véhicule et dormis jusqu'au moment où, mort de fatigue, je me réveillai en me demandant si le ciel resplendissait des feux de l'aurore ou de ceux du couchant. Comme j'aurais aimé me tourner de l'autre côté et me rendormir, mais le soleil était en train de se noyer au plus profond de l'ouest, et je n'osai pas laisser mon brave August dans la panade. Je fonçai, moteur complètement débrayé, sans accélérateur, sans vitesses, sans freins, descendant vers Ardon en passant les portes démolies de Soissons. Chemin abrupt, où quelques mois plus tôt j'avais pour toujours rompu avec les Allemands. La cathédrale de Laon, se dressant jusqu'au ciel, domine le flanc est d'une colline en fer à cheval qui s'élève au milieu de la plaine. Sur le flanc ouest s'étend la laide citadelle. Ensuite, la route serpente en passant devant l'antique église Saint-Martin pour atteindre la vallée d'Ardon. Quand j'arrivai sur le front, en mars 1917, les premiers Russes venaient, à la colère générale, d'être capturés sur le front ouest. Les Cosaques devaient-ils donc venir jusqu'à l'ouest nous infester de leurs poux ? On avait entassé dans une carrière derrière des barbelés cent prisonniers rouskis jusqu'à leur transfert. Pendant ma promenade de Pâques devant la citadelle, je vis des groupes de valeureux lansquenets à califourchon sur le bord de la muraille, dans des postures romantiques. D'une main, ils enfournaient dans leurs gueules leurs casse-croûtes à l'ersatz de beurre, de l'autre, ils balançaient avec une nonchalance toute germanique des œufs de Pâques sur les prisonniers désarmés, jusqu'à ce qu'on ne voie plus que de la sauce tomate à la vodka. *Bloody Mary !* Le monde sera sauvé par l'Être allemand. Comment ces caisses de grenades à main grosses comme des œufs avaient-elles pu parvenir justement sur cette muraille ? À la place de ces héros allemands dont j'avais appris à l'école les hauts faits si héroïques, je n'ai rencontré que des lâches sadiques.

August, dont j'avais peur à juste titre, m'accueillit à Ardon, écumant de rage, me reprochant de l'avoir laissé seul s'occuper de tous les préparatifs. Il avait pour sa part, en deux voyages, ramené douze précieux morts, qui attendaient dans la cour de l'école, déjà proprement empaquetés.

Pour me punir de rentrer les mains vides, il ne me donnerait pas un pfennig de ces six marks. En outre, comme personne ne pouvait prévoir si je reviendrais vivant ou pas, il s'en était pris à ma ration qu'il avait bouffée. Ma gamelle, vide et sale, répandait sa puanteur sur la table. August s'amusait de me voir fâché et cria : « Il m'a flanqué un coup de poing dans l'œil, ça m'a sauté aux yeux ! » Puis il souffla : « Allez, hop, hop, va voir le sergent-chef dans son bureau, il t'a déjà demandé trois fois, le Spinner est même venu ! Ce foutu Blumenfeld, encore une fois, il a le cul qui pend dans le froc ! Tu vas sans doute être dégradé et renvoyé au matériel pour t'être planqué toute la journée ! Maintenant, tu peux enterrer tes héros à l'œil ! Mais si je devais perdre ce que doivent me rapporter les macchabées, tu vas voir de quel bois je me chauffe ! On t'a flanqué un coup sur la calebasse ? » Le sergent-chef était un maniaque des bottes. Je me précipitai donc dans son bureau, mes bottes parfaitement cirées et m'attendant au pire. Quand on conduit une voiture, la chaussée fournit tous les prétextes : mes pneus en ersatz de caoutchouc avaient crevé. Que Dieu me préserve, AMEN !

Le sergent-chef Kunz Kranz me regarda du haut des marches de son bureau (anciennement Café de la Paix) avec une ironie d'une cordialité inhabituelle. Il détestait : la vie et la mort, les supérieurs et les subordonnés (ces derniers davantage !), les chrétiens et les juifs (ces derniers davantage !), fixait toujours les bottes de tout le monde jamais assez bien cirées à son goût. De lui dépendait l'avancement – vers l'au-delà. Cette fois, les choses se déroulèrent de manière peu militaire, ce qui était inattendu. Quand il m'aperçut, il vint à ma rencontre. Tandis que je claquais les talons réglementairement et m'annonçais : « Chauffeur Blumenfeld au rapport ! », il m'ordonna d'un ton nonchalant : « Rompez ! Voulez-vous gagner la croix de fer pour acte de courage devant l'ennemi ? » Coup de tonnerre ! À ma grande honte, je trouvais seyant ce petit galon noir et blanc que presque tout soldat portait avec coquetterie à la boutonnière, il était à la mode, élégant. Pour pouvoir mépriser une croix, il faut commencer par l'avoir. Je restai sans voix et dis : « À vos ordres, monsieur le sergent-chef ! » À cet instant, l'indescriptible devint réalité : le représentant de Dieu sur terre cessa de fixer mes bottes pour me regarder droit dans les yeux (les siens étaient d'un vert empoisonné) et perdit contenance. Il est confondant de voir soudain un tyran se mettre à vous implorer en gémissant. *SIC TRANSIT GLORIA MUNDI.* Je le vis lutter avec lui-même, incapable de se maîtriser. C'était plus fort que lui, la métamorphose s'accomplit : ses mains se plaquèrent sur la couture de son pantalon, son menton sur son col, poitrine en avant, ventre rentré, il se mit au GARDE-À-VOUS devant moi, lui qui était mon chef direct ! Étais-je le matin même tombé au cours d'une des deux batailles, était-ce déjà la vie inversée, l'au-delà ici-bas, le mi-chemin, en haut, en bas, où nous autres êtres inférieurs nous étions élevés ? Troublé, je le laissai faire. Pendant qu'il écrasait avec sa manche une larme roulant sur sa joue, je me surpris en train de regarder fixement ses bottes reluisantes. « Le fait est, et les circonstances le veulent ainsi, que je pars le mois prochain en permission à Francfort-sur-le-Main. Je dois, pour y passer l'examen d'inspecteur des douanes, parler français, et ce couramment. Si vous m'y faites parvenir en un mois, je vous décernerai la croix de fer, même si ce n'est pas votre tour. » Ému, je répondis : « À vos ordres, monsieur le sergent-chef. » Mon ton militaire lui fit retrouver sa position de sergent-chef. « Demain, à 8 heures tapantes, je prends ma première leçon de français avec vous. Le premier crétin français venu y parvient, pourquoi n'y arriverais-je pas ? Pour que vous soyez frais et bien préparé, vous serez libéré de tout service actif pendant la période d'enseignement. Transmettez selon les règles votre véhicule au chauffeur Heubert. Une autre question ? Encore des points à clarifier ? » Comme je ne trouve toujours la bonne question qu'après coup, je n'osai pas lui demander de me dispenser de la mise en sacs des cadavres. Je n'ai plus jamais pu dire à un supérieur autre chose que : « À vos ordres, monsieur le sergent-chef ! » Je prenais congé quand il me rappela d'un ton cordial : « Pas de souci ! Je vous laisse gagner pour cette nuit encore l'argent des cadavres, vous autres, les juifs de Berlin, vous êtes du style "On prend", vous êtes des commerçants durs en affaires ; rompez, espèce de foutu violeur de cadavres ! »

Retour auprès de Kuhlmai par cette brûlante nuit d'été. La lune ne s'était pas encore levée. Des cierges magiques au magnésium illuminaient de leur feu d'artifice le ciel près du Chemin des Dames. J'aurais pu retrouver mon chemin les yeux fermés, guidé par la puanteur des cadavres. Devant notre porte, Kuhlmai resplendissait, bleuâtre. Il avait enfilé une combinaison en amiante comme celles qu'on en utilise contre les lance-flammes et portait – lumière étouffée – une lampe à acétylène : un lémure bouillant de l'envie d'agir. « On n'attend plus que toi, allez, en route, démarrons ! Y a du pognon à se faire ! Mets une combinaison, les macchabs sont contagieux ! » Il enfila son masque à gaz avec allégresse et disparut. Dans la cour de l'école, la charrette attendait, avec deux rosses, et Pascal, l'idiot du village bossu, qui servait de cocher. L'instituteur, Dupont, était installé derrière un petit pupitre près du portail de l'école, il était chargé de compter les sacs de cadavres. À côté de l'entrée de la cave, un énorme carton esquinté d'où débordaient les sacs bruns. J'appliquai fermement le masque sur mon visage et descendis courageusement les vingt-deux marches qui conduisaient aux Enfers, où trois paquets tout prêts m'attendaient impatiemment. *C'est le premier papa qui coûte**. (Devise de l'inceste, et il s'agissait bien d'inceste ici !) Je tentai de remonter convenablement mon premier cadavre.

Les morts sont coriaces, ils n'aident pas. Difficile de respirer avec un masque à gaz, et plus difficile encore de travailler. Je me sentis nauséeux. Je ne voulais lâcher à aucun prix. Un homme de 20 ans doit se montrer à la hauteur de la vie et de la mort. À mi-chemin, les choses devinrent plus faciles : August poussait par-derrière. Nous remontâmes à deux les sacs suivants, ce qui veut dire qu'August fit les choses tout seul. Le premier chargement, avec quinze corps, fila, nous laissant seuls dans la cour d'école. Kuhlmai, après avoir bu un long trait de son flacon de campagne, commença à ronchonner : « Ah oui, tu n'y arrives pas, je m'en doutais, plaisir partagé c'est double plaisir ! » Il remplit un sac avec des outils et descendit en titubant vers l'Orcus. Je redoutais le pire. J'attendis en haut jusqu'au retour de la charrette vide, avec l'idiot du village un peu gai qui chantait *Au clair de la lune* de Lully. Cette pause m'avait rendu mes forces. Le sac suivant me sembla plus léger, je le remontai seul sur mes épaules et le flanquai d'un coup sec sur la charrette. L'instituteur comptait consciencieusement, et prenait régulièrement du carburant. Ce n'est qu'en bas, dans la cave, que je découvris ce qui avait à ce point décuplé mes forces : à la lumière bleue de l'acétylène, un August maculé de sang tranchait furieusement en deux avec une hache de boucher un cadavre jeté en travers sur un billot. Il découpait en homme de l'art le rôti avec un long couteau et s'aidait si besoin d'une scie. S'il l'avait pu, August m'aurait volontiers dépecé moi aussi. Hurlements prophétiques à la Brueghel : en ce lieu, l'avenir de l'Allemagne et mon destin furent dépecés. Vingt-cinq ans après, le monde ferait comme moi en cet instant, et regarderait sans intervenir des millions d'August allemands massacrer des millions d'êtres humains, pour préserver la pureté de la race de cet imbécile d'August. Kuhlmai a tranché le lien qui me reliait à l'Allemagne, au monde ! Pendant que le transport suivant quittait la cour avec vingt-cinq cadavres, August était remonté pour reprendre haleine et lever le coude. « Puisque tu n'arrives pas à soulever un cadavre entier, espèce de mauviette, j'ai joint l'utile à l'agréable en doublant notre bénéfice ! L'affaire est dans le sac ! » S'étant ainsi désaltéré, il retourna vers son travail au royaume des ombres.

Quand au bout de quelques heures la silhouette magique de la cathédrale de Laon se dessina sur le ciel du matin, la cave était vide, selon les ordres donnés, et elle avait été aspergée au phénol. Dans le dernier sac se trouvait – compté comme dernier cadavre – la combinaison d'amiante de Kuhlmai, maculée de sang. L'instituteur du village était étonné d'avoir compté cent quatre-vingt-six cadavres. On lui en avait fait miroiter moins de cent. Kuhlmai me préparait à l'idée que je n'aurais que vingt marks. Je n'ai jamais vu le moindre pfennig de cette rançon sanglante pourtant bien méritée : le destin ne me l'a pas accordé.

Soldat en France, 1917.

42

LA PETITE VILLE DE VERRIÈRES*

Je me présentai le lendemain matin au sergent-chef, à 8 heures pétantes, ivre de fatigue, et il se leva comme l'eût fait un écolier docile. J'arrivais avec l'intention stimulante de mettre en pratique une méthode moderne d'apprentissage des langues dont j'étais l'inventeur. Pour me motiver, le sergent-chef fit surgir une bouteille de Cointreau. Nous bûmes au goulot, chacun à notre tour : à la guerre comme à la guerre ! (La jeune fille que les Cosaques viennent de violer implore que l'on épargne sa vieille mère. Mais sa petite mère crie : « Allons, épargner, pourquoi donc ? À LA GUERRE COMME À LA GUERRE ! ») Je posai d'un geste solennel mon livre sur la table en disant comme en passant : *« Le guéridon de madame Dubois est d'une élégance romantique**. » Le sergent-chef, désemparé, nous regardait alternativement, le livre, la table et moi. Il s'agissait, bien entendu, de mon cher *Rouge et Noir*. Je désignai la partie rouge en disant *« Rouge** », puis l'autre : *« Noir** ». Il rigola et refusa de m'imiter. Je demandai : *« Pourquoi** ? » Il voulut savoir ce que ce mot signifiait et je lui répondis : « Pourquoi. » Il répondit d'un ton vexé : « Parce que je veux le savoir ! » En outre, il demanda pourquoi le livre portait ce titre. « Parce qu'il y a un lien », répondis-je. Il n'était pas convaincu. En plus, il trouvait bizarre que l'auteur porte le nom d'un nœud ferroviaire[1]. Il était féru de chemins de fer. C'est ainsi que

1. Confusion prêtée au sergent-chef entre Stendhal et le nom de la

commencèrent mes cours de français. Il trouvait tout inouï. Je lui demandai de prendre patience : porté par la ferme volonté d'accoutumer l'oreille, et la langue, à un idiome étranger, on pouvait faire des progrès étonnants. Dans son cas, le plus facile serait d'apprendre par cœur *Le Rouge et le Noir.* J'ouvris le livre magique : « *La petite ville de Verrières peut passer pour l'une des plus jolies de la Franche-Comté**. » Je traduisis, il posa la question très avisée du rapport avec le rouge et le noir. Je lui dis qu'on le saurait à la fin, que c'était une surprise. Il me donna l'ordre tout à fait officiel de le lui dire immédiatement. Je parlai de symboles, ce qui le vexa. Faisant avec humilité jouer toutes les nuances de la séduction, je fis lecture de la première phrase, la lus et relus jusqu'à ce que nous soyons l'un et l'autre ivres au point que son ordonnance dut me ramener en voiture dans mes quartiers.

Cette première phrase, je l'ai lue et relue pendant toutes les séances suivantes. Soudain, le sergent-chef se mit, à ma grande fierté, et avec un accent berlinois indéniable, à se risquer à prononcer des mots français. Grande victoire, nous l'arrosâmes et nous soûlâmes de compagnie. Quand il fut capable de répéter presque par cœur la fameuse phrase, je commis une erreur élémentaire : je passai à la deuxième phrase. « *Ses maisons blanches avec leurs toits pointus de tuiles rouges s'étendent sur la pente d'une colline, dont des touffes de vigoureux châtaigniers marquent les moindres sinuosités.* » *Bravo, Stendhal** *!* Il m'ordonna de lire et relire cette phrase. À ma dernière *sinuosité*, il bondit sur ses pieds, pris d'un accès d'hystérie, m'accusa de sabotage, me menaça de conseil de guerre et tenta de m'assommer à coups de bouteille de cognac. J'eus peur d'y laisser ma peau. Il balança

petite ville de Stendal, située à une centaine de kilomètres à l'ouest de Berlin, et dont Henri Beyle aurait emprunté le nom pour en faire son pseudonyme de plume.

la bouteille par la fenêtre et hurla : « FIXE, traître ! » Je me mis au garde-à-vous. « Votre croix de fer deuxième catégorie est arrivée, et c'est bien dommage, mais je ne laisserai ni le Français Stendhal ni le Juif Blumenfeld se foutre de ma gueule ! Pas de place dans ma compagnie sanitaire pour des simulateurs de votre espèce, compris ! Je vous affecte immédiatement à la compagnie de réserve des chemins de fer de l'Ouest, elle a besoin d'un comptable. Vous y serez transféré demain matin après l'appel. Rompez ! » Comme je tentais d'objecter que je n'avais aucune compétence en matière de comptabilité, il devint fou furieux : « Vous ne savez pas tenir des comptes ? Tenir votre gueule, ça, vous savez ! Ou bien faut-il que je vous fasse faire l'aller-retour jour et nuit d'ici au Chemin des Dames jusqu'au moment où vous serez sur la liste des disparus ? Dégagez, une fois pour toutes, ou vous finirez dans la fosse commune ! »

Le lendemain matin, au moment de l'appel, l'élégante croix de fer fut épinglée sur ma petite poitrine de héros. Comme c'était aussi l'anniversaire du roi Auguste de Saxe, on me remit en prime la médaille saxonne du courage. En revanche, la permission promise avec retour dans mes foyers fut supprimée, c'est un autre qui en bénéficia. Sans me gratifier d'un regard, le sergent-chef hurla vers la compagnie au garde-à-vous : « Chauffeur Blumenfeld ! Vous vous croyez malin ? Malin ? Malin, vous l'êtes ! Tout le monde écoute : *"La petite ville de Verrières peut passer pour l'une des plus jolies de la Franche-Comté* !"* On regarde droit devant ! Repos ! Vive Sa Majesté notre empereur et roi. VIVAT, VIVAT, VIVAT ! Rompez ! »

43

LUCILLE

Je fonçai vers mes quartiers, la maison du garde champêtre à côté de l'école, pour rassembler mes frusques et prendre congé de Lucille, la fille de mon hôte. Mlle Lucille Féval, petit nez dont les ailes palpitaient, taches de rousseur coquines et yeux pleins de curiosité avait trois ans de plus que moi et, aussi incroyable que cela paraisse, était presque aussi timide. Elle était maîtresse d'école et s'enorgueillissait d'avoir pour oncle Paul Féval, auteur du célèbre roman populaire *Le Bossu*. J'étais flatté de voir avec quelle gentillesse les Féval me traitaient, moi, l'ennemi. Je fus même invité un soir au souper et apportai un pain militaire. La fraternisation était strictement interdite. Quand les doubles batailles le permettaient, Lucille me donnait des cours de français dans le petit jardin derrière la maison. Nous lisions *Les Femmes savantes* de Molière. Je m'étais fait envoyer à son intention par ma mère une paire de bas noirs très fins, petit cadeau destiné à entretenir l'amitié. Je lui remis cette pièce rare en cadeau d'adieu. Au lieu du baiser espéré, elle émit un gloussement virginal et promit de ne jamais oublier ces bas.

Elle a tenu parole : quarante-sept ans plus tard, en 1964, par un pluvieux dimanche de Pâques, notre plus jeune fils Yorick nous conduisit de Paris à Laon. Ce paysage idyllique portait encore les stigmates de ce qu'il avait subi ; de plus, pendant la Seconde Guerre mondiale, la région avait à nouveau été violée. Il m'avait fallu jadis, pendant ma Première Guerre mondiale, être à ce point attentif que désormais, après tant d'années, je retrouvais avec fierté chaque chemin et sentier dans le secteur du Chemin des Dames. Les bas fins, sans doute depuis longtemps en loques, me revinrent à l'esprit, et je parlai de Lucille, qui devait bien avoir 60 ans maintenant. Les fils se méfient des souvenirs de jeunesse de leurs pères, l'existence de Lucille fut mise en doute. Pris d'une exubérance joyeuse, nous partîmes à la recherche du temps perdu et de Lucille, omettant dans notre zèle le fait que par le mariage, elle pouvait avoir changé de nom. La maison près de l'école d'Ardon-sous-Laon fut vite retrouvée. Depuis vingt-cinq ans, elle était habitée par des gens qui n'avaient jamais entendu parler de la famille Féval. Un facteur qui passait sur sa bicyclette nous indiqua une maisonnette au milieu des champs. Elle était fermée. Des paysans que nous interrogeâmes ne purent nous répondre. Au bout d'une heure, j'étais las de cette quête, mais mon fils, le journaliste, commençait à trouver amusant de prouver à son père qu'il n'avait pas du tout participé aux combats de la Première Guerre mondiale. Vers midi, au bistrot du coin, nous apprîmes que Mlle Féval dînait tous les dimanches chez les Sestac. Nous traversâmes une cour entourée d'une grille en fer forgé, frappâmes à une porte et tombâmes en pleine idylle à la française arrosée de *pinard**. Un jeune couple avec deux enfants et un soldat, assis autour d'une table ronde qu'ornait un *canard à l'orange** au délicieux fumet. À la place d'honneur, derrière le canard, trônait une jeune vieille dame, petit nez aux ailes palpitantes, taches de rousseur coquines, yeux pleins de curiosité : Lucille Féval. Au bout d'un demi-siècle, elle me reconnut aussi peu que je l'aurais moi-même reconnue. J'allai vers elle en disant : « Lucille ! » Ceux qui assistaient à la scène se levèrent, incrédules. Je me présentai : *« 1917… la Première Guerre mondiale… chauffeur d'ambulance…*

Boche… Blumenfeld… Berlin…* » Elle baissa alors les paupières comme il se doit pour une vieille fille : « *Les bas noirs* !* » et me laissa l'embrasser, me donnant le baiser qui ne m'avait pas été accordé pendant la Première Guerre mondiale. Elle avoua avoir quelques jours auparavant, avec son amie Yvonne, évoqué à l'occasion de l'acquisition d'un nouveau dentier le petit chauffeur qui l'avait baptisée « *la déesse aux dents blanches** ». Pour un peu, les larmes nous seraient montées aux yeux. Mon fils était tout fier, grâce à lui, la chimère qu'était Lucille était devenue réalité. Tandis que le doute m'envahissait.

44

BORDEL
DE CAMPAGNE 209

Muni de mon ordre de marche sous pli scellé, je fus transféré à la compagnie de réserve des chemins de fer de l'Ouest dans un Wanderer Puppchen (la Volkswagen de l'époque), Ortskommandantur de Valenciennes, où l'on me dirigea *illico* vers le 17 de la rue des Juifs. Ruelle sans joie. Volets cloués : une maison publique : *maison close** : le bordel de campagne 209, maison des filles de joie. Devant la porte fermée, une queue sinistre de fantassins en compagnie, crasseux, pouilleux, malades. (À Montcornet, la visite sanitaire imposait à chacun de ceux qui avaient contracté une maladie vénérienne de faire examiner sa queue. Je n'osai pas me faire remarquer et me soumis à l'examen. La compagnie sanitaire put ainsi afficher 100 % de syphilis.)

À l'intérieur, j'étais attendu. Mon prédécesseur avait été renvoyé dans ses foyers pour chaude-pisse chronique. C'était désormais à moi de faire mon devoir comme comptable de ce bordel de campagne, car le devoir devait être accompli, jusqu'au dernier homme. Ma place au soleil se situait derrière un livre de comptes ouvert posé sur un petit pupitre près de l'entrée. Je n'étais pas bien grand moi non plus. En dehors de moi, dix-huit dames travaillaient dans cette maison dont six exclusivement pour messieurs les officiers, à partir du charron et au-dessus. Tandis que les fiancées des soldats avaient un contingent minimum à remplir de trente hommes, le contingent quotidien de chaque dame réservée aux officiers était limité à vingt-cinq. En outre, les officiers pouvaient prétendre à un préservatif, objet rare à cause du manque de caoutchouc (après usage, ils séchaient, gonflés comme des ballons de baudruche, accrochés à la corde à linge, et étaient revendus comme neufs !). Les dames des officiers étaient fières, ce qui se comprenait, d'avoir conquis des galons à force de charmes et d'artifices secrets. La moitié du monde appartient à ceux qui travaillent dur ! Elles le faisaient tout le temps sentir aux autres, cela causait de vilaines tensions, elles se mordaient, se crachaient dessus, se balançaient des coups de pieds, s'arrachaient les cheveux et sur cet autre Chemin des Dames, les batailles étaient trois fois plus rudes.

Le travail ne commençait qu'à 10 heures du matin, ce qui était tout à fait agréable ; le soir, il se terminait à l'extinction des feux. Ayant de lourdes responsabilités, je touchais double ration car ma mission avait une importance stratégique : double schnaps, double miel artificiel, double ration de boudin. Mon travail était facile, mais comme tout dans cette maison, pas complètement satisfaisant. Dans mon registre, sur la première page duquel on pouvait lire l'invocation calligraphiée AVEC DIEU !, je devais reporter, derrière le numéro de chaque AFFAIRE – tel était le terme –, le nom et le numéro de la fille, le numéro de la chambre ainsi que l'heure de début et celle de fin. Et derrière, la somme perçue, forfaitaire et identique pour tous, QUATRE MARKS, accompagnée de la répartition en dette et recette : un mark pour la fille, un mark pour la propriétaire de la maison, Mme Duval *(la taulière*)*, et les deux marks restants, (à l'encre rouge !), pour la Croix-Rouge, qui assumait ainsi la responsabilité morale et médicale de cette entreprise militaire, et à cette fin, le médecin auxiliaire Hirschfeld, diplômé d'État et spécialiste des maladies d'amour, pinçait tous les matins les fesses des filles. De temps en temps, il faisait aussi faire aux soldats une parade des queues, et n'hésitait pas à fermer l'œil quand c'était nécessaire. On récupérait soir après soir l'équivalent de cinq cents « satisfactions » dans ma caisse. J'avais à remettre mille marks à Mme Duval, trois hommes de la Kommandantur locale, baïonnette au canon, venaient récupérer la somme restante. À l'instar du fondé de pouvoir d'un grand magasin, je me sentais mieux quand le bénéfice était plus important. Grâce à Dieu, il n'y avait pas de jours moroses. J'appréciais de jouir du respect de ces dames. Les soldats eux aussi étaient gentils avec moi, dans l'espoir que je leur attribue une partenaire particulièrement chaude, mais dans la mesure où les choses se passaient selon l'ordre d'arrivée ce n'était pas en mon pouvoir. Je tirais quelques revenus secondaires en jouant pour les soldats qui attendaient, sur un piano qui n'avait plus que quelques cordes, les dix premières mesures de l'ouverture d'*Egmont*, de Beethoven, suivies de *Pauline va danser* de Walter Kollo. Par la suite, j'appris en outre *« Les femmes de la rue des Juifs sont toutes de grandes cocottes** » et « S'il vous plaît, monsieur, buvez une pinte de bière, et si vous passez par ici, entrez monsieur, s'il vous plaît ! ». Ensuite, quelques pièces de dix pfennigs se retrouvaient dans l'assiette posée sur le piano et contenant comme par hasard déjà quelques piécettes. Je me croyais au paradis. Même les intrigues de ces dames toujours surmenées dans leur harem m'amusaient.

La question fondamentale des serviettes de toilette (*« Encore une serviette, madame, Monsieur reste pour la nuit*! »*, Forain) relevait de l'autorité de Mme Duval. Elle comptait à chaque fille dix centimes par serviette, ce qui incitait à l'économie. Les autres dispositions en matière d'hygiène de cet établissement exemplaire reposaient pour l'essentiel entre les mains expérimentées de Mme Duranruelle, qui était sans doute autour de 1870 une des prostituées de « Mademoiselle Fifi » de Maupassant. Maintenant, elle ne condescendait plus, même à une heure très tardive, quand on manquait de bras et que des filles malades ne pouvaient vraiment plus rien faire, et de manière tout à fait exceptionnelle, qu'à offrir pour la toute dernière fois ses services amoureux et personnels. Sa langue avait la taille d'une serpillière. Par ailleurs, elle régnait avec une rigueur et une équité exceptionnelles, armée de son chiffon à poussière, de son balai et de son seau d'eau. Car rue des Juifs, il n'y avait pas l'eau courante. Pour y remédier, l'idiot du village, Pascal, faisait le va-et-vient entre le bordel et le puits. Un écriteau y indiquait : *« Eau non potable* ! Kein Trinkwasser ! »* Après le cinquième acte, chaque fille se voyait apporter de l'eau fraîche ; pour les dames des officiers, c'était après le troisième. La mère Duranruelle vidait d'un geste énergique les seaux d'eau usée entre les jambes des soldats qui attendaient devant la porte, cela semblait les amuser. Il ne faut pas oublier que ces héros regardaient depuis des mois la mort en face sans jamais voir de femme. Ils végétaient dans une mélancolie animale, ils avaient de la boue dans le tuyau.

Pour augmenter la recette, l'administration militaire avait, par souci d'efficacité, subdivisé les chambres jadis vastes du bordel en plusieurs petites cabines, au moyen de cloisons en planches. Guère plus grandes, mais bien plus crasseuses que des niches à chiens. « Il y a de la place dans la plus petite retraite pour un couple heureux qui s'aime[1] », proclamait le commandant de la place citant Schiller, car il était professeur au lycée de Kötzschenbroda. Une paillasse à moitié vide, plate et humide, était posée sur un matelas d'algues encore plus humide, pas de draps. Le seau d'eau était dans une caisse à munitions servant de table de nuit. Une bougie y vacillait, toujours près de son dernier souffle. Au mur un clou pour y accrocher l'uniforme, une image pieuse (le saint patron de la fille), ou une carte postale grivoise,

1. Friedrche Schiller, « Le Jeune Homme près du ruisseau ».

ou les deux. Sous le numéro de la chambre, il y avait un œilleton qui permettait de surveiller si tout se passait selon les règles derrière la porte. Par ce trou, j'en appris plus sur l'équilibre du monde que ne l'imaginent nos sages pédagogues : toujours les mêmes maladresses d'une vie amoureuse qui n'a rien à voir avec l'amour, ni avec la vie. De manière générale, les hommes du rang se tenaient mieux que les officiers, qui picolaient, champagne à gogo, et jouaient aux grands seigneurs, ce qui débouchait sur des horreurs. Tandis que les hommes de troupe voulaient être seuls avec leurs chéries, messieurs les officiers, qui se piquaient de raffinement, aimaient les partouzes. En cas de besoin, je devais à l'aide d'une sonnerie cachée prévenir la police militaire. Les officiers avaient bien entendu toujours raison. Au bout d'un quart d'heure de pur bonheur, un réveil se mettait à carillonner dans le suraigu. La maison retentissait constamment de ces sonneries. Les cloches de la cathédrale sonnaient en un harmonieux contrepoint avec les pendules des putes. Église, caserne, bordel constituent dans tout plan de ville une sainte trinité, un triangle aux angles arrondis. Que l'on me place les yeux bandés devant la cathédrale, et je n'aurai aucun mal à retrouver le chemin du bordel.

Un jour, une cargaison de chauffeurs ivres morts en route pour Bruxelles, où ils devaient transférer dans un train sanitaire mon brave Kuhlmai vint à passer. À cause de ses bubons chroniques, il était renvoyé au pays et voulait s'en donner à queue joie une dernière fois. August ne me reconnut pas, de peur que je ne réclame mon dû sur les cadavres. Les infirmiers se jetèrent dans la salle d'attente sur la mère Duranruelle, qui avait 77 ans, la prirent par les pieds et lui mirent la tête en bas, lui faisant couler de la bière, dégoulinant le long de ses horribles jambes, jusque dans la moule ! Et en même temps, ils braillaient sur l'air de *La Marche de Radetzky* :

Dans l'trou, dans l'trou, dans l'trou,
Ouh là là ça chatouille,
Ça vaudrait la photo,
Zim boum boum !
Droit dans le cul,
Face de couille.

Puis ils conclurent par ce chant nostalgique :

Dans la forêt les oisillons,
Ils chantent si bien,
Au pays, oui, au pays,
Nous nous reverrons !

Quand ils entreprirent de mettre le feu au bordel de campagne 209, August et ses copains furent mis dehors.

Dans ma tête tourbillonnait en carrousel l'allégresse des premiers jours de mon nouveau métier, quand une gamine de 5 ans en petite tunique de tulle surchargée de rubans de satin (ciel 8605 chez Moses & Schlochauer) me grimpa sur les genoux et me mit ses bras autour du cou. Cette enfant de joie me susurra d'un ton enamouré à l'oreille : « *Soyons copains, je sais que vous avez lu* Le Rouge et le Noir *avec la bonne sœur Bonaventura, mon petit parfumeur* ! » La naine Arabella, âgée de 40 ans, ne voulut pas me révéler les sources de sa sagesse. Cela piqua ma curiosité. Elle avait l'art de métamorphoser chaque héros en pédophile. Elle fleurait bon le muguet et le péché. C'était l'attraction essentielle de notre établissement. À cause de son importance tactique, elle travaillait le matin avec les hommes de troupe, l'après-midi et le soir avec les officiers. On dit qu'un maréchal en chef vint par train spécial du front est jusqu'à Valenciennes exprès pour elle afin de ranimer sa combativité. Il paraît qu'il s'en retourna sénile et satisfait, et les batailles furent perdues. Les pédophiles professionnels la trouvaient plus attirante qu'une enfant authentique. Elle me chuchotait à l'oreille des récits particulièrement inconvenants au sujet de la Pucelle (comme si elle avait été présente !). C'est ainsi que j'appris le latin de bordel. Peu à peu, les écailles me tombèrent des yeux et je commençai à comprendre pourquoi elle en savait tant. Soudain, je me retrouvais au beau milieu d'une histoire universelle excitante, qui aurait pu être fatale à ma jeune existence. Mais Arabella resta discrète.

Cette naine roublarde était pieuse comme on l'est dans la province française : elle était pendue aux basques de son confesseur. Elle ne manquait jamais la messe matinale à l'église Saint-Géry où elle recevait dans le confessionnal de l'abbé de petites ampoules de verre. Elles avaient été apportées par d'innocents pigeons voyageurs. (Fus-je l'un d'eux ?) Elle répartissait ces ampoules remplies de cultures de *spirochaeta pallida* pures entre les putains, ce qui semblait superflu dans la mesure où elles étaient toutes largement infectées. Elles permettaient cependant de garantir avec une probabilité voisine de la certitude que chacun de ses visiteurs était infecté quand il quittait le bordel de campagne 209. Un matin, Arabella fut arrêtée à la sortie de l'église. On trouva sur elle du matériel accusateur. Quelqu'un avait parlé. L'abbé avait disparu. L'Alsacienne – la taulière – fut retrouvée étranglée dans son lit. Même Pascal, l'idiot du village, fut soupçonné. Le bordel de campagne 209 fut fermé. Des commissions procédèrent à des interrogatoires en tous sens. Nombre de suspects se retrouvèrent en détention préventive. Je jurai devant la cour martiale que je n'avais absolument rien remarqué de tout cela. Arabella sut garder fermée sa jolie petite bouche d'enfant jusqu'à la fin, qui fut amère, et je lui en garde un souvenir ému et reconnaissant. Le 12 octobre 1917, Arabella, cette charmante enfant, après avoir une dernière fois, et sans perdre son innocence, subi les assauts des officiers du tribunal militaire, fut passée par les armes par un peloton d'exécution allemand, vêtue selon ses dernières volontés de sa petite tunique de tulle surchargée de rubans de satin bleu ciel. Elle refusa qu'on lui bande les yeux et cria : « *MERDE AUX BOCHES ! VIVE LA FRANCE* ! » Elle finit criblée de balles dans un fossé, sous les murs de la prison de Valenciennes.

Lyrisme allemand du bordel de la rue des Juifs

Lettre d'un réserviste à sa fidèle épouse restée au pays :

Si j'étais un petit oiseau,
Je volerais jusqu'à toi,
Mais comme ce n'est pas le cas,
Le petit oiseau, il est là pour moi !

Réponse de l'épouse :

Puisque tu n'es pas oiseau, batifole ailleurs,
De mon côté, j'ai trouvé bien meilleur !

Malheur la guerre
Nix pomme de terre
C'est la misère
Partout !
Papa l'Afrique
Mama fickfick
Ma sœur machine
Kaput !
Du paßmaluff
Si ton mari r'vient
Du passmaluff,
Si ton mari r'vient !

45

FLANDRES

Je fus transféré à la colonne automobile 268 près de Bazuel, Le Cateau, tout près de Cambrai, et le jour de mon arrivée (anniversaire de la princesse régnante du coin) on me décora de la croix du mérite de Würschtelberg accrochée à un bout de ruban rouge et bleu. Peu de temps après, les premières gelées rendirent la vie impossible à nos camions à chenillettes. Notre guerre était prise par les glaces. Il nous fallut trois longs jours (à cinquante mètres à l'heure) pour relier Bazuel et Le Cateau, où notre colonne avait été transférée. De là, un train débonnaire nous berça doucement, et nous commençâmes ainsi notre hibernation en Flandres. Enroulé dans des couvertures de cheval, allongé dans mon deux-tonnes, je rêvais. Quand soudain, le lendemain matin, notre train s'arrêta et je me réveillai sous une neige épaisse. Le vent avait soufflé la bâche de mon camion et j'étais recouvert. Depuis la rampe de chargement, je découvris la splendeur brueghélienne de Bruges sous la neige. À mes pieds, dans une courette, des petites vieilles vêtues de noir, les Béguines, s'apprêtaient pour la messe. C'était à l'évidence un dimanche. Toutes les cloches des innombrables clochers pointus se mirent à carillonner, accompagnant le puissant beffroi, des chorals à moitié connus, en tonalités mineures. Dans le lointain, la fumée s'élevait paisible d'un toit de chaume vers le ciel hivernal, on ne devait pas être loin de la frontière hollandaise. Dans quelques jours, c'était l'anniversaire de ma Leentje. Je décidai de déserter en son honneur : en route vers ma bien-aimée, vers la paix. Mais je constatai, terrifié, que la force me manquait pour briser les chaînes me reliant à mon passé. La désertion était d'ailleurs passible de la mort. À l'école, on ne nous avait pas appris une chose fondamentale : l'art de déserter. Sauver son existence de la folie par la fuite passe pour immoral. Un manuel de la désertion, qui aurait été utile à tant de soldats, n'a jamais été écrit. Dans ma colonne, personne ne songeait à se barrer, tous étaient des vainqueurs potentiels. Mais j'y reviendrai. Moi seul devais m'arracher à l'Allemagne.

Notre colonne automobile se trouva stationnée au poste d'incendie de Ghentpoort ouest, Minderbroederstraat. On descendait de son lit, tel Charlie Chaplin, en glissant le long d'une perche et on atterrissait dans son véhicule. Je tombai amoureux de Bruges la Morte avec ses canaux, je nourris des cygnes sur le Minnewater, je contemplai les Memling colorés de l'hôpital Saint-Jean, j'essayai d'apprendre le flamand, je rêvais que j'étais en Hollande. La colonne, sous les ordres du lieutenant-colonel Feldmann, un épicier de Boms, faisait des affaires incroyables : vols sur la voie publique. Comme j'étais nouveau, je ne faisais pas partie de la bande de brigands. Le jour, nous nous reposions, mais la nuit, on ne chômait pas. Des gars choisis pour leur embonpoint conduisaient des voitures équipées de lourdes chaînes jusqu'à des gares où étaient annoncés des trains de ravitaillement. Les wagons étaient forcés et on rapportait un butin précieux. La colonne automobile 268 ne connut pas la famine.

Un beau matin, alors qu'assis sur nos lits, nous dégustions du jambon de Westphalie aux œufs brouillés et pommes de terre sautées, le lieutenant-colonel Feldmann, vêtu avec une élégance cuir d'un chic qui faisait des envieux, accompagné de son dogue allemand Horst, fit irruption.

Il fit bloquer toutes les issues et tint un discours : « Camarades ! Pour des raisons qui demeurent obscures, une commission judiciaire prévoit de faire une inspection cet après-midi. Nous ne savons RIEN ! Nous sommes paisibles, aucun de nos véhicules n'a jamais fait de course pas catholique, d'autant plus qu'aucun n'est en état de rouler. Les trois menuisiers vont ouvrir le plancher. Les chaînes à neige et les jambons d'hier seront stockés dessous. » « Combien ? » Le caporal Marquart répondit : « Quatre cent dix ! » « Espèce de bandit, il y en avait quatre cent soixante », rétorqua en riant le lieutenant-chef. « NOUS NE SAVONS RIEN DE RIEN ! » Tout le monde braillait avec enthousiasme : « Parfaitement, monsieur le lieutenant-chef ! » Son dogue chercha à me coincer d'un coup de gueule : « Et toi, le nouveau, tu as travaillé au bordel, ça parle en ta faveur ! Tu vas y gagner aussi. Allez, au boulot, et fermez vos gueules, pour Dieu, l'Empereur et la Patrie ! » Les jambons sortirent des voitures les uns après les autres et disparurent sous le plancher, emballés dans nos couvertures. Quand tout fut soigneusement recloué, nous nous endormîmes du sommeil post-prandial des justes. La commission n'a jamais percé jusqu'à nous ; elle s'est entendue avec Feldmann. La même nuit, Marquart emporta cinquante jambons de qualité supérieure à la commission de contrôle judiciaire stationnée à Gand. Le reste gagna Boms et la patrie deux jours plus tard sur des camions qui partaient en réparation. Je forgeai mon plan : je me présentai au lieutenant-colonel Feldmann (col de zibeline) et le priai de m'accorder les papiers requis pour une permission « dans la zone frontalière », à Westkapelle, en face de Sluis en Hollande où j'espérais récupérer un millier de salamis. Feldmann éclaira ma lanterne : « La Hollande ne produit pas de salami ! » Je déclarai qu'il s'agissait d'un stock d'avant-guerre de salamis italiens et que les discussions préalables prendraient tout au plus une matinée. Il ne me croyait pas, mais j'obtins quand même les papiers demandés. Il était fanatique du négoce des denrées alimentaires et voulait racheter 60 % de toutes les denrées à prix coûtant, me mit en garde de ne pas rester accroché dans le réseau à haute tension ni de revenir sans les salamis.

Depuis le front, toute correspondance avec l'étranger était interdite. Aussi l'intense échange de lettres entre ma fiancée hollandaise et moi passait-il par l'intermédiaire d'une vieille fille de Cologne, Clémentine dite Clem, une lesbienne à monocle. Elle pouvait ainsi participer à nos ébats amoureux épistolaires, ce qui n'était que juste salaire pour sa peine. Je pus communiquer en langage chiffré à ma fiancée mes projets, j'avais l'intention de déserter, ce qui m'offrait la possibilité romantique de le faire devant ses yeux bleus pleins d'admiration. J'avais d'ailleurs choisi un dimanche, ayant appris que ce jour-là, la frontière était moins surveillée.

Après une nuit d'insomnie, je me rendis à la petite gare de banlieue, une heure avant le départ du train, prévu à 7 heures du matin. Je m'étais représenté un train spécial pour déserteurs, rempli de centaines de types désireux de se barrer comme moi. Le dimanche, il n'y avait qu'un train composé d'une drôle de locomotive jouet marchant à la tourbe, d'un wagon de marchandises et d'un wagon de passagers de quatrième classe en bois. Une sonnette folle carillonnait sans relâche. Le chef de gare à casquette rouge était un jeune soldat affecté aux chemins de fer. Il portait un brassard indiquant « Police des voies ». Il poinçonna mon billet, et me demanda en passant ce que je voulais faire à Westkapelle un dimanche. « Rendre visite à un camarade, le caporal Josef du bataillon de sapeurs 217 (je m'étais informé du régiment stationné à Westkapelle et fus fier de la promptitude de ma réponse). Il acquiesça de la tête sans même m'écouter et commenta : « Je le connais ! » mais je savais qu'il mentait. Je m'assis dans le compartiment glacial sur le banc de bois trop étroit et attendis. Je demeurai seul.

À 8 heures, le chef-de-gare-contrôleur-policier-des-chemins-de-fer-conducteur me rejoignit, cette fois coiffé d'une casquette à visière feldgrau, s'installa dans mon compartiment, siffla par la fenêtre sans vitres et le petit tortillard s'ébranla. Il avait au plus trois ans de plus que moi, s'assit sur la banquette d'en face et me dévisagea. Ses incisives avaient poussé à tort et à travers, lui donnant un air futé et rusé à la fois. Pour cacher ma gêne, je pris une gorgée au goulot de ma gourde et la levai énergiquement à sa santé. Il but mon brandy et me demanda par plaisanterie si j'étais en train de déserter pour retrouver ma fiancée en Hollande. « Tu peux me le dire, pas de souci, je suis policier militaire, sous-officier Haase des chemins de fer ! Si j'avais une fiancée de guerre en Hollande – la mienne se languit à Magdebourg – il y a belle lurette que je serais chez ces vaches grasses. » Et il dessina de ses mains une poitrine rebondie. « Un jeu d'enfant pour un gars comme moi, qui sait quand la ligne à haute tension de 18 000 volts est allumée et quand elle est éteinte. Par exemple aujourd'hui, le dimanche : courant continu de jour comme de nuit parce que les garde-frontières vont à l'église. Tu seras surpris, tout le patelin est à l'église. Chaque nuit, quelques rigolos qui n'y connaissent rien se prennent dans les barbelés ! TCHHHH ! En moins de deux, la calebasse, cramée ! Rien que des m'as-tu-vu : l'un emmène un chat, l'autre prend une échelle, le troisième lance des chaînes pour faire un court-circuit, mais quand ça va de travers, c'est pour de bon. Mais y a pire encore, les chiens policiers : ils viennent te saluer bien gentiment, te lèchent les mains. Mais quand tu te mets à ramper vers les barbelés, ils te sautent sur le dos, te coincent par terre et te brisent la nuque d'un coup de mâchoire. Dressage phénoménal, spectacle surprenant auquel j'ai souvent assisté ! Et si tu arrives vivant en Hollande, ils te foutent dans un camp où tu crèves de faim, ils ont un drôle de nom pour ça : "camp de concentration". La guerre touche de toute façon à sa fin, tout le monde en a assez, le Franzmann gémit et réclame une paix séparée, nous serons bientôt à la maison dans les jupes de maman. Ici, pas de trafic transfrontalier, les paysans sont si avares qu'ils ne laissent pas dépasser le bout d'une saucisse. Le marché noir se traîne en passant par le quartier général des trafiquants, à Sass van Gent. Je n'ai pas besoin de te parler des millions d'affaires, ce n'est pas pour rien que ton unité s'appelle « la colonne de Champagne », sacrée bande de criminels pourris de fric ! Je n'ai rien à faire à Westkapelle à titre militaire jusqu'au moment où ce maudit tortillard repart à 6 heures du soir. On pourrait aller se désaltérer avec ton copain Josef, je connais une pute superbe… » J'étais en train de me demander si ce type collant qui venait de me bousiller tous mes plans était un bavard impénitent ou un flic espion, quand il m'offrit son schnaps et lorsque le train s'arrêta à Westkapelle, nos gourdes étaient vides et nous franchîmes en titubant et non sans mal le quai verglacé pour nous diriger vers la sortie. Il coiffa alors son casque d'acier et tamponna mes papiers en sa qualité de garde-frontière. Devant moi dansait une affiche : ATTENTION, ZONE FRONTALIÈRE ! IL EST INTERDIT SOUS PEINE DE MORT À TOUT MILITAIRE DÉPOURVU D'UN PERMIS DE SÉJOUR EN ZONE FRONTALIÈRE DATÉ DU JOUR DE QUITTER LA GARE ! LE COMMANDANT DE LA ZONE FRONTALIÈRE. Un autre avertissement pendouillait en dessous : FIÈVRE APHTEUSE ! TORTICOLIS ! TYPHUS ! LE BOURGMESTRE. Le froid de canard qui régnait ainsi que la certitude que je n'allais pas tenter aujourd'hui le saut vers la paix me dégrisèrent. Nous avançâmes donc de concert au soleil levant dans cette neige de conte de fées qui recouvrait ce village frontalier flamand abandonné pour atteindre l'estaminet situé de l'autre côté de la rue. Un panneau au-dessus de l'entrée : *De reyse is nog niet gedaen al ziet men kerk en toren staen* (« Quand on voit l'église et son clocher, on n'est pas au bout du voyage »). Dans le troquet, au moins, il faisait à peu près chaud. Haase fit comme s'il était chez lui et hurla : *Menheer ! Mewrau !* Comme personne ne venait, il alla lui-même prendre une bouteille et deux verres au comptoir. J'avais décidé de ne plus boire, et fis semblant. Haase picolait comme un malade et vida la boutanche en me déclarant que les Flandres allaient redevenir allemandes puisque les Flamands étaient des frères allemands. Il fut tout juste en mesure, avec mon aide, d'aller chercher d'autres bouteilles. Au bout d'une demi-heure, il se planta au beau milieu de la pièce et balbutia « Que Dieu punisse ces sales Wallons ! » puis pissa brutalement autour de lui, tomba en dégueulant sur le carrelage saupoudré de sciure, allongé dans ses propres déjections, et se mit à ronfler. Pas d'autre bruit. La pendule était arrêtée. J'étais seul au point de ressentir ma présence comme superflue. Son manteau avec le brassard de police m'aiderait-il à franchir la frontière ? Je l'essayai : il était bien trop grand pour moi, comme l'entreprise elle-même. Je remis mon propre manteau en peau de mouton, mes cache-oreilles, avalai mon casse-croûte au jambon et me faufilai par une porte grinçante dans la clarté éblouissante de ce monde hivernal flamand. À quelques kilomètres de là seulement, derrière les dunes, rayonnait devant moi la lumière du Nord, plat pays, vide. Une clochette venue des Pays-Bas m'appelait vers la paix de Sluis. Bien sûr, répondit la cloche de Westkapelle. Juste après le village, c'était la frontière. Au-dessus de la route, la même menace : ATTENTION ! HAUTE TENSION ! 18 000 VOLTS ! CHIENS POLICIERS ! MINES ! LES MILITAIRES DÉPOURVUS DE PERMIS DE SÉJOUR EN ZONE FRONTALIÈRE SERONT PASSÉS PAR LES ARMES SANS SOMMATION ! LE COMMANDANT DU POSTE-FRONTIÈRE : COMMANDANT GÉNÉRAL VON STÜLPNAGEL. Dans la neige fraîche, des chevaux de frise barraient la route. À droite et à gauche, des guérites vides, pas âme qui vive. Un nouveau panneau DANGER DE MORT ! m'incita à m'arrêter tandis que de l'autre côté, une main indiquant « Sluis, 1,4 km » cherchait à me tenter de poursuivre. Vingt-cinq mètres plus loin une barrière de chemin de fer noir-blanc-rouge fermait l'accès au monde. Nouvelle mise en garde : HALTE ! HAUTE TENSION, 20 000 VOLTS ! Derrière, le même sujet semblait repris cette fois sous les couleurs hollandaises (oranje-blanje-bleu) et en ordre inverse. Barrière, guérite, panneau, et ensuite, la route se perdait dans un infini blanc. Des aboiements moyenâgeux me donnèrent le coup de grâce. J'avais par précaution récupéré dans notre cuisine de campagne à Bruges un os avec encore quelques lambeaux de viande, mais impossible de le retrouver. Même le clébard qui devait me déchirer de ses crocs ne se montra pas. Jour négatif. Lâche vaincu par le destin, et pour qui tout échoue, je fis demi-tour. Je devais apprendre que la malchance est dans l'ordre des choses. Si j'avais poursuivi tout droit, ou bien je serais entré sans obstacle dans la paix hollandaise, ou j'aurais grésillé sur le fil sous haute tension et trouvé la paix éternelle. Depuis, j'ai compris que les menaces théâtrales ne servent à rien, mais je n'ai toujours pas le courage de traverser des zones de mort.

Deux heures sonnaient. Encore quatre heures avant l'humiliation du retour. Il me fallait d'abord rendre compte au sous-officier Haase, qui entre-temps devait être sorti de son sommeil d'ivrogne. Mais là aussi, je m'étais trompé : le pochard ronflait comme trois heures auparavant, quand je l'avais quitté. Je jetai une bûche dans le feu en train de s'éteindre et m'assis devant la table, épuisé par cette balade matinale. Haase, en se réveillant, me demanda l'heure et sembla étonné que je n'aie pas pris la clé des champs avec son manteau d'ordonnance, car il avait tout observé. Je lui racontai que je n'avais pas trouvé mon copain Josef dans sa compagnie, parce qu'il était en permission et me plaignis de ne pas avoir rencontré âme qui vive dans ce trou perdu. « Allons, toute ton histoire de Josef, c'est des menteries, je m'en suis douté dès le début ! » Il bondit sur ses pieds : « Si tu n'as rencontré personne, tu ne peux pas savoir qu'il est en permission. Je pourrais te citer devant le conseil de guerre ! Mais tu es un brave type, et en plus, tes papiers semblent en règle. À Bruges, tu me fileras des œufs et du lard et je fermerai ma gueule. Mais pour l'instant, ça ne va pas nous rassasier, viens, il faut qu'on aille se servir ! C'est en général ici que je récupère mon pot-au-feu. Où ils sont, ces maudits vauriens ? Ici, tous les dimanches, c'est la fête de l'église. Chez les terrassiers, on n'a droit qu'à des légumes secs : la police des frontières a une bonne cantine, mais c'est fermé le dimanche. Je n'ai pas envie de crever la dalle. On va au bordel ? Je t'invite ! » J'avais fini mon casse-croûte et j'avais peur de ce village désert. Je prétextai la fatigue, m'enroulai dans mon manteau et m'allongeai sur un banc, puis tombai dans un profond sommeil, qui me fit retrouver en rêve l'horreur de ce monde désolé. Impossible de fuir, partout des gueules ouvertes, des chausse-trapes cachées s'apprêtaient à de nouvelles batailles sanglantes. Le moindre mouvement faisait résonner des cloches assourdies. Quand la sonnerie de la gare se mit cependant à lancer son cri strident, Haase arriva à temps pour me pousser dans le train du retour. La nuit était tombée. Pendant le trajet, il m'avoua que depuis deux jours déjà, la ligne à haute tension était hors service pour cause de réparation d'une dynamo.

Quand je me présentai à mon chef, sans courage ni salami, le lieutenant-colonel Feldmann me transféra pour inaptitude militaire et pour incapacité et me fit quitter ses vaches grasses pour rejoindre le dépôt automobile de Gand. Par l'intermédiaire de Clem, je fis parvenir à ma fiancée un télégramme VISITE IMPOSSIBLE POUR CAUSE MUTATION. qui lui parvint le jour de son anniversaire avec une légère modification VISITE IMPOSSIBLE POUR CAUSE MUTILATION.

46

MARCHE FORCÉE

L'enfer de Gand fut plus infernal que celui de Zwickau, car entre-temps, j'avais pu goûter à la liberté du front. Nous végétions dans la misère de baraquements sans chauffage. Appels de l'aube au couvre-feu. À genoux dans la neige pour la prière. On rêvait de retourner au front. Je fus affecté à la mi-janvier 1918 à la colonne de la faim, unité 209, les PÈTE-SEC, près de Marcoing dans les environs de Cambrai. Au début de la fonte des neiges, nos roues métalliques furent pourvues de chenillettes d'acier et il nous fallut transporter sur des routes impraticables, SANS ÉGARDS POUR HOMMES NI MATÉRIEL, des munitions et de la chair à canon vers l'offensive décisive du printemps. Nous étions à bout. On vivait de slogans de chiottes : propositions de paix séparée des Français, mutinerie, le pape. Rien à bouffer. L'ersatz de benzol était de si mauvaise qualité qu'il fallait le réchauffer dans des boîtes de conserve tenues au-dessus d'un feu avant de l'injecter dans les tuyaux près des bougies pour faire démarrer la bagnole. Les démarreurs n'existaient pas encore : trois hommes devaient tourner avec l'énergie du désespoir la manivelle sous le radiateur jusqu'au moment où le moteur finissait par démarrer pour caler immédiatement. Et on recommençait. Pendant des heures. Un retour de manivelle vous brisait les os. Exercice très sain par ce froid. « Quand le vieux moteur gronde de nouveau[1]. »

1. Allusion à une chanson sur des paroles de Kurt Tucholsky.

Quand après des mois de silence notre artillerie déclencha au bout de plusieurs semaines d'un silence de mort une nouvelle canonnade SANS ÉGARDS POUR HOMMES NI MATÉRIEL sans qu'un seul canon de l'ennemi se donne seulement la peine de lui répondre, j'incendiai ma bagnole chargée de munitions (mettre le feu soi-même était le mot d'ordre du moment) et admirai le feu d'artifice depuis un abri. Hélas, on m'attribua immédiatement un autre véhicule dont le chauffeur avait préféré crever de dysenterie. J'étais tellement épuisé par le combat que je le fis tomber dans un trou d'obus avec les quarante fantassins de retour du front qu'il transportait – le monde n'était plus qu'un trou –, où je dormis jusqu'à ce qu'un tracteur m'en tire avec toute ma cargaison, et eux, ils avaient pioncé debout, emmêlés les uns aux autres. Nous poursuivions sans le combattre un ennemi qui depuis des mois avait procédé à une retraite stratégique, jusqu'au moment où nous n'eûmes plus aucun contact avec le corps d'armée principal. Avant, pendant la guerre de position, on se battait pendant des jours et des jours pour un mètre de terrain ; au cours des trois derniers jours, nous avions foncé sans rencontrer la moindre résistance sur une centaine de kilomètres, SANS ÉGARDS POUR HOMMES NI MATÉRIEL, victoire mortelle. Nous traversâmes la Somme, cadavérique, sur des pontons. Depuis Caix, je vis par ma lunette binoculaire stéréoscopique trembler les piliers de la cathédrale d'Amiens. Dans un cimetière fantomatique à Rosières-en-Santerre qui, ravagé par le feu roulant de l'artillerie, surpassait en horreur toutes les représentations des cimetières d'Andreas Gryphius, j'abattis – mon seul coup de feu de toute la Première Guerre mondiale – un saint-bernard bien gras qui avait dans la gueule une jambe de soldat encore bottée. Un camarade nous rapporta deux cadavres de chats. Dans un abri de Tommies il y avait une bouteille de vinaigre et un flacon de lotion capillaire. Nous n'osions pas toucher aux boîtes de corned-beef, de peur qu'elles soient empoisonnées. Grâce à Dieu, ce n'est pas moi qui dépeçai le chien et les deux chats, mais j'eus l'honneur de fabriquer un goulasch au vinaigre. L'eau, c'était l'été, sentait le cadavre. Nous fîmes revenir quelques patates à moitié pourries dans de la lotion capillaire. De la grande cuisine. La faim était le meilleur cuisinier, mais nous étions encore trop gâtés : la couleur de la viande nous coupa l'appétit. Le jaune de la viande des chats du cimetière jurait avec le gris cendré du saint-bernard bouilli. Un vrai repas funèbre. Je n'ai plus jamais de ma vie mangé sciemment des rôtis de chat ou de chien.

Après avoir pu ainsi avancer à marche forcée sans rencontrer de résistance, nous fûmes stoppés par des positions renforcées tenues par des Yankees tout frais débarqués. Notre haut commandement de génie était tombé dans le piège. Il ne nous servit à rien de nous gausser des premiers tanks, nous étions fichus, défaits. Il en allait de même pour notre colonne, qui dut s'installer fin mai dans un cantonnement de repos à Vieux-Condé-sur-l'Escaut, car elle avait besoin de réparations.

47

EN PERMISSION

Un des tout premiers jours, je fus appelé au bureau où je reçus l'ordre totalement imprévu de me faire épouiller, pour une permission avec retour chez moi qui devait débuter le 18 juin ; je devais regagner mon régiment le 5 juillet. J'avais la ferme intention de ne plus jamais revenir sur ce front allemand mortellement dangereux et d'une stupidité profonde. L'expérience que j'avais faite en Flandres en matière de frontière m'avait donné la certitude qu'une fuite n'était possible qu'à une condition : il fallait que du côté hollandais les choses soient préparées dans le moindre détail. Ma fiancée avait engagé les premières démarches.

Je ne m'explique pas comment je suis parvenu à la toute dernière minute à lui transmettre des informations alors que chaque lettre transitant par Cologne prenait au moins deux semaines. En échange de deux patates, je me procurai par l'intermédiaire d'un scribouillard bien placé dans l'administration militaire une feuille de permission en deux exemplaires avec tous les tampons authentiques, sur laquelle je m'autorisais moi-même à la machine à écrire à porter la tenue civile. Comme destination, j'avais indiqué, outre Berlin, Herzogenrath près d'Aix-la-Chapelle, au prétexte d'y rendre visite à un oncle. Ainsi équipé, je traversai la patrie, alors dans un état catastrophique, pour retrouver ma maman. Et ce avec la seconde feuille de permission que d'innombrables coups de tampon avaient rendue authentique. Ma fiancée en Hollande était-elle parvenue à obtenir le visa allemand, tout dépendait de cela ; question de relations et de corruption. Si cette permission me laissait en tête-à-tête avec ma mère, elle se transformerait en une torture digne de l'enfer, pire que le front où il me faudrait ensuite retourner.

Après avoir passé deux jours et deux nuits et demie sur mon sac militaire, je descendis à la nuit noire à Bahnhof Zoo et me traînai avec mon paquetage à travers ce Berlin funèbre et pourri jusqu'à notre appartement au 23 Luitpoldstraße. La ville morte était gris cendré, j'étais perdu dans cette guerre perdue et dans ce monde perdu. Qu'adviendrait-il de notre amour ? Sans vie ? Depuis plus d'un an, je n'avais pas dormi une seule nuit dans un lit et j'étais tellement fatigué. À 4 heures d'un petit matin blême, ma maman horriblement amaigrie me serra dans ses bras osseux, débordant du bonheur d'avoir à nouveau quelqu'un sur qui elle pourrait taper avec tout son amour, me reprochant de m'être fait attendre, comme toujours. « On ne laisse pas une dame attendre ! » Il paraît qu'elle plaisantait. Le souci, la guerre et la tuberculose l'avaient réduite à l'ombre d'un squelette. Dans sa robe de chambre en futaine qu'enfant je détestais déjà, attachée tant bien que mal par une épingle de sûreté, elle se campa devant moi et m'assaillit de questions et de quintes de toux : ainsi donc, j'étais encore en vie, étais-je en bonne santé, avais-je grandi, je pesais combien, est-ce que j'avais changé en bien, pourquoi est-ce que je ne portais pas ma croix de fer, est-ce que, en ma qualité de chef de famille, j'avais pensé, pour assumer mon rôle nourricier, à réclamer à la gare, des tickets de viande et d'alimentation, en demandant la double ration due aux permissionnaires de retour du front ? Comme je restais sans réaction, trop épuisé, elle commenta : « Ce garçon a toujours la tête dans les nuages ! » puis alla sortir de la marmite norvégienne (une invention en temps de guerre :

pour faire des économies de charbon et de gaz, on enferme de façon hermétique le chaudron, après l'avoir porté à ébullition, dans une boîte remplie de paille où il continue à mijoter) une puanteur de soupe aux navets qu'elle accompagna d'une épouvantable quinte de toux. Elle me reprocha de n'être pas arrivé la veille, car cela aurait évité à ma Lena d'avoir à m'attendre une journée entière : « Il ne faut pas laisser les dames attendre ! » Je serrai alors ce squelette ambulant dans mes bras, effrayé par les taches rouges qu'elle avait sur le visage, et engloutis sa soupe aux navets comme un mets succulent. Elle m'avoua alors que, bien à contrecœur, elle avait déjà eu l'occasion de se quereller avec cette défaitiste neutre qui savait tout mieux que tout le monde et mettait tous les torts sur le dos de l'Allemagne alors qu'il était pourtant établi clairement que tout le monde était responsable de tout. En outre cette Néerlandaise, et cela n'était pas vraiment une preuve de tact, lui disait en face, à elle qui était prête à sacrifier ses deux fils sur l'autel de la patrie, que l'Allemagne avait perdu la guerre. N'aurais-je pas intérêt à bien réfléchir avant de conclure cette affaire un peu précipitée et avais-je, comme il convenait, pris des informations à son sujet auprès d'une officine spécialisée, car elle avait d'énormes cernes sous les yeux, était-elle en bonne santé, avait-elle un garant irréprochable ? Il ne suffisait pas qu'elle soit une des cousines de Ravel, elle, maman, en 1893, elle avait eu en dot cent mille marks – j'étais trop jeune et trop idéaliste pour être capable de mesurer la signification d'une telle somme – et, quoi que les spécialistes du dénigrement neutres puissent tenter de répandre de manière détestable, un mark est toujours un mark, même quand la vie est plus chère tous les jours et qu'on ne peut plus rien acheter pour son argent. Faire la queue, acheter au marché noir, la faute aux trafiquants, et avais-je déjà établi la liste des familles dont je ferais la tournée pour aller manger, quand irais-je chez les Jordan, chez les Rothschild, les Wolfson, les Manes, les Mühlberg, les Lissenheim, au début, il valait mieux que j'y aille sans « petite amie » : d'une part, « l'affaire » n'était ni officielle, ni officieuse, et d'autre part, tout le monde avait du mal à mettre la main sur des denrées de consommation courante. Attendons plutôt que tu aies fait vraiment tes preuves, et n'oublions pas Moses & Schlochauer, qui ont manifesté leur intérêt à travers un petit cadeau ! Après la guerre, ils pourraient s'avérer d'une certaine utilité… À ce moment-là, rassemblant mes dernières forces, je dis bonsoir à maman et lui donnai un baiser. Je n'étais plus habitué à de telles sornettes, mais l'étais plutôt à mes poux, en compagnie desquels, sans m'être lavé (l'eau était rationnée et il n'y en avait que le matin entre 7 et 8 heures), je me jetai sur un vrai lit, MON lit. Juste à côté, le lit de mon frère Heinz était vide. Le pauvre petit soldat d'infanterie moisissait dans les tranchées devant Verdun, où il attendait de monter au front et d'aller à l'abattoir. J'eus beau me réjouir de ce lit aux draps blancs, tout me faisait mal, tellement j'étais rompu de fatigue. Au bout de trois heures d'un sommeil sans rêve, ma fiancée me ramena à la vie en me téléphonant. Elle était hébergée par les parents de Ravel.

Sans demander à ma mère mortellement vexée sa permission, je sortis de la maison en tenue civile bleue, pour me jeter dans les bras de ma fiancée bien-aimée, qui m'attendait, les yeux légèrement rougis. Pour lui éviter une attaque nerveuse ou pire encore en me revoyant, la mère de Ravel, que nous appelions tante Norchen, toujours aussi prévenante, lui avait expliqué combien à chacune de mes visites elle était effrayée de ma laideur : « Plus vite on apprend, mon enfant, à s'habituer à tout, plus vite on s'habitue à tout ! »

Nous nous tombâmes dans les bras, terriblement émus, nous regardant avec passion, nous pâmant de félicité, impossible d'y croire, nous nous trouvions vieillis avant l'heure, mûris, plus sages, et avions tant de choses à nous dire que les mots nous manquaient et que, souriant d'un bonheur triste, nous nous regardâmes fixement avant d'oser nous embrasser. Nous étions presque aveugles aux dangers des rues obscures en nous dirigeant, étroitement enlacés, vers le Tiergarten. L'enfer qui nous entourait, qu'avait-il à voir avec nous ? Des fantômes de la guerre dépenaillés se querellaient autour de nous, ils faisaient la queue, la main crispée sur les tickets de rationnement, avec des invalides aveugles et leurs prothèses dans leurs fauteuils roulants, devant des magasins d'alimentation dévalisés. Nous n'avions d'yeux que l'un pour l'autre. La puanteur de la révolution de novembre qui se profilait planait déjà comme une menace dans l'air de juin. Nous ne ressentions que notre amour.

Lena, avec le concours de mon meilleur ami Ravel, avait déjà tout organisé en Hollande : le 26 juin, trois ans jour pour jour après la première lettre que je lui avais adressée, quelqu'un nous téléphonerait de chez les Roelofsz pour savoir si nous voulions acheter des livres. Si nous répondions par l'affirmative, il me faudrait, en regagnant le front, descendre du train à Herzogenrath, tête nue. Sur le quai, un homme portant à la main droite une valise en carton vert foncé, une marron à la main gauche, me demanderait l'heure du prochain train pour Aix-la-Chapelle ; je devrais le suivre aux toilettes, pour échanger mon uniforme contre une blouse paysanne qu'il aurait dans une des valises. Puis il faudrait que je l'accompagne au café Zur Kaiserstadt, d'où on me ferait de nuit passer la frontière hollandaise. Le passeur avait déjà touché cent florins ; dès que je serais passé, il faudrait lui verser trois cents florins de plus. C'était simple et précis. Mon cœur battait de peur. Certes, c'était dangereux, mais sur le front, le danger était plus grand encore ; par conséquent, je n'avais pas le choix. Cet homme allait téléphoner dans seulement trois jours, et il n'y avait qu'une réponse : Oui ! Ma gorge se serrait, lâche que j'étais. Nous nous jurâmes de ne parler à personne de ce projet de fuite, et s'il devait arriver que quelqu'un nous interroge à ce sujet, de ne rien savoir.

Les jours s'enfuirent dans les félicités de l'amour, dans la tristesse et les soucis familiaux. Le dimanche, maman offrit un festin, mais nous étions ses seuls convives, car il n'y avait plus rien à manger. Et tout alla de travers. La poule destinée à un bon bouillon et mise en bocal dans ce but plusieurs années auparavant s'avéra moisie quand on voulut la sortir de son sommeil. Maman en pleura de honte, car elle se prenait pour la meilleure spécialiste en matière de conserves. Elle était tellement perturbée qu'elle laissa brûler trois pommes de terre, sa ration du mois. De colère, elle brisa l'avant-dernier verre en cristal pour vin du Rhin, ultime témoignage d'une splendeur révolue. Le vin du mariage était troublé par du dépôt et maman détestait la jeune fiancée, et s'en voulait de la détester. Toutes les pendules de la maison marchaient de travers : à 3 heures, au moment de l'ersatz de moka dans des tasses miniatures, treize coups sonnèrent, et maman, pour animer la conversation, me demanda comment donc j'envisageais, fainéant comme je l'étais, mon avenir. Énervé, je lui répondis « rose » et m'entendis ajouter, effrayé moi-même de ces paroles : « C'est de Hollande que tu recevras ma prochaine lettre : je ne retournerai pas au front ! » Maman bondit d'un air menaçant de sa chaise en hurlant : « Plutôt mort que traître ! » Je répondis : « Mon pauvre petit frère ! » Ma fiancée, versant des larmes sur ce fatal manquement à ma parole, se leva pour échapper à cette tempête familiale. Comme je faisais mine de la suivre, maman se redressa de toute son épouvantable maigreur et lança à la tête de ma pauvre petite fiancée les paroles habituelles, ESPÈCE DE PUTE, TU ME VOLES MON FILS !, cracha le sang, disparut en claquant la porte et s'enferma en gémissant dans sa chambre pour pouvoir téléphoner à tout le monde mes intentions. *MEA CULPA ! MEA CULPA ! MEA MAXIMA CULPA !* Je ne me le suis jamais pardonné.

Quand tard dans la nuit je rentrai à la maison, maman était encore en train de téléphoner. Je ne voulais pas la voir, et allai me coucher sans lui dire bonsoir, me doutant que cela allait mal tourner. La peur me paralysait comme une chape de plomb. Pourquoi cette impuissance de ma part dans ce combat contre la tradition, contre l'État ? Dans ce combat qui, bien différent de l'exercice militaire qui se nommait guerre mondiale, était LE MIEN : combat entre mon passé et mon avenir, et d'où je devais sortir vainqueur.

Le 26 juin, à 9 heures du matin, l'estomac vide, je me rendis Derfflingerstraße, où on avait déjà téléphoné pour nous, pour dire que quelqu'un viendrait à neuf heures et demie pour nous parler à tous les deux. De manière différente de ce qui avait été convenu. Trahis par ma mère ou vendus par le passeur ? Nous découvrîmes avec horreur l'impossibilité d'échapper au sort, mais à ce moment-là, la sonnette retentit. Ma fiancée alla dans l'entrée pour ouvrir. Je suivais la scène par une fente de la porte. Un géant à face de lune (un maître d'école) lui demanda si elle était bien Lena C., fiancée du chauffeur militaire Blumenfeld Erwin. Je la rejoignis. Il sortit de sa serviette un document dont il nous fit lecture : « Au nom de Sa Majesté l'Empereur, roi de Prusse blablabla, je vous arrête ! » (Ceci ruinait mon existence en tant que citoyen. En ce temps-là, une arrestation faisait de vous un criminel. Les gens comme il faut n'étaient pas arrêtés.) Un petit bonhomme qui attendait sur le palier, un demi-étage plus bas, monta et commanda : « Habillez-vous tous les deux sans délai ! Vos papiers ! Interdiction d'échanger une parole ! À la moindre résistance ou tentative de fuite, je tire ! Vite, et que ça saute ! » Je protestai : « Il doit y avoir erreur, je suis soldat, en permission du front. Ma fiancée, comme vous pouvez le constater d'après son passeport, est hollandaise ! » Il examina le passeport comme s'il s'était agi de fromage de Hollande, et le rendit en saluant respectueusement. Il regarda à contre-jour, en connaisseur, ma permission (accompagnée de l'autorisation que j'y avais adjointe de porter des vêtements civils) et l'enfouit dans sa serviette. Je le priai de me laisser lire le mandat d'arrêt. Il brailla : « Ta gueule ! Vous êtes en état d'arrestation, compris ! Encore une parole déplacée et nous vous ferons traverser la ville menottés. Pas vous, mademoiselle, n'ayez pas peur, vous êtes en bonnes mains, nous savons respecter la neutralité, surtout quand elle est jeune et blonde comme vous ! Qui ne voudrait pas vivre en Hollande, où on trouve de belles fiancées, du beurre et du fromage ! » Il semblait s'imaginer pouvoir me piquer ma fiancée. Pendant que Lena remettait sans hâte son chapeau de paille – nous tentions de gagner du temps, de retenir le destin – les sbires me fouillaient, à la recherche d'armes prohibées. Nous nous mîmes lentement en marche tous les quatre. Moi au coude à coude avec le gros et le petit qui m'encadraient, laissant la dame neutre marcher à droite. J'aurais volontiers fait disparaître de mon portefeuille la seconde feuille de permission et proposai qu'on prenne un taxi à mes frais (à cause des capitons !). Le petit refusa : « Un ordre est un ordre : rationnement du carburant ; métro et métro aérien jusqu'à Nollendorfplatz. » Nos bourreaux étaient des sous-officiers stupides revêtus de costumes en tissu synthétique qui puaient la sueur. De tels postes d'embusqués étaient plus agréables que le front. Las de se taire, ils posèrent des questions sur les prix en Hollande, combien coûtaient le chocolat, le fromage, le café et le savon ? Était-il possible de se faire expédier des paquets de là-bas ? Ils m'auraient laissé courir pour un fromage d'Edam. Je n'en avais pas, mais Lena leur faisait des réponses qui leur ouvraient des perspectives. Mis en confiance, ils nous assurèrent tous deux que tout le monde ici en avait assez de cette guerre et voulurent savoir ce que le pays neutre qu'était la Hollande pensait de la victoire finale. Stupide question fatale à laquelle ma fiancée réagit de manière neutre. Pour lui faire comprendre ce que j'allais déclarer, je me mis à parler tout seul : je comprenais que tout se tenait, ma pauvre mère dévorée par la tuberculose et par la jalousie nous avait dénoncés, dans un accès de confusion mentale après une scène familiale comme il en arrive tant, afin d'empêcher ma fiancée de lui voler son fils et protecteur. Pendant le trajet, je fourrai sans me faire voir la feuille de permission réduite en miettes, emballée dans mon mouchoir, dans les capitons du métro aérien (deuxième classe). À l'entrée de la Kommandantur de la ville, située Gendarmenmarkt, nos bourreaux nous autorisèrent, quand personne ne pouvait nous voir, à nous donner la main ; mais ils s'opposèrent à un dernier baiser. Je dis à ma fiancée : « Sois un homme ! » Je lui donnai le même ordre quand je l'accompagnai pour la naissance de notre premier enfant en mai 1922 à l'hôpital des Diaconesses d'Amsterdam. Et derechef quand en mai 1940 elle me déposa au camp de concentration français de Montbard-Marmagne.

Nous fûmes conduits, à travers des escaliers et couloirs sombres, dans un bureau où un sergent, dès qu'il eut perçu que la dame était neutre, lui permit de s'asseoir. Ensuite, il entreprit de relever mon identité. Il fut interrompu par le mot magique ATTENTION ! qui hypnotise tout soldat. Entra alors un capitaine de Köpenick couvert de décorations avec sa moustache et son sabre, qui claqua les talons devant ma fiancée à en ébranler la bâtisse, effectua le salut militaire puis hurla, s'adressant à moi, et me demanda pourquoi je ne me mettais pas au garde-à-vous : « Mais parce que je suis en civil, mon capitaine ! – Les criminels portent toujours une tenue civile ! Mais cela ne vous dispense pas de vous mettre au garde-à-vous, espèce de salopard, que voulez-vous que cette dame pense de la discipline prussienne ? » Je me dressai autant que possible et criai : « À vos ordres, mon capitaine ! » Il grogna à l'intention du sergent : « Emmenez le traître à la patrie et sa fiancée, en les séparant, jusqu'au Kupfergraben et de là, à la potence ! Garde-à-vous ! » Puis il disparut en coulisses et me laissa au garde-à-vous, immobile. J'attendis, j'attendis, j'attendis. La guerre est une longue attente, qu'interrompent de brèves batailles. Lena fut emmenée par une matrone sadique vêtue de noir, le sergent s'éloigna avec des dossiers. Resté seul, je me risquai à bondir par-dessus la barrière pour regarder sur son bureau et lus dans son journal de service l'indication suivante : « Rapport écrit du vice-sergent Cohn Bataillon du train. 99 Frankfurt-Oder. Projet de désertion du chauffeur militaire Blumenfeld de la colonne automobile 209 front de l'ouest avec fiancée hollandaise Lena Citroen. » Note marginale au crayon rouge : « Détention préventive. » Quand le sergent de bureau revint, j'étais de nouveau à ma place. *O my prophetic soul, my uncle !* Le vice-sergent Cohn était le plus jeune frère de maman, un fou du devoir, un type névrosé, qui m'avait douze ans auparavant volé ma Tuttimaus chérie pour l'épouser et la rendre malheureuse.

Au bout de deux heures d'attente, ma fiancée fut poussée dans la pièce si vite et si soudainement par la veuve des prisons vêtue de noir que nous ne pûmes pas échanger une parole. Je me contentai de serrer les lèvres pour lui signifier de se taire. Ensuite, un soldat de l'infanterie, barbu et qui répandait une puanteur affreuse, fut amené et on nous enchaîna l'un à l'autre. Il ricana, je tremblai de colère. Des gardiens, un sous-officier et trois réservistes complètement décatis, baïonnette au canon, nous emmenèrent. Ils prirent des chemins détournés, évitant le palais impérial, jusqu'au tribunal militaire du quartier général de la place, situé Kupfergraben. Les passants ne prenaient pas garde à nous ; mais pourtant, j'avais honte. Quand un supérieur passait, le commandant de notre escorte hurlait ATTENTION ! et il nous fallait lever la jambe pour marcher au pas de l'oie, comme à la parade. TÊTE À GAUCHE ! L'effet devait être comique. Je possède par ailleurs une photo où l'on voit la maréchaussée de Zandvoort m'emmener en tenue de bain parce que j'ai laissé sur la plage entrevoir une de mes épaules.

Arrivés au Kupfergraben, nous fûmes libérés de nos chaînes et chacun de nous fut enfermé dans une petite cage située dans un corridor obscur. Entre les cages se déroulaient des conversations dans des idiomes incompréhensibles. Au bout d'un long temps d'attente, on m'en sortit et de nouveau, mon identité fut relevée et mes données personnelles notées dans diverses listes. Incroyables discussions au sujet de mon carnet militaire qui était resté dans mon régiment. Je fus enfin conduit dans la pièce voisine devant un personnage portant une paire de lunettes à monture d'écaille (un officier judiciaire). Devant un pupitre, un caporal juif dont la tête me disait quelque chose faisait mine de noter le moindre mot. L'interrogatoire commença sur le ton de conversation le plus artificiel qui soit. « Votre charmante fiancée est passée à des aveux complets, elle a tout dit, vraiment tout ! En échange, nous avons déjà rendu sa liberté à cette jeune personne. Elle va pouvoir dès ce soir, suivant en cela son désir, et à ses propres frais, regagner la Hollande. Qui de nos jours n'aurait pas envie de se rendre en Hollande ? Vous avez, comme je l'ai constaté, effectué votre service d'un an, et semblez par conséquent appartenir à un milieu où l'on a de l'éducation. Que faisiez-vous avant la guerre ? – Je travaillais dans la confection pour dames chez Moses & Schlochauer. » Le caporal de secrétariat se mit à rire. Le type à lunettes poursuivit. « Si vous me faites confiance et m'avouez comment vous aviez prévu de déserter, en disant la vérité, je demanderai des circonstances atténuantes et je les obtiendrai. La désertion, vous le savez, tout comme la lâcheté devant l'ennemi, est punie de la peine de mort. Avec mon aide, vous écoperez de la perpétuité, et quand nous aurons enfin remporté la victoire – ce qui ne devrait plus guère tarder – votre peine sera commuée en dix ans de prison. C'est plus dur à entendre que cela ne l'est réellement. En cas de bonne conduite, vous serez gracié et ne ferez que neuf ans ; quel âge aurez-vous dans neuf ans ? 30 ans, monsieur l'officier du tribunal ! – Félicitations. Si vous étiez retourné au front, votre avenir aurait été préoccupant ! Allez, reconnaissez les faits, et ne nous rendez pas la vie plus dure à l'un et à l'autre, allez-y, crachez, quelle importance, une signature, je voudrais rentrer chez moi. Êtes-vous prêt à signer des aveux complets ? » Je me mis au garde-à-vous, claquai les talons et hurlai : « Mon lieutenant, je serais fier, en tant que soldat du front, de pouvoir mourir pour l'Allemagne, ma patrie ! » Il se mit à rire, furieux : « Espèce d'idiot ! Vous n'êtes pas encore condamné à mort. Et en plus, vous n'avez pas besoin de me faire vos simagrées à la sauce patriotique, je suis officier au tribunal militaire, et il me suffit de vous regarder pour savoir qui vous êtes ! » Il regarda sa montre : « J'ai une chose à vous dire : mon envie de vous aider et ma patience seront vite à bout, bientôt, vous allez me découvrir sous un autre jour : nous allons vous soumettre à la torture et vous assouplir ! Trois jours sans eau et sans pain, et vous nous supplierez qu'on vous permette de nous dire ce que nous avons envie d'entendre, ne m'obligez pas à devenir brutal. Vous autres, salauds du front, vous ne savez pas ce qu'est la faim, c'est ici, au pays, qu'on conquiert la victoire finale en crevant la faim ! » Le Ciel avait envoyé l'homme qui entra alors, se postant entre mon Grand Inquisiteur et moi et sortant de sa serviette d'un air solennel les éléments d'une nature morte regroupant pain, beurre et sucre, puis il tira d'un sac à provisions des œufs, une poule et des paquets de viande. Mon destin était complètement passé au second plan. Cela me laissa le temps de jauger ma situation : l'adversaire n'avait strictement rien entre les mains en dehors de la dénonciation de mon oncle. Je caressai l'espoir d'être libéré directement au sortir de cet interrogatoire. Le trafiquant trafiquait d'un air enthousiaste et tournait autour de sa marchandise. Mon estomac grondait de manière audible. L'officier essayait de déprécier la viande de veau de la veille, se mouillait le doigt et le plongeait dans le sucre, il goba un œuf, essaya de faire baisser les prix sans que le trafiquant, maîtrisant toutes les roueries, ne réagisse. Le scribouillard tenta en vain de récupérer quelque chose. Une fois le trafiquant reparti avec ses sacs pleins, l'officier judiciaire m'agressa violemment : « Mais enfin, ce type, il fait quoi ici ? » Il remit son ceinturon avec le revolver dans son étui, troqua ses lunettes d'écaille contre un monocle, mit devant la glace sa casquette à visière d'une façon à la fois crâne et oblique, à la manière du Prince héritier, et donna ses consignes au greffier : « Culpabilité évidente, une perquisition à domicile nous donnera les preuves définitives, vous pouvez le faire passer par les armes, rattachez cet homme et faites-le transporter par le prochain panier à salade jusqu'à l'Alexanderplatz ! Ordonnance ! » L'ordonnance empila les victuailles dans une serviette et disparut trois pas derrière le lieutenant aux éperons qui tintaient.

À ce moment-là, le greffier me sauta au cou avec enthousiasme : « Oh, oh, oh ! Voici notre Blumenkohl[1] ! Formidable, tu ne t'es pas laissé intimider, tu m'as impressionné ! Moses & Schlochauer devraient te confier leur procuration, brave gaillard ! » Ce n'est qu'alors que me revint le souvenir de ce jeune homme, chef du rayon des boutons de corne chez Treuherz & Fuß, un étage au-dessus de Moses & Schlochauer : il n'y a pas si longtemps, il m'avait refilé des boutons. Ce qui expliquait, aujourd'hui, cette forme de service après-vente. Avec un clin d'œil, il me félicita pour cette fiancée bien habillée – les boutons en nacre de sa robe d'été lui avaient tapé dans l'œil, et en outre, elle non plus

1. Jeu de mots sur *Blumenkohl*, « chou-fleur », à la place de *Blumenfeld*, « le champ fleuri ».

n'avait rien avoué. Il voulait savoir à combien s'élèverait sa dot et s'il y avait d'autres sœurs en magasin ; qu'elle soit la nièce du riche oncle aux fourrures le mettait dans tous ses états. Ému par tant d'amitié désintéressée, je lui demandai si j'allais vraiment être jeté dans la tristement célèbre prison située Alexanderplatz. Il rit : c'était bien pire que ce que je m'imaginais, mais bien moins que ne l'était la mort au champ d'honneur. Il n'y pouvait rien, pouvait tout au plus oublier discrètement la perquisition prévue chez moi et si besoin faire par la suite disparaître des pièces du dossier. Je voulus savoir quand je pouvais espérer être libéré. « Ça peut être dans trois jours, trois mois ou trois ans, imprévisible ! Je te donne ma parole que si tout devait échouer, je garderais de toi le souvenir d'un client sympathique. J'ai dit à ta fiancée qu'elle pourra peut-être t'apercevoir en bas, à la porte, quand tu monteras dans le panier à salade. À partir de maintenant, il me semble préférable que nous ne nous connaissions pas ! » Passant devant plusieurs sentinelles, il me ramena à ma cage dans l'obscur couloir. Je n'ai jamais revu ce précieux ami dont je ne suis pas arrivé à retrouver le nom, même alors.

Une demi-heure plus tard, les sonnettes résonnaient et une trompette lança joyeusement les premières notes de *L'Aurore*, s'interrompant avant même qu'il soit question de « précoce mort[1] ». Des gardiens passèrent nous prendre l'un après l'autre dans un cliquetis de clés, ils essayaient de nous faire mal. Tout le monde était content qu'il se passe quelque chose. On appela des noms, il fallait hurler « présent », on nous compta, tantôt il en manquait un, tantôt il y en avait deux de trop. Nous étions sept. Chacun de nous fut conduit en bas, encadré par deux gardiens. Une voiture tirée par des chevaux, comme les omnibus de mon enfance, nous y attendait, transformée en panier à salade

1. *À l'aurore*, chant sur un poème de Wilhelm Hauff.

par des grillages et camouflée de vert. Attendait aussi ma fiancée, et je pus lui souffler de bien tout ranger chez moi. Elle savait où était caché un petit paquet de lettres. Le baiser que nous échangeâmes en un regard était un baiser d'adieu éternel. Ce n'est qu'après la guerre (à peine six mois plus tard !) que nous nous revîmes.

À chaque siège était fixée une chaîne destinée à nous menotter. Les gardes, une cartouchière à la ceinture, l'arme au poing, le casque en acier sur la tête, malgré la chaleur de juin, étaient postés sur la plate-forme arrière. Bonne humeur, tous semblaient contents de leur sort. J'étais le plus jeune et le seul à avancer tête basse, ce qui me valut des quolibets, on me traita de « petit garçon à sa maman ». Un habile pickpocket parvint facilement à sortir sa main de la menotte qui l'entravait et l'y remettre comme par magie. Même les gardiens ne purent s'empêcher d'en rire. En fin de journée, notre voiture s'arrêta devant les portes de la prison. Un judas s'ouvrit de l'intérieur, notre chauffeur tendit une enveloppe et on lui remit une clé avec laquelle il ouvrit le portail. L'omnibus entra dans une sombre cour et se retrouva devant un deuxième portail, on referma le premier derrière nous et le même cérémonial se répéta : à nouveau un judas s'ouvrit, à nouveau une clé en sortit, avec laquelle un portail fut ouvert, le deuxième portail fut refermé derrière nous : nous étions en prison. Pas question de penser à fuir. On nous détacha et on nous fit sortir à coups de crosses et de pieds dans une salle de réception où des prisonniers en tenue de prisonniers nous fouillèrent sans aucune gêne. On nota notre identité. Nos objets personnels – argent, montre, crayons et mouchoirs – furent placés dans un sac portant un numéro. Je ne les ai jamais revus. On nous pourchassa, au pas de course, en avant, en avant, dans une salle où l'air était à couper au couteau, et où, dans une puanteur tropicale, une centaine d'hommes serrés comme des sardines attendaient debout, sous les feux d'un projecteur, l'appel de leur numéro. Le plafond bas de cette salle était en verre épais et translucide, je voyais des pieds piétiner au-dessus de ma tête. Toutes les cinq minutes on appelait un numéro, un homme hurlait « présent » puis se frayait un chemin jusqu'à la porte en jouant des coudes. Des gardiens armés vérifiaient les numéros, ce qui prenait du temps car ils ne savaient pas lire. On faisait sans arrêt entrer en les poussant à l'intérieur de nouvelles recrues. Cette humanité en cage, militaires et civils, criant en tous sens, malgré l'interdiction de parler, sans qu'on puisse comprendre un traître mot, commençait à me fasciner. J'avais mal au cœur, j'avais le ventre vide. Si j'avais vomi, ils m'auraient piétiné à mort. Comme toute société, celle-ci avait aussi ses clowns, ses mouchards, ses opportunistes qui se rendaient utiles pour s'assurer une place au soleil. Espionnant pour les gardiens, ils assuraient certaines tâches à leur place et jouissaient dans l'enceinte de la prison de libertés abjectes (comme plus tard les kapos dans les camps de concentration). Pour eux, pas de porte close.

Comme personne n'avait de montre, le temps n'existait plus. Mais les sonneries étaient permanentes. Il devait être minuit passé quand ce fut mon tour. Dans le bureau, on prenait nos empreintes digitales. Accusé de haute trahison, je fus mis à l'isolement. La pendule du bureau indiquait 3 heures. Le secrétaire appela un clown en guenilles auquel je devais obéir. Il me prit au collet et me flanqua un coup de pied pour me faire marcher ; nous passâmes devant des cellules, des grillages, des judas, au-dessus des escaliers en verre de cette immense cage à moitié translucide. Pendant le trajet, il me donna d'un ton mécanique et méchant des instructions : « Réveil à 5 heures : si tu ne te lèves pas à la première sonnerie, on t'enlèvera ton lit et tu dormiras à même le carrelage. À la deuxième sonnerie, tu dois refermer ton bat-flanc, à la troisième, tu es debout, ta tinette entre les mains, devant la porte. À la quatrième, elle s'ouvre brusquement et tu pars au petit trot avec ta tinette, direction les chiottes où, à la cinquième sonnerie, tu nettoies ta tinette, la remplis à moitié d'eau pour faire ta toilette à fond, tu as trente secondes. À la sixième sonnerie, au petit trot, retour vers la cellule, prière du matin. La Bible pendouille à la croisée de la fenêtre, si tu t'en sers pour te torcher, blasphème, tu es mis au cachot ! À 7 h 30, trois sonneries : tu présentes ta gamelle en étain devant le judas, café, jus de chaussette. À 8 heures, quatre sonneries ; gymnastique en plein air : au pas de course autour de la cour, sans un mot ni un signe. Ceux qui sont pris à faire passer en douce des informations sont punis de trois jours de cachot sans eau ni ersatz de pain : *Stehzelle*, cellule où on peut seulement se tenir debout. Le reste de la journée : nettoyage minutieux de la cellule avec balai et serpillière, pas un grain de poussière, c'est moi qui contrôle car je suis ton chef de chambrée. Si je ne suis pas content de toi, à midi, pas de navets. Voici ton domaine. » Il ouvrit la porte de la cellule, pas plus vaste qu'un cercueil d'enfant. Chaud, odeur de renfermé. Pas de lit, pas de chaise, seul meuble : la tinette avec un couvercle en bois pour s'asseoir dessus. Le bat-flanc était plaqué contre le mur, retenu par des chaînes, et on avait le droit de le descendre seulement pour la nuit. À ce moment-là, plus question d'être debout dans la cellule. Il sortit, m'enferma à clé, rouvrit le judas de l'extérieur et me chuchota d'un ton insistant : « Si tu as des pépettes, aboule, je te les garde ! Je peux te filer beaucoup de choses, frangin, de la coco, des contacts avec le monde extérieur. Il faut que les choses soient bien claires : si tu ne me donnes pas tout ce que t'as, je t'écrabouille, et comment ! » Sur ces mots, le sympathique clown referma le judas. Je l'entendis s'éloigner d'un pas traînant. Enfin seul ! Je descendis le bat-flanc, paix, calme, dormir ! C'est alors que je remarquai, surexcité, des signaux en morse tapés sur les tuyauteries : tactac, tic, tactictac ! Frappés sans relâche, impossible de fermer l'œil. De désespoir, je choisis de me masturber.

L'aurore aux doigts de rose filtrait déjà par le haut du soupirail. Dehors, on entendait des cris de chouettes, des numéros et des sons en guise de réponses : tout le monde avait des choses importantes à dire, c'était une question de vie ou de mort. Crime, désir, souffrance : accomplissement complet des cauchemars de mon enfance. Tortures infernales. Le pire, ce fut quand il fallut traverser les couloirs à la queue leu leu et au pas de course pour aller aux latrines au moment de vider les tinettes, c'est le moment que choisit le fou du roi pour me faire un croche-patte. Il n'était pas obligatoire de participer à la « gymnastique en plein air » dans la cour de la prison : je me contentai d'écouter de ma cellule le sinistre « tap tap, UNE, DEUX ! » Comme chaque étage faisait sa gymnastique à un moment différent, on entendait ce « tap tap » toute la matinée. Je ne touchai pas à la soupe aux navets. Mes pensées étaient confuses, j'étais pénétré tout autant de ma culpabilité que de mon innocence. Le lendemain, deux agents de la police secrète me ramenèrent au Kupfergraben en vue d'un interrogatoire ; à pied, sans chaînes. L'un d'eux acheta des cerises et m'en donna une. Ma première bouchée depuis trois jours. Un homme qui ne se souciait absolument pas de recueillir des aveux me fit passer l'interrogatoire, il était philatéliste et me donna son adresse pour lui envoyer des timbres belges de l'occupation. Il ne me traita pas du tout en criminel. Une fois aux mains de la justice, temporelle ou éternelle, on ne sait jamais si on va dans l'instant qui vient être libéré ou exécuté. On me ramena par omnibus avec le prochain transfert à ma prison de l'Alex, enchaîné cette fois, ce fut le dernier trajet en omnibus à chevaux de ma vie. J'étais trop affamé pour manger, trop fatigué pour dormir, trop faible pour m'écrouler. Le lendemain matin, je fus extrait de ma cellule, on me fit signer divers papiers en me houspillant ;

quand je demandai mes effets personnels, l'homme me dit que je venais d'attester par ma signature que j'avais tout récupéré conformément au règlement. Pour d'éventuelles réclamations, il me fallait revenir l'après-midi à 3 heures. On me donna ma feuille de levée d'écrou accompagnée d'un ordre de mobilisation selon lequel je devais me présenter le soir même à 10 h 30 à la police des chemins de fer à la station Friedrichstraße. De là, je serais ramené sous escorte par un transport militaire partant à 1 h 30, le « Bruxelles-Aix-la-Chapelle ». Après avoir traversé des couloirs souterrains de la prison, je me retrouvai, libre comme l'air, seul sur l'Alexanderplatz, pas rasé, pas lavé, sans un pfennig, ne connaissant personne dans ce coin, et ne connaissant pas le coin : j'étais épuisé, je ne savais pas comment parcourir le long chemin jusqu'à la maison, Luitpoldstraße, par une chaleur écrasante. En cette dernière année de guerre, plus de taxis. Il fallait que je passe à la maison, que j'aille à Canossa, pour récupérer mon uniforme. J'essayai de faire la manche. Encore quelque chose que je n'ai jamais réussi à apprendre, et pourtant, j'ai toujours observé les mendiants avec grande attention. Je priai une veuve âgée de me donner vingt pfennigs pour le métro, elle fit grand bruit : « Allez donc au front, espèce de planqué, c'est votre place ! Mon mari est tombé au champ d'honneur, arrêtez de mendier et d'importuner les dames ! Oui ! Il m'a importunée ! » Elle essayait de créer un attroupement, un gardien de la paix s'approcha, je pris la poudre d'escampette. Je bus un verre d'eau chez Aischinger. Au Tiergarten, dans l'allée aux Lions, où j'avais joué quand j'étais petit, je m'endormis sur un banc. Un gardien dont j'avais peur enfant me chassa. Luitpoldstraße, maman m'ouvrit, elle attendait manifestement derrière la porte et tomba à genoux en un geste pathétique. Les lèvres tremblantes, les yeux rougis par les larmes, elle me jura son innocence dans cette catastrophe que la famille devait à ma fiancée dépravée. Avant son départ, cette trublionne était revenue ici, dans notre appartement, la priant de l'autoriser à brûler certains papiers de famille ! « Heureusement que papa n'a pas connu cette honte, il n'y aurait pas survécu ! » Je dis seulement : « J'ai faim, je repars ce soir au front, y tomber pour mon pays maternel ! » et m'enfermai dans ma chambre. Je me jetai sur un *Kwattareep* rose (du chocolat hollandais) que j'avais caché sous l'armoire. Je me lavai, me rasai avec une lame émoussée. J'avalai avidement et sans dire un mot un pâté à base de navets et de gelée. Je bus ensuite une bouteille du vin apporté par maman en dot, il en restait encore soixante à la cave. Puis je m'endormis et me réveillai à 9 heures en hurlant. J'avais failli rater mon train. Maman, en larmes, était assise dans la pièce voisine. Je me glissai, abattu, dans mon uniforme de campagne abhorré, fis mon paquetage. Maman ne voulait pas qu'on l'empêche d'accompagner son fils aîné à la gare. Cela fut cause d'une ultime scène. Elle renonça finalement et me demanda sur un ton encore plus pathétique de lui pardonner. « Tu n'as pas idée », dit-elle en pleurant, « de ce dont une mère juive est capable : je t'ai pardonné ! » Elle me contraignit à sceller cette réconciliation solennelle par un baiser. Pour faire de l'ironie sur son sentimentalisme à la Courts-Mahler[1], elle ajouta : « Dont est capable, forme intéressante de génitif ! » Je m'arrachai violemment à son étreinte.

À la gare, on apposa des tampons dans tous les sens sur mon ordre de mobilisation avant de le jeter à la corbeille. La guerre était donc perdue. Dans le tortillard bondé, on se serait cru dans un tonneau plein de harengs, comme à la prison, tout le monde était abattu, pas d'humour, même noir, on avait l'impression, de retard en retard, de se rendre à sa propre exécution. À chaque arrêt, le long train

1. Hedwig Courts-Mahler, auteur de romans sentimentaux de la première moitié du XXe siècle.

stationnait longuement. Des infirmières de la Croix-Rouge au sourire désespéré proposaient des rations immangeables. Une nuit, un jour et une nuit vers l'ouest. À 5 heures du matin, nous nous arrêtions à Herzogenrath. Un nouvel espoir me donna des forces. Je ne sais plus exactement aujourd'hui ce qui s'est vraiment passé, mais je ne le savais pas davantage alors. J'ai vécu et rêvé ce fantasme de telle manière que la réalité ne jouait plus aucun rôle. Les faits réels ne se transforment-ils pas chaque jour en rêve ? Je descendis du train, cherchant l'homme aux valises en carton verte et marron. Ne devait-il pas attendre train après train ? Il n'était pas sur le quai. Sans réfléchir à ce que je faisais, je dévalai l'escalier. Pour aller où ? En Hollande, retrouver ma fiancée, retrouver la liberté, le monde. Il était vraiment là, à la sortie de la gare, l'homme aux valises, et il me dit : « Vous arrivez trop tard, la police des frontières vous attend au Kaiserstadt, retournez aussi vite que vous le pourrez dans votre wagon, sauve qui peut ! » Obéissant, je fonçai et remontai l'escalier pour bondir au tout dernier moment dans le train qui s'ébranlait.

Le 5 juillet, retour de permission, je me présentai conformément aux ordres au bureau de ma colonne automobile, à Vieux-Condé. Le militaire de permanence me regarda d'un air éloquent et ironique, comme s'il était au courant de toute l'histoire, et me dit : « Rompez ! » Il ne savait RIEN.

Le 19 juillet, j'écrivis à mon frère Heinz :

« Mon cher frère,

Me voici de retour en Flandres. En ce moment, à l'arrière pour deux jours. Il y a eu quinze jours jeudi, arrêté avec Lena sur dénonciation d'oncle Bruno et mis en préventive. Lena expulsée, moi libéré, une fois mon innocence établie. Maman triomphe, jure n'être au courant de rien. Maman : “Plutôt mort au front que traître !” – parce qu'elle a peur de tante Minna.

J'espère que tu es toujours en vie !
Ton frère Erwin. »

Cette lettre me revint trois semaines plus tard, l'adresse barrée par la mention : « Mort au combat, retour à l'envoyeur. » « Retour » souligné en bleu. Après la distribution du courrier, je m'enfermai dans les latrines avec ma lettre, je baissai mon froc et pleurai.

L'âme du peuple allemand s'était cachée dans un buisson voisin. En équilibre instable sur le tronc d'arbre, je regardais fixement la lettre à mon frère tombé au front, quand une motte de terre lancée par un camarade vint me frapper en pleine poitrine. Je perdis l'équilibre, et fus précipité dans l'Orcus puant de la merde allemande.

48

LA PAIX DE LA HONTE

L'histoire universelle affiche autant de défaites que de victoires, et néanmoins, les généraux prévoient plus soigneusement l'offensive que la retraite. C'est pourtant à une retraite que nous étions confrontés depuis le début du mois d'octobre. Après l'effondrement du front, désormais la retraite devenait effondrement. Pour soutenir le moral des troupes, cette débandade était qualifiée d'« offensive vers la patrie ». On était noyé dans les mensonges. Nul n'accordait foi à la magnifique vérité, la fin prochaine de la guerre. Chacun l'avait appelée de tous ses vœux, personne ne se l'était imaginée, ou tout au moins pas ainsi. Le 10 novembre, notre colonne de camions, chargée des provisions récupérées dans les dépôts d'où nous devions nous « retirer », avançait lentement, et franchit la frontière belge près de Péruwelz, dans le Borinage, progressant vers Mons. Il faisait un froid de canard, nous avancions à la vitesse de l'escargot sur des chaussées rendues impraticables par la neige et la boue, au milieu des régiments d'infanterie en guenilles qui se traînaient et des obstacles et véhicules en panne de toutes sortes. Seule la peur de rester coincés nous faisait avancer. Dans la nuit qui précéda l'armistice, nous stationnâmes sur la place du marché de La Louvière. Une soupe au lard et aux pois cassés mijotait dans notre cuisine roulante, sous la surveillance de patrouilles chargées d'éviter que les denrées que nous avions volées ne nous soient volées à nouveau. Chaque chauffeur avait fait des provisions ; nous étions les trafiquants de demain. Ma bagnole était arrêtée devant un estaminet. Peut-être serait-il possible de récupérer un dernier verre de bière belge amère. Dans un coin obscur de la salle vide, un étudiant coiffé d'un béret noir en velours était en grande conversation avec le rêve de ma vie, la belle Genoveva aux longs cheveux blonds tombant sur ses épaules : rêves naïfs de la jeunesse. Sans y avoir été invité – vainqueurs, nous l'étions encore ! –, je m'assis à leur table et leur offris un demi. Genoveva[1], la fille de la maison, s'étonna de mon français et de me voir prendre son parti. Lui, l'étudiant, se mit à déclamer avec un pathos exagéré le sonnet des « Voyelles » de Rimbaud. Les poèmes sont là pour être lus en silence, pas à haute voix. Germaine, en transe, buvait ses paroles, comme les provinciales pensent qu'il convient de faire devant les œuvres d'art. En même temps, elle cherchait à capter mon regard. Au bout de quelques bières et après l'interminable « Bateau ivre », nous nous prîmes les mains en fredonnant *La Brabançonne.* Depuis juillet, aucune main de femme ne m'avait effleuré. Je frémis, Germaine frémit en retour. L'étudiant sursauta, il était déjà 11 heures passées, bien après l'heure du couvre-feu, il n'avait plus le droit d'être dans la rue, voulait rester auprès d'ELLE. Nous parvînmes à le convaincre de me laisser le raccompagner en auto. Auparavant, il m'aida à hisser dans l'estaminet une caisse tirée de ma bagnole : dix mille cigarettes, mon offrande à la déesse. Reconnaissante, elle me susurra à l'oreille de revenir plus tard. En chemin, l'étudiant me mit en garde : « Je sais que vous allez y retourner, prenez garde, c'est une femme dangereuse ! » Il me fit attendre un instant devant chez lui et me rapporta un manuscrit tapé à la machine, *« Le Génie français* »*, qu'il me dédicaça : *« Le jour de gloire est arrivé, le 10 novembre 1918 ! Souvenir amical, François Charlier*. »*

1. Opéra de Robert Schumann, *Genoveva*, 1847-1849.

Une fois seul, je retournai auprès d'ELLE. La porte n'était pas verrouillée. Je traversai l'estaminet et parvins dans une petite antichambre. Une bougie éclairait la pénombre de sa chambre. ELLE était là, assise en chemise au bord d'un lit matrimonial. À côté d'elle, une vieille ronflait. Germaine me tranquillisa : « Maman est sourde-muette, vous pouvez dire ce que vous voulez sans vous faire de souci ! » Je ne réussis pas à prononcer un traître mot. Des bonnes d'enfants bigotes, des tantes, des maîtres d'école m'avaient mis dans le crâne l'idée que les hommes sont sensuels et les femmes pudiques. Jamais je n'aurais imaginé qu'une déesse elle-même puisse ressentir l'envie d'une nuit d'amour, surtout avec moi. « Je le sais bien, vous voulez faire l'amour ! » dit-elle comme si c'était la chose la plus naturelle au monde. Comme elle lisait dans mes pensées ! Elle m'était tellement supérieure. Je me confondais en admiration. Avant que j'aie pu m'approcher d'elle ne serait-ce que d'un mot, elle me fit reculer et me renvoya dans l'antichambre, où je devais attendre. « Je vais vous initier ! » Il ne me restait plus qu'à obéir.

Il faisait noir comme dans un four. Minuit sonnait, nous passions du 10 au 11 novembre. ELLE fit alors son entrée, poudrée de frais, en vêtements de nuit, élancée, mince dans la splendeur de ses longs cheveux d'or, illuminant la pièce. Elle se mit à faire d'étranges préparatifs, comme pour une séance de spiritisme, installa deux chaises en face l'une de l'autre, séparées seulement par un tabouret. J'étais gêné de ne rien faire moi-même. Elle semblait avoir pitié de moi, ce qui n'améliora pas mon humeur. Quand nous fûmes assis, nos genoux se frôlèrent. « Ne tremble pas, *petit chauffeur**, je ne suis pas une sorcière et je te veux du bien ! Il faut être vraiment débutant pour s'imaginer séduire dès la première nuit une déesse de l'amour, surtout avec une caisse de cigarettes volées ! » Puis vint une formule que je trouvai originale, jusqu'à ce que je l'entende dans la bouche de toutes les putains parisiennes : « *Une Gauloise ne se vend pas, elle se donne** *!* Après la guerre, tu reviendras, et tu seras un homme. Pour que tu ne m'oublies pas, je vais t'enseigner comment sombrer, désincarné, *dans l'enfer des cieux**. Plonge tes yeux dans les miens, profond, encore plus profond : L'INSTANT EST TOUT, LA VIE N'EST RIEN ! » Pris dans les rets de sa blondeur flottant tel un voile nuptial autour d'elle, je sombrai sans résistance dans ses yeux, jusqu'à être envahi d'une allégresse extrême. Paralysé par ce sabbat de sorcière paradisiaque, je tombai dans un profond sommeil. Pour me permettre de découvrir le sens de l'amour, il fallut que des millions d'hommes perdent la vie. Avant l'aube du 11 novembre, un baiser plein de poésie déposé sur mon front me réveilla.

Une tasse de café à la chicorée bien chaud et le grondement des moteurs qui tournaient devant la porte me ramenèrent au réel. Au moment du départ, l'ombre de Germaine se dessinait derrière la fenêtre. J'ai en vain tenté dans les années qui suivirent de la retrouver. Qui a des yeux pour voir la retrouvera dans tous mes portraits de femmes.

L'Allemagne avait glorieusement perdu la Première Guerre mondiale. Le premier tour accompli, le deuxième aussitôt suit[1] ! On nous cacha l'armistice jusqu'au moment, à midi, où toutes les cloches carillonnèrent ! Les rumeurs les plus improbables se mirent à circuler : il se dit que NOTRE empereur s'était réfugié en Hollande, que l'Allemagne avait capitulé, imploré pour que la paix soit conclue, que LA RÉVOLUTION avait éclaté CHEZ NOUS, qu'une armée BLANCHE combattait une armée ROUGE. Aucun de nous n'avait la moindre idée de ce que « révolution », ce mot étranger, pouvait bien signifier. Pour tenter d'y voir clair, je fus élu pour participer au Conseil des ouvriers et des

1. Citation extraite de *Max et Moritz*, célèbre ouvrage pour enfants de Wilhelm Busch.

soldats. L'honneur m'échut de me rendre à Bruxelles avec la voiture du lieutenant, une Wanderer Puppchen, je devais en rapporter des informations. Je roulai jusqu'à la grange la plus proche pour y récupérer tout mon sommeil en retard. (Mon unique exploit en tant que membre du Conseil des ouvriers et des soldats.) À mon retour, je découvris que l'on m'avait désigné dans le seul but de piller mon véhicule. Dans la nuit qui suivit, les putes de la prison de femmes de Huy nous auraient massacrés si nous n'avions pas réussi à nous enfuir, soûls comme nous l'étions. (Mon seul combat d'arrière-garde de la Première Guerre mondiale.) La nuit d'après, l'accueil dans la salle moyenâgeuse du bordel d'Aix-la-Chapelle, splendeur impériale, fut à peine plus cordial. De toute évidence, nous étions vaincus. Le lendemain midi, à Düsseldorf, sur le pont du Rhin pavoisé, une pancarte pleine de promesses nous accueillit : BIENVENUE DANS LA PATRIE À NOS HÉROS INVAINCUS ! Ma bagnole tournait lamentablement sur deux cylindres dans la campagne allemande glacée jusqu'au moment où je tombai en panne sèche peu avant Cassel : je la cédai à un paysan pour cent cinquante marks. Le cœur de plus en plus lourd, je sautai dans un train de marchandises plus que bondé, direction Berlin. Entassés à soixante dans un wagon à bestiaux ouvert, nous arrivâmes au bout de quatorze heures de route, complètement morts de froid, le 17 novembre. Au jour anniversaire de ma fiancée, à 4 heures du matin, retour dans ma ville natale. Il y avait presque deux ans que dans cette même gare, Anhalter Bahnhof, sanglé dans un uniforme en cuir flambant neuf, j'avais dit adieu à mon petit frère Heinz. Il était mort. La gorge serrée, je me traînai, derrière moi mon paquetage, à travers la ville éteinte. Çà et là, de temps en temps : coups de feu ! Maudite paix ! Sur la Hafenplatz, où la puanteur du meurtre avait toujours régné, deux lémuriens loqueteux en uniforme m'encadrèrent et me proposèrent de m'aider à porter mon sac, à porter mon destin. Inutile de leur résister : ils disparurent dans cette nuit la plus sombre de mon existence avec tout ce qui me restait : lettres d'amour, Lao Tseu, *Hamlet*, *Le Rouge et le Noir*, quelques numéros de la revue *Die Fackel*, ainsi qu'un gilet en peau de chat.

Personne à la maison. Je n'avais pas la clé, je restai assis dehors dans la neige jusqu'à ce que le gardien, quand le jour commençait à poindre, me donne accès à notre appartement abandonné. Maman dans un sanatorium près de Hanovre, Annie assistante de police à Hambourg. Pour me réchauffer mais aussi pour m'épouiller, je brûlai mon uniforme : le manteau puant de l'Empereur. RIEN À BOUFFER. Je commençai par dormir plusieurs jours de suite, inconscient, et me réveillai fébrile et toussant comme un loup qui hurle. Parce que j'étais réputé avoir QUITTÉ LA TROUPE SANS AUTORISATION, on me refusa les tickets de rationnement. Partout se faufilaient des squelettes, qui, alors qu'ils détenaient des cartes, étaient en train de mourir de faim. Je me mis en quête de nourriture et en échange de deux chandeliers en argent, je récupérai UNE pomme de terre. Je me souvins des vins légendaires datant des noces de mes parents, qui depuis vingt-cinq ans attendaient derrière des cadenas le moment d'être bus. Avec l'aide de George Grosz, je transportai sur une brouette jusqu'à son atelier pas loin de soixante bouteilles cachées dans des sacs. Là, nous fîmes cuire ma pomme de terre, que nous accompagnâmes d'une bougie en cire jaune, et goûtâmes quelques flacons du noble breuvage, comme au cœur de la paix. Grosz peignit à grands traits une affiche : « Invitation : Jeunes filles de la bonne société bien de votre personne et douées pour le cinéma, vous êtes conviées à une fête dans l'atelier du peintre GROSZ, 8 heures du soir, tenue de soirée ! Olivaerplatz 4. » Transformés en hommes-sandwichs, nous fîmes les cent pas sur le Kurfürstendamm avec cette affiche accrochée à un manche à balai. Onze hommes se présentèrent pour la soirée : Mynona, Grosz, Piscator, Huelsenbeck, Mehring, enfant prématuré (et futur Pipi Dada), Benn, Gumpert, Yomar, Förste, Wieland et Muti Herzfelde (le monteur Dada), et moi. Quand se pointèrent plus de cinquante dames, nous dûmes fermer pour manque de place. Le vieux Mynona (il avait passé la quarantaine !) avait fait allusion à une demi-livre de cacao planquée dans la poche de son froc, et toutes les dames fourraient leurs mains dedans. J'enviais ce filou. Pour mettre de l'ambiance, nous avions proposé qu'on se déshabille. Nous autres, les hommes, après nous être retirés dans la cuisine, avions décidé de ne pas le faire. Quand nous regagnâmes l'atelier, ces dames étaient toutes à poil et l'orgie commença. Tout le monde se soûla la gueule, les bouteilles vides volaient à travers les vitres de l'atelier et atterrissaient dans la rue. Des éclats de verre, des cris, du raffut. Pendant que tout le monde battait le rythme et hurlait de joie, Grosz, allongé au beau milieu du studio sur une chaise longue avec Mascha Beethoven, se récupéra une chtouille. Mynona a éternisé le souvenir de cette soirée historique dans un roman dont je ne retrouve pas le titre. Deux jours plus tard, je me réveillais complètement gelé dans la baignoire de Grosz, on m'avait piqué mon costume bleu.

Le lendemain : en route pour la Hollande, en passant par Hanovre. Retrouvailles avec ma mère qui toussait et adieux. Cette fois-là, elle voulait m'accompagner en Hollande. Avec deux cartons, en route vers la frontière, gardée de manière infranchissable par des soldats hollandais qui avaient pour ordre de ne pas laisser passer un seul Allemand. Je tentai d'abord ma chance tout seul, de nuit, me fis prendre, implorai, pleurai, me mis à genoux devant les bourreaux qui me ramenèrent au bureau de douane allemand où il n'y avait personne pour me récupérer. Au cours de la même nuit, une deuxième tentative, avec des passeurs qui me dépouillèrent de ma valise et de mon argent jusqu'au dernier pfennig, fut couronnée de succès. Je me suis fait voler beaucoup de valises au cours de mon existence : j'entreprendrai mon dernier périple comme VOYAGEUR SANS BAGAGE*. De nuit, avec le brouillard, la glace, la neige, traversant des fleuves, des marais, pourchassé par des chiens, je finis par parvenir peu avant Noël, trempé jusqu'aux os comme dans les pires de mes rêves, à la Terre promise où vivait ma fiancée, et où le lait et le miel coulent à flots. Je n'avais rien emporté de l'Allemagne avec moi, sauf ma jeunesse berlinoise : d'elle, je ne voulais ni ne pouvais me séparer.

49

LA HOLLANDE

Ravel, mon meilleur ami, vint me chercher à l'hôtel situé à la frontière, à Enschede. Cela faisait trois ans que je ne l'avais pas vu. Malgré la chaleur des retrouvailles, je sentis dès la première seconde que c'en était fini de notre amitié éternelle. Les sentiments parlent au tout premier instant. Ravel me donna le conseil salutaire de ne pas ouvrir la bouche pendant tout le trajet en chemin de fer qui nous conduisait vers Amsterdam ; on m'aurait immédiatement expulsé comme *Moffen*, comme Allemand. Le soir même, je volais dans les bras de ma fiancée en larmes, chez sa maman, et j'étais au septième ciel. Elle venait de surmonter une pneumonie : la grippe espagnole s'abattait sur ceux qui avaient survécu à la guerre. Leentje était un peu contrariée d'apprendre que j'avais gaspillé quelques jours précieux à Berlin, au lieu, comme je le lui avais promis, de me présenter devant elle au jour de son anniversaire. Les anniversaires, pour les Hollandais, c'est plus que la vie même, et ce sont des effusions à n'en plus finir. Mon combat contre ces exigences typiquement bourgeoises aboutit à ma défaite la plus complète. En ce temps-là, je pensais plus en termes biologiques qu'en termes logiques : je voulais assurer au plus vite mon existence, gagner de l'argent, me marier, construire un nid. Je ne savais même pas dans quelle direction chercher, sans passeport, sans permis de travail, sans carte de rationnement, sans argent. Je ne connaissais pas la langue du pays, je ne voulais pas la connaître. Je n'avais pas encore d'entraînement en ce qui concerne l'émigration et ne prenais aucun plaisir à parler des langues étrangères. Les Hollandais vous tiennent rigueur de considérer leur langue comme un dialecte de l'allemand du Nord, or c'est le cas. Ils sont vite offusqués et se moquent volontiers des autres. Pleins d'une joie mauvaise, ils me reprochaient d'avoir perdu cette guerre. Ces profiteurs enrichis par la guerre étaient furieux que le temps des affaires phénoménales soit passé. Quand je voulais les rassurer en leur disant que l'Allemagne pensait déjà à la guerre suivante, ils se moquaient à nouveau de moi. Personne ne me croyait quand je racontais mes histoires de guerre : aucun crédit. Je finis par douter moi-même d'avoir vécu tous ces événements. On me regardait de travers, comme un prisonnier en rupture de ban, je n'avais rien à me mettre sur le dos, j'étais maigre comme un clou, je parlais avec trop de vivacité. Un œuf coûtait un florin, un florin valait cent cents, et je n'en avais même pas un. Ma fiancée m'entretenait généreusement sur le petit salaire qu'elle percevait comme bibliothécaire à La Haye, mais j'en souffrais. Prendre fait mal ! Nous ne pouvions nous voir que le dimanche. L'amour sans chambre ni lit, c'est comme un poisson privé d'eau, surtout en hiver. Avec Ravel, qui fricotait avec la plus jeune sœur de Leentje, je sous-louai deux chambres minables chez les Langenberg, dans la Tweede Helmersstraat. Les repas étaient lamentables. J'ai rarement aussi mal mangé. On nous comptait même les grains de poivre : le poivre coûtait cher. Charmes crasseux d'une chambre à soi.

Amstelodamum, ville de mes rêves adolescents, Venise du Nord, s'avéra être un inextricable labyrinthe marécageux, sous le niveau des mers médiévales d'où s'élevait jour et nuit le son de cloches englouties.

Les eaux d'égouts stagnent dans les canaux fétides où même les bacilles renoncent à se cultiver. Quand on a traversé le Prinsengracht sur un pont et qu'on s'est faufilé à travers un entrelacs de bicyclettes, de gens, d'orgues de Barbarie, de bicyclettes, de carrioles à bras et de bicyclettes, qui circulent dans d'étroites ruelles entre des maisons de guingois (rouge brique, noires, ocre claire, couleur asphalte), en continuant droit devant soi, au bout d'une demi-heure, on franchit à nouveau le même Prinsengracht sur un autre pont : on se perd, on s'égare, troublé, on subit les quolibets : *Stommerd !* (« Imbécile ! ») : les canaux tournent en rond autour du port connu comme *Het Ij* (prononcer « aïe »). Miracle lumineux : les fenêtres rouges, rêves de prostituées, de Félicien Rops à Ringelnatz. Ces immenses prêtresses de la pornographie et de Vénus étaient toujours derrière leurs fenêtres rouges sur le Zeedijk et sur l'Oudezijdsachterburgwal, attendant les matelots, les voyeurs, t'attendant, m'attendant. C'est là que dès le début de mon séjour en Hollande, j'ai vécu un inoubliable sabbat à l'ancienne, plein de sorcières flamandes. Bien tard, dans la soirée de la Saint-Nicolas, *Sinterklaasabend*, un traîneau tiré par un cheval blanc, sur lequel avaient pris place Sinterklaas et le valet Piet costumé en Maure de Venise, arriva en carillonnant et fit halte au beau milieu de la petite place Oudekerkesplein entre l'église et les antiques maisons de putes. Piet et Sint, ivres morts l'un et l'autre, burent tous deux au goulot du genièvre à la santé des dames à leurs fenêtres. Dans la froide nuit de décembre, elles se précipitèrent dehors, des châles en laine drapés autour de leur nudité, et commencèrent une danse endiablée autour du traîneau, allant de plus en plus vite. Elles finirent par sortir Sint et Piet de leurs sièges, pour s'ébattre joyeusement avec eux dans la neige au son du carillon des tours de l'église Oudekerke qui jouaient : *Zie ginds komt de stoomboot uit Spanje weer aan*[1].

1. Chanson hollandaise de la Saint-Nicolas.

Un grigou calviniste, *Mynheer* Swets, de la librairie Swets & Zeitlinger, m'engagea par pure pitié à son service pour un salaire mensuel de quinze florins. Je devais démolir des murs de livres datant de ses ancêtres et dans la crasse, je découvrais des trésors. Je volai des éditions de luxe de volumes porno que Ravel revendait ; ce n'était pas très satisfaisant. Ensuite, nous avons tenté ensemble d'ouvrir une galerie d'art. Avec mes connaissances de français acquises à la guerre j'écrivis à des personnalités encore inconnues à l'époque, mais dont nous avions découvert les œuvres grâce au *Blauer Reiter*, au *Sturm*, et au Premier Salon d'automne allemand : Léger, Braque, Juan Gris, Gleizes, Metzinger, Severini et Carlo Carrà. Nous leur demandions de nous accorder leur exclusivité pour la Hollande. Tous nous confièrent des dessins pour les vendre à commission, mais nous ne trouvâmes pas de clients. C'était beaucoup trop tôt. Grosz lui aussi nous confia ses tableaux. C'est ainsi que j'initiai Ravel au mouvement Dada dont il était complètement éloigné. Il m'en voulut à l'époque, mais cela lui permit par la suite de prouver à ses disciples qu'il avait appartenu à l'Avant-Garde, et il put s'admirer lui-même. Je m'offusquais de son étroitesse d'esprit hollandaise, la vertu dans laquelle excelle un peuple aux horizons étroits. L'anophèle, ce moustique importé des colonies néerlandaises, se sentait chez lui dans les marécages d'Amsterdam : j'attrapai la malaria. En même temps, je compris qu'il était impossible de vendre des œuvres cubistes à des paysans. Sous la protection d'amis de ma fiancée aussi riches que douteux, je fis un pas en arrière humiliant et me tournai vers la confection hollandaise pour dames, qui s'intéressait aux jeunes gens ayant fait leurs classes en Allemagne. J'entrai chez les frères Gerzon, *Modemagazijnen* (« magasins de mode »), Amsterdam, Rotterdam, La Haye, Haarlem, Nimègue, Bréda, Groningue, Arnheim, Utrecht, Zutphen et Hertogenbosch. Il s'agissait d'une entreprise antédiluvienne de produits de confection tenue par des juifs allemands : des Moses & Schlochauer de province. Vente en gros et en détail ; grand magasin. Je fus d'abord testé dans la fabrication. Je me donnai beaucoup de mal, je fis mes preuves et devins chef de rayon dans le magasin principal, situé à Amsterdam. Quand je servis ma première cliente – toutes les ruses étaient permises pour lui fourguer quelque chose –, j'étais mort de honte. J'avais appris qu'il n'y a rien de plus méprisable qu'un commis de magasin prêt à toutes les pirouettes dans une boutique ouverte au public (du temps de l'Empereur, les officiers de la Garde n'avaient pas le droit d'épouser des filles de négociants tenant des boutiques de confection ouvertes au public, même si elles s'appelaient Wertheim[1]). Je fus vite promu au rang d'acheteur au département des nouveautés pour l'ensemble des filiales : confection de chemiserie, jabots, plastrons, cols de dentelle, bijouterie, objets en cuir, ceintures, bracelets, boas en autruche, châles, serviettes hygiéniques et pantalons directoire. La morale professionnelle : Betsy Stracke, ma première vendeuse, fut licenciée sans préavis parce qu'elle avait osé porter des bas de soie transparents, Gusta Berkemijer fut mise à la porte pour avoir porté du rouge à lèvres. Je me rendais en Allemagne pour les achats et fis enfin la conquête de Paris. Sans rien y connaître, en gros et en détail. J'étais encore plus ignorant que ceux pour qui je devais jouer ce rôle. On ne fait pas d'affaires avec son intelligence, mais avec son capital. Mallarmé s'adressant à Degas : *« Ce n'est point avec des idées que l'on fait des vers… C'est avec des mots**[2]. » Les Gerzon n'avaient aucune éducation et étaient filous. Quant à moi, j'étais stupide, je ne connaissais rien de la vie, j'étais bourré de complexes. Trop inexpérimenté pour remercier la direction de m'avoir augmenté – j'en étais déjà à cinq cents

1. Voir note 1 page 171.

2. Propos attribués par Paul Valéry à Stéphane Mallarmé répondant à Degas, *Variétés*.

florins par mois ; c'est ainsi que je torpillai mon avenir dans le monde des grands magasins.

Les angelots sourient
Quand deux amoureux se marient
Tout chante sur la place
Quand enfin elle l'enlace.

Et c'est ce qui advint : pour mon vingt-cinquième anniversaire, je me mariai. Je trouvais que c'était déjà bien tard pour atteindre mon but dans l'existence. Ma femme avait hérité de son père trente-deux mille cinq cents florins, qui auraient dû provisoirement calmer ma peur de mourir de faim. Grave erreur : cette peur ne m'a jamais quitté de ma vie ; m'ont quitté en revanche les trente-deux mille cinq cents florins, qui au bout de quatorze ans s'étaient déjà évaporés, sans laisser la moindre trace, le moindre reliquat. En revanche, la peur mensuelle d'avoir un bébé passa un peu au second plan. Notre voyage de noces nous mena à Berlin, où régnait la plus folle des inflations, au plan moral comme au plan monétaire. Un mark était certes toujours un mark mais pour un florin hollandais, on en avait un million. Le premier soir, nous fûmes abordés par une noble veuve en grand deuil qui nous invita à une représentation privée dans sa maison particulière située Knesebeckstraße, où, pour cinquante mille marks par personne, on pouvait voir comment, avec ses deux filles, elle se faisait jouir avec des carillons à vent, sortes de cylindres en bois. La salle était trop sombre pour qu'on puisse y voir quoi que ce soit : arnaque ! En guise de rafraîchissement, il y avait de la coco pour vingt mille marks.

Transition vers les *« petites misères de la vie conjugale* »*. Nous nous meublâmes en nous fournissant dans les soldes berlinoises, bourgeoisement, inexpérimentés que nous étions, tombant d'un cliché dans l'autre, et nous trouvions que cela

Jeunes mariés, 1921, Château de Burg an der Wupper.

avait de l'originalité. J'avais jeté mon dévolu sur du mobilier rustique ; par chance, on n'en trouvait pas. Nous dûmes nous contenter de style Queen Anne mêlé au Biedermeier. Très noblement, miel d'acacia mâtiné de vert foncé. La maison de Goethe à Weimar, visitée dans ma jeunesse, m'en a imposé pour toute la vie. Nous nous offrîmes une chambre à coucher vernie au four avec coiffeuse et miroir à trois faces, plus deux tables de nuit. Nous nous fîmes fabriquer sur mesure une bibliothèque en noyer selon nos propres dessins : la tradition fait peau neuve. Nous fîmes l'acquisition d'un piano à queue noir. Nous maîtrisions notre existence. Les problèmes du monde étaient indignes de nous ; le communisme était une folie, la démocratie une escroquerie. Nous n'avions rien appris du passé, et nous n'avions aucune idée de l'avenir. Nos buts immédiats : a) des enfants, « croître et multiplier », b) autonomie en affaires. Ces deux objectifs furent atteints plus vite que prévu. Je sentis vite, tout ému, qu'un cœur tout neuf battait dans le ventre de ma femme. En mai 1922, à la place de ce que nous redoutions, un enfant anormal (pour qui je tenais prêt un petit coffre garni d'ouate afin de l'y étouffer), vint au monde Lisette, la plus mignonne des petites filles. Pour elle, je soulèverais le monde !

En Allemagne, l'inflation avait automatiquement fait du premier imbécile venu en matière de placements un génie de la finance. Les crève-la-faim hollandais n'avaient qu'à franchir la frontière pour devenir multimillionnaires. Ainsi les Gerzon, par exemple. Je ne comprenais goutte à cette folie, je ne soupçonnais même pas n'avoir pas le moindre sens des affaires. Lorsqu'un des neveux Gerzon refusa de contresigner une commande de réassortiment que je considérais comme essentielle – dix mille douzaines de bracelets serpents en celluloïd (auprès de Chavigny Frères Paris) –, fou de rage, je remis ma démission : elle fut immédiatement acceptée. Cela me choqua beaucoup. AINSI DONC, JE N'ÉTAIS PAS INDISPENSABLE ?

Je m'établis comme négociant indépendant, avec l'appui des spécialistes du cuir les plus retors d'Offenbach, A. N. Schmidt & Co., et ouvris dans la Kalverstraat d'Amsterdam un magasin de sacs pour dames, THE FOX LEATHER COMPANY. Dès l'ouverture je n'y ai commis que des erreurs. Quasi mort-né, cet enfant conçu à moitié avec des crédits allemands, à moitié avec les biens de ma femme, fut dès le premier jour dévoré par les frais occasionnés, sans avoir jamais pu tenir debout tout seul. Le magasin, rénové selon nos propres plans, était ce qu'on pouvait se représenter de plus pitoyable derrière une façade de 4,21 mètres. Je savais que c'est en vendant des merdes qu'on fait les meilleures affaires, mais je croyais à la qualité. Je ne voulais pas vendre aux clients ce que leur mauvais goût réclamait, mais seulement ce que je trouvais PERSONNELLEMENT beau. Enivré par l'odeur du cuir, et surtout du cuir de Russie, je tombai tellement amoureux de mes sacs à main pour dames que je n'avais pas le cœur de les vendre à ces hyènes amstellodamoises qui ne savaient que marchander. Le stock augmentait, le stock prenait des proportions démesurées. Les Schmidt eurent vite compris que j'étais complètement nul et qu'ils pouvaient me rouler dans la farine, et ils coupèrent le crédit qu'ils m'avaient accordé. Si les affaires avaient marché, ils auraient repris l'affaire. Je me croyais assez travailleur pour nager contre tous les courants, je chantais comme un rossignol fanatique les louanges de nos rossignols, je changeais la décoration des vitrines deux fois par semaine et la refaisais de mes propres mains, de nuit pour ne pas perturber la vente du jour. Un magasin qui ne marchait pas bien, où, en compagnie de trois vendeuses, deux apprenties et de Gerrit, l'homme à tout faire (le *Knegt*), j'attendais en vain les clients, n'était pas un champ de bataille à la mesure d'un matamore comme moi. Le désespoir, pendant ces heures obscures de mon apprentissage hollandais, me jeta dans les bras de l'art. Le jour, dans mon minuscule bureau personnel, mon *Privatkantoortje*, j'écrivais des nouvelles et je cherchais à nouer des relations dans la joyeuse communauté des artistes d'Amsterdam. Quand, vers 5 heures de l'après-midi, le silence se faisait trop pesant dans la boutique, je me réfugiais au Café Winkels pour folâtrer, oubliant toute dignité : grivoiseries en compagnie de dindes bourgeoises et volumineuses en sirotant des cocktails hollandais : *VORBURGJES, SLAPPE CATS OU OUDE KLARE*. Dans la soirée, à la maison, j'étais peintre du dimanche, doué d'un sens authentique de la couleur et d'un faux mépris de la forme. Comme je ne savais pas dessiner, je ne voulais pas dessiner. Mon style : dadaïsme futuriste. Trois épaisses revues artistiques (*Variétés*, édité à Bruxelles, *Querschnitt*, à Berlin et *Le Minotaure*, à Paris) me permettaient de rester en contact avec le monde de la création. Je me considérais comme moderne, mais me révélai classique. Ce que cela signifie de manière précise, je l'ignore : on m'a si souvent mis dans cette rubrique que j'ai fini par considérer que c'était plausible. Quelques-uns des tableaux de cette époque-là ont survécu : ils me font aujourd'hui l'impression que j'étais sur la bonne voie. Il n'y a rien de plus difficile que de porter un jugement sur des œuvres de jeunesse. Quand il s'agit des siennes, on reste aveugle.

Quand Hitler s'empara de l'Allemagne, je cessai d'être approvisionné. Les stocks s'amenuisèrent, les dettes augmentèrent. Je fus, à ma grande honte, contraint de faire porter des échéances à trois mois, et un mois plus tard, faute de paiement, ce furent les protêts. Je convainquis les clientes qui ne trouvaient plus de sacs de me laisser les photographier. Mon bureau personnel devint mon premier studio. Cinquante ans plus tôt, un photographe s'était adonné à ses penchants dans le même immeuble, on sentait encore les effluves du fixateur. Derrière une porte barricadée se trouvait l'ancienne chambre noire. Sur le cadavre exsangue de la Fox fleurissait un appareil à soufflet (modèle Bergheil, Voigtländer), une lampe rubis brillait. Je développais, je passais mes nuits à faire des tirages en *high key*, pour pouvoir le matin venu afficher dans ma vitrine un nouveau visage d'ange surexposé, rayonnant parmi quelques sacs en larmes de crocodile ayant survécu au désastre. Tara Twain, de Hollywood, ma première victime américaine, fut ma première publication ; c'est avec elle que je fis *mes premiers pas** : Arts et Métiers graphiques, Paris, 1935. Comme il ne me restait pas d'autre solution, je devins photographe. Tout le monde m'en dissuadait. Les peintres ratés devenaient étalagistes, les étalagistes ratés devenaient photographes. Mais photographe, quelle déchéance ! Ceux qui affirmaient qu'à New York, une photo pouvait rapporter jusqu'à cent dollars étaient accusés de bluffer. Le prix maximum en Hollande était de dix florins, personne ne payait de prix insensés (on mégotait, c'était ça le commerce). En outre, on doutait – à juste titre – de mon talent. En 1932, j'eus la possibilité, sur recommandation, de présenter aux mandarins infaillibles de la photographie, KORF & KRONER, chez l'éditeur Ullstein de Berlin (qui publiait *Querschnitt*, *Uhu*, *Illustrierte*), mes travaux les plus réussis. Jugement unanime : gaspillage complet du matériel, absence totale de talent, aucune perspective, aucun sens, aucun avenir ! Cette condamnation à mort me laissa froid : je savais que j'étais photographe. J'ai rencontré à peu près autant de compréhension auprès de nombreux rédacteurs ou éditeurs, même auprès de ceux d'entre eux qui n'avaient pas à trembler devant Hitler. Si cependant des milliers de pages sont parues sous mon nom, il faut considérer que c'est le résultat du peu de fiabilité du jugement commun. J'ai été en outre encouragé à persévérer dans cette voie après avoir été photographe de plateau sur le film de Jacques Feyder *Pension Mimosas*, où j'ai pu constater combien j'étais inapte à la création artistique collective.

Plus qu'à quiconque, je dois reconnaissance au Führer Schicklgruber. Sans lui, je me serais enfoncé dans le marécage hollandais, sans lui, je n'aurais pas eu le courage de devenir photographe. Il m'a obligé à quitter ma tour d'ivoire (nous parlions de « notre île de solitude ») pour entrer dans la vie. En guise de remerciement, j'ai réalisé dans la nuit de son accession au pouvoir un montage de sa gueule d'horreur avec une tête de mort et j'ai ensuite, complètement ivre, couru à travers la nuit sur les vingt-cinq kilomètres qui séparent Amsterdam d'Aerdenhout. Cette photo a été jetée sur l'Allemagne en 1942 à des millions d'exemplaires comme tract américain : *HEIL HITLER !*

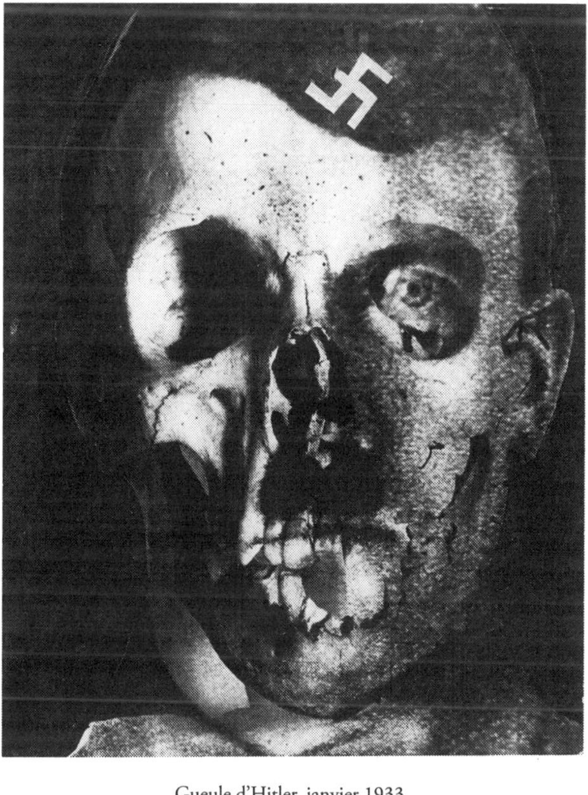

Gueule d'Hitler, janvier 1933.

50

MISÈRE NOIRE*

Des amis qui s'étaient portés garants pour un crédit bancaire de quinze mille florins furent obligés de casquer et me lâchèrent comme une vieille chaussette. Outre l'argent de mes amis (que je leur restituai par la suite), je perdis mes amis (qui par la suite voulurent revenir). Ma femme, mes enfants et mes soucis me restèrent fidèles. La honte, la dette morale et les dettes me furent mises sur le dos, dos courbé, vêtements élimés. Les frères Plotske, Shylock juifs comme on en trouve dans les récits bibliques, ou comme je les avais rencontrés dans des romans antisémites *(Doit et avoir*[1]*)*, surgirent comme les Marx Brothers, diables sortant de leur boîte, et agitèrent sous mon nez des liasses de billets fort tentantes. Des ennemis faisant les doucereux souriaient, des maîtres chanteurs menaçaient, des hommes de loi donnaient de mauvais conseils, des huissiers de justice apportaient sur la pointe des pieds les derniers sacrements au cadavre de ma Fox qui râlait encore. Abandonné par tous les bons et les mauvais esprits, je bazardai tout ce fourbi pour trois fois rien (*voor een appel en een ei*, « pour une pomme et un œuf ») : six mille florins. Pendant que je signais l'acte de vente, le sourire cordial des brocanteurs avait fait place à une impudence impitoyable. Ils me mirent sur-le-champ à la porte de ma propre boutique,

1. Voir note 1 page 211.

me menaçant si je m'y pointais à nouveau. On ne me laissa même pas emporter un portefeuille en guise de souvenir. Et l'embryon d'un fils chéri que, deux ans plus tôt, nous avions fait avorter à Berlin par le professeur Donner resta lui aussi entre leurs mains. Les Plotske avaient récupéré leurs six mille florins dès le premier jour de la liquidation. Je n'aurais moi-même jamais été capable de me séparer de mes affaires, je savais acheter, mais pas vendre. Je transigeai avec mes créanciers sur 20 % et, par un magnifique jour de septembre 1935, je me retrouvai au bord des dunes, sans un cent, avec ma femme et nos trois superbes enfants. Et maintenant, petit bonhomme[1] ? Une fois le gaz et l'électricité coupés et le piano à queue saisi, j'écrivis des profondeurs de ma misère une lettre à l'archevêque de Haarlem, que je lui adressai en recommandé, lui offrant pour cinq mille florins, donc bien en dessous du prix d'achat, les cinq âmes de ma famille. La lettre resta sans réponse. Je suis vraiment mauvais vendeur.

Parallèlement à l'emprise des créanciers, je subissais celle de douleurs abdominales épouvantables, qui furent aussitôt qualifiées de « névrose » (un jeu de société qui commençait à être à la mode). Les charlatans en chef et messieurs je-sais-tout qu'on n'a jamais assez loués firent le diagnostic d'un envahissement cancéreux avec double infection de l'appendice accompagné de divers diverticules et d'impuissance financière (faillite) et me condamnèrent à une mise en eau quotidienne de quarante litres, un mois durant, agrémentée d'une orange et de purée d'amandes. Quand j'eus perdu plus de douze kilos, ils m'abandonnèrent à mon sort, j'étais sauvé. Sans papiers, sans argent, sans famille, je me réfugiai à Paris pour enfin devenir photographe.

Je laissai derrière moi ces dix-sept années de marécage avec les mots de Voltaire : *« Adieu canaux, canards et*

1. Traduction littérale du titre d'un roman de Hans Fallada.

canailles !* » Mais pour parler aussi en bien de la Hollande au moment de la quitter : ce pays a de jolies chansons enfantines, des fromages, des crevettes et des pommes de terre, et une spécialité particulièrement succulente : *Nieuwe Maatjesharing !* Les jeunes harengs frais !

Pressentant un bonheur tout neuf, j'avais écrit cette ouverture :

Sara la petite négresse
Qui comme moi se fie au paradis
Échoue comme moi à Paris
Et comme un brave enfant, boit de l'anis
Vit d'amour et d'absinthe

Sara la petite négresse me gratouille
Le menton et sa fin n'a pas de sens
Où finir quand on commence
À sombrer dans l'absinthe ?

C'est ainsi que je finis
Car elle, douce comme l'anis
Me quitta à Paris
Je me gratouille tout seul le menton
Ne te mets jamais à l'absinthe
Et laisse
Sara la petite négresse.

51

PARIS

Allons, vous savez bien ce que je veux dire :
La ville qui dans la Seine se mire.

FRIEDERIKE KEMPNER[1]

Au printemps 1935, le destin fit entrer dans mon magasin de sacs moribond une Parisienne aux yeux clairs et aux cheveux blonds. Elle était en voyage de noces. Ayant vu les photos *high key* de ma vitrine, elle voulait que je lui tire le portrait. Geneviève était la fille du peintre Georges Rouault, elle était dentiste et me promettait d'afficher mes photos dans sa salle d'attente, avenue de l'Opéra. J'entrevoyais, enthousiaste, des paradis futurs et je nommai ma sainte Geneviève ambassadrice de mes intérêts à Paris. Je me voyais déjà, avec mon penchant pour l'alchimie, la magie noire, le cyanure de potassium et le non-sens métaphysique associé aux compétences particulières acquises chez M. & S. et chez les frères Gerzon, faire la conquête de la *Ville Lumière** comme photographe de mode. Jusqu'en 1920, dans les revues spécialisées, on ne voyait que des dessins, ou plutôt des esquisses pleines de raideur. C'est tout au plus au champ de courses (Auteuil, Chantilly, Longchamp) que des mannequins souriants prenaient parfois la pose devant

1. Friederike Kempner, 1828-1904, poétesse allemande.

des photographes spécialistes de l'art hippique. Soudain, un juif viennois et dessinateur de mode, le baron de Meyer, se mit à faire des photos en studio. Une nouvelle forme d'art. Aussitôt, le journalisme à sensation américain et l'internationale homosexuelle comprirent qu'il y avait là un marché énorme. Au commencement, le photographe de mode était un génie et son salaire ainsi que la manière dont il était traité allaient de pair. On attendait de lui qu'il soit arrogant, monstrueusement doué, qu'il s'affiche homo sans retenue et livre jour après jour de nouveaux sujets de ragots. J'eus vite fait de reconnaître les possibilités qui s'ouvraient au plan artistique mais je mis du temps à comprendre les difficultés de cette nouvelle forme d'activité très particulière.

Ce que je voulais vraiment : ÊTRE PHOTOGRAPHE EN SOI, *l'art pour l'art**, un monde nouveau que le juif américain Man Ray venait de découvrir de manière triomphale. Cela me permettrait-il de nourrir tant bien que mal une famille ? C'était là une autre question.

À peine arrivé à Paris, mon incurable cancer de l'intestin m'abandonna sous la forme d'un ver solitaire de huit mètres de long, mon bourreau. Mon premier rayon de soleil dans une *misère noire**. Dès lors, tout alla mieux. Ma carrière parisienne débuta en janvier 1936 à l'Hôtel Celtic, rue d'Odessa, dans une mansarde, chambre *nº 69 au sixième, prix d'ami, cent francs par mois**. La condition était que ma chambre puisse être louée tous les après-midi entre 3 et 7 heures pour le commerce amoureux. Le matin, je pouvais faire la grasse matinée. Allongé, on a moins faim, je restais donc beaucoup allongé. Le samedi, on changeait les draps. La plus grande source d'inspiration d'un artiste en devenir : la hideur des tapisseries dans les chambres d'hôtel parisiennes : des perroquets lilas perchés sur des harpes vert clair avec fond à rayures roses et bleu clair adouci par des tulipes rouge claquant et des bleuets jaune chrome. Dans de telles conditions, celui qui ne devient pas artiste n'a aucun talent. Le propriétaire de l'hôtel, M. Maes – un Belge qui picolait –, battait sa femme, une petite saucisse blonde. Pour se venger de lui, elle me donnait des draps propres plus souvent que prévu, parfois dès le mercredi. Toutes les chambres du Celtic étaient occupées par les prostituées du quartier Montparnasse. Des filles qui travaillaient beaucoup, jamais jolies, rarement jeunes, souvent charmantes. Dans la vie privée, réservées, pudiques. Elles prenaient l'amour *au sérieux**. Elles ne se lâchent jamais au bordel, c'est réservé à leur *mec**. Elles ne se prostituent que professionnellement, comme nous tous. Nuit et jour les bidets dévidaient en gargouillant des symphonies amoureuses : Villon, Baudelaire, Rimbaud, Verlaine, Apollinaire. Ni Valéry, ni Mallarmé.

Le matin, en m'habillant, j'observais de ma fenêtre mansardée sur cour étroite la petite Nadja à sa toilette, un modèle roumain aux longs cheveux noirs tombant sur ses épaules. Elle m'attendait, venait en souriant à la fenêtre, toute nue, et caressait d'un geste d'invite ses petits seins avec une rose. Dans la rue, ou au Café du Dôme, elle ne me connaissait pas. Ce n'est que vingt-cinq ans plus tard, quand nous nous revîmes, c'était alors une vieille femme, qu'elle m'avoua que j'avais été son grand amour par la fenêtre, son partenaire pour le *jeu de la rose**.

*Ma voisine d'en face** au bout de l'étroit couloir était une délicate blonde sérieuse, enveloppée dans un grand deuil de tulle, les yeux toujours baissés. *La propriétaire Mme Maes**, pleine de discrétion, me révéla que ma voisine était la veuve d'un médecin bellifontain (donc originaire de Fontainebleau), qui logeait ici avec son fils *(un garçon adorable*)*, pour régler les formalités d'un important héritage. J'ai rarement vu la veuve, qui vivait retirée, et jamais le fils. Une nuit, vers 3 heures du matin, un coup de tonnerre humide me tira de mes rêves profonds. Pendant que je comprenais qu'un pot de chambre en porcelaine plein à ras bord, brisant le verre dépoli de ma porte, avait atterri sur mon lit, des dames gloussant avec excitation occupèrent la scène. Dans leurs peignoirs ouatinés boutonnés jusque sous le menton ces putains, si l'on faisait abstraction d'une surabondance de rubans, avaient plutôt l'air de bonnes sœurs. Peu à peu, les circonstances furent précisées : la veuve de médecin n'en était pas une et gagnait son pain sec au Sphinx (le bordel du boulevard Edgar-Quinet était sans doute le plus prospère, juste à l'angle de notre hôtel, il appartenait au ministre de l'Intérieur Albert Sarraut et à son frère). Le fils n'était pas du tout son fils, mais son gigolo, qu'elle enfermait dans sa chambre. Cette nuit-là, le vase de nuit plein entre les mains, il l'attendait derrière la porte pour le lui balancer au visage et de la sorte retrouver sa liberté (ce à quoi il était parvenu). En s'écartant prestement, la veuve avait esquivé le projectile qui avait atterri sur moi. *« Les amants des prostituées sont heureux, dispos et repus**[1]… » Mademoiselle Cricri, la veuve, pria tous ceux dont le sommeil avait été troublé de prendre un verre dans sa chambre. Elle s'adressa à moi plus particulièrement pour me présenter ses excuses selon les formes et m'inviter avec une brève révérence. Encore douloureusement perturbé par mon ver solitaire, je tentai de m'excuser mais sans conviction, car en fait, j'étais trop curieux de la suite : cette aventure rocambolesque, la porte enfoncée, le lit mouillé, les *poules** et leur caquet me rappelaient des nouvelles décrivant la vie d'artiste : la *Vie de bohème* de Murger, Maupassant et *La Maison Tellier*, Toulouse-Lautrec, Degas, Bubu de Montparnasse. C'est ainsi que Mademoiselle Cricri parvint à m'enlever en triomphe et à m'amener dans son appartement, deux pièces pleines de monde. Coq après la bataille, je m'affalai d'une manière particulièrement peu propice à l'orgie sur son grand lit, car il n'y avait pas d'autre siège disponible. Assises bien

1. Premiers vers du poème « Les Plaintes d'un Icare » de Charles Baudelaire in *Les Fleurs du Mal*. .

droites, sept dames sirotaient à petites gorgées leur *marc de Bourgogne** – cadeau d'un négociant en vins et spiritueux. Chacune de ces déesses de l'amour m'apostropha d'un ton maniéré et grave par des formules de politesse, parlant du *« grand artiste photographe, M. Blondel* »* : la rue Blondel était une des ruelles les plus mal famées, au cœur de la prostitution de la porte Saint-Martin. Chacune voulait être photographiée, pas nue, mais en *« première communiante* »*. Même quand toutes furent déjà bien imbibées, aucune trace d'érotisme. Mon latin de bordel, qui remontait à la Première Guerre mondiale, était insuffisant, rien n'est à la hauteur du caquet parisien, tout le monde parle comme une mitraillette *(« Il n'est bon bec que de Paris* »)*. Je camouflais mon ignorance crasse de l'argot qui se chuchotait en recourant au truc fatigué de l'exilé qui fixe d'un air attentif les lèvres de son interlocutrice et rit ou fronce les sourcils selon le cas. La plupart du temps, mon expression précédait la conversation de trois phrases. Quand ces dames commencèrent à évoquer avec des trémolos dans la voix la *chaude-pisse** d'une de leurs jeunes camarades en chantant *« Avec les pompons, avec les pompons, avec les pompiers* »*, les petits verres de marc commencèrent à agir sur mon estomac vide et ces grâces me remportèrent, tout doux, tout doux, dans mon lit trempé.

Le destin m'avait déjà par trois fois imposé la tâche herculéenne qu'est l'accès à une nouvelle langue. Exercice cérébral incontournable à qui prétend devenir citoyen du monde. Émigrer garde jeune. Cela fait cinquante ans que je suis en train de désapprendre ma langue maternelle. Faute d'être doué pour les langues, je n'ai pas trouvé de langue belle-mère. Moi qui suis un parleur volubile, je me mis à parler lentement, pour réfléchir à mes fautes avant de les commettre : j'évitais le subjonctif et le conditionnel, je me concentrais. C'est en Hollande que ce fut le pire, où chacun se moque méchamment de la moindre petite faute commise par un étranger. *En France, on déteste les sales métèques, mais on reste poli quand même**. C'est aux États-Unis que les choses se passèrent le mieux, chacun y a un jour été un immigrant : *They simply adore foreign accents.* De peur de nous faire remarquer et d'être expulsés, nous autres exilés, nous chuchotions d'un air entendu en gardant la bouche fermée. Car en fait, nous étions seulement tolérés. On parlait aussi à voix basse parce que le passeport était périmé depuis longtemps, la *carte d'identité** jamais *« en règle* »*, on bossait *« sans permis de travail* »* et on avait honte de sa langue maternelle. Seuls les exilés nobles, les marchands de timbres-poste, de diamants et d'art qui avaient réussi à sortir leurs pépettes à temps, criaient plus fort que chez eux, tout en concédant que leur français scolaire, qu'ils utilisaient avec tant d'aisance à Berlin, ne coulait pas si facilement que cela. Ils l'accompagnaient en dévorant de manière ostentatoire des *chateaubriands** aux terrasses des cafés.

À mes débuts parisiens, Geneviève a tenu parole de manière tout à fait royale. Aucun des clients exigeants qui s'adressèrent à moi de sa part ne m'a jamais payé, en revanche, chacun d'entre eux m'a apporté de nouveaux clients qui eux non plus ne me payaient pas. Mais ainsi, mon nom circula, et je commençai à être connu. Paris ne paye pas en espèces sonnantes et trébuchantes : *on vous fait une réputation. « Placé à Paris, placé dans l'Univers*. »* J'étais fou de ma sainte patronne Geneviève. Nous ne sommes jamais allés au-delà du baisemain, mais ma femme et moi fûmes souvent invités à souper. Pour des exilés à Paris, un honneur rare. À table, maître Rouault ne laissait personne parler, il se lamentait de manière imprévisible et obsessionnelle à propos du *ganguestère* (« gangster ») Vollard, son marchand de tableaux, qui l'exploitait. Rouault se laissait adorer et manifestait de son côté une adoration mystique pour Jeanne d'Arc, ce qui me semblait grotesque, car je pensais qu'un peintre moderne est un homme moderne. Mais je ne comprenais hélas pas grand-chose à ses spirituelles diatribes, proférées d'un ton surexcité. Quand on ne comprend pas tous les mots, on ne comprend rien. Lors d'une de ces soirées, je priai Rouault d'écrire quelques mots pour l'invitation à la première exposition parisienne de mes photos _(« Chez Billiet, rue La Boétie, vernissage le 2 mars 1936* »)._ Rouault se fit un plaisir de refuser et m'adressa à Valéry _(« Il adore être embêté* »)._ Valéry, que je connaissais à travers _La Nouvelle Revue française_ comme une intelligence parisienne supérieure, reçut le jeune photographe que j'étais avec la cordialité blasée du génie portant monocle et de l'homme du monde, sans interrompre ses téléphonades avec des marquises. Il savait faire impression, surtout à lui-même. « Je suis prêt », dit-il avec condescendance, « à feuilleter votre portefolio, à condition que vous ne me demandiez pas d'écrire une présentation de votre exposition. » Puis il survola mes photos. Je sentais ce qu'il éprouvait et il me faisait pitié. Difficile de quémander quand on fait preuve de compréhension. Sur le carton d'invitation, je fis imprimer une citation tirée de _L'Idée fixe_ de Valéry, _« Ce qu'il y a de plus profond en l'homme, c'est la peau* »_, et en dessous, j'écrivis mes propres élucubrations : _« On cherchait par la photographie psychologique le portrait définitif : on a découvert un nouvel aspect de la beauté*. »_ Je me croyais plein d'esprit. À cette époque-là, j'ai fait des portraits « définitifs » de Rouault et de Matisse. Ils me reprochèrent l'un et l'autre, telles des prima donna, de les avoir vieillis, et ils peignirent l'un et l'autre, immédiatement après mes photos, des autoportraits où ils se rajeunirent. Maître de la vanité, Rouault m'écrivit un poème sur sa _« tête de forçat* »._

Il y avait des tensions entre Geneviève et son dernier époux Rapha, que je connaissais bien à travers Balzac. Ils se disputaient pour le moindre mot. Si Rapha avait, pour la dixième fois de la soirée, parlé d'une _« choirée sarmante* »_, Geneviève piquait une crise. Un étrange opportunisme judéo-jésuito-français traversait toute la famille. *Le maître** Rouault était royaliste – Action française –, le gendre était juif marocain, grand dentiste et prétentieux, Geneviève, qui achevait ses études de médecine, nouvelle jeunesse, plutôt à gauche, *gauche sentimentale**. Il y avait aussi des mères, des sœurs, un bébé.

Ce qui me choquait, me ravissait et me faisait sortir de mes gonds, c'était de voir Geneviève s'offrir chaque nuit à l'angle du boulevard Montparnasse et de la rue Montparnasse, où se bousculaient les prostituées. Quand pour la première fois je la vis y séduire un jeune marin portant béret à pompon, en robe de satin noir moulante avec SON *« sourire de Reims* »* empreint de sérieux, avec SES fossettes, et l'emmener à l'Hôtel des deux Maries (Marie-Salomé et Marie-Jacobé), je fus scandalisé par la double vie de ma sainte patronne. Les rêves de putains de son illustre père devaient-ils s'incarner de la sorte ? Une fois, je pris sur moi de lui adresser la parole. Tandis que je cherchais des mots impossibles à trouver, et ne parvenais pas à aller plus loin que *« Pourquoi*? »*, elle se détourna d'un air de mépris, perchée sur ses talons hauts, et entra dans l'hôtel avec un client d'un certain âge. Dédoublement de la personnalité ou vie en miroir ? Pour ma part, j'étais un stupide libertin avec sa double morale : je révère les prostituées à l'égal de saintes et j'en veux à mes saintes de se mettre au niveau des bayadères. Ce n'est que peu avant la guerre que l'énigme s'éclaira pour moi : un soir où j'étais assis à la terrasse de la Coupole avec Rapha et Geneviève, son double passa devant nous.

52

LA BELLE HÉLAINE, AVANT ET APRÈS*

J'eus bientôt la certitude que je ne ferais pas d'affaires avec les portraits. Mes espérances dans la mode avaient échoué devant les portes hermétiquement closes des revues spécialisées. Contre toute attente, la haute couture eut elle aussi peur de mon talent et n'avait pas de quoi payer les photos. Il ne restait plus que le monde de la réclame, objet de mon mépris. Jour après jour, je me jetais avec une enveloppe bourrée de photos sur des clients potentiels. À ma grande surprise, le succès vint : je reçus des commandes. Alors que je n'avais ni studio ni argent pour acheter le matériel indispensable. Robert Guesclin fut mon premier « directeur artistique ». Lorsque j'entendis tout d'abord ce terme, je crus à une blague. Ce n'en était pas une. Il me semblait inconcevable que mes idées, mon travail, mes photos puissent être manipulées, châtrées, abâtardies en vue de leur impression, par des mains étrangères, celles d'un directeur artistique. À Paris, en ce temps-là, c'était encore une question d'art. Plus tard, en Amérique, je fis la connaissance de la brutalité pathologique des directeurs merdistiques : rien que des photographes d'art ratés qui cherchaient page après page à se venger de leur totale absence de talent. Leurs emblèmes : le sablier, la gloire des rayons du soleil, les suppositoires contre la constipation et les papillons. Racaille pathétique. À l'opposé de tout cela, Robert Guesclin était un Français doté d'un flair particulier pour les réclames vantant les produits cosmétiques, qu'il produisait pour la plus grande maison de produits capillaires du monde : affiches d'un goût révolutionnaire, humus sur lequel, depuis, le cosmos cosmétique végète. Guesclin était parisien : introverti cultivant la méchanceté (Proust), il n'avait que mépris pour les efforts, en particulier les siens. Il faisait travailler sur une commande jusqu'à en être exsangue. Quand on avait remis son travail, il le considérait sans mot dire, se drapait de silence, et pendant des semaines, impossible de lui parler. Il évitait les conversations autour des questions de paiement tout autant que le paiement lui-même. Il fallait que je m'y fasse et que j'en vive. Son bureau, rue Volney, faubourg Saint-Honoré, était un capharnaüm journalistique digne de César Birotteau. Une vieille sorcière, Mme X, le surveillait depuis l'antichambre, et il dépendait d'elle. Ce n'était pas une employée de la maison, mais elle veillait de sa propre initiative à coups de regards torves à ce qu'aucune jeune femme ne s'approche trop de lui. Ses assistants chargés de la mise en page lui léchaient pieds et mains et traitaient avec insolence les nouveaux comme moi. Par la suite, ils me léchèrent aussi les pieds. Quand l'artiste est « arrivé », tout le monde n'en a que pour le *« Cher Maître* »*. Le matin, Guesclin n'arrivait jamais avant midi, il ne laissait jamais personne faire antichambre moins d'une heure, ne respectait aucun rendez-vous, disparaissait des heures durant pour le déjeuner, regagnait son bureau en fin d'après-midi, titubant, pour que le *« Grand Patron* »* remarque sa présence, et ensuite, il se reposait. *Un philosophe**. Nous fîmes connaissance sans empressement, mais après seulement quatre ans, nous commençâmes à nous prendre d'amitié réciproque. Depuis que nous n'avons plus affaire l'un à l'autre et que nous ne nous rencontrons plus du tout, nous sommes devenus très proches : *des vieux copains**. Il associait à son profil à la Dante des lèvres pincées, était libre penseur, réactionnaire, libertin, antisémite, épicurien, une combinaison que favorisait le climat parisien : *un « combinard* »*. Avare par goût et par calcul, c'était un exploiteur, comme tout Français. Être exploité par lui, c'était une excitation masochiste. Nous avons souvent exploré ensemble le *marché aux puces**, en quête de peintres du dimanche pour sa collection (incendies et natures mortes aux fruits rouges). Ensuite, nous nous régalions dans des bistrots de la porte de Saint-Ouen. Il me laissait toujours régler l'addition, ce qui en ces jours de misère n'était pas chose facile. En guise de compensation, il me confiait la mission honorifique (honorifique = *à l'œil**), de photographier sa jeune maîtresse Hélaine de L., *une femme du monde**, fille d'un ambassadeur d'Amérique du Sud, *une grande dame d'autrefois**. J'éprouve une tendresse innée pour ces animaux de luxe parfumés qui savent faire bruisser la soie et les mouvements de leur âme. Pendant tout un long et merveilleux après-midi, je luttai avec cette splendeur pour son portrait. Capturer la beauté d'une belle est plus difficile que de rendre belle une femme laide. Hélaine était d'une indescriptible beauté, mais les déesses veulent être belles d'une manière différente de ce que je vois. Il leur faut des décennies avant d'habiter leur portrait. Le modèle vieillit, la photo reste jeune.

Vingt ans après cette séance, je rendis visite lors d'un de mes voyages en Europe à celui qui dans l'intervalle était devenu mon *MEILLEUR* ami Guesclin à Aix-en-Provence, où, complètement momifié, il jouait les Philémon et Baucis avec son riche cerbère, Mme X, qui avait réussi à faire sa conquête au début de la guerre (une des rares victoires françaises). Elle avait 80 ans, en paraissait 60, il en avait 60 et paraissait en avoir 90. La Sainte-Victoire de Cézanne se dressait, bleu clair, d'un autre monde, derrière leur petite oliveraie. Après un déjeuner raffiné – un peu trop d'ail –, les dames partirent faire des emplettes en ville. Robert se mit à trembler de manière inquiétante et m'emmena dans son bureau, il en avait trop sur le cœur. Nous étions seuls dans la maison, et pourtant il ferma soigneusement la porte, enroula un tapis et sortit d'une cache dans le plancher une enveloppe usée qui me rappela quelque chose ; il étala alors amoureusement devant moi la série de la *Belle Hélaine** de 1937. Nous étions tous deux émus par ces *« neiges d'antan* »*. Accroupi par terre entre les photos, il me regarda fixement, sa chevelure blanche au vent, comme une vieille femme souffrant de coliques ; il avait peine à parler : « *Cher ami**, vous avez sans doute entendu dire que j'ai été condamné à un an de prison avec sursis pour usage d'opium, alors que le juge en est lui aussi consommateur. Je dois faire attention. Quand on fume la pipe, on a des sensations exacerbées. Je souffre d'un vieux problème dentaire, et il faut que vous m'aidiez, *cher ami**. Il y a trois semaines, à Paris, dans la rue, j'ai revu Hélaine pour la première fois depuis notre douloureuse séparation. Elle était plus belle que jamais mais je n'ai pu lui adresser le moindre mot, j'étais avec *Madame**. Elle n'a même pas répondu à mon salut discret. Car Hélaine ne sait toujours pas, aujourd'hui encore, pour quelles raisons désintéressées j'ai jadis dû rompre avec elle. *Cher ami**, je vous en prie, quand vous serez sur le chemin du retour, en passant par Paris, allez la voir et expliquez-lui ceci : en mai 1939, alors que je me rendais auprès d'elle, ma bien-aimée, une de mes dents se brisa devant le Théâtre français (et pour me prouver qu'il disait vrai, il montra du doigt sa bouche) : au lieu de me rendre chez elle, il me fallut aller voir le dentiste et c'est sous ses tenailles que je compris que j'étais trop vieux pour une jeune déesse. *Cher ami**, vous devez convaincre Hélaine que si je l'ai laissée tomber, c'est uniquement par égard pour elle ! » (*« Laisser tomber* »* : le leitmotiv de la morale française.)

Ma passion pour *L'AVANT/APRÈS** me poussa à revoir Hélaine. Au téléphone, elle se montra plutôt réservée. Elle m'aurait volontiers rencontré, j'étais « une vieille connaissance », mais à condition que je ne dise pas un mot du fameux Robert, tombé en disgrâce. Elle ne pensa pas davantage qu'il puisse être nécessaire de me préparer au fait qu'elle avait vingt ans de plus qu'alors. Je la rencontrai à 5 heures de l'après-midi, à Passy, rue Raynouard, elle habitait une maisonnette avec jardin proche de la villa de Balzac, dans un quartier tout à fait bourgeois. Je devinais avec nostalgie sur cette matrone rondouillette qui pouvait avoir la cinquantaine les ombres d'une beauté disparue. Autour d'un verre, nous parlâmes de tout ce que nous avions vécu. Aux premiers temps de l'Occupation allemande, elle était partie pour Lyon, sans un sou, à pied avec sa petite fille. Elle y avait, pour ne pas mourir de faim, travaillé dans une maison de passe et fait la connaissance d'un gros industriel qui l'avait prise sous sa protection. Depuis, elle était sa secrétaire privée et sa maîtresse. Malheureusement, l'horrible épouse refusait de mourir et *pas question de divorce**. Je gardai mes aventures pour moi. Tout Français n'en croit de toute façon le moindre mot. Quand on commence à parler des horreurs des camps de concentration français (mon sujet de prédilection), il fait celui qui n'entend pas. La France sait voiler du manteau du silence ce qui fait sa honte. Aussi évoquai-je New York, sujet auquel tout Français s'intéresse avec envie, pour en arriver sans préambule à l'histoire de la dent de Robert. Comme piquée par une tarentule, elle bondit : « Ce n'est pas parce qu'il avait perdu une dent que cette lavette m'a laissée tomber, mais parce que j'avais perdu ma fortune ! Dès la banqueroute de la compagnie Argentina Insurancia, dans laquelle mon père avait investi ses millions, Robert s'est laissé épouser par la vieille sorcière. Pour le tenir en laisse, elle l'a empoisonné, en a fait un vieillard, un vieux type gaga, qu'elle fait danser comme siffle sa flûte à opium. Vous avez vu comme il tremble. Je suis vengée ! » Elle rayonnait, jeune et triomphante. J'aurais volontiers passé la soirée auprès d'elle. Mais je devais prendre congé.

Elle me pria de lui accorder encore cinq minutes, pour une surprise, disparut dans la pièce voisine et j'entendis par la porte à moitié ouverte qu'elle se déshabillait. Chaque vêtement a sa propre musique. Au bout d'un quart d'heure, poudrée, du rouge aux joues, elle posait, vêtue d'une robe ajustée en taffetas bleu ciel de Poiret datant de 1912, une grande toilette de bal bien trop serrée pour elle. Une fois ma première surprise passée, elle déroula un rouleau qu'elle tenait à la main : le portrait grandeur nature de sa mère dans cette même robe, peint je crois par Le Sidaner. Quand je pris congé, elle me pria de lui donner une des photos d'alors ; Robert ne lui en avait pas laissé un seul tirage.

53

L'HISTOIRE DE LA BELLE GRIMM

Par un beau soir d'été de l'année 1936, boulevard Montparnasse, je tombai sur le photographe Landshoff, et lui racontai, rayonnant de joie, que j'avais grâce à des amis réussi à louer un superbe studio rue Delambre, et que je m'y installais le lendemain. Il me promit le plus beau des modèles et tint parole. L'après-midi suivant, des yeux du plus beau bleu céruléen resplendissaient dans mon atelier encore vide. Cette jeune personne, la demoiselle Grimm, enceinte jusqu'aux oreilles, se laissa tomber épuisée sur le seul siège, un canapé fatigué abandonné par le locataire précédent. Grimm – elle n'avait pas de prénom – était tout juste en mesure de me débiter l'histoire de sa vie, son seul et unique sujet de conversation, elle l'avait apprise par cœur. Fille du professeur Grimm, spécialiste de littérature classique francfortois, elle s'était livrée à des actes contraires aux lois raciales avec un juif hongrois, le baron von Tillaly, s'était enfuie avec lui à Prague et avait atterri à Paris après un passage par Vienne. Comme des milliers d'autres, sans la moindre ressource, sans papiers (quand on avait de l'argent, on avait aussi des papiers). Mais c'était la plus belle femme du monde. Peut-être aussi la plus stupide. Il me fallut convenir à contrecœur que beauté et bêtise sont apparentées. Après ces observations d'une grande profondeur psychologique, je passai à la profondeur de champ : longues poses sublimes. Grimm, plongée dans un profond sommeil, ne laissait ni l'ardeur des lampes ni mon ardeur à la tâche la déranger. Au bout de quelques heures, elle s'éveilla en criant : « Tristan ! » Il faisait nuit et je l'aidai à descendre l'escalier puis l'accompagnai jusqu'à la rue. Devant la porte, son tristounet Tristan l'attendait, un triste individu qui se donnait le genre intello et tenta aussitôt sans succès de me taper de cinq francs. Il dit d'un ton vexé : « Laisse tomber, ma petite Isolde, encore un homme qui ne vaut rien ! » Je compris à regret que laideur et intelligence ne sont pas apparentées.

Quelques semaines plus tard, Isolde mit au monde une petite fille, appelée Tristania, son papa tout craché. Mes photos de Grimm endormie furent bientôt publiées, série qui contribua au démarrage de nos carrières respectives. Même en Amérique. La revue *Esquire* avait pour son nouveau magazine *Coronet* acheté cinquante photos signées Blumenfeld pour la somme énorme de quinze dollars par photo et les avait payées. La France payait de promesses, et encore, *« 30 jours fin du mois 5 % + 2 % + 2 %* »*. C'était le minotaure Thériade qui avait négocié l'affaire. En échange, il m'avait fallu lui abandonner gratuitement vingt-deux photos pour sa nouvelle revue *Verve. J'étais placé**. Je commençais mon ascension.

Mlle Grimm était devenue un modèle recherché et cela lui permettait de nourrir tant bien que mal son mari et son enfant. Quel que soit le lieu où Isolde posait, Tristan poussait la voiture d'enfant devant la porte, ouvrait sa chaise pliante et se mettait à tricoter de la layette, attendant son éternel retour. Il prétendait travailler pendant la nuit à ses « Élégies pour Isolde », que personne n'a jamais vues. À mes débuts à *Vogue*, j'ai fait de belles pages avec Grimm, jusqu'au moment où j'en eus soupé de son commérage de boniche allemande. Quand on lui disait *« Bonjour, Mme Grimm* »*, elle s'offusquait du caractère superficiel des Français. Elle fut vite célèbre – les modèles atteignent plus vite la célébrité que les photographes –, se mit à jouer les prima donna et à attendre son troisième enfant, ce qui compliqua la situation. En août 1939, je photographiai pour la dernière fois l'insupportable splendeur, au bois de Boulogne, adossée à un arbre antique, sa tête de *primavera* coiffée d'une énorme toque en fourrure (Schiaparelli). Elle ronchonna tant pendant la séance de pose que je lui dis que nous ne travaillerions plus ensemble. Quinze jours plus tard éclatait la Seconde Guerre mondiale.

Une quinzaine d'années après, Mme Dillé, la mère aimante de tous les modèles et de tous les photographes, me demanda de jeter un œil à une jeune fille qui avait besoin de bonnes photos pour être lancée. Il ne fallait pas que je pose trop de questions, elle me raconterait tout ensuite. Arriva une fille timide, aucun intérêt : TRISTANIA ! Elle n'avait pas de nom de famille. Je lui racontai avec émotion qu'elle m'avait rendu visite dix-huit ans auparavant, dans le ventre de sa mère, peu avant sa naissance. Cela ne l'intéressa pas du tout. Elle voulait seulement savoir si j'allais la photographier et quand je le ferais. Je l'invitai à déjeuner. Elle refusa, son père l'attendait devant la porte. Impossible de faire quelque chose pour elle, elle avait trop de Tristan et pas assez d'Isolde. Mme Dillé me raconta ce qui s'était passé après août 1939.

Tristan, comme tous les indésirables étrangers, avait été interné dans un camp de concentration français. Le monde de la mode était paralysé, Isolde ne savait qu'être belle, ses petits piaillaient pour avoir du pain. Isolde œuvra à la libération de Tristan, courant de Poncee en Pilate. On lui promit partout de faire le maximum à condition qu'elle fasse elle aussi son maximum. Isolde coucha ici et là, et encore bien ailleurs, sans parvenir à libérer Tristan. Après la « *drôle de guerre** », ce fut la débâcle incroyablement rapide de la France. Les camps de concentration français furent, comme il convenait, placés sous la responsabilité des vainqueurs allemands, ce qui simplifia les négociations secrètes de Grimm, qui avait toujours eu du mal à s'exprimer en français. Les vainqueurs ont plus à promettre, moins à tenir. Elle alla d'officier en officier, s'abandonna çà et là, fut bientôt la bacchante la plus courtisée de l'état-major, se fit attribuer une luxueuse villa abandonnée par des Juifs, à l'orée du bois de Boulogne. Accomplissement de rêves de toutes sortes : pour chaque enfant une gouvernante, des poneys pour la promenade, d'authentiques Rembrandt au-dessus du lit à baldaquin, des diamants, du champagne, des tenues de soirée sublimes, des serviteurs en livrée, des dessous de rêve : tout cela pour Tristan, rien que pour lui. La brave Gestapo, soucieuse d'apporter son aide, prit en main ce cas particulier. Déclaré Aryen d'honneur, le Juif Tristan fut extrait du camp de Drancy et emmené en cellule particulière dans une prison parisienne, avec des cailles au petit-déjeuner. Par sa fenêtre grillagée, il pouvait faire signe de la main à ses enfants qui passaient à dos de poney. Isolde avait bon espoir : encore quelques formalités, et il serait libéré. Si elle parvenait au cours d'ébats amoureux à soutirer à force de cajoleries à tel ou tel général tel ou tel aveu, Tristan pourrait bientôt entre ses bras se livrer à la poésie et reprendre son tricot. La femme la plus bête du monde fit ce qu'elle pouvait dans son rôle d'espionne pour la Gestapo. Plusieurs des généraux qui avaient badiné et batifolé avec elle furent condamnés à mort. Jusqu'au moment où elle tomba tellement amoureuse d'un beau capitaine d'aviation de style baldurien[1] qu'elle lui avoua sur l'oreiller sa liaison avec la Gestapo. L'aviateur fou de rage fit du tapage au quartier général de la Gestapo. Quand le lendemain matin les petits en kilts écossais revinrent à dos de poney de leur promenade au Bois, ils trouvèrent leur maman, une croix gammée clouée sur le front, morte sur les marches de leur villa.

1. Référence à Baldur von Schirach, qui fut chef des Jeunesses hitlériennes.

54

EN VOGUE*

Lors de mes débuts parisiens, un beau jour, en fin de matinée, Rosalie, la femme de chambre de l'Hôtel Celtic, me tira de mon sommeil en frappant à ma porte, car on me demandait au téléphone. Six étages plus bas, me voilà à la réception, en imperméable déchiré. Une voix de sirène susurrait mes louanges avec un accent anglo-saxon : Cecil Beaton, Lord Byron de la caméra, prince du Pays des Génies et photographe de la Cour, *enfant gâté et terrible de* VOGUE*, versant du miel sur mon âme blessée : il dit trouver mes portraits des filles de la vicomtesse Marie-Laure de Noailles *DIVINES !* Prendrais-je le thé avec lui l'après-midi même au Ritz ? J'eus le sentiment que les portes jusqu'alors hermétiquement closes des salons du grand monde s'ouvraient devant moi. En dépit de fantastiques lettres de recommandation et de cartes de visite d'introduction, je n'étais jamais parvenu à prendre contact avec l'éditeur en chef de *Vogue*. Il recevait les artistes le vendredi entre trois et cinq. Chaque vendredi, j'attendais avec de nombreux compagnons de misère. Vers 6 heures, il revenait fort échauffé de son déjeuner, franchissait la haie des artistes, qui se levaient avec respect sur son passage, ne les gratifiait pas du moindre regard, et n'en recevait jamais plus d'UN (doté de relations particulièrement influentes) ou d'UNE (dotée de jambes particulièrement attrayantes). Sa charmante secrétaire privée, Lionne, renvoyait les autres au vendredi suivant.

Je toquai à la porte de Beaton, au Ritz, entrai et découvris une dame en déshabillé de dentelle, devant le miroir, qui essayait un chapeau orné d'une plume d'autruche. Je pensai qu'il s'agissait de Baba, la célèbre sœur de Beaton, et m'excusai. C'était Cecil en train de choisir des vêtements pour une photo de mode. Il s'écria en riant : « Erwaine ! » En dépit de tout ce qui nous séparait, nous devînmes sur-le-champ bons amis et nous le sommes demeurés, avec *un certain sourire**, tout au long de notre existence.

Avec la protection de Cecil, j'atterris bientôt dans la « boutique » *Vogue* et j'appris à mépriser ce milieu hostile à l'art et cette foire des vanités, où de prétentieux journalistes à sensation s'affichent en arbitres des élégances. Les illusions sont là pour être perdues. Dans cette fourmilière des ambitions insatisfaites, où on est à la chasse des *nouveautés à tout prix**, je demeurai malgré la publication de milliers de pages un franc-tireur et un corps étranger. Michel de Brunhoff, *rédacteur en chef de* Vogue*, Paris, m'affirma : *« Si vous étiez seulement né baron et devenu pédéraste, vous seriez le plus grand photographe du monde* ! »* Moi, j'avais déjà compris que LE MONDE N'EXISTE PLUS.

Au bout d'un an, je fus lassé de *Vogue* et décidai d'aller tenter ma chance au *Harper's Bazaar*, à New York. La meilleure décision de toute ma vie. Le géant des océans le plus rapide et le plus hideux, le *Normandie*, me conduisit en cinq jours du Havre au bain de vapeur qu'est New York, où j'accostai par un matin de juin torride. L'Exposition universelle de 1939, THE WORLD OF TOMORROW, venait d'ouvrir ses portes. En ce temps-là, le Nouveau Monde était encore vraiment nouveau. À Manhattan, on détruisait et construisait à tour de bras. Le métro aérien devenait souterrain. Les nouveaux gratte-ciel ne voulaient plus avoir une allure de petites cloches en forme de saucisses baroques de quarante étages et osaient montrer un nouveau visage : Le Corbusier (Paris), Oud (la Nouvelle Objectivité hollandaise), Mies

Van der Rohe (Bauhaus, Weimar). La nouveauté vient en général du dehors. La climatisation commençait à rendre la vie plus supportable ; les premières radios portatives – des valisettes trimballées dans les rues de New York – hurlaient jusqu'à l'extinction de voix. Le New Deal avait triomphé de la réaction, le nylon de la soie, les vitamines l'emportaient sur les faiblesses humaines. Le monde, hier encore si vaste, était en train de se rétrécir : en vingt-quatre heures, des clippers faisaient déjà traverser l'océan à une simple lettre. L'Amérique était sortie de sa dépression, devenue grande puissance, et Franklin D. Roosevelt dirigeait la politique mondiale depuis son fauteuil roulant. Les intellectuels venus d'Europe y trouvaient la sécurité et en signe de reconnaissance, inventaient la bombe atomique. Happy days are here again !

La veste en tweed sur mesure achetée à Paris spécialement pour New York se transforma en sauna étouffant. Je ne parlais que quelques bribes de mauvais anglais, ne comprenais rien du tout à l'américain. Je descendis à l'hôtel Gladstone, East 52nd Street, pris un jour de repos, mais, soucieux de joindre l'utile à l'agréable, je décidai de faire réparer le stylo que j'avais acheté quinze ans auparavant à Amsterdam. La garantie à vie de Waterman, que j'avais, tout au long de ces années, soigneusement conservée dans mon portefeuille, indiquait l'adresse : 10 Broadway. Il me suffisait donc de descendre Broadway. Le portier de l'hôtel me le déconseilla : par le *subway*, j'en avais pour vingt minutes. Le thermomètre indiquait cent trois degrés. Pas la moindre idée de ce qu'était Fahrenheit. C'est seulement en marchant qu'on découvre pays et gens (comme c'est allemand !). J'atteignis rapidement Broadway en empruntant une gorge profonde de gratte-ciel qui alternaient avec des maisonnettes basses et vieillottes. Je perdis aussitôt le sens de la mesure (de l'espace, du temps et du goût), je me précipitai, mourant de soif, dans le premier bar venu, et commandai un grand verre de jus d'orange frais, dont j'avais entendu dire tant de bien. On m'apporta un *highball* de whisky, et je n'osai pas refuser. On me considéra même avec admiration. Vers 2 heures, j'étais déjà à hauteur de Broadway 1650, il ne me restait plus qu'à descendre mille six cent quarante numéros. Mes chaussures restèrent collées dans l'asphalte brûlant sur Times Square, place mondialement célèbre, tas de baraquements couverts d'affiches, plus sale encore que la place Pigalle, peuplée de mendiants, d'ivrognes, de pickpockets et de flics. Avais-je forcé sur la boisson ? Après plusieurs *highballs* dans différents bars (À chaque fois que je demandais un *orange juice*, les barmen riaient et m'apportaient du whisky. Était-ce dû à ma prononciation ?), les maisons s'étiraient haut dans le ciel. Vers Wall Street, elles se dépassaient elles-mêmes, grattant le ciel de manière vertigineuse. Je devenais au contraire de plus en plus petit, comme Gulliver à Brobdingnag et me mis à courir, jusqu'au moment où je parvins enfin au 10 Broadway, et trouvai porte close : à New York, les bureaux ferment à 5 heures. En outre, Waterman avait déménagé. Les vespasiennes de Paris me manquaient horriblement, il n'y avait même pas d'arbres, ni de cafés. À Paris, au moins, on croisait tout le temps des têtes connues ; ici, les gens ne se regardaient même pas. Je crevais de faim, sans oser entrer dans un restaurant. On m'avait dit qu'on pouvait manger dans les drugstores, mais il me semblait impensable qu'on puisse souper dans une pharmacie. Je titubai donc de bar en bar jusqu'au moment où, vers minuit, je retrouvai la 52e Rue complètement métamorphosée : réclames lumineuses multicolores, boniments de nègres devant des night-clubs de jazz, *ladies* outrageusement fardées fumant, un verre à la main ; la vie nocturne, comme au cinéma. Juste avant mon hôtel, une vision fit tressaillir mon cœur de photographe : sur les marches d'une maison en *brownstone*, un homme était couché sur le ventre, en smoking mais sans pantalon, cul nu sanguinolent. Au-dessus flottait une auréole. Les passants passaient sans regarder ; comme dans la *Police Gazette* rose. Comme toujours, au moment crucial, je n'avais pas mon appareil. Je ne suis pas photoreporter. Malgré ma fatigue, je me précipitai à l'hôtel et un quart d'heure après, j'étais de retour juste à temps pour voir une ambulance démarrer. Une flaque de sang, c'est tout ce qui restait de cette splendeur disparue.

Le lendemain matin, je mis mes cent meilleures photos dans un carton à dessin, qui, ce que j'ignorais, est le signe distinctif des représentants de commerce allemands. Je voulais rencontrer Henry Luce, l'éditeur de *Life*, pour qui Lucien Vogel m'avait remis en prenant congé de moi à Paris une carte de visite sur laquelle il chantait mes louanges. Au Rockefeller Center, au pied de ces gratte-ciel aux allures de cathédrales, j'éprouvai un frisson sacré devant ce monde de demain, tout comme les pierres pleines d'âme de la cathédrale de Chartres m'avaient jadis fait accéder dans un élan mystique au monde d'hier. Un *lift* express m'éleva en douze secondes jusqu'au trente-cinquième étage. Pour la première fois de ma vie, assis dans une pièce climatisée, j'admirais depuis *the top of the world* la Babel qui s'étendait à mes pieds sous le soleil brûlant de juin : l'expression la plus lapidaire de la folie moderne, un amoncellement de pierres à vous couper le souffle.

Par chance, Luce venait quelques jours auparavant de partir pour l'Europe. Sa secrétaire, manifestement impressionnée par la recommandation de Vogel, me confia par téléphone à un être androgyne de mon âge, cheveux rouquins et sourire plein d'incisives, inspirant de manière fascinante la méfiance. Il s'empressa de passer me prendre : Alex King, *alias* « M. König », originaire de Vienne, *alias* Rosenberg de Budapest, était « producteur d'idées » chez *Life*, parlait sans accent et sans arrêt allemand, américain, yiddish, successivement ou simultanément. Nous ne nous étions encore jamais rencontrés, mais il se précipita tout de suite sur moi comme si nous étions de vieux amis : « Mais bien sûr que nous nous connaissons, Irvin, nous nous sommes vus à Paris ! » et il me tutoya. Dix minutes plus tard, il m'avait élevé au rang de cousin. Il me rappelait tellement George Grosz par sa façon de parler que je lui demandai s'il le connaissait. « Si je le connais ? George est mon meilleur ami. Je l'ai fait collaborer à mon magazine *Amerikana*, un dessinateur phénoménal, bien trop génial pour les besoins américains. » King n'était pas seulement, on pouvait l'en soupçonner, un imitateur suspect de Grosz, c'était un original : tout en lui était imitation. Dans le fouillis de son petit bureau, il m'expliqua sa situation : « Pour devenir éditeur chez *Life*, il faut être alcoolique chronique. Au *moment suprême**, quand éclatent des guerres ou quand des présidents sont assassinés, tout le monde est ivre mort. C'est pourquoi il faut au minimum un juif comme moi, à jeun et en état de prendre des décisions. » Tout en parlant, il considérait chacune de mes photos avec un intérêt, une compréhension et un enthousiasme comme je n'en ai plus jamais rencontré dans le milieu journalistique. C'était un exalté, avec une tendance pathologique à s'exprimer sans cesse. Des fantômes sans visage en bras de chemise et cravate dénouée venaient constamment lui demander son avis sur des photos qu'ils lui présentaient. King réglait tout cela avec une virtuosité de clown, se moquait de tous et me présentait à chacune de ces nullités comme « le plus grand photographe vivant », ce à quoi chacun répondait par « Hello, Irvin ! » Portes grandes ouvertes, Alex sortit une seringue et la remplit d'un liquide laiteux puis s'enfonça sans complexe l'aiguille dans le bras : « Vitamine E ! » Je ne soupçonnai strictement rien. C'est seulement quand King me promit de me publier dans le prochain numéro de *Life* comme « grand photographe de stature mondiale » que je compris qu'il était fou. Une liasse de photos en mains, il m'entraîna vers un bureau plus grand que le sien : Wilson Hicks, Picture Editor. Une paire de lunettes sans visage, qui fixait les photos sans les voir. King m'annonça avec emphase comme célébrité mondiale, ce qui était gênant. Il déposa devant Hicks une série de mes photos, proclamant d'un ton solennel et lourd de sous-entendus : *Speaking about pictures… Blumenfeld's are the tops.* Hicks acquiesça de la tête : « OK. » J'étais étrangement ému de voir qu'au pays du dollar, on pouvait faire des affaires sans même prononcer le mot « argent », jusqu'au moment où je compris : *Life doesn't pay.* Quand Hicks se rendit compte que j'attendais quelque chose de plus prosaïque, il saisit ma photo du Christ mourant de Claus Sluter et prit des accents poétiques : « Quelle pub pour Pepsodent ! » King m'entraîna dans le couloir et me chuchota, enthousiaste : « Irvin, tu es arrivé ! Puis-je encore quelque chose pour toi ? » Je le priai de me faire découvrir la quintessence de la ville de New York (je dis : « ce qu'il y a de plus new-yorkais ! »). Il regarda sa montre et eut un rictus diabolique : « Dans très exactement vingt-cinq minutes, à 12 h 15, ton souhait sera exaucé ! D'ici là, tu pourrais, si tu ne vois pas d'inconvénient à gagner encore en vitesse cinq cents dollars, choisir dix de tes photos que je publierai dans une revue de photo de moindre importance, *Minicam*, avec un article te présentant ! » Enfin, j'avais atteint la Terre promise, où coulent à flots le lait et les dollars. Pendant que je faisais mon choix, Alex s'éclipsa. Un quart d'heure après, il me faisait monter au dernier étage, le *penthouse*, où était installé un télescope. Un maître d'hôtel nous apporta des boissons. De nouveau, Alex me présenta comme le plus grand photographe vivant. Le maître d'hôtel lança lui aussi : « Hello, Irvin ! » C'était ça, la démocratie. Sous mes yeux, des millions de fenêtres tremblaient dans la clarté brûlante de midi. King me laissa la lunette, se contentant de jumelles de théâtre. Par l'oculaire, dans un lointain surexposé et en même temps à portée de main, je vis dans le cadre d'une fenêtre une demoiselle frémissante derrière sa machine à écrire, ce qui ne me parut pas extraordinairement américain. Alex me pria de patienter, je comprendrais mieux dans soixante secondes. Effectivement, un homme fit son entrée, prit position derrière la jeune femme et l'embrassa sur la nuque. Elle cessa d'écrire, se leva, il se mit à son aise et l'aida aussi à quitter sa blouse. Tel un commentateur du cinéma muet, mon mentor m'expliqua que le chef, un agent de change, revenait tous les midis, précis à la minute près, de la Bourse, qu'il pleuve ou qu'il vente, pour accomplir, ponctuel comme un métronome, les mêmes gestes ; érotisme à l'américaine. Dans la mesure où notre poste d'observation était plus haut que le petit nid d'amour, nous pouvions regarder d'en haut ce qui se passait et participer au plaisir que personne n'imaginait, auquel personne ne songeait… Plus il y a de fenêtres, plus il y a de voyeurs…

Je me souvins du peintre hongrois Tiyany du Café du Dôme, célèbre pour son monocle, sa veste rouge et ses talents de narrateur sourd-muet en sept langues. Sa passion : du haut de son balcon donnant sur le parc Montsouris, sommet de Montparnasse, lire sur leurs lèvres à travers sa lunette les chuchotements des amoureux de Montmartre.

Après cette matinée bien remplie, nous redescendîmes en glissant par le *lift* dans l'étouffante chaleur torride de Rockefeller Plaza. Je me rendais à un rendez-vous avec *Harper's Bazaar* (où je signai un contrat), King avait un déjeuner. En prenant congé, il s'aperçut *in extremis* qu'il avait laissé son portefeuille en haut, et je lui prêtai volontiers vingt dollars : je ne les ai jamais revus, pas plus que maints billets de vingt dollars qu'il s'entendit à faire sortir de ma poche comme en les hypnotisant, ayant à chaque fois recours à une nouvelle ruse. Un tapeur de génie. Mais mes photos ont vraiment paru dans *Life*. Les cinq cents dollars qu'elles devaient me rapporter, Alex les a empochés lui-même, à un moment où, en France, j'en avais un besoin criant. La coco était coûteuse et Alex en consommait beaucoup, ce que je n'avais pas davantage soupçonné. Un catalogue de ses exploits de filou constituerait un amusant miroir des fous de New York !

J'avais édifié en m'appuyant sur les découvertes de ma première journée télescopo-érotique à New York une critique de la sexualité américaine. Bien des années après, je me rendis compte que j'étais tombé dans le panneau d'une pièce en un acte que King, maître des spectacles, faisait représenter par des élèves d'une école de théâtre quand il voulait offrir à des blancs-becs européens une vision de la quintessence de la vie new-yorkaise.

Pour résumer l'Amérique en 1939 : le Nouveau Monde était bien plus utopique que ce dont on avait souri dans les romans lus pendant la jeunesse : des masses humaines décomptées en pilules, pollens, polls (sondages) et polios. Cette humanité-machine utilise encore de manière erronée les mots anciens, qui apportent de nouveaux malentendus : *Loving Care* désigne une brillantine, *Right* un stylo à bille, *Serutan* (« natures » à l'envers) un laxatif.

L'ÉVÉNEMENT MAJEUR : ARRIVER À NEW YORK. LE MEILLEUR : *Hellzapoppin*, Olsen & Johnson, *commedia dell'arte* américaine dans le Jardin d'Hiver. Je vis cinq soirs de suite cette burlesque en forme de *slapstick* Dada. Des orgies de transgression, comme quand Elsie, la vache des produits laitiers Borden, se fait traire en public à l'Exposition universelle par une machine aux accents de la *Symphonie héroïque* de Beethoven. La véritable élégance de New York est noir de jais : Boogie-woogie *jitterbug* au Savoy de Harlem. Concentration de comique inculte : l'accumulation de faux Rembrandt au Metropolitan Museum. C'est là aussi que je me laissai prendre par deux guerriers étrusques géants (500 av. J.-C.) qui vingt ans plus tard s'avérèrent eux aussi être des faux. Quand on foule le sol américain, on perd tout sens de l'authentique. Le pire : cette touffeur de serre. Le pire de tout : la bouffe dégueulasse et la façon de se tenir à table qui l'est encore plus.

Au bout de sept semaines du World of Tomorrow saturées de cocktails, de succès et de *deadlines*, je fus plus qu'heureux de regagner l'Europe pour y photographier les collections d'automne.

55

ARRIVÉ

Au bout de cinq interminables journées sur le plus grand, le plus rapide et le plus hideux géant des océans, le *Normandie*, j'accostai sans encombre au Havre, le 7 août 1939. La carcasse énorme du *Paris* était échouée dans le port, lourde de menaces, telle une baleine morte. Il avait quelques mois plus tôt été incendié et coulé par des saboteurs qui n'avaient pas été identifiés. Le même sort attendait le *Normandie* quelques années plus tard dans le port de New York. S'il n'y avait pas eu des témoins, et si ma femme n'était pas venue m'attendre au ponton d'accostage, je me serais sans doute agenouillé pour embrasser le sol de France. Je m'imaginais d'ailleurs que cet amour était réciproque. Je n'avais pas seulement atteint mon but, j'étais arrivé. J'avais troqué le contrat qui me liait à *Vogue* contre un contrat bien plus favorable avec *Harper's Bazaar*. *Life* m'avait présenté au monde entier comme *top photographer*, j'avais remporté des succès dans le bain de vapeur new-yorkais et voulais désormais vivre comme un coq en pâte et comme Dieu en France. Enfin, après des années de bohème, déménageant quelques valises dans des chambres meublées hideuses, il m'était permis de songer à m'installer convenablement. Rue de Verneuil, dans le faubourg Saint-Germain, j'avais dégotté un appartement splendide, boiseries et hautes fenêtres, miroirs, cheminées. Idéal à la fois comme atelier et comme appartement, après quelques modifications pour lesquelles j'avais fait établir des devis. Le contrat de location serait signé après les vacances, À CONDITION que la paix perdure. Je tapais sur les nerfs de tout le monde depuis vingt ans en annonçant inlassablement cette guerre, mais comme en septembre 1938, comme en août 1914, je comptais cette fois encore sur un miracle de dernière minute et je répétais sans relâche qu'une déclaration de guerre était logiquement impossible cette année. Ma femme était d'avis contraire : depuis, elle se vante d'avoir alors été plus clairvoyante que moi. Au moment précis où le soleil du succès semblait enfin me réchauffer, une guerre mondiale tombait particulièrement mal. Je tenais les Français pour des joueurs d'échecs de génie qui feraient tomber le Michel allemand[1] dans le piège pour ensuite mieux l'anéantir. Tout le monde savait que les nazis bluffaient et que l'on devait les suivre sur ce terrain. Les journaux nous apprenaient jour après jour que la France avait la meilleure, et même, selon *Paris-Soir*, la plus élégante armée du monde, elle avait ses milliards or (et un franc qui allait de dévaluation en dévaluation), ses Gamelin, ses Giraudoux, et même ses de Gaulle. On pressentait que l'imprenable ligne Maginot (comme celle de l'esprit) n'existait qu'à moitié, mais la foi qu'on lui accordait était entière. Les fiers Polonais prouveraient une fois de plus ce que sont les traditions. La Russie, énorme ours aux pattes d'argile, laisserait tomber l'Allemagne pour la prendre à revers. L'ENTENTE CORDIALE, la France et l'Angleterre, oublierait tout différend. S'appuyant sur leur immense empire, sur lequel le soleil se couchait rarement, ces nations dicteraient avec l'aide de l'Oncle Sam riche comme Crésus une paix éternelle à une Europe dans laquelle régnerait un ordre nouveau, fondé sur l'économie. Nul doute quant à une facile victoire des

1. Personnage symbolisant l'Allemagne sous les traits d'un paysan balourd, au même titre que Marianne représente la France.

démocraties sur Hitler. L'Allemagne à moitié exsangue, privée d'or et d'esprit, en dépit de la présence de Goebbels et de Göring, était sur le seuil d'une catastrophe militaire et morale. Ce qu'on ferait ensuite en Europe centrale de cinquante millions de nazis, c'était une autre question. Les slogans défaitistes repoussaient la logique. Léon Blum portait la responsabilité complète de ce qui se passait, et avec lui les communistes et les Anglais, la perfide Albion. « Nous autres, Français, nous ne voulons que vivre en paix, tout va bien en France. Nous haïssons la guerre. » Aucun Français n'avait l'intention de lever le petit doigt pour sa propre liberté ou même pour celle du monde, chose tellement éloignée de lui. « C'est tout juste si on sait où se trouve la Pologne, et il faudrait mourir pour Dantzig ? » L'air était plein de *bobards** répandus sur toutes les ondes : le pape, Mussolini et Roosevelt interviendraient au tout dernier moment, Ciano avait en personne touché trente millions de livres sterling pour maintenir la neutralité de l'Italie. La censure fut instaurée. On n'avait plus le droit de téléphoner dans une langue étrangère. Je m'efforçais d'avoir l'air français, portais un béret, pour éviter d'être arrêté comme espion, alors qu'il suffisait de me regarder pour comprendre que je venais de Berlin. Des boulevardiers pusillanimes – une attaque aérienne précéderait peut-être la déclaration de guerre – déambulaient, un masque à gaz sur l'épaule, ça faisait chic ; les émigrés n'en avaient pas reçu. On lança les premiers calembours sur les masques à gaz. Maurice Chevalier et Joséphine Baker cherchaient – en vain – les premières chansons à succès de la guerre (en cette guerre, la France n'en a connu aucun). C'était le début de la guerre des nerfs : un optimisme désespéré tentait de faire battre en retraite une peur désespérée.

Des ménagères ayant perdu la tête faisaient dans la bousculade leurs derniers achats. Autobus bondés, taxis introuvables, circulation impossible, boutiques et restaurants fermés : *clôture annuelle**. Au mois d'août, Paris est toujours vide, mais cette fois-là, on aurait dit qu'il le resterait à tout jamais. On voyait des autos, souvent avec des remorques, transportant des familles entières, sur leurs toits se balançaient des matelas fixés de manière improbable – et ces autos quittaient Paris. On arrachait aux marchands de journaux les canards réduits à une feuille pour cause de restriction du papier (déjà ?) et on y lisait ce qu'on avait déjà entendu à la radio. Des soldats mobilisés partaient comme à l'abattoir, se dirigeant vers les gares, sans fleurs, sans chansons, sans enthousiasme. Ils espéraient, comme je le faisais aussi, que tout cela n'était qu'une comédie. Les journaux se gargarisaient de résolutions héroïques. Paris s'obscurcissait. Les nuits de la Ville Lumière perdaient leur éclat ; elles ne l'ont plus jamais retrouvé. La pénombre était d'autant plus fébrile. On évitait de rester seul, on discutait jusqu'au petit jour aux terrasses des cafés, on se perdait en conjectures, on rentrait chez soi épuisé et dès 7 heures du matin, on était déjà en train d'essayer de capturer la première colombe de la paix qu'aurait lancée la radio.

J'aurais encore pu gagner l'Amérique, évitant ainsi de nombreux désagréments, mais je devais suivre la voie que m'avait tracée le destin : *SEQUERE DEUM*. Je peux aujourd'hui m'enorgueillir d'avoir vécu en direct la fin de l'Ancien Monde : ce fut laid, stupide et mortellement dangereux. Si nous nous en sommes tirés sans trop de casse, les miens et moi, cela relève du hasard le plus pur.

À l'école, des patriotes appointés nous avaient martelé que mourir pour la patrie était une douce gloire. À la maison, mes parents nous nourrissaient au lait de prétentions éthiques. La « mort pour les idées » et des grandes phrases du même tabac nous emplissaient d'admiration. Je n'étais pas novice dans l'art de perdre une guerre ; je serais volontiers monté sur des barricades pour *« Paris et mon droit* »*, en un geste théâtral à la Delacroix. Avec une misérable poignée d'intellectuels émigrés du Café du Dôme, et sous les risées des *Parigots** amusés, j'aurais trouvé une fin pathétique : *pauv'type** ! Si les choses s'étaient passées selon mon attente, aujourd'hui, Paris serait un champ de ruines et je ne serais même pas en vie pour les photographier. Au lieu de quoi les rues brillaient de leur splendeur d'antan et puaient d'un romantisme mâtiné de Gestapo, de chauvinisme et de la pisse des soldats allemands : *Pétain, Pinard, Patrie**, un vrai Luna Park pour Hitler. Mon grand nez n'a pas perdu sa finesse, les Français, sans s'en rendre compte, ont perdu leur sens olfactif et tout *collaborateur** s'est retrouvé *héros de la Résistance**. *Qui perd gagne**.

De retour de New York afin de photographier les collections d'automne pour *Harper's Bazaar*, je me plongeai dans le travail jusqu'au cou, il ne me restait plus le loisir de me préoccuper du monde réel. Je n'ai jamais eu de temps pour les réalités, je me suis toujours empêtré dans les illusions. Pour les vacances, j'avais expédié ma femme, contre sa volonté, avec nos trois enfants en Haute-Savoie, au pied du mont Blanc. J'avais l'intention de les y rejoindre début septembre, une fois ma tâche accomplie. J'avais besoin de vacances, je voulais faire l'ascension du mont Blanc et déguster du marcassin *au lait* ; encore des raisons de remettre la guerre à un peu plus tard. Et en cas de besoin, on n'était pas loin de la frontière suisse… Il se disait en effet beaucoup de choses, beaucoup trop de choses, à propos de camps de concentration prêts à accueillir des étrangers originaires de pays ennemis. Mais cela ne devait pas pouvoir me concerner : j'étais un photographe de renommée internationale, on connaissait mon opposition à Hitler, j'avais demandé un an auparavant déjà ma naturalisation, je travaillais pour *Hearst Press*, une maison américaine, et j'avais déclaré avec une emphase romantique que j'étais prêt à lutter au péril de ma vie contre la barbarie. Tous les Français à qui je débitais ce couplet me considéraient d'un air stupéfait. Faute de goût impardonnable. Pour plus de sûreté, j'avais demandé depuis quelque temps à des personnalités en vue d'attester par écrit de ma loyauté, démarches aussi humiliantes qu'indispensables. La veille encore, j'étais avec ma rédactrice en chef, Carmel Snow, reine incontestée de tous les mondes de la mode, auprès de Lucien Lelong, président mondial de la haute couture, qui m'avait donné l'accolade en me priant de considérer en tout temps sa maison comme la mienne. Peu après la déclaration de la guerre, malheureusement, il déménagea et dans sa nouvelle maison, il n'arrivait plus à se souvenir de mon nom.

Le mercredi 29 août au matin, je me rendis à l'Hôtel Westminster, rue de la Paix, pour prendre congé de Carmel avant qu'elle regagne New York par le *Queen Elizabeth*. Il nous fallait encore décider si les dernières sensations en matière de corsets de Mainbocher seraient lancées sous le nom de « Diabolo », de « Taille de Guêpe » ou de « Sablier ». Au cours des dernières semaines, jours, nuits, nous avions travaillé ensemble dans une ambiance passionnée, ce qui avait débouché sur une admiration réciproque, ce d'autant plus depuis qu'Edna Chase, son digne équivalent chez *Vogue*, avait en vain tenté de me séduire en m'offrant le triple de ce que je touchais chez *Bazaar*. Carmel, la cinquantaine, cheveux mauves et nez en trompette d'ivrogne, était après Clare Boothe Luce l'une des plus épouvantables carriéristes dont l'Amérique est si riche. Mon ballet jamais écrit : les quatre Grâces, dansé par les sorcières centenaires Carmel Snow, Edna Chase, Helena Rubinstein et son ennemie mortelle Elizabeth Arden, qui dictaient à la jeunesse du monde les lois de la beauté et de l'élégance. Quiconque a eu l'occasion d'être en relation avec l'un de ces épouvantails de l'économie féminine américaine sans devenir homosexuel a subi avec succès le baptême du feu. J'ai dû travailler avec chacune d'elles et avec plusieurs de leurs imitatrices encore plus épouvantables et ne suis pour autant pas devenu ennemi du sexe féminin.

Carmel : instinct sans faille de ce qui était fashion, fondé sur un manque de culture abyssal. La journaliste de mode la plus roublarde de tous les temps. Repoussante avec charme. Avare à l'extrême quand on voulait obtenir quelque chose d'elle ; extraordinairement généreuse quand elle voulait obtenir quelque chose de vous. Elle aurait assassiné de sang-froid – comme me l'affirma avec fierté sa secrétaire – sa propre vieille mère en échange d'une bonne page dans le *Bazaar*.

Comme toute directrice de production hollywoodienne, elle trônait ce jour-là dans un désordre soigneusement organisé, préparant son départ, entre d'énormes bouquets d'orchidées, des bouteilles de champagne dans leurs seaux à glace, des téléphones. Des domestiques traînaient des valises, les amenant et les remportant dans une sorte de mouvement perpétuel. Carmel dictait simultanément à trois secrétaires lettres et télégrammes avec une insolente virtuosité et une totale absence d'esprit. Elle fit comme si elle n'avait pas remarqué mon arrivée. Puis d'un seul coup, elle me tendit ses trois mains pour que je les baise avant de me confier, rayonnante, que selon les plus récents rapports secrets dont elle disposait, tout danger de guerre était écarté. Encore une fois : *Peace in our time*. Elle venait, me dit-elle, d'avoir un entretien téléphonique avec Bullitt, le représentant des États-Unis : il poserait le lendemain pour moi avec sa fille Ann dans le studio du *Bazaar* pour des photos en couleurs, et s'il y avait vraiment eu des menaces de guerre, il n'en aurait pas eu le temps. En même temps, elle dictait un câble pour *Harper's Bazaar*, New York : « Réserver couverture d'octobre pour double page Bullitt Blumenfeld full colour Carmel », et me confia en riant qu'à l'hôtel, on avait déjà confisqué les oreillers des clients pour les hôpitaux en déposant sur les lits un petit mot d'excuse. Elle dictait en même temps une lettre à Bullitt, « Dear Ambassador », dans laquelle elle confirmait avec ses remerciements le rendez-vous du lendemain. En même temps, par précaution, elle s'adressait au secrétaire de Bullitt, insistant sur l'intérêt de cette publication pour Bullitt, pour les États-Unis et pour Ann Bullitt, débutante en âge de trouver mari. Elle bondit soudain, très belle, comme seules les plus laides des Américaines peuvent l'être, plongea son regard dans le mien, comme pour une déclaration d'amour éternel, et dit d'un ton infiniment faux et amical, tout en prenant déjà congé du dernier visiteur venu faire ses adieux : *« Bloomie, t'was divine. Never shall I forget it, never. It was divine. »*

À onze heures et demie tapantes le lendemain matin, j'étais dans son studio. Un globe géant placé devant un fond vert attendait, comme je l'avais demandé. Au lieu de Bullitt et de sa charmante fille, je fis prendre sous les lampes la pose à deux de mes assistants. Pour une séance de pose à Paris il faut compter que tout le monde arrive avec au moins deux heures de retard, mais les ambassadeurs sont ponctuels à la minute près. Avec ce genre de modèles, pas question de procéder aux réglages. Tous les jeudis, à midi, les sirènes hurlent sur Paris pour rester en bon état de marche. Ce jour-là, elles restèrent muettes pour ne pas effrayer la population. Midi, l'heure du rendez-vous, sonna. On me demanda au téléphone. L'ambassade américaine. Le secrétaire particulier m'informait de ce que l'ambassadeur regrettait de ne pouvoir venir, car Miss Bullitt regagnait aujourd'hui même les États-Unis. Le piège s'était refermé. Trop tard, petite souris : la guerre ! Mais Miss Bullitt serait ravie de se faire photographier à Philadelphie pour *Bazaar*, elle y résiderait chez des parents dont il me donna l'adresse. Quand je revins de ce coup de fil, j'annonçai aux deux figurants pétrifiés près du globe que la séance de pose des Bullitt était reportée à une date ultérieure. Ils ricanèrent tous deux, l'un russe, l'autre tchèque, car je venais de prendre un coup de marteau sur la tête. La guerre ! En fin d'après-midi devait avoir lieu mon ultime séance avant mes vacances : jeune fille en lourde robe de brocard sur une balançoire ornée de roses kitsch (Jacques Heim, *Jeunes filles*). Ma prochaine photo de mode parisienne, je ne devais la faire que huit ans plus tard.

La paix régnait encore. Une demi-heure plus tard, je rencontrai pour un déjeuner d'adieu à la Tour d'Argent une *grande dame** parisienne tout à fait charmante, Monique de Séreville, *« éditeur de beauté » chez* Vogue*. Nous parlâmes tous deux de Paris comme d'une amante, seuls convives mélancoliques face à un bataillon de serveurs oisifs, près de la rampe du plus beau jardin en terrasse de tout Paris. Le *canard pressé** fut accompagné d'un capiteux châteauneuf-du-pape. Monique me demanda si je pouvais m'imaginer que les Huns puissent s'en prendre à tant de beauté. Alors que j'avais la certitude que quelques heures avant la déclaration de guerre, et donc peut-être dans quelques secondes, Paris, dans un nuage de gaz, ne serait plus qu'un tas de ruines, je démontrai l'absurdité d'une telle hypothèse : si par exemple dix mille avions allemands décollaient pour attaquer Paris, l'un des nombreux systèmes d'alarme automatiques de la ligne Maginot déclencherait à l'instant même le décollage de vingt mille bombardiers lourds français mettant le cap sur Berlin. Tous les chiffres allemands étaient largement gonflés, tandis que les Français étaient bien plus forts qu'on ne l'imaginait. (En fait, sur toute la ligne Maginot, il ne se trouva pas un seul revolver ; commande avait été passée en Allemagne et on attendait en vain la livraison.) Monique admira mon intelligence lumineuse, que nous accompagnâmes de *petites fraises des bois à la crème**, sirotant avec notre café de l'armagnac dans d'énormes verres. Grise et rose, la ville aimée brillait à nos pieds, et les nobles tours de Notre-Dame, la fine aiguille de la Sainte-Chapelle, le roc abandonné de Saint-Jacques et tous les célèbres clochers de

Saint-Eustache, Saint-Gervais, Saint-Germain l'Auxerrois dansaient la gigue. Nous décidâmes d'un commun accord de reporter d'un an le moment où la guerre éclaterait. Le moment me sembla venu de raconter une petite anecdote que Bébé Bérard avait fait circuler en 1938, après Munich. À cette époque-là, où il en allait tout comme aujourd'hui de la paix du monde, la fille du général Gamelin s'était éprise à en mourir des belles jambes d'Arletty et la poursuivait de lettres d'amour demeurant sans réponse. Au lendemain de Munich, désespérée, elle se laissa aller à un télégramme en forme d'ultimatum : « Rendez-vous ce soir sinon suicide ! » Arletty ne répondit pas et se rendit le jour même à une soirée mondaine où il ne fut question que de la guerre. Vers minuit, les portes s'ouvrirent : Son Excellence le généralissime Gamelin, arrivant de la réunion du Haut Conseil des armées. Silence solennel. Le sort du monde est suspendu à ses lèvres. Il garde le silence. La tension est à son comble. Arletty s'enhardit et l'aborde : *« Mon général, aurons-nous la guerre ou la paix* ? »* Après une pause théâtrale (en France, on dit : « un ange passe… »), Gamelin répond sans même la gratifier d'un regard : *« Mademoiselle, les affaires de ma fille ne me regardent pas* ! »* Quand, quelques armagnacs plus tard, l'Arc de Triomphe tenta de grimper sur Montmartre pour flirter avec le Sacré-Cœur, je raccompagnai Monique à *Vogue*, 63 avenue des Champs-Élysées. Nous ne nous sommes jamais revus. Je tirai de l'argent à la Chase Bank avenue George-V pour faire face pendant quelques mois. Je retrouvai la guirlande de roses prévue pour l'ultime séance, morose, au studio ; je savais que cette photo ne serait jamais publiée. Je finis par joindre ma femme au téléphone. Elle avait, étant étrangère, jusqu'au lendemain pour quitter avec les enfants le village Les Tines, situé en zone frontalière. Nous fixâmes comme lieu de rendez-vous l'Auberge des Granges, à Voutenay-sur-Cure, dans le Morvan, à deux cents kilomètres de Paris, dans la région de Vézelay. Je n'osai pas au téléphone exprimer mon arrière-pensée : partant de là, nous éclipser par les Pyrénées vers l'Espagne puis les États-Unis.

Le soir, dîner d'adieu royal offert par Michel de Brunhoff chez Ledoyen. Me régaler avec cet épicurien était un des grands plaisirs de ma vie parisienne. Jusqu'à mon passage en juin chez *Bazaar*, il avait été mon éditeur à *Vogue*. Un rédacteur en chef doué. Il usurpait la moindre idée avec magnanimité. Rien ne lui était sacré, mais il passait son temps à affirmer qu'il savait respecter les compétences. Il qualifiait toujours chaque numéro de son magazine de « meilleur », jusqu'à la parution du suivant. Un admirateur du succès, et surtout du sien, vaniteux et gâté. *« Le combinard de la combine de Paris*. »* Tout le monde le connaissait, il connaissait tout le monde. Ses relations le rendaient influent, il paniquait, couard comme un lièvre, face à Condé Nast, le propriétaire new-yorkais du canard. Michel était à ce point convaincu de son propre charme qu'il tentait de persuader tous ceux avec lesquels il entrait en contact de son amitié indéfectible. Il fit de même avec moi, alors que j'avais la certitude qu'il me laisserait tomber le moment venu comme une pierre, pour me ramasser dès que cela lui paraîtrait avantageux. Il unissait en sa personne une foule de complexes de Balzac qui étaient aussi les miens : Vautrin, César Birotteau, Rastignac, de Marsay, Finot, le brave Juge Popinot, le cousin Pons, le baron Hulot, le colonel Chabert, Nucingen, Lucien de Rubempré, Guillaume Werbebrust, le père Goriot : *un Parisien par excellence**. Ce soir-là, sa mélancolie pathétique m'inquiéta. Dès mon arrivée, il m'avait salué avec chaleur en gardant longuement ma main comme en un geste d'adieu, et me regarda dans les yeux, cygne mourant un peu offensé : « Cette guerre, nous l'avons déjà perdue, je vois les choses en noir, très noir, *mon vieux** ! » (Otto Moses, le « Treize » de Moses & Schlochauer, en 1914, a gagné des millions pour avoir vu les choses en noir.) Michel, toujours piqué de mon passage au *Bazaar*, me raconta comment, pendant la guerre précédente, un ami allemand de son père, un imprimeur qui avait vécu pendant quinze ans en France, parfaitement loyal, avait été interné dans un camp de concentration dont on n'avait pu le sortir qu'à grand-peine deux ans seulement après la fin de la guerre. Dès que quelque chose allait de travers, et en temps de guerre, tout va toujours de travers, tout le monde perd la tête, et les fonctionnaires en premier. Et puis, c'est le moment où les chauvinistes sont au gouvernail. Aucun Français ne se battrait dans cette guerre, on était trop vieux pour ce genre d'enfantillages. Il leva le doigt en un geste prophétique : *« On aura une drôle de guerre* ! »* Michel l'Alsacien m'avait estampillé hollandais pour des raisons de politique interne à *Vogue* et il me conseilla de partir sans tarder pour la Hollande. Je protestai (dès qu'on le faisait, il faisait celui qui n'entend pas) : j'avais végété pendant dix-sept années en Hollande, constamment rabaissé, je ne voulais pas y remettre les pieds et en outre je me doutais que cette guerre, contrairement à la précédente, se déroulerait aussi sur le territoire des Pays-Bas. En outre, mon passeport marron détesté était périmé. Michel prit à nouveau un air de surprise et il fallut que je lui chante une fois de plus la ritournelle de mon arrestation d'opérette en août 1929 à Zandvoortbad parce que la bretelle gauche de mon costume de bain avait glissé de mon épaule, ce qui m'avait valu une amende de quinze florins pour outrage aux mœurs. À la suite de cela, le citoyen Blumenfeld, ayant un casier judiciaire, s'était vu refuser la citoyenneté néerlandaise dont il avait fait la demande. Ce jour-là, Michel, que cette histoire avait souvent fait rire aux larmes, ne se laissa pas dérider. C'est seulement arrivé au calvados qu'il m'assura que rien ne pouvait m'arriver si je me fiais à lui. Ses affirmations dénuées de tout fondement et le calvados me déprimèrent. Je le priai de m'établir pour ma collection une attestation certifiant mon esprit démocratique et francophile. Il déplora de ne pouvoir le faire sur un papier à l'en-tête de *Vogue*, dans la mesure où j'avais déserté pour le *Bazaar*. Son beau-frère Lucien Vogel le ferait sur le papier du *Jardin des modes*, ils s'étaient déjà entendus là-dessus. Puis il posa son bras sur mes épaules, m'enserrant dans un geste amical, et voulut savoir comment s'était passée ma séance de pose du jour avec Bullitt et sa fille (les deux revues de mode américaines concurrentes étaient liées par un service d'espionnage particulièrement développé). Quand je lui rapportai l'annulation, son visage rayonna, ce coup journalistique avait échappé au *Bazaar* ! Prétextant des maux de ventre, il se leva pour câbler cette victoire (sa victoire) à New York. Il regagna notre table au bout d'un grand quart d'heure, triomphant. C'est alors seulement qu'il comprit que cela était synonyme de guerre. Il me fixa sans mot dire, une larme roula sur sa joue : « Dieu merci, mon fils n'a que 14 ans, et j'en ai déjà 45 ! *Vogue* pourra-t-il continuer à paraître ? La question se pose. Et alors… » Son fils fut tué le jour de la libération de Paris par une balle perdue. Michel n'avait encore jamais parlé de sa famille. Les Français redoutent que les amis de la famille leur causent des problèmes. En guise de consolation, il voulut me conduire dans un fantastique bordel proche de Saint-Sulpice, où les petites poules se trimballaient déguisées en nonnettes. Le désespoir emplit les maisons closes. Mais après cette journée éprouvante, j'étais malheureusement trop fatigué. Aussi me raccompagna-t-il dans sa Peugeot déglinguée jusqu'au Dôme, à Montparnasse, où il tenait son quartier général.

Après une dernière *fine** en terrasse, il me souhaita des « vacances paisibles » et se rendit tout seul au bordel. Comme Judas avec le célèbre baiser : *Good night, boss, have a nice week-end !*

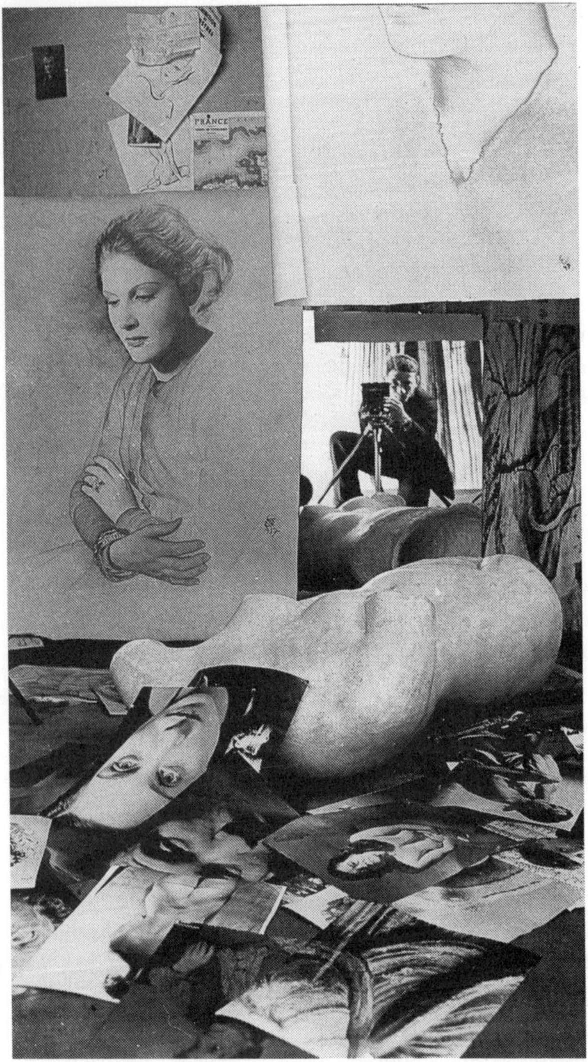

9, rue Delambre, Paris, 1937.

56

EXODUS

Bien au-delà de minuit, je me traînai du Dôme à la solitude de mon atelier, 9 rue Delambre. Jamais il n'avait été en ordre, et maintenant, il était sale. Depuis un an, j'avais la plupart du temps travaillé dans d'autres ateliers. Pendant mon voyage en Amérique, ma femme était allée en Bretagne avec les enfants et s'en était servie de débarras. Un fourbi de vêtements, d'objets courants, de livres, de jouets, de photos jonchait le sol. Des lampes poussiéreuses étaient posées ou suspendues partout. Par les baies vitrées grandes ouvertes, j'apercevais en contrebas la cour du poste de police installé dans la maison voisine. Par précaution, je refermai les fenêtres. Des agrandissements énormes étaient accrochés aux murs : une photo de deux mètres de haut d'un torse recouvert d'une soie humide s'était décollée du mur et flottait dans la pièce, comme si elle était devenue image en relief. Le Christ de Beauvais tentait de surpasser en tristesse celui de Claus Sluter à Dijon. Un détail de la tapisserie médiévale du *Bal des sauvages* (Notre-Dame-de Nantilly, Saumur) ; le nu grandeur nature de Carmen, octogénaire ; la cathédrale de Rouen *(en raccourci allongé*)* et celle de Laon ; une tête de veau posée sur un torse recouvert d'une draperie : *Le Dictateur* (dont je découvris vingt ans plus tard au musée d'Athènes le pendant antique) ; le grand portrait de Manina endormie regardait dans le vide de ses yeux clos. Chaque image un récit. Comme je prends au sérieux, la beauté. Tous mes portraits sont chargés de l'instant qui est le mien. Chaque artiste vit des variations d'un seul et unique thème. Qu'il écrive à la main, ou de son pied dans le sable, l'écriture demeure la même. C'est pour cela qu'on peut identifier Mozart à la première mesure, Shakespeare au premier vers, le Greco au premier coup de pinceau.

Le téléphone était posé sur l'escalier, des numéros griffonnés au mur, l'escalier menait vers la chambre, pas rangée, telle que je l'avais quittée le matin même. À côté du lit, le poste de radio portatif dernier cri que j'avais rapporté d'Amérique. Je jouais avec les boutons. Soudain, une voix lourde de menaces hurla : « Frontière polonaise franchie par les troupes allemandes, *Siegheil* ! » suivie par des accents de musique militaire… Était-ce une pièce radiophonique, une menace, un fait accompli ? Impossible d'établir d'où venait l'émission, personne ne s'en tenait aux longueurs d'onde, et je n'étais pas encore familiarisé avec l'appareil. Et si l'Allemagne était vraiment entrée en Pologne… Je voulais essayer de croire à autre chose, j'avais peine à quitter la paix. Dehors, le jour était en train de poindre, j'eus la nausée. J'éprouvai le besoin de retourner au Dôme, semblable à un vrai dôme : *ouvert la nuit**. Des filles des rues surmenées entouraient le zinc, les macs jouaient aux machines à sous. Personne ne semblait vouloir entendre parler de ce qui se passait dans le monde. Peut-être avais-je rêvé. Je regagnai mon studio, emballai soigneusement tous les négatifs (des plaques de verre) dans deux caisses et m'écroulai sur le lit. À mon réveil, quelques heures plus tard, la radio annonçait que l'Allemagne avait envahi la Pologne. Maintenant, si elle tenait parole, la France était obligée d'intervenir ! Le ferait-elle ? Ici, personne ne tenait parole ! Je voulais m'informer des horaires des trains, le téléphone ne marchait pas. Avec mon fichu sens du devoir, je me rendis tout de même au studio du *Bazaar* pour examiner les tirages tests de la jeune fille à la Watteau. À midi, ce fut l'annonce de la mobilisation générale. Marie-Louise Bousquet, *society editor* pour *Bazaar* à Paris, cette bécasse, qui passait son temps à se rengorger de ses importantes relations, avait la veille encore entendu le ministre de l'Intérieur, Sarraut, dire que la mobilisation serait l'atout du jeu français. Il ne fallait pas se laisser déstabiliser, après, ce serait la conférence mondiale pour la paix. Un jour, mon fils fuyait devant un chien aboyant, je citai le proverbe « Un chien qui aboie ne mord pas », il me répondit : « Moi, le proverbe, je le connais ; mais le chien ? »

Le temps de la rue s'était accéléré comme dans les vieux films. Les passants dévoraient les affiches pendant qu'on les placardait. Je fus obligé de regagner Montparnasse à pied. Dans le studio, je bourrai deux valises en carton. Le téléphone sonna. Je pouvais être appelé mais impossible de passer des appels. Disposition géniale. Guesclin me conseillait de me barrer immédiatement et de passer en Espagne, il pouvait me faire obtenir un visa. Je dis que je devais d'abord retrouver ma famille à Voutenay. Puis je tentai de signaler, comme il se devait, mon départ au commissariat voisin. Je dus attendre mon tour une bonne heure au milieu d'étrangers nerveux pour qu'un bureaucrate qui ne savait pas ce qu'il disait me crie d'un ton étonnamment menaçant que je n'avais aucune formalité à accomplir, pour peu que mes papiers soient en règle. Ensuite, je voulus envoyer une rose à Monique. La marchande de fleurs feignit la surprise : en temps de guerre, pas de rose. Mais tout n'était pas contre moi : devant le fleuriste du boulevard Montparnasse, je rencontrai un modèle de nu, c'est le ciel qui l'envoyait : Jo Regaldi. Elle poussait avec son ami une brouette pleine de tableaux. Je lui offris mon gramophone et tous mes disques si elle acceptait de prendre soin pendant la guerre de mes négatifs. Elle prit les deux boîtes, que je retrouvai sept ans plus tard en parfait état. Aucune femme n'a de sa vie fait autant pour mon ego. *Merci, Jo* !*

J'ai cherché en vain un taxi pour me conduire à la gare. Il ne me restait plus qu'à me trimballer à pied avec mes valises jusqu'à la gare de Lyon. Douloureuse séparation de l'atelier où, avant de devenir photographe, j'avais immortalisé tant et tant de déesses. Je pris congé du concierge avec un dernier joli pourboire et me mis en route avec tout ce que je possédais, pour un long, très long chemin. Quand je finis par ne plus pouvoir avancer dans les rues de plus en plus bondées, je descendis dans le métro à la station Port-Royal et me retrouvai dans la bousculade du quai surchauffé, au milieu d'une foule surexcitée et hostile. Coincé dans ce monde inférieur, j'attendis une rame pendant des heures. L'attente, voilà la vraie face de Méduse de la guerre. Un train bondé finit par approcher en se traînant, une porte s'ouvrit pile devant moi, des passagers furent poussés sur le quai, je me retrouvai coincé à l'intérieur, et la rame repartit dans les jérémiades. Après plusieurs stations, j'atterris en ouvrant la porte sur un quai un peu moins bondé d'où je regagnai la surface. Il faisait nuit. Les réverbères étaient éteints, la ville obscurcie. Une pleine lune impitoyable semblait prendre le chemin de l'exode. Des milliers d'autos coincées, remplies de fugitifs, bloquaient jusqu'aux parapets le pont menant à la gare ; il n'y avait plus de trottoirs. Silence de mort. Fuite fantomatique de Paris au clair de lune. Masse immobile. Symbole effroyable de cette guerre qui n'avait pas encore commencé (l'heure zéro de la mobilisation ne devait sonner qu'à minuit). Dans des nuits comme celle-là, pendant la Première Guerre mondiale, il y avait des attaques aériennes. Une seule bombe sur ce pont, et des milliers de personnes seraient tuées. Je parvins vers 11 heures à la gare. Une chaîne de miliciens portant des casques militaires, la garde mobile, la SS des Français, semblait monter la garde à l'entrée sans intervenir d'aucune façon. Impossible de pénétrer plus avant dans la gare avec mes bagages. J'étais pris au piège. L'antipathie innée de tout

Français pour l'organisation m'avait toujours charmé. Face à la folle manie d'organisation des Allemands qui se vantaient de régenter le monde à l'aide de leurs préceptes dictatoriaux, la France démontrait le charme plein d'art du « *laisser-aller** ». Qui en ce pays se préoccupe de directives, alors que chaque ordre est suivi d'un contrordre ! Chaque administration savait que tout Français a au moment décisif l'intuition de ce qu'il doit faire. C'est seulement quand il peut improviser que le Français développe son exceptionnelle grandeur intellectuelle. Dans ces jours critiques séparant la paix de la guerre ce don de l'improvisation tomba en panne, ce qui prouve de manière irréfutable le caractère pacifique des Français. La France échoua du premier au dernier homme. Si en septembre 1939 les Allemands étaient entrés en France au lieu de choisir la Pologne, ils auraient pu l'occuper sans tirer un seul coup.

Je réussis je ne sais plus comment à apprendre qu'un train partirait pour Avallon le lendemain à 7 heures. Un taxi qui déposait sous mon nez des candidats au départ me ramena après quelques détours au Dôme. Mort de fatigue, je grignotai quelques croissants et bus une demi-Vichy. Dans mon studio, je n'osai pas allumer la lumière, par peur de la police. Je débranchai la sonnette comme je l'avais fait jadis lors de séances de pose excitantes. Impossible de prendre un dernier bain au clair de lune, car il n'y avait plus d'eau chaude. Après deux heures d'un sommeil angoissé, je sautai hors du lit à quatre heures et demie, collai sous la baignoire mon passeport allemand que je ne voulais pas avoir sur moi pour le voyage et regardai pour la dernière fois autour de moi. Je n'eus aucun mal à trouver dans la rue encore fraîche un taxi qui eut vite fait de me conduire à la gare en traversant un Paris incroyablement vide. Où était donc passée la foule impénétrable de la nuit précédente ? Sans doute qu'en ce premier jour de la mobilisation, tout s'était organisé, peut-être que l'affolante pagaille de la veille était vraiment l'inévitable signe avant-coureur du génie de l'ordre propre aux Français. J'avais tellement envie de le croire que je le crus. Le train s'ébranla avec ponctualité. J'étais installé dans un compartiment en compagnie d'officiers, de mères et d'enfants. Je n'osais pas allumer ma radio pour entendre des comptes rendus militaires. Tout le monde papotait, je dormais, pour cacher mon accent. J'arrivai à destination au bout de quatre heures, selon l'horaire prévu. Voutenay-sur-Cure est un trou insignifiant du Morvan. Il paraît que cette région est le berceau de la culture gauloise. Dans *Les Paysans*, œuvre médiocre qu'il tenait pour son meilleur roman, Balzac a décrit cette contrée et ses habitants : une poignée de paysans mauvais qui végètent dans des maisons sales, à moitié en ruines, dans une sorte d'idylle romantique. Des ruisselets clapotaient entre des petits rochers et des collines boisées, traversant des prairies souriantes, et j'étais sous le charme de cette atmosphère paisible. En sécurité, loin du danger, d'autant qu'à plus de cinquante kilomètres à la ronde, il n'y avait aucun objectif stratégique. Lors de la précédente guerre aussi, on avait continué à vivre ici dans la paix la plus complète. À l'endroit où la nationale 6 (Paris-Avallon-Dijon) pénètre dans le village se trouvent l'Auberge des Granges et ses deux étages sans prétention. M. Vanner m'accueillit sur le seuil de son établissement et m'affirma d'un ton lourd de sous-entendus que j'étais en sécurité chez lui. Il me dit que ma femme était en promenade dans la forêt avec les enfants, et que je n'avais qu'à me reposer dans ma chambre jusqu'à l'heure du déjeuner. S'il n'y avait pas eu dans ma tête de manière lancinante la question « Et maintenant ? Et maintenant ? Et maintenant ? », je me serais senti en vacances. J'étais déjà prisonnier.

La cloche de midi me réveilla. Les enfants, qui avaient une mine superbe, se précipitèrent dans la chambre et embrassèrent leur père, leurs visages exprimaient l'angoisse, ma femme me serra dans ses bras en pleurant avec un air de reproche qui me fit clairement comprendre ma responsabilité dans la guerre. Dans la salle à manger, Mme Vanner, particulièrement bien en chair, m'accueillit en parlant avec un accent encore plus allemand que celui de Monsieur. Les quelques clients installés à leurs tables manifestèrent à mon égard une hostilité patriotique qui paraissait grotesque par son caractère borné et provincial. Le repas, qui n'était pas mauvais, ne correspondait en aucun cas au prix de pension exagérément élevé. Ma femme dit que la nourriture était excellente jusqu'au moment où le cuisinier, tout récemment, avait été rappelé sous les drapeaux. Le service d'autobus, lien avec le monde et avec l'approvisionnement, avait été suspendu. Nous discutâmes toute la journée sur les manières de sortir nos têtes du nœud coulant qui les enserrait déjà. Nous avions encore la possibilité de nous déplacer librement, les frontières n'étaient pas encore fermées, la France était encore en paix. Nous avions le devoir de chercher à sauver nos vies. Le lendemain matin, nous demandâmes à la gare comment rejoindre la frontière espagnole. Il n'y avait plus de trains réguliers. Il fallait prendre la direction de Toulouse et Bordeaux, au petit bonheur la chance. Le voyage prendrait plusieurs jours. Avec les bagages et les enfants, perspective peu engageante. L'émigration, cela s'apprend.

À midi, l'Angleterre avait déclaré la guerre à l'Allemagne. La France, pour des raisons obscures, ne l'avait toujours pas fait. M. Vanner jura que la guerre n'aurait pas lieu. Sa femme, sans savoir de quoi il était question, acquiesçait. En fin d'après-midi, la radio, s'excusant de manière piteuse, annonça que la France se considérait, conformément aux engagements qu'elle avait pris, en guerre contre l'Allemagne.

Nous partîmes pour Avallon, la petite ville la plus proche, par le dernier autobus, et fîmes une ultime tentative pour trouver un taxi qui nous emmènerait jusqu'à la frontière espagnole. Sur le chemin de la station de taxis, nous lûmes sur une affiche que tous les *« ressortissants allemands* » devaient se présenter dans un délai de cinq jours à Auxerre, au point de rassemblement indiqué, avec leurs effets personnels, une couverture, des provisions de route, des couverts. Cela signifiait internement, camp de concentration, accomplissement de mes cauchemars d'enfant. Je ne me considérais pas du tout comme *« ressortissant* »*, et décidai de ne pas obéir à cet ordre, d'autant plus que je n'accordais qu'une confiance modérée aux camps de concentration français. Pour établir de manière indiscutable ma loyauté, j'écrivis une lettre aux vibrants accents patriotiques et l'expédiai en recommandé à mon commissaire de police de la rue Delambre, afin qu'elle puisse être jointe à mon dossier : je me mettais à nouveau sans aucune restriction au service de la France. Comme j'étais prêt en tout état de cause à me battre pour la liberté du monde, il semblait logique que je me précipite sous les drapeaux. J'avais avant tout besoin de mes papiers, qui étaient à Paris sous la baignoire de mon atelier. Comme mon passeport était périmé, ma carte d'identité ne pouvait pas être renouvelée. Sans papiers, impossible de circuler. Les routes et les trains étaient strictement contrôlés, ainsi se manifestait l'esprit guerrier des Français.

Nous sortions de Voutenay par l'autobus quand nous vîmes deux gendarmes entrer à vélo dans le village : la menace se précisait. À Avallon, le propriétaire d'une auto se déclara prêt à nous conduire à Bordeaux pour un prix qui n'avait rien d'exorbitant, mais il ne pouvait le faire que deux jours plus tard et nous laissait jusqu'au lendemain pour nous décider. À notre retour à Voutenay, nos trois enfants nous accueillirent en larmes : les gendarmes étaient venus me chercher à l'hôtel. J'avais bien sûr pris de manière beaucoup trop directe des renseignements sur les trains et les correspondances ferroviaires, et je pouvais être arrêté à tout instant. Le soir même, de la fenêtre de notre chambre, je découvris, derrière les troncs des peupliers bordant la route nationale, des ombres évoluant dans les brumes nocturnes, qui étaient chargées de ME surveiller (il s'avéra par la suite que ce n'était pas moi le suspect, mais les aubergistes. Dans les derniers jours de la guerre les Vanner furent tous deux fusillés par les maquisards pour espionnage). Après avoir rediscuté avec l'aubergiste, je me risquai à m'adresser au maire de Voutenay-sur-Cure pour lui exposer mes difficultés. Pour éviter que l'on puisse me soupçonner d'espionnage, je me rendis auprès de lui avec femme et enfants. Le maire, un vieux paysan, était assis sous un chapeau de paille à larges bords (Van Gogh), près de son poêle, et lisait Balzac, répondant ainsi à l'image que je me faisais des paysans français. Quand je lui confiai l'admiration que je portais à Balzac, il nous invita avec une courtoisie toute française à prendre place. Il m'écouta avec intérêt lui expliquer que j'avais quitté l'Allemagne vingt ans auparavant, que ma femme et nos enfants étaient nés en Hollande et que, étant juifs, nous haïssions Hitler. Quand je dis vouloir, par amour de la France, la servir sous l'uniforme, il hocha la tête : il faut laisser le patriotisme à des gens plus jeunes et qui n'ont pas de famille à nourrir, les enfants ne vivent pas de belles phrases ni de beaux sentiments, il faut qu'ils mangent. Mais il comprenait parfaitement l'utilité d'un *« beau geste* »*. Il me serra la main cordialement et ajouta avec une mine de conjuré : « Je ne peux pas vous établir de papiers, la gendarmerie locale nous surveille. Il vous faut aller à Paris, on peut tout s'y procurer. De nombreuses autos font le plein tout près de la mairie. Si j'en trouve une pour Paris qui m'inspire confiance, je vous fais prévenir. *Bonne chance* !* »

57

MON PLUS BEAU MODÈLE

Le lendemain, nous nous efforcions d'avaler des andouilles au chambertin un peu brûlées dans le jardinet aux épais ombrages de l'hôtel, quand Pascal, l'idiot du village (les idiots de village sont la bénédiction de la France), arriva, pour la plus grande joie des enfants, et se précipita hors d'haleine vers notre table pour me faire comprendre que je devais me rendre au plus vite à la mairie. J'avais déjà mis dans ma serviette mon pyjama, ma brosse à dents et mon peigne, et me précipitai donc, entouré des miens, sur la place du marché, où une Peugeot décapotable faisait le plein. Ses deux occupants sentaient à vingt lieues les bagnards sortant de prison. Pour qu'il ne puisse subsister aucun doute sur ma reconnaissance, je payai l'essence, et malgré les protestations, ce geste fut accepté comme allant de soi. Je me répandis en remerciements auprès du maire qui fit celui qui ne sait de quoi il retourne. Je promis à ma femme et aux enfants de revenir bientôt. Le cœur lourd, j'avais la certitude, comme si souvent au long de mon existence, que je ne les reverrais plus jamais. N'écoutant que mon courage, je bondis dans la guimbarde qui démarrait : en route vers Paris. Le chauffeur se retourna et me mit une bouteille de kirsch sous le nez. « Moi Maxime, lui Philippe, et toi ? » Ils se gaussèrent tous deux en argot de mon prénom. Maxime demanda : *« Toi youpin* ? »* Je fis oui de la tête, et il trouva que c'était *« tant mieux* »*. Maxime voulut voir mes papiers. Quand je lui demandai pourquoi, il me répondit : « Pour que nous ayons quelque chose à présenter si nous sommes arrêtés. » Je lui demandai prudemment si le maire ne leur avait pas expliqué que c'était justement à cause de mes papiers que j'allais à Paris où je voulais m'engager comme volontaire. Maxime demanda de quelle prison je sortais et combien je mesurais. Je n'eus pas le courage de répondre à la première partie de sa question et avouai : « Un mètre soixante-dix. » Maxime et Philippe venaient de sortir de prison (Cambriolages). Chaque prisonnier condamné à moins d'un an et souhaitant s'engager était libéré. Ils avaient trouvé cette auto devant les portes de la prison de Perpignan et partaient recommencer une nouvelle vie dans le Paris nocturne où d'importantes affaires les attendaient. Ils avaient trouvé en moi l'homme qu'il leur fallait : un collaborateur digne de confiance, ni trop large, ni trop grand, ni trop lourd, qu'il serait facile de hisser pour qu'il entre par la fenêtre dans un appartement dont il leur ouvrirait ensuite la porte. Il fallait en outre qu'il dispose d'un point de chute à l'abri de tout soupçon où on pourrait en toute tranquillité trier les prises et les stocker. Ils s'intéressaient essentiellement à l'or, aux bijoux, aux objets d'art dont la valeur allait augmenter pendant la guerre. Maxime rit : « Tu parles français *comme une vache espagnole**, si on nous arrête, tu feras mieux de te planquer sous la couverture, nous avons l'obligation de te mener sain et sauf jusqu'à Paris. » Nous bûmes joyeusement notre kirsch en jurant de ne plus nous quitter. Quand quelque chose paraissait suspect, je me jetais par terre et me cachais sous la couverture de cheval. Ensuite, nous nous jetions un nouveau kirsch derrière la cravate, ce qui rendit le trajet de plus en plus gai. Nous fûmes arrêtés pour la première fois à Auxerre. Avant que la sentinelle ait pu poser la moindre question, Maxime demanda : « *Nous crevons de faim**, c'est où qu'on peut trouver à grailler quelque chose de bon ? » Les soldats, désireux de faire admirer leurs compétences en matière de gastronomie, nous recommandèrent *Le Cerf-Volant*, s'autorisèrent un kirsch et en oublièrent les papiers. Maxime ne parlait que de la place Pigalle, de la Bastille, de Saint-Ouen, de la rue de Lappe, de la tour Eiffel, il connaissait Paris comme sa poche. Pépé, l'ombrageux, ne connaissait que Perpignan.

À la tombée de la nuit, nous parvînmes sans autre incident porte d'Orléans. Dans ce Paris mort, mon courage se figea soudain. J'invitai mes deux voleurs à un pernod au Café du Rond-Point, porte d'Orléans, que j'avais connu en des jours meilleurs. Après la troisième tournée morose – chacun se méfiait des deux autres –, je confiai en guise de caution mon portefeuille quasi vide à Maxime – je porte toujours mon argent dans la poche arrière de mon pantalon – et je descendis aux toilettes, d'où je savais pouvoir quitter l'établissement par un petit escalier dérobé. Enfin seul, complètement éreinté, le vin triste à en mourir, j'avançais furtivement, comme un fuyard poursuivi par d'invisibles chiens assoiffés de sang, dans la nuit sans lumières de la rue d'Alésia. Je n'avais pas le courage de me faufiler entre les patrouilles jusqu'à mon atelier, situé à seulement un quart d'heure de là. À deux minutes, dans une ruelle élégante et perverse, la villa Seurat, habitait une bonne fée hollandaise, *Mevrouw* May K. K., chez qui j'espérais pouvoir passer la nuit. Je sonnai à sa porte autour de 10 heures. Personne ne m'ouvrit. Son célèbre risotto, *spécialité de la maison**, répandait son fumet par les fentes de la porte, la trahissant. Trop d'ail et d'oignons (elle était végétarienne et dure d'oreille, communiste par choix), du poulet (réservé à ses invités ; mais quand personne ne regardait, elle mangeait aussi de la viande). Je tambourinai sans relâche à la porte, à la fenêtre, jusqu'au moment où elle m'ouvrit, vêtue avec une élégance suprême, en smoking, monocle à l'œil. (C'était un travesti et quand je la comparais au prince héritier allemand, elle était tout émoustillée.) Elle prétendit m'avoir attendu pour le dîner (elle était spirite). Nous nous étions rencontrés des années plus tôt en Hollande, quand nous tentions d'arracher aux griffes de Hitler Elisabeth Lasker-Schüler, et nous étions depuis restés très proches. Une amie véritable, prête à tout sacrifier, surtout pour des jeunes femmes célibataires qui attendaient un bébé. Elle nageait dans la joie quand déguisée en père plongé dans une attente fiévreuse, elle recevait enfin la bonne nouvelle : *« Monsieur, c'est un fils* ! »*

Nous mangeâmes d'excellente manière, buvant du *pinard** à la lueur des bougies, nous racontant nos aventures. May croyait au génie de Staline et prophétisait l'effondrement des démocraties. Elle me déconseilla de passer la nuit chez elle, il y avait déjà eu des perquisitions nocturnes chez des membres du Parti. Le *« Deuxième Bureau* »* luttait contre la *« cinquième colonne* »*. J'étais trop épuisé pour prendre de nouvelles décisions et dormis superbement sur son sofa.

Après un délicieux petit-déjeuner hollandais, je me dirigeai vers le téléphone. Aucun des amis influents qui quelques jours plus tôt m'avaient assuré de leur amitié indéfectible n'était joignable à une heure si matinale – il était 10 heures ; le ton employé par les secrétaires semblait refroidi. Je décidai donc de tenter à nouveau ma chance depuis mon studio. Dès ma plus tendre enfance, j'ai eu peur dans la rue. La veille au soir, Paris m'avait semblé trop effrayant. May me conseilla d'éviter les rafles et de prendre un taxi, mais ils étaient plus introuvables que jamais. Dans cette claire lumière d'un matin d'automne, Paris avait presque l'air normal. Moins de passants, davantage de soldats, moins de circulation, davantage de policiers. J'observai deux hommes arrêter un passant, lui demander ses papiers et l'emmener. Montant quatre à quatre l'escalier pour arriver au studio, je tombai dans les bras du concierge qui me souffla que la police m'avait déjà demandé à plusieurs reprises. Je lui confiai – échange de bons procédés – que je voulais seulement récupérer mes papiers *en vitesse** pour aller au plus vite me faire incorporer, et en parlant, je lui mis dans la main cent francs pour ses faux frais, ce qui lui fit une impression d'autant plus forte que jusqu'alors, il s'était toujours montré parfaitement satisfait avec mes pourboires de dix francs. Il rétorqua plein de compréhension : « *Comme vous le désirez, monsieur, je n'ai rien vu* ! »* Je le priai de ne rien voir non plus le lendemain et de me laisser deux jours pour prendre d'ultimes dispositions, avant de me dénoncer. Car la dénonciation était inéluctable ! Même au plus profond de notre misère, nous autres exilés, nous fûmes contraints de verser régulièrement des pourboires aux concierges et aux garçons de café, qui nous cherchaient des poux, nous roulaient comme au coin d'un bois, nous dénonçaient. Le système d'espionnage mis en place par Fouché règne aujourd'hui encore en France. Chaque dénonciation, fondée ou infondée, est récompensée par le commissaire de police de cinq francs. Des *agents doubles** (Frédéric Drach, morphinomane et rédacteur en chef de VU, collaborateur de M. Lemoine, *l'agent provocateur de la préfecture de police** affecté d'une affreuse cataracte) organisaient depuis la terrasse du Café du Dôme, leur quartier général, les livraisons humaines de Paris à Berlin. L'or ne brûle pas.

Dans le couloir sombre, à chaque porte d'atelier, je me heurtais à un seau rempli de sable : défense antiaérienne. C'était la première fois que mon studio avait l'air en ordre : il avait été perquisitionné. Ma collection de photos pornographiques de 1900 avait disparu. Le téléphone coupé. Pourquoi donc étais-je revenu à Paris ? Les papiers n'étaient qu'une mauvaise excuse. La vérité toute nue ? Paris était ma *maîtresse**, et elle m'avait trompé avec un autre. En faisant ma toilette, je me souvins du télégramme laconique : « Mindaros a fait faillite, les vieilles caisses sont vides, nous avons faim et soif. Que faire ? » Coup de sonnette strident.

Première réaction : sauter tout nu par la fenêtre. Dans la cour du commissariat ? Coup de sonnette strident ! Il fallait ouvrir, j'enfilai en vitesse l'imper de ma fille qui traînait dans un coin, me jetant un dernier regard plein de mépris dans le miroir, tournai sans bruit le verrou, comme je l'avais fait si souvent, et ouvris. Le destin se tenait là, sous les traits d'un Maurice Chevalier en chapeau de paille, maigre moustache cirée et discret sourire. Avec au bras le porte-documents dans lequel se trouvaient mon ordre d'arrestation et les menottes. Ma vie s'arrêta. Une peur panique, glaciale, me baignait. Pas de dernière érection, ni la force de dire « *Bonjour monsieur** ». Le bourreau se racla la gorge et demanda d'un ton gêné, comme s'il attendait de moi un service : « *Monsieur le célèbre photographe d'art Blumenfeld, Erwin Blumenfeld** ? » Ce n'était pas le langage d'un flic ordinaire. Le « célèbre » me flatta. Aurait-on par hasard envoyé pour m'arrêter un conseiller ministériel ? Comme seul un exilé allemand en est capable, je répondis : « *Oui monsieur**. » Il poursuivit : « *Ressortissant allemand** ? » Ce que je niai. En entrant, il jaugea d'un regard acéré le mobilier, examina portes et fenêtres. Je montrai d'un geste gêné mon imperméable, voulus me retirer dans la salle de bains pour, une fois que je me serais ouvert les veines avec mon rasoir, sauter par la fenêtre. Ou ne vaudrait-il pas mieux l'assommer avec la chaise en fer venant du Luxembourg avant de m'éclipser ? Mais pour aller où ? Il semblait lire dans mes pensées, me prit par le bras et m'obligea à m'asseoir, me regarda droit dans les yeux et dit d'un ton décidé, mais où perçait une certaine excitation, qu'il voulait me parler d'une affaire vitale. Plein d'un tact digne de la grande tradition française, il m'offrit une Caporal grise, la marque de cigarettes française la moins chère. Pour ne pas être en reste, je me levai et le priai d'un ton solennel : « Si vous me permettez d'écrire un ultime message à ma femme et à mes enfants, je n'opposerai aucune résistance et serai à votre disposition. » Il me regarda d'un air inquiet : « Ne pourriez-vous pas écrire plus tard à votre femme ? *Je suis pressé**. » Cet homme connaissait sur le bout des doigts son Raskolnikov, je le vis à l'éclat malin de ses petits yeux. Il voulait jouer au chat et à la souris, fit mine de réfléchir profondément et dit : « Si vous n'avez vraiment rien de plus pressé que d'écrire à votre femme, vous m'autoriserez, *je vous en prie**, à me retirer dans votre salle de bains, mais promettez-moi de ne pas vous enfuir, je n'aime pas me retrouver seul dans des studios étrangers. » Je lui donnai ma parole d'honneur, nous en serions presque arrivés à l'accolade. Il disparut dans la salle de bains avec son porte-documents, l'air de ne pas y toucher. Pour me bercer dans l'illusion d'une liberté tentante, il ferma, quel raffinement, la porte de l'intérieur. Heureusement, je devinai le piège : il voulait m'inciter à fuir pour que ses sbires puissent me flinguer dans l'escalier. Un peu trop visible. Je ne trouvais pas les mots pour écrire à ma femme, dans l'encrier l'encre était sèche comme la moelle de mes os. Il me vint alors l'idée la plus évidente pour un photographe : j'allais photographier cet homme. La vanité est un défaut qui ne connaît pas de limite : je lui tirerais le portrait, et il m'accorderait une grâce de vingt-quatre heures. En un jour, il peut s'en passer des choses. La paix pourrait être signée, sait-on jamais. Je mis en place quelques projecteurs orientés vers la porte de la salle de bains ; c'était surprenant, mais l'électricité n'avait pas encore été coupée. Je vissai d'un geste d'automate ma Linhof sur son pied et fis les réglages dans le but de l'éterniser au moment où il paraîtrait sur le seuil. À ce moment précis, la clé tourna dans la serrure : ce qui se produisit alors dépassait mon entendement. Je n'ai pas le don littéraire qui me permettrait de décrire la situation comme elle le mériterait. Dans la lumière de mes cinq mille bougies, portrait vivant, mon détective posait en maillot de bain, un bonnet en caoutchouc enserrant étroitement son crâne, d'une laideur pitoyable : Nijinski dans *Le Spectre de la rose* APRÈS le saut. Il prononça d'un ton stupide, comme si cela allait de soi, la phrase du jour : « *Drôle de guerre** *!* » J'étais si peu à la hauteur de cette drôlerie que j'étais plutôt vexé d'être arrêté par un clown. Effaré, je tombai à genoux, geste qui n'était pas dans mes habitudes, eus aussitôt honte de ma faiblesse et fis semblant d'effectuer un réglage sur le pied. Une chose était claire : cet homme avait perdu la raison. Ceci n'expliquait pourtant pas où il avait trouvé le maillot de bain et les sandales de plage. Il demeurait immobile, je me postai derrière mon appareil et lui ordonnai : « Un petit sourire s'il vous plaît ! » Il fit des manières : « Je ne suis pas encore dans l'ambiance. Si vous voulez produire un chef-d'œuvre, il vous faut d'abord connaître la situation : la plage, le sable, Deauville-sur-Mer ! » Il s'étendit sur une chaise longue, l'un des rares sièges du studio, mima l'ambiance d'une plage et se mit à dérailler : « Je suis un notaire de Sens. Mon nom n'a aucune importance. Je suis marié avec plus ou moins de bonheur depuis vingt-trois ans. Je suis arrivé à Paris depuis avant-hier avec mon beau-frère, en route pour Deauville, mes premières vacances depuis mon mariage. Tout homme doit finir un jour par s'arracher au quotidien. Dès le premier soir, j'ai rencontré ici la femme de ma vie : Cricri m'aime d'un amour insensé. Je l'aime à la folie. Une blonde tout feu tout flamme. Elle travaille au Sphinx. Ma femme est brune, auvergnate. Jusqu'à il y a deux nuits, je n'avais pas la moindre idée des passions blondes, oh là là ! Comme Cricri est retenue à Paris pour raisons professionnelles, je vais passer mes vacances ici avec elle. L'amour entraîne des sacrifices. Nous sommes prêts à tout. Ce soir, je laisserai mon beau-frère partir seul vers Deauville et j'ai l'intention de lui confier une série de cartes postales : moi sur la plage en maillot de bain mouillé, mon regard nostalgique trahissant mes pensées tournées vers mon épouse. Cet alibi portant le cachet de la poste et ma signature étouffera dans l'œuf tout soupçon. Ma dulcinée m'a parlé de vous comme d'un grand photographe, artiste et illusionniste, magicien hors classe de la lentille, à qui rien n'est impossible. Elle m'a prévenu contre les prix excessifs que vous pratiquez. Dans un cas exceptionnel comme celui-ci, je pense que même un artiste est digne de vivre. Il faut que tout soit prêt ce soir à 6 heures. Vous avez devant vous un *père de famille nombreuse**, prenez-le en pitié et n'oubliez pas que nous sommes entrés dans la Seconde Guerre mondiale ! » Je sentis la colère monter : le destin se moquait de moi par l'intermédiaire de ce guignol ! J'avais perdu tout sens de l'humour, mon compte en banque était bloqué, je me voyais donc contraint à jouer le photographe de plage pour cet horrible petit-bourgeois. L'esprit ailleurs, je dis : « Cinq mille francs, la moitié payable d'avance. » Il m'en proposa quatre mille deux cents, nous tombâmes d'accord sur la somme de quatre mille six cent cinquante-cinq francs et cinquante centimes. À contrecœur, il me versa un acompte de deux mille trois cent vingt-cinq francs. Le travail commença. La Providence avait déposé devant ma porte le sable nécessaire ; il n'a pas trouvé d'autre utilité pendant cette guerre. Ainsi, le problème de la plage était réglé. Mon notaire m'aida à vider les tonnes de sable destinées à la lutte contre l'incendie dans le studio. La chaise longue se retrouva bientôt au bord de la mer du Nord. Je voulais plonger mon héros dans la baignoire remplie d'eau froide. Asthmatique chronique, il était contre les bains froids. Pendant que je mettais tout en place, il se précipita vers le miroir, s'enduisit de poudre bistre, sortit son dentier pour le brosser, se gargarisa avec énergie, décrassa avec soin les espaces entre ses orteils, râpa ses œils-de-perdrix, se rasa les aisselles, arracha les poils qui lui sortaient des oreilles, se parfuma d'une manière écœurante. Au bout du compte, il avait tout à fait la même allure qu'au début. Je voulais parler de la guerre, il refusa, il était en vacances.

Une séance de pose bien préparée, quand l'artiste et son modèle coopèrent en parfaite harmonie, se déroule sans surprise. Au bout de dix minutes et de douze prises, j'avais ce que je voulais. Comme mon sujet se réjouissait d'aller chercher sa *donna* pour l'emmener *déjeuner** une demi-heure plus tard, je le laissai prendre, histoire de passer le temps, d'autres poses inutiles (je n'avais pas mis de film), son ego s'enflant de manière démesurée : il se croyait au cœur de la vie artistique. La tâche accomplie, mon notaire se rhabilla méticuleusement, me remercia d'un ton spirituel pour ces belles heures passées à la plage et promit de venir chercher sa commande à 5 heures. Pendant que je travaillais dans la chambre noire, je compris qu'en développant les clichés de cette farce grotesque, je mettais un point final à ma carrière parisienne (1936-1939). Le dernier des travaux d'Hercule.

Mon plus beau modèle, Paris, 1939.

À 5 heures, douze authentiques cartes postales attendaient sous une enveloppe verte le client qui ne se pointa qu'à 7 heures. Ses forces étaient à bout, mais aussi les miennes, et toutes les forces réunies. Il s'écroula sur la chaise longue. « Une fine s'il vous plaît ! » Je n'avais pas de licence de bar, je ne pouvais rien lui offrir et savais qu'il n'allait plus faire que râler pour faire descendre les enchères. Je m'étais juré à moi-même de demeurer inflexible et avais mis de côté à cette fin une treizième carte. Je lui remis fièrement mon travail. Il eut du mal à cacher son enthousiasme pendant qu'il examinait à la loupe les chefs-d'œuvre l'un après l'autre. Soudain il hurla : *« Non ! Non ! Et non* ! »*, comme je m'y étais attendu, puis laissa choir toutes les photos dans le sable. Je me penchai à la vitesse de l'éclair et, avant qu'il ait pu faire le moindre geste, j'avais sous ses yeux déchiqueté un de ses portraits et jeté les débris en l'air d'un geste méprisant. Aucun client ne peut supporter de se voir ainsi mis en pièces sous ses propres yeux. Quand je fis mine de m'en prendre à la carte suivante, il gémit et réclama l'armistice. Je triomphais sur toute la ligne et lui demandai ce que son *« non* »* voulait dire. *« Ma dame n'aimerait pas voir mon rictus* ! »* Ignorant le sens du mot « rictus », que je rapprochais d'« érection », je défendis mon art. « Un homme de votre âge devrait être content d'être encore en mesure d'en montrer autant ! » Il afficha un sourire maniéré et exigea avec impudence, et pour sauver la face, des retouches que je refusai au nom de motivations artistiques (je ne sais pas retoucher). Après les luttes intérieures habituelles en ce pays, il régla avec force protestations les deux mille francs qu'il me devait et quitta mon studio, appauvri et immortalisé.

58

LA DESCENTE

Le lendemain matin, aucune de mes relations ne répondit. Nombre d'amis étaient partis, ceux qui restaient n'étaient pas joignables. Sans avoir pu régler mes affaires, muni de l'argent que je venais de gagner et de mon vieux passeport infamant, je regagnai Voutenay-sur-Cure, je ne sais plus comment. Quand, un des jours qui suivirent, M. Vanner, l'aubergiste, dut se rendre pour ses affaires à Auxerre, je l'accompagnai dans sa vieille guimbarde. Quand la route montait, il fallait que je la pousse. Pour être déclarés aptes au service, les volontaires devaient se présenter dans la cathédrale, qui avait été transformée en hôpital militaire. Des milliers de lits vides. Pas un médecin. Un seul malade dormait dans un des lits. Je m'allongeai sur le lit voisin, épuisé. Quand je m'éveillai, au bout de plusieurs heures, l'autre patient me demanda ce qui n'allait pas. C'était le médecin et tout surpris, il se moqua de moi : j'étais son premier volontaire. Il me dissuada de persévérer. J'étais trop vieux. Je lui expliquai la précarité de ma situation. Bienveillant, il attesta sans même m'examiner que je m'étais présenté pour m'engager. Je ne lui demandais rien de plus.

Alors commencèrent les journées les plus paisibles de ma vie. Qu'il ait fallu qu'éclate une guerre mondiale pour m'apporter l'apaisement ! Jour après jour, nous parcourions par le plus agréable des temps d'automne qui se puisse imaginer une vallée idyllique, notre vallée de larmes : Ronceval.

Nous faisions la cueillette de baies (mûres et myrtilles), nous ramassions des escargots, nous pêchions des truites, attrapions des lézards, détruisions des serpents, nous étions heureux. Jusqu'au soir où le chef des gendarmes de Vézelay, M. Guignard, vint et demanda à me voir. C'était un policier de campagne matois comme un paysan (après la guerre, il a fait de la prison pour collaboration avec *« les Boches* »*). Nous bavardâmes, et autour d'un verre de Dubonnet, je me rendis compte qu'il cherchait à savoir si je possédais quelque chose qui aurait pu être réquisitionné : une maison, des diamants. Après quelques petits verres supplémentaires, nous étions bons amis. Guignard était impressionné par l'attestation selon laquelle je m'étais présenté comme engagé volontaire. Il me glissa à l'oreille de quitter le plus vite possible l'auberge, affirmant que les Vanner étaient des espions. Il nous conseillait de nous mettre sous sa protection et de nous installer à Vézelay, il s'occuperait des formalités. Il y avait à Vézelay un hôtel célèbre, deux étoiles au Michelin. Pouvoir changer d'hôtel, c'était un soulagement. Les Vanner nous exploitaient de manière impitoyable, nous traitant comme des prisonniers de guerre. Nous étions les seuls clients qui leur restaient, et donc, nous n'avions pas besoin d'être servis *(« c'est la guerre* »)*, il nous fallait nous contenter de minables rations de guerre, mais le tout au tarif plein, haute saison *(« c'est la guerre* »)*.

Dès notre arrivée à Vézelay, le parfum moyenâgeux des feux de bois nous mit en transe. Quel bonheur de vivre dans cet univers de contes. *Résidence forcée** au paradis. Merveilleux Hôtel de la Poste et du Lion d'Or. Jamais je n'ai mangé d'escargots plus succulents. Ce fut d'abord l'automne et ses odeurs, dans la beauté de la Bourgogne, les brumes mystiques planant au-dessus des vignobles ; puis l'hiver blanc de neige et son silence, et les merveilles bourgeonnantes du printemps. Tous les matins, tous les soirs, nous faisions avec le même ravissement le tour des anciennes murailles qui entourent la petite ville d'où Godefroy de Bouillon partit pour la Croisade ; nous admirions sous tous ses angles la bien-aimée basilique de la Madeleine. Je devais me présenter une fois par semaine à la *gendarmerie**, simple formalité qui succédait à ma visite quotidienne au marchand de journaux. Romain Rolland et Le Corbusier y furent astreints eux aussi.

Les hôteliers, M. et Mme Danguy, des paysans près de leurs sous qui s'étaient élevés à la force du poignet, s'occupaient convenablement de leurs quelques clients. Une géante grande à faire peur, Mme la générale Villemain, présidait la table centrale, drapée de crêpe noir de veuve. Nous l'appelions *« la grosse derrière* »*. Elle était flanquée d'une lesbienne puritaine et maigre comme un coucou, originaire de Philadelphie, Pennsylvanie, elle aussi d'âge canonique. Dès que la *« grosse derrière* »* nous apercevait, elle crachait dans notre direction, en général vers les enfants et vers ma femme, et, c'était flatteur, moins souvent vers moi. C'était une patriote royaliste de la République : Pétain était son chouchou, *her pet*. Miss Sibeling en revanche nous ignorait, affichant ainsi une stricte neutralité. Ces merveilleuses journées de paix durèrent six mois, jusqu'au moment où, début mai, les Français se laissèrent envahir par les Huns sans leur opposer la moindre résistance. La méchanceté des paysans, fourches au poing, ressuscita. La générale en resta interloquée et brandit son pot de chambre. Plus question pour nous de promenades, et on nous attribua des chambres minables. Notre fils Yorick, âgé de 7 ans, fut un jour arrêté comme espion par deux gendarmes à sa sortie de l'école. *L'Auxerrois*, une feuille de chou locale, publia un article intitulé : *« Parachutiste boche Blumenfeld caché à Vézelay* »*. Quand les Allemands se furent rapprochés de Paris de manière inquiétante, mon gendarme, qui n'avait aucun pouvoir, décida que je devais me présenter de mon propre chef au camp de concentration le plus proche, à

Montbard-Marmagne. Comme il n'y avait aucun moyen de transport, j'aurais dû parcourir à pied soixante-quatre kilomètres ou louer une auto à mes frais. Deux policiers devaient m'accompagner. On m'autorisa à emmener ma femme avec moi.

Par un magnifique matin de mai, nous descendîmes de la montagne, allant directement du ciel à l'enfer. Mon cœur saignait, mais il y avait un arrière-goût grotesque sans doute toujours présent quand on marche à l'échafaud. Je serrais dans mon portefeuille une lettre de recommandation du général Georges, grosse légume à l'État-Major, que m'avait procurée mon ami André Girard. J'avais pour tout bagage deux valises pleines de photos, ma caméra Linhof, des livres, une machine à écrire. Un volume de courts récits en prose et de poèmes que j'avais composés au cours des vingt dernières années était malheureusement resté à Vézelay. Lorsqu'elle dut fuir à son tour, ma femme l'a caché dans une niche pratiquée dans le mur d'une maison abandonnée, mais quand quinze ans plus tard, nous avons voulu l'y récupérer, nous ne l'avons pas retrouvé. Devant l'Hôtel de la Poste (trois étoiles) d'Avallon, j'eus envie, à l'heure de midi, de prendre le repas du condamné. Je donnai cent francs à mes gardes : qu'ils boivent un verre à ma santé et viennent me reprendre deux heures plus tard. Nous avons fait un déjeuner royal : *écrevisses aux aromates, fondue de volaille à la crème, crêpes flambées**, le tout arrosé d'un hospices-de-beaune 1928, suivi d'un marc de Bourgogne. Mais nous étions trop abattus pour goûter pleinement ces plaisirs culinaires. Le dernier repas du condamné a un goût amer.

Après le déjeuner, il me restait une heure, que nous passâmes ma femme et moi à faire les cent pas devant le restaurant, jusqu'à l'arrivée de mes deux bourreaux titubants. Entre-temps, ils avaient décidé, pour faire bonne impression, de m'amener enchaîné comme un espion pour me livrer au camp, et voulaient me passer les menottes. Par chance, ils étaient tous trois juste encore assez lucides pour se rendre compte qu'ils n'étaient pas en état de conduire et me laissèrent prendre le volant. Ils ne tardèrent pas à ronfler à l'unisson pendant que je me conduisais moi-même au camp de concentration. J'aurais pu sans que personne m'en empêche descendre de voiture et m'enfuir à toutes jambes. Mais pour aller où ? Les assassins ont peine à se débarrasser des cadavres. Mais il est bien plus difficile de se faire disparaître soi-même. Après la petite gare de Montbard, le chemin continuait sur quelques kilomètres jusqu'à Marmagne, un trou perdu. Devant la mairie, une pancarte indiquait : RÉCEPTION DES ÉTRANGERS. La bâtisse faisait penser à la mairie d'Auvers-sur-Oise le 14 juillet peinte par Van Gogh, sans les petits drapeaux. Je trouvai que me présenter avec des gardes en train de ronfler, cela manquait de style. J'allai donc jusqu'au carrefour suivant, pris mes bagages, et d'un pas courageux, accompagné par ma femme, je traversai la porte de l'enfer gardée par des mendiants en armes. Nous aperçûmes derrière les barreaux, spectacle prometteur, un géant déguisé en général, la poitrine couverte de décorations, qui, soufflant et tout émoustillé, pataugeait dans un océan de cheveux que balayaient des types. Une cinquantaine de pauvres hères aux crânes rasés coassaient en prenant une allure martiale. Des civils en formation militaire sont ridicules, surtout quand ils exhibent, en guise d'uniformes, des crânes uniformément rasés (culs entourés d'oreilles). Sur le devant de la scène, à gauche, deux dernières victimes se faisaient mettre la boule à zéro. J'imaginais que grâce à la lettre de recommandation du chef de l'État-major, une telle infamie me serait épargnée ; quelle illusion. À la porte grillagée, je serrai dans mes bras ma pauvre veuve, ultime embrassade, en lui disant : « Sois un homme ! » Je lui demandai de prendre bien soin des enfants et de très vite se remarier, pour son plus grand bonheur. Je m'arrachai à son étreinte et fis comme si, lourdement chargé de mes bagages, j'avançais d'un pied léger pour descendre vers l'Orcus. Je me dirigeai droit sur le maréchal général en chef de l'enfer qui, impassible, laissa tomber ma lettre dans l'océan de cheveux. Il fit un signe de la main, et on m'enfonça dans une chaise où un Luxembourgeois armé d'une tondeuse se mit à l'ouvrage. Je vis ma femme, derrière des barreaux, assister à mon exécution avant que mes gardes ne l'entraînent. Nous étions l'un et l'autre derrière les mêmes grillages, mais pas du même côté. En France, en ce temps-là, il y avait deux catégories : *les « internés* » et les « internables* »*.

J'avais exactement la moitié du crâne rasée quand mon coiffeur se vit intimer l'ordre de s'arrêter. L'adjudant avait exhumé des cheveux répandus par terre ma lettre de recommandation et l'avait présentée comme un document important au commandant. Je devais avoir une drôle de tête ; les autres crânes nus ricanaient tous ensemble. J'avais gagné une bataille, même si j'y avais laissé la moitié de ma chevelure. Le chef tout-puissant était bouillant de colère. Il demanda avec un fort accent allemand si quelqu'un était capable de traduire correctement du français à l'allemand. Une canaille du nom de Stein s'avança et dit : *« Je* ! »* ; il devint l'interprète du camp. Le chef se posta devant moi, jambes écartées, et hurla comme un sauvage : *« T'es photographe, toi* ? »* Quand je répondis *« Oui, mon commandant* ! »*, il me donna l'ordre de prendre position à côté de lui et gueula *« Silence* ! »*, puis fit la proclamation suivante : « *Ordre du jour* : Je nomme par la présente décision Blumenfeld, Erwin, médecin-chef du camp Montbard-Marmagne. Il assume sous mes ordres et sous son entière responsabilité la tâche de veiller au bien-être, à l'hygiène et aux problèmes médicaux du camp et de ses occupants. Toutes les personnes présentes dans le camp ont obligation de lui adresser le salut militaire et de l'appeler *"monsieur le docteur* !"* Mon avancement fut accueilli par un ricanement furieux de la colonne. Le chef poursuivit : « Ne vous faites aucune illusion, sales espions, vous êtes ici pour vous tuer au travail pour la France. Je veux montrer aux Boches ce que "camp de concentration" veut dire. Si quelqu'un se fait porter pâle, il sera envoyé pour vingt-quatre heures à l'isolement dans la porcherie, sans pain ni eau. Et si cela ne suffit pas à le guérir, je le ferai soigner et châtrer par le professeur Blumenfeld. Je ne vous ai pas fait couper les cheveux uniquement pour afficher au pilori votre visage véritable, mais pour que vous ne vous mettiez en tête ni les poux ni l'idée de prendre la poudre d'escampette. Car nous n'avons pas encore vos tenues de détenus. Elles ont été réquisitionnées à la prison de Dijon et devraient arriver d'un jour à l'autre. Si quelqu'un a encore une question, il n'a qu'à fermer sa gueule. Demain, vous pourrez faire la grasse matinée jusqu'à 3 heures du matin, et à 4 heures, avant le lever du soleil, en route pour les champs ! Rompez ! »

Nous fîmes demi-tour avec une belle raideur militaire, car nous avions tous été soldats. À la fin du cortège, un vieillard tremblotant appuyé sur sa canne, crinière au vent, fit son entrée dans la cour en boitillant. Sa lettre de recommandation, remise avec une courbette exagérée au commandant, fut piétinée sans même avoir été lue. C'était une lettre d'André Gide, qui recommandait chaleureusement à l'administration du camp son ami et traducteur, le poète Ferdinand Hardekopf. Je me liai d'amitié avec cet émouvant morphinomane, un des rares êtres humains dans ce désert concentrationnaire. C'est à lui que je dois d'avoir retrouvé par la suite ma famille.

*Monsieur le capitaine Carlé**, je l'ai déjà mentionné, n'était pas un général, mais un Karl alsacien, un *Wackes*[1]

1. Terme utilisé de façon péjorative par les Allemands et les Suisses allemands frontaliers pour qualifier leurs voisins français dialectophones, Alsaciens et Mosellans.

qui, après vingt années de Légion étrangère au Sahara, avait été renvoyé pour la retraite en France, atteint d'une maladie tropicale et d'une tumeur au cerveau. On l'avait rappelé sous les drapeaux trois semaines auparavant et il était responsable de ce camp de transit prévu pour deux cent cinquante « *Allemands et autres chiens** ». Carlé comprit aussitôt quelles possibilités illimitées s'offraient à lui dans ce marché aux esclaves et fit le nécessaire pour qu'aucune âme ne quitte le camp. Il disposa bientôt de mille cinq cents domestiques qu'il louait à tous les prix comme main-d'œuvre aux fermes avoisinantes. Il n'arrivait pas à satisfaire la demande. Comme il ne disposait en guise de gardiens que de six réservistes d'un âge avancé, il avait armé un sur dix de ses prisonniers d'un fusil antédiluvien et non chargé et il laissait tranquillement les esclaves se garder eux-mêmes. Il n'y aurait pas un Allemand pour oser, même en rêve, déserter. Quelques tire-au-flanc ont crevé au boulot, la honte ! On les ensevelit de nuit, sans la moindre cérémonie militaire. Je fus chargé de calligraphier les certificats de décès en triple exemplaire. Cela entrait dans mes attributions.

Dès ses toutes premières minutes, ma carrière de médecin atteignit des sommets à la vitesse d'un météore, ce qui me consolait un peu de n'avoir pas été placé comme médecin-chef dans un camp de femmes. En effet, le cas Hardekopf à peine réglé, on amena de la fabrique de munitions de Montbard un interné couvert de sang et hurlant, encadré par deux gendarmes. Il s'était trop approché du haut-fourneau. Tant pis pour lui ! L'hôpital, à juste titre, avait refusé de prendre en charge ce travailleur étranger. On me remit ce cas désespéré, il fallait que je fasse mes preuves comme médecin. Je ne savais même pas où se trouvait l'infirmerie. Je lui tâtai le pouls, sans montrer que je n'arrivais pas à le trouver. Il me montra ses yeux en geignant. Je compris, horrifié : être photographe ne vous qualifie pas comme ophtalmologue. Pour masquer mon embarras, je demandai à l'homme son nom : « *Prestataire** » Späth. « *Prestataire** », rien à voir avec la prostate, et ce n'était pas non plus un prénom, cela signifiait « soldat ouvrier ». Nous l'étions tous sans le savoir. Je donnai l'ordre d'aller chercher une civière et laissai les autres disposer. La cour se vida, la nuit tombait. Späth continuait à se plaindre doucement. Je fus saisi d'un enthousiasme comme je n'en avais encore jamais éprouvé, et une voix sortit de ma bouche : « En vérité, je te le dis : avant que le coq chante trois fois, tu verras de tes yeux l'empire du ciel ! » Il chuchota en réponse : « En matière de rabbin miraculeux, j'en connais un bien meilleur, espèce de baratineur. Si tu m'aides à me faire admettre à l'hôpital de Dijon, je fais de toi un guérisseur célèbre ! » Ma réputation de médecin-chef était sauvée. Le simulateur baigné de sang fut porté sur une civière jusqu'à l'infirmerie, en fait la porcherie couverte de chaume. Je le suivis avec mes bagages. Dans la salle d'infirmerie, posé sur une caisse, un thermomètre cassé à côté d'un flacon de teinture d'iode. Rien d'autre, pas même une goutte d'eau. Devant la porte, tout juste arrivée de Paris, une énorme corbeille portant l'inscription *ÉVACUATION MÉDICALE**. Elle contenait cinq mille paquets de Neosalvarsan. Dans chacun d'eux, à côté de l'ampoule de médicament laiteux, il y en avait une deuxième d'eau distillée providentiellement distillée au compte-gouttes. Après avoir discuté avec mon patient, je le nettoyai du sang qui le recouvrait, sans toucher au visage. De la sorte, je pus le lendemain matin conduire à travers les rues de Montbard cette image de l'horreur jusqu'à la gare. On voyait que l'aveugle pouvait voir et on m'admira. Je l'installai dans le train pour Dijon. Sur le chemin du retour, une vieille femme m'offrit un petit panier de baies des bois, elle voulait me baiser la main et m'obligea à la suivre dans sa maison. Une fillette souffrant d'épilepsie y était étendue près d'un poste de radio en train d'annoncer que les Allemands étaient devant Paris. Je perdis l'envie de jouer les guérisseurs et hurlai, m'adressant à la malade : « Lève-toi, les *Boches** sont à la porte ! » La fillette malade m'obéit, se leva de sa chaise longue et tomba par terre. Sa petite grand-mère cria, éperdue : *« Vive Hitler* ! »*

Pendant ce temps-là, les esclaves internés trimaient. Programme de la journée : à 3 heures du matin, avant le lever du soleil, réveil aux éclats de trompettes wagnériennes. Le trompettiste de Säckingen, M. Fenster, un nègre, était étiqueté *« ressortissant allemand* »* sans avoir jamais mis les pieds en Allemagne. Il était originaire de Dar-es-Salam, Afrique occidentale allemande, où un missionnaire juif lui avait un peu appris à yodler (en yiddish). Jusqu'au début de la guerre, c'était un batteur recherché, jouant tambour et trompette dans des night-clubs parisiens. À Montbard, il devint le favori choyé de tous. Il régnait, avec son épouse, une Parisienne effrontée et piquante, et sa petite fille rayée noir-blanc-rouge, en hôte de marque sur la villa du commandant du camp et de l'épouse de ce dernier, Mme Carlé, une provinciale ayant un certain passé. Elle s'était mis dans le crâne de transformer le banal nœud ferroviaire Montbard-Marmagne en nœud de rencontres pour la bonne société de la Côte-d'Or. Les soirées *Chez Carlé** avaient beaucoup plus d'importance pour elle que la *défaite** de la France, que de toute façon rien n'aurait pu éviter. À cette époque-là, les gens commençaient à s'écrier en riant : *« On nous a bien eus* ! »* Après le réveil, le programme de la journée démarrait : Toilette. Comment ? Il était strictement interdit de se laver à l'unique robinet du camp. Puis récupérer le purin, autrement dit le café. Appel. Répartition des tâches, en rang par quatre, sous les interminables tirades de Carlé. À 4 heures du matin : départ au pas de course, épreuve d'endurance sur au moins quinze kilomètres jusqu'au lieu de travail où il fallait s'activer jusqu'à la nuit. Nourriture : bouffe pour animaux : épluchures, *topinambours*, *rutabagas**, merde. *La Marseillaise*, dont personne ne connaissait le texte, beuglée sans interruption pendant le retour au pas de course vers le camp. Extinction des feux, aux accents magistraux de Fenster à sa trompette, puis tout le monde se retrouvait enfermé dans des porcheries. Nuits horribles : des cris sauvages de cauchemars dans tous les dialectes (le pire, c'était le luxembourgeois) empêchaient de dormir. À 3 heures du matin : sonneries des trompettes du Jugement : réveil pour un jour affreux. Le sourd grondement des canons s'approche, inexorable : Hitler. Ceux qui l'attendaient comme un sauveur devenaient arrogants. Les communistes regrettaient l'ordre et la discipline des camps de concentration allemands. Les premiers jours, des camions étaient arrivés de Dijon, pleins à ras bords des uniformes de la Grande Armée de 1870 à 1914, des loques. On nous déguisa. Je récupérai un pantalon rouge et une veste d'officier galonnée d'or. Le camp n'était qu'une accumulation fantastique de clowns en guenilles. Hitler poursuivait son avancée, précédé par une énorme colonne de véhicules bondés, des fuyards et leurs biens, et au grand dam de Carlé, ils bloquaient la *route nationale** de Troyes, Langres et Nancy. Il décida de mettre de l'ordre dans l'exode, se fit installer par la municipalité un trône en bois à l'entrée du village. Juché dessus, il hurlait des ordres dans un porte-voix. Des « *prestataires** » costumés en soldats de 1870 et parlant avec un fort accent allemand avaient pour mission de stopper chaque véhicule et de contrôler les papiers. S'ils n'étaient pas en règle, le conducteur du véhicule était arrêté et conduit menotté à la prison du camp. La ville fut bientôt trop petite pour tant de prisonniers ; bagarres, coups de feu, le trafic finit par être complètement interrompu. Pour couronner le tout, il se mit à tomber des cordes, Carlé abandonna son trône pour déjeuner et donna l'ordre de libérer les prisonniers. Sans qu'on sache pourquoi, le soir même, au dîner, la nourriture fut abondante. Le lendemain matin, le réveil sonna deux heures plus tard que d'ordinaire. Après le café, pas de départ pour le travail ; et pour l'appel, Carlé se présenta en tenue de feldwebel, portant seulement quelques décorations, et distribua des cigarettes. Des rumeurs de paix circulaient. Tout s'éclaira quand arriva un groupe de jeunes officiers portant des serviettes bourrées de dossiers : *la « commission de criblage du Deuxième Bureau** ». Les officiers des services de renseignements étaient étonnamment bien informés. Nous fûmes soumis à un interrogatoire individuel ; non seulement l'officier chargé de m'interroger connaissait les pages que j'avais publiées dans *Vogue*, mais il savait que je travaillais depuis peu pour le *Harper's Bazaar* et que je revenais tout juste des États-Unis ; il me demanda si je pensais que l'Amérique viendrait comme en 1918 « sortir la patrie de la merde ». On nous tria, moutons noirs et moutons blancs : les internés sûrs devinrent officiellement *« prestataires** », soldats ouvriers de l'armée française, ceux qui ne l'étaient pas ou n'avaient pas de dossier devinrent des internés. Dès le départ de la commission, Carlé revêtit à nouveau son uniforme de général et tout le monde fut renvoyé au travail. Au pas, au pas !

Trois jours plus tard, après la prise de Paris, Carlé perdit ce qui lui restait de tête, brûla tous les documents afin qu'ils ne tombent pas dans les mains des *Boches**, rendit aux moutons noirs leur liberté et entassa les *« prestataires** » dans des wagons à bestiaux pour les envoyer vers l'ouest. Sur la porte des wagons, il inscrivit à la craie *CINQUIÈME COLONNE** et, accompagné par le trompettiste noir Fenster, il se hissa en uniforme de général dans la locomotive à côté du mécanicien, pour sonner la retraite. Parcourir les quatre-vingts kilomètres qui nous séparaient de Dijon prit une grande journée. Pendant toute la longue nuit qui suivit, nous restâmes à l'arrêt sur une voie de garage à hauteur de la gare de Dijon bondée ; l'alarme antiaérienne était permanente : pas une bombe. La France en était à ses derniers instants, nous étions entassés dans le dernier train.

Deux jours plus tard, nous nous arrêtâmes au Puy, morts de faim et de soif. Dans des éditions spéciales, les journaux annonçaient l'armistice. Le maréchal Pétain avait repris la défaite à son compte : *Travail, Famille, Patrie** ! Carlé avait disparu. Sous le commandement du nègre Fenster, notre train s'ébranla à nouveau, avançant par à-coups, et au bout de deux jours il s'arrêta à Loriol-sur-Drôme, à trente kilomètres au sud de Valence.

59

LORIOL

À notre descente de train, nous fûmes encerclés par un détachement de spahis (des soldats noirs venus des colonies). Chargés de notre barda, après cinq jours passés dans les wagons à bestiaux, sales, affamés, nous fûmes menés au pas de course à travers la petite ville poussiéreuse, une-deux, une-deux, en avant, marche. Des pots de fleurs, des ordures et des insultes s'abattaient comme grêle sur les *« sales métèques* »* coupables de la *défaite** de la France. Une-deux, une-deux, sur quelques kilomètres au long du Rhône pour atteindre notre nouveau camp de concentration, l'ancien dépôt d'aspirine des Usines du Rhône. Passant une barrière de barbelés infranchissables, nous avons rejoint un grand hall d'usine où des tables dressées attendaient les convives. Nos yeux affamés dévoraient des mirages tentateurs : grappes de raisin vert pâle, pêches aux joues rouges, carafes de *pinard**. L'appel accompagné d'aboiements militaires qui suivit nous empêcha de nous rassasier du regard. *« Attention ! Garde-à-vous ! Monsieur le commandant* ! »* La grande porte coulissante glissa et, monté sur des poneys, le plus comique des équipages entra au grand galop, une bande de Tartarins déguisés en Turcs, capes volant au vent, comme dans le désert : le proviseur du lycée de Valence et tous ses enseignants. Trop dignes d'Offenbach pour être vrais. Une heure d'affilée, ce petit-bourgeois digne de Bossuet *(Oraisons funèbres*)* disserta sur les devoirs et droits des prisonniers coupables de haute trahison sous le triomphal gouvernement du général Pétain (qui devait lui-même, quelques années après, être condamné pour haute trahison). Nous eûmes peine à ne pas nous endormir debout. Il ordonna le silence, pour guérir les espions que nous étions. Nous n'étions autorisés à parler entre nous qu'en cas d'absolue nécessité. Pas un mot à nos gardiens. Journaux et radios interdits pour nous éviter de répandre de fausses nouvelles. Nous devions sous peine de mort nous tenir à distance des traîtres viennois coupables de haute trahison enfermés dans le baraquement B. Aucun travail, sauf le service de chambrée et de cuisine (sous les ordres d'un maître d'hôtel). Étant membres de la *« cinquième colonne* »*, nous avions droit à des rations d'officiers : fruits cueillis à la main à chacun des cinq repas. Nourritures spirituelles : la bibliothèque classique du lycée de Valence. Pendant que cet humaniste entre les humanistes nous faisait miroiter sur un ton de Brillat-Savarin des mets délicieux *(poule au pot, pot-au-feu, friture du Rhône – « une spécialité de la région* »)*, les canonnades du Jugement dernier tonitruaient dans les parages : triomphe de la folie : HITLER ! Une tension extrême nous envahit. Le commandant semblait impassible. Quand il conclut en hurlant *Vive le Maréchal* !*, nous nous demandâmes si nous devions l'imiter, malgré l'ordre de nous taire, mais nous nous retînmes. Seul Schmidt de Leipzig, que nous tenions pour un démocrate convaincu, hurla, ce qui nous choqua tous : *HEIL HITLER !* Silence de mort. Nous pensions que Schmidt serait fusillé sur-le-champ. D'un pas martial, le commandant se dirigea vers lui, sabre au clair, et lui en donna un coup solennel sur l'épaule : « Toi qui, seul parmi toute cette racaille, as eu le courage d'affirmer sincèrement tes opinions, je t'attribue double ration de pêches, de raisin, de vin et de gâteaux, effet immédiat. Tes camarades attendront demain. *Vive la famille* !* Tous les autres, dans vos quartiers ! »

Empruntant une rampe qui faisait le tour du hall, nous nous installâmes deux par deux dans des chambres propres avec des lits déjà faits, électricité et eau courante, comme à l'hôtel. Nous pûmes d'en haut voir Schmidt de Leipzig se jeter sur les fruits, pendant que nos estomacs criaient famine. Et pourtant, nous étions paralysés par la certitude d'être les prisonniers d'un idiot qui mettait un point d'honneur à nous remettre bien engraissés aux nazis. Les crépitements de fusils se rapprochaient *crescendo*. À en croire le bruit de la canonnade, les combats se situaient à environ trente kilomètres au nord de Valence. Nous chuchotâmes, tenant un conseil de guerre nocturne. En conclusion de l'incapacité de chacun isolément à prendre la moindre décision, nous ne pouvions que constater le caractère désespéré de notre situation. Le nombre des gardiens, des Sénégalais armés jusqu'aux dents avec lesquels nous n'avions pas le droit d'échanger le moindre mot, et nous ne le pouvions d'ailleurs pas, avait été doublé. Comment sortir de cette cage, sur qui compter, pour nous réfugier où ? Personne ne voulait se rendre en Suisse, distante de deux cents kilomètres. Le fait qu'il y a un an, je me trouvais à New York, me conférait une position particulière en tant qu'expert en affaires américaines. Tout le monde voulait aller en Amérique, personne n'avait le visa, si difficile à obtenir. Il aurait d'abord fallu franchir le Rhône, mission impossible à la nage. Ensuite, mille kilomètres à travers le Massif central, avant d'atteindre les Pyrénées, puis traverser l'Espagne fasciste pour arriver à l'Atlantique, la mare aux canards, en passant par le Portugal. C'était trop. Après avoir rejeté toutes les possibilités comme des impossibilités, nous chargeâmes au petit matin le nègre Fenster, dans un accès d'humour noir, de se présenter au commandant pour lui expliquer que, malgré la disparition de nos dossiers, nous n'étions pas la cinquième colonne, mais des *prestataires** de l'armée française, des adversaires des nazis, animés par le seul désir de vaincre avec la France ou de périr avec elle. Personne n'attendait vraiment de résultat de cette démarche. Pour ma part, je gardais dans la poche de mon pantalon une lame Gillette comme dernière échappatoire, à l'arrivée des premiers Huns aux portes du camp, je pourrais m'en servir pour m'ouvrir les veines.

Petit-déjeuner : pêches, raisin, café, croissants. Une averse éclata au beau milieu d'un ciel serein, en quelques minutes, tout fut trempé. Le nègre Fenster jouait des blues sur sa trompette, il était dans son élément. 10 h 30 : bouillon à l'œuf. Midi : *coquelet au pistil maître d'hôtel**. Au moment du *soufflé aux framboises**, Fenster donna de la trompe : à nouveau, la porte coulissante glissa, pour permettre aux petits-bourgeois déguisés en cavaliers du Bengale sur leurs mignons petits chevaux de faire à nouveau leur entrée. Brandissant des documents, le commandant, en dépit du silence de mort qui régnait déjà, hurla : « *Silence ! Prestataires** *!* C'est avec émotion que je vous salue en tant que camarades de la grande armée victorieuse ! Vos *dossiers** semblent avoir été retrouvés et sont *en route** ! La France vient d'infliger à l'ennemi, dans une bataille qui vivra dans les annales de l'histoire universelle sous le nom de « *bataille de Valence** », une défaite décisive. Les *Boches** ont pris dans leur fuite la direction de Chambéry ! » (Se penchant vers un de ses adjudants : « Inoubliables, les *tournedos Beaugency**, suivis des *pêches cardinal**, à l'Hôtel des *Grands Ducs de Savoie** ! »). « Sur ordre du *Deuxième Bureau**, qui semble vous destiner à de grandes choses, vous allez être transférés dans les Pyrénées pour y garder une nouvelle ligne Maginot. Rassemblement avec tout votre paquetage dans vingt minutes. Le train part dans une heure. Pour plus de sûreté, vous serez conduits au pas de course à la gare en passant par l'arrière du bâtiment et par des chemins détournés. Ration par homme : deux pêches, une bouteille de *pinard** et dix comprimés d'aspirine. Vous partez pour accomplir de grandes choses. *Vive la patrie* !* » Tous firent chorus, y compris Schmidt de Leipzig. Nous étions sauvés. Dix minutes plus tard, pendant l'appel dans la cour, je subis le plus extraordinaire déluge de ma vie. Nous n'avions plus un poil de sec. Pataugeant dans l'eau jusqu'aux genoux, nous fûmes chassés des rives marécageuses du Rhône jusqu'à la gare de Loriol. Les spahis et leurs chiens furent sans pitié. J'abandonnai dans le marécage mon baluchon, que je n'arrivais plus à traîner. À bout de forces, maintenus au-dessus des torrents par la certitude d'être sauvés, nous parvînmes à la gare. Les Viennois coupables de haute trahison attendaient déjà devant le train. Les deux groupes se dévisagèrent d'un air de méfiance, sans oser s'aborder. Ils n'avaient pas l'air plus délabrés que nous, car cela n'était guère possible. Un train spécial nous attendait : deux wagons de voyageurs et un wagon de marchandises derrière une locomotive prête à lâcher sa vapeur. Après nous avoir comptés et recomptés, on nous répartit et on nous fit monter dans le train, trempés jusqu'aux os. C'est là seulement que nous découvrîmes une situation inouïe : on nous faisait voyager en *première** ! Banquettes capitonnées en velours rouge, petits appuie-tête en dentelle brodés des initiales « PLM » (Paris-Lyon-Méditerranée ; *Pour La Mort**). Certes, chaque compartiment, prévu pour six passagers, accueillait douze hommes : mais c'était mieux que les wagons à bestiaux ! À peine étions-nous installés que les portes furent soigneusement verrouillées de l'extérieur et plombées. Les fenêtres ne s'ouvraient pas. Nous étions prisonniers, mais nagions dans le bonheur : quel luxe d'aller de la sorte vers la liberté. La plupart d'entre nous voyageaient pour la première fois de leur vie en première classe. L'un de nous revint des toilettes, ravi : il y avait une vraie serviette pour s'essuyer les mains. Mais la prison de première classe devint vite une porcherie puante. La nuit, le train s'arrêta à Avignon. Le lendemain matin, nous étions à Nîmes, à midi à Montpellier. Le soir à Sète.

Nuit à Narbonne. Nous progressions de plus en plus lentement. Le lendemain matin, Carcassonne. À chaque arrêt, des pierres volaient vers nos fenêtres, malheureusement trop épaisses pour se briser. Le train ne s'arrêtait d'ailleurs plus dans les gares, toutes bondées, mais avant ou après, sur des rails désaffectés. Stagnation angoissante, sur des kilomètres et des kilomètres. Tous les trains de France avaient mis le cap sur Toulouse. Autour de la ville, les familles de réfugiés campaient par milliers. Après avoir passé à Toulouse une journée enfiévrée, sans eau, sans air, sans rien à bouffer, nous repartîmes enfin, cette fois vers Perpignan. Mais le train dut à nouveau s'arrêter en rase campagne. Des *gardes mobiles** ouvrirent brusquement les portières. De l'air ! À l'extérieur, nous constatâmes que l'on avait à nouveau barbouillé sur nos wagons *CINQUIÈME COLONNE** ! Le nègre Fenster, qui désormais était notre chef, s'excusa, il n'avait pu trouver de quartier que pour la moitié d'entre nous, l'autre moitié devrait se débrouiller toute seule. Pour ne favoriser personne, il nous fit sortir du rang par ordre alphabétique. Ceux dont le nom commençait par « A », à gauche, « B » à droite et ainsi de suite. Blumenfeld, avec « B », était des veinards qui bénéficiaient d'un cantonnement au pied des Pyrénées. Des vacances à la montagne, ça me ferait du bien. Nous prîmes congé de nos camarades abattus qui restaient livrés à eux-mêmes et pensions qu'une fois de plus, nous avions eu du pot. Quand le train régional, tiré par deux locomotives, s'ébranla en crachant et soufflant, spectacle cocasse, deux *gardes mobiles** prirent position revolver au poing sur le marchepied devant la porte de chaque wagon. On recherchait un criminel ? Était-ce un exercice ? En rigolant, nous faisions des signes à ces gardiens. Quand nous tentâmes d'ouvrir la fenêtre, l'un d'eux nous cria sur un ton qui manquait de cordialité : « Le premier qui bouge, je l'abats ! » À la station suivante, qui portait le nom inoubliable de Saverdun, les couloirs des wagons furent complètement envahis par les gardes en casque de fer, qui faisaient mine de nous viser avec leurs mitraillettes, comme à l'exercice. Qui donc ici souffrait de folie de persécution ? Personne n'osait dire le moindre mot. Le petit train nous hissait en soufflant et suant vers l'incertitude, et s'arrêta dans un dernier cahot : Le Vernet d'Ariège.

60

LE VERNET D'ARIÈGE*

Je n'avais jamais encore entendu le nom de cet enfer : LE VERNET. « Tout le monde descend ! » Pendant toute la durée de la guerre, je n'ai jamais vu un tel rassemblement de jeunes soldats français. Nous fûmes poussés à coups de crosses un par un hors du train, avec nos bagages, comme si un seul d'entre nous avait pu avoir l'idée saugrenue d'opposer la moindre résistance. Un portail d'honneur grillagé décoré d'un drapeau tricolore pendant lamentablement nous accueillit, tout près de la gare et juste derrière un terrain de foot : *CENTRE D'ACCUEIL DES ÉTRANGERS**. En plein jour, au milieu de la rue, nous fûmes contraints à nous déshabiller, et c'est nus comme des vers que nous prîmes position derrière nos affaires. Les habitants du Vernet allaient et venaient sans s'occuper de nous. Pendant que chacun était fouillé jusqu'à la prostate pour découvrir des trésors cachés, argent, armes ou drogues, une horde déguenillée de singes humains décharnés regagnait cahin-caha le camp au pas de course : des squelettes aux yeux caverneux issus du *Triomphe de la Mort* de Brueghel (on n'avait pas encore découvert l'Homme d'Auschwitz). Nous les fixions, incrédules. Ils savaient, eux, que personne ne sortait vivant de ce lieu et ricanaient : « Attends, bientôt[1]... » Je croyais

1. Goethe, « Un autre, pareil », trad. J.-P. Lefèbvre in *Anthologie bilingue de la poésie allemande*, *op.cit.*

être victime d'une hallucination collective : ni la France ni moi, nous ne pouvions tomber si bas. On confisqua la trompette du nègre Fenster. L'un de nous, qui avait gagné sa croix en se battant comme légionnaire pour la France, fut contraint de s'en séparer. Après des heures pendant lesquelles se déroula la torture du comptage, nous fûmes affectés à la baraque 30, *groupement** A (droit commun et combattants d'Espagne). B, c'était pour les prisonniers politiques, C les suspects. Mon crime impardonnable était de m'appeler Blumenfeld, commençant par « B ». Derrière des tranchées et d'inextricables entrelacs de barbelés et de fils à haute tension se dressaient des cabanes désolées, sans fenêtres, surpeuplées de cadavres pourrissants allongés dans une boue merdeuse d'où émergeaient des pierres pointues. La puanteur de la diarrhée envahissait tout. En arrière-plan, les Pyrénées. Déjà en 1914-1918 avait fonctionné ici un camp de prisonniers de guerre.

Sous la nouvelle devise, TRAVAIL, FAMILLE, PATRIE, le crétinisme bureaucratique français faisait torturer à mort par des paysans stupides *(gardes mobiles, pupilles de la Nation*)* des hommes prêts à se battre pour la devise LIBERTÉ, ÉGALITÉ, FRATERNITÉ, sans que le moindre coq gaulois chante. La peur du communisme avait amené la cupide Marianne, beauté sur le retour, à faire les yeux doux à Hitler, dans l'espoir, avant la fin de la partie, de subir au moins une fois l'assaut des forces viriles des Huns prêts à la violer selon les règles. Et maintenant, elle jouissait, cuisses ouvertes, du plaisir d'être du côté du vainqueur. Quand ensuite le vainqueur fut vaincu, la bourgeoise prostituée sut, comme elle en avait fait l'apprentissage au bordel, passer sous silence son infamie. Qui parle aujourd'hui encore de ceux qui furent battus et affamés à mort au Vernet ? Hormis *La Lie de la terre* de Koestler, qui est épuisé, je ne connais aucun livre qui l'évoque. D'ailleurs, existe-t-il une seule publication au sujet des camps de concentration français, une liste des émigrés et Juifs que la France, trichant au jeu, a livrés aux nazis contre une maigre prime (Laval s'est laissé graisser la patte) ? On n'exige pas des vainqueurs qu'ils assument leurs responsabilités. L'Angleterre, la Russie et l'Amérique ont vaincu Hitler. La France a participé à la cueillette des lauriers. Quelques pauvres filles qui avaient couché avec des Allemands ont été tondues, comme au cinéma. La grande putain, Marianne, qui avait violé les droits de l'homme, resta impunie.

En entrant dans ce monde infernal, je m'imaginais que je ne m'habituerais jamais à ses règles. L'Enfer est un État comme tous les États, il a ses riches et ses pauvres, ses maîtres et ses esclaves, ceux qui sont rabaissés et humiliés. En ce lieu où le sens du désordre propre aux Français entassa comme des sardines quatorze mille êtres dépouillés de leurs droits sur cinquante hectares, les aspects les plus négatifs se montrèrent vite au grand jour : tout, chacun, répandait son poison. C'est dans l'Enfer seulement que l'abjection humaine se révèle vraiment. On prête à Jean de La Fontaine en réponse à quelqu'un qui lui parlait des damnés de l'Enfer les propos suivants : *« Je me flatte qu'ils s'y accoutument et qu'à la fin ils sont là comme le poisson dans l'eau**. » Il me fallut bien convenir au bout d'un moment que l'homme, qu'il le veuille ou non, s'habitue à tout.

Tous, nous étions parvenus à faire entrer en douce quelque somme d'argent malgré la fouille au corps. Avec mille francs, on était un capitaliste, on pouvait tirer sur ses cigarettes. Les mendiants en étaient réduits à chercher des mégots dans les immondices et ensuite, à quémander du feu. Mégoter sur les allumettes a de tout temps été un symbole de la mesquinerie française. Ici, comme à Paris, il y avait un *« marché des mégots** ».

Quand on crève la faim, ça réduit la vie amoureuse. Sans femme, on n'avait que l'embarras du choix entre l'onanisme et l'homosexualité. Privés d'avenir, on rongeait l'os des passés devenus mirages. Même les plus pauvres semblaient se souvenir d'avoir été millionnaires avant guerre ; millionnaires, puis multimillionnaires avec autos, serviteurs en livrée au château, dessous en soie et gouvernantes pour leurs filles qui parlaient plusieurs langues. Plus la misère augmentait, plus la richesse passée était grande. Des baignoires en or flottaient la nuit parmi les magrets d'oie et les pointes d'asperges répandant leurs fumets dans notre baraque pleine de miasmes. Fosse commune semblable à un wagon-couchette pour deux cents cadavres vivants, vingt-cinq mètres de long, quatre mètres cinquante de large et deux mètres cinquante de haut, sous un toit en tôle ondulée sur lequel la pluie tambourinait, dure comme pierre. Aux deux extrémités, les portes étaient cadenassées pendant la nuit, si bien qu'on pouvait certes sentir l'odeur des latrines situées à l'extérieur, mais impossible de les utiliser. Entre les deux portes, un étroit couloir entre les châlits faits de planches mal dégrossies, sur lesquels, coincé entre deux camarades hostiles, on tentait de dormir complètement habillé. Les pieds vers le couloir, sans paille, sans couverture, à la dure, dans le froid, comme dans un cercueil, sans l'agréable et complète solitude de l'éternel repos. J'étais tout en haut, la tête près d'une lucarne par laquelle le vent nocturne et glacial soufflait. Pas de poêle. Pendant la journée, chaleur torride. La première nuit, des cris horribles s'élevèrent au-dehors. De mon poste en hauteur, je pus voir un homme attaché dans un bunker que trois gardiens ivres expédiaient à force de coups dans la nuque vers le sommeil éternel. *Vive la grande nation** !

À notre arrivée, le camp accueillait déjà les derniers trains. Dans l'attente de Hitler, tous les nazis internés étaient mieux traités. Il n'y avait rien à bouffer : de l'eau brunâtre à la chicorée en guise de café, trente grammes de pain pour une journée entière, et au repas principal du *« cassoulet de Toulouse** », bouillon d'asticots dans de l'eau de vaisselle tiède. On tombait malade. Quand on se portait pâle, on se retrouvait pour trois jours à l'isolement, sans eau ni pain ni lumière. Donc, on restait en bonne santé. Je perdais une livre par jour. Dans notre groupe, en un mois, quatre hommes moururent de gastro-entérite.

La milice française se recrutait parmi des parias dressés comme des chiens à attaquer les civils. On les utilisait pour réprimer les soulèvements ouvriers. Au Vernet, ils s'en donnaient à cœur joie en nous maltraitant. Le premier matin, j'étais de corvée de tinettes et aurais pu m'en libérer pour cinq francs, mais je n'étais pas assez résolu à me priver du pire. J'ignorais ce qui m'attendait. À deux, on devait traîner sur plusieurs kilomètres un seau énorme, grand comme un homme et pesant une tonne, plein à ras bord de merde, pour le vider dans l'Ariège. À coups de fouets de cuir, les gardiens, avec leurs chiens, faisaient avancer une colonne de cent seaux. À chaque pas, la diarrhée puante m'éclaboussait le visage ; c'était comme la prison de l'Alexanderplatz à Berlin en 1918. *Les histoires se répètent**. Schwarz, chrétien membre de l'Église confessante[1], dont le nez avait été écrabouillé à Dachau, trouvait qu'ici, c'était pire encore. La cruauté allemande avait l'avantage de faire preuve de ponctualité et de sens de l'ordre (les fours à gaz étaient encore en gestation). Ici, pratiquement aucune possibilité de faire sa toilette, aucune hygiène. Personne ne se souciait de notre allure. Tout le monde se trimballait comme il pouvait. Maints vieux routards du camp se présentaient pieds nus à l'appel, voilant leur nudité d'une serviette, affichant avec coquetterie leur aspect loqueteux. Un émule de Lao Tseu, dont le crime était de ne parler aucune des langues pour lesquelles il y aurait eu à Paris un interprète, était depuis des semaines assis en kimono dans la poussière, fixant, sans un geste, les sommets enneigés des Pyrénées.

1. Branche de l'Église protestante allemande opposée au nazisme.

Nous étions coupés du monde extérieur, privés de toute aide. D'un monde extérieur qui – à l'exception de nos familles, qui avaient aussi peu de nouvelles de nous que nous en avions d'elles – avait d'autres soucis que de se préoccuper du sort de quelques milliers d'exilés pouilleux. La détresse enseigne la prière. J'avais suffisamment lu Balzac pour me faire des illusions romantiques sur la manière d'être sauvé par un prêtre. Dès le premier dimanche, j'allai à l'église, une baraque surmontée d'une croix, pour assister à la messe. Il fallait faire la queue pour accéder au confesseur. À peine entré dans le confessionnal, je lui avouai que j'étais juif, ce qui le fit bien rire. Puis je murmurai que notre groupe, dans le quartier des criminels, était constitué de prestataires, à quoi il rétorqua : *« Cela ne fait rien, le Bon Dieu vous pardonnera* ! »* Mon plan était de l'amener à force d'arguments religieux et humanitaires à sortir clandestinement du camp une requête que je voulais adresser à l'administration responsable de notre sort. Il dit qu'il pourrait faire beaucoup pour les pauvres de son diocèse s'il en avait les moyens ; il puait la vinasse. Le dimanche suivant, je lui remis la lettre adressée au préfet de Pamiers accompagnée de dix francs. Comme il s'agissait d'une requête officielle, il demanda dix francs de plus, qui me valurent sa bénédiction. Je me rendis compte que ce confessionnal était un bureau de poste : tout le monde donnait au serviteur de Dieu des lettres et de l'argent, chacun repartait avec sa bénédiction.

Quand on appartenait au groupe A il était interdit de crier pour communiquer avec le groupe B par-dessus les barbelés. Nous étions autorisés à parler dans notre propre groupe avec qui bon nous semblait et pûmes enfin nous entretenir avec les traîtres viennois. L'un d'eux venait vraiment de Vienne : un certain Fechner, négociant en vin qui se donnait des allures d'intellectuel, cape au vent, béret, jésuite vantard et comédien, juif converti poussé par l'ambition de devenir chef de chambrée : un vrai VIENNOIS.

Quant aux autres, il s'agissait de juifs rhénans exilés en Belgique et tous se présentèrent comme grands industriels. Quand Hitler avait envahi la Belgique, ils s'étaient réfugiés à Paris, d'où ils avaient été transférés comme membres de la cinquième colonne au Vernet. Entre ces pontes de l'industrie et nous autres, prestataires, la lutte pour la prééminence intellectuelle s'engagea. Le *14 juillet** on verrait quelle baraque l'emporterait. Le camp en oublia la faim, l'Enfer et les nazis, on ne pensait plus qu'aux préparatifs de la fête. Un soir, un mandarin d'âge moyen atteint de jaunisse m'accosta dans mon dos et fit une courbette en se présentant : « Guido Stern de Pforzheim, fabricant de toilettes ! J'ai la réputation d'être d'une absolue correction, de savoir faire preuve de sens social, parfaitement. Pendant l'inflation, je ne payais pas mes ouvriers avec des chiffons de papier sans aucune valeur, je les payais avec des toilettes, un demi-chiotte par semaine, parfaitement. J'ai épousé ma secrétaire, qui pourtant n'est pas juive, une fille de boucher, fidèle et vigoureuse comme un homme, parfaitement. Je suis en outre le plus grand philatéliste du pays de Bade, sans enfants. Adèle, ma femme, n'a pas le droit de se baigner, j'ai collé sous sa poitrine le "Virginie vert[1]" dans une petite pochette en caoutchouc, personne n'ira le chercher là avant que nous soyons au pays de la liberté, parfaitement. Ce qui nous amène à ma requête : ici, tout le monde est persuadé que je suis le plus grand spécialiste de l'Amérique parce que j'ai laissé filtrer l'information que deux de mes frères y vivent, des millionnaires qui ne s'occupent pas de moi parce que je ne me suis jamais occupé d'eux quand ils étaient dans la merde, comme ça arrive dans les familles, parfaitement. En tout cas, on me fait l'honneur insigne, à moi qui n'ai encore jamais mis les pieds en Amérique, de me charger de faire le 14 juillet un discours sur le NOUVEAU

1. Précieux timbre Virginie vert.

MONDE. Le commandant du camp sera là en personne. Qui aurait pu refuser ? C'est un sujet d'un intérêt brûlant, ici, tout le monde rêve d'aller à New York, du commandant au dernier des internés. Même les gardiens veulent venir. Mon discours doit par conséquent tenir debout, il se doit d'être authentique, indiscutable, parfaitement. Il n'est pas dans mon caractère de raconter des fariboles. Et comme justement vous revenez de là-bas, je voulais vous prier de m'apporter votre aide pour construire mon exposé. Donnant donnant : VOUS me fournissez les faits bruts, j'y ajoute l'esprit, parfaitement. Après la guerre, je pourrais le cas échéant vous exprimer ma reconnaissance par quelques toilettes, ou bien collectionnez-vous les timbres ? » Je n'étais pas assez retors pour me soustraire aux arts oratoires de ce fabricant de toilettes aux yeux bridés et promis de lui fournir l'exposé. Il m'est arrivé bien souvent au long de mon existence de me laisser embobiner par des fabricants de toilettes qui me faisaient de grandes déclarations d'amitié ! Cet exposé sur l'Amérique est tombé à l'eau, mais je n'y suis pour rien. Cet eunuque querelleur aux exigences bizarres déchira d'un air de mépris mon travail d'écolier et me donna l'ordre de lui fournir sous vingt-quatre heures un texte de meilleure qualité qui devait contenir les trois principes de la démocratie américaine : « 1. LE SERVICE PUBLIC : chaque immigrant *(greenhorn)* doit dès son arrivée débarrasser pendant une semaine Times Square des restes de chewing-gum qui en maculent le sol. À cette fin, portant un blue-jean, il utilisera une brosse fabriquée précisément à cet effet. Salaire horaire vingt cents. DÉMOCRATIE, parfaitement ! 2. COMMENT S'ACCOUTUMER AUX US ET COUTUMES DE LA NOUVELLE PATRIE : quiconque se risquera à sortir après le 1er mai avec un chapeau mou au lieu de porter le canotier officiel verra son couvre-chef flanqué par terre et piétiné par Oncle Sam en personne. DÉMOCRATIE, parfaitement ! 3. ÉDUCATION À LA RESPONSABILITÉ

EN MATIÈRE D'HYGIÈNE : quiconque crachera sur le trottoir sera arrêté sur-le-champ et jeté sans autre forme de procès à Sing Sing pour trois jours. DÉMOCRATIE, parfaitement ! » « *HEIL HITLER !* » fut ma réaction. Guido trouvait que tout être responsable devait le reconnaître, Hitler avait aussi ses bons côtés. Je compris que si Adolf avait eu la patience d'attendre la fin de la guerre pour laisser libre cours à sa folie raciale, il n'aurait pas eu besoin de la faire, cette guerre. Si Hitler, idole de tous les fabricants de chiottes du monde, s'était contenté de réunir sous la croix gammée tous les pauvres en esprit du monde en prenant la bêtise comme dénominateur commun, le monde serait tombé à ses pieds sans qu'un seul coup soit tiré.

Nous avions été cantonnés dans la baraque 30, dans laquelle des Espagnols avaient pris leurs aises depuis déjà trois ans. Ils firent grise mine aux nouveaux arrivants que nous étions, et nous détestèrent en tant qu'Allemands. Je n'ai jamais réussi à engager la moindre discussion avec un seul d'entre eux. Chaque hidalgo barbu avait pour amant un jeune garçon imberbe. Lors d'un des premiers appels du matin (quatre par jour, avec l'obligation de se tenir immobile un temps infini), il manquait un jeune Espagnol. On le retrouva pendu dans notre baraque : chagrin d'amour. Une bagarre épique s'engagea aussitôt pour récupérer la corde du pendu : des centaines de petits bouts furent vendus comme talismans. Ce commerce avait été lancé par des experts en affaires de la baraque 31.

Tous les anciens internés de l'île du Diable autorisés après leur libération à s'installer dans les « *villes ouvertes** » françaises (des villes qui, pour avoir au XVIIe siècle trafiqué les impôts et taxes, sont aujourd'hui encore traitées comme cités de seconde catégorie) furent par mesure de sécurité arrêtés à nouveau et transférés au Vernet. Ils y avaient, grâce à leur supériorité en matière criminelle, fait de la baraque 31 le cœur légendaire du groupe A. L'administration du camp n'arrivait pas à la cheville de ces criminels endurcis, les gardiens furent rapidement retournés et achetés, personne n'osait donner des ordres aux *bagnards** : ils étaient autonomes. Leur chef, le « Prince d'Andorre », un dandy borgne sans peur et sans reproche, assassin sur toute la ligne, portait, tout de guingois sur sa gueule burinée par le soleil et couturée de cicatrices, un panama surmontant un monocle noir. Sa chemise de tennis largement ouverte et nouée par bravade au-dessus du nombril laissait resplendir sur sa poitrine un tatouage bleu-blanc-rouge représentant une couronne. Il commandait, impassible, sa bande de brigands, et d'un claquement élégant de sa cravache frappant ses souliers vernis pointus et à hauts talons, il leur faisait prendre la position pour l'appel. À l'instar d'Édouard VII d'Angleterre, il ne portait jamais deux fois le même pantalon. Rien ne pouvait le faire sortir de ses gonds. Je vis un jour, à l'appel, son jeune amant, on l'appelait « El Greco », sortir du rang et s'ouvrir le ventre avec un couteau de cuisine, puis s'écrouler, sans que le Prince d'Andorre lui accorde la moindre attention. Juste après, il se livra comme à l'accoutumée aux mains de ses sous-esclaves, prenant son bain de soleil sur sa chaise longue, pour une séance de pédicure, de manucure et de massage. Désireux de le rencontrer, je lui fis parvenir un numéro du *Harper's Bazaar* où certaines de mes photos étaient publiées. Il m'accorda une audience le jour même où, sans qu'il m'ait gratifié d'un seul mot, j'eus l'honneur de lui dédicacer le magazine. Puis son aide de camp condescendit à me dire que j'étais admis comme membre d'un club de jeu très fermé. Je crus qu'il plaisantait ; un casino en plein camp, cela dépassait mes élucubrations les plus hardies. On me fit comprendre que c'était un honneur insigne que d'être associé à la mystérieuse vie nocturne du camp. C'est le seul succès tangible que m'a apporté mon travail pour les magazines de mode. Rien n'était impossible pour ces galériens. Sur leur ordre, la baraque 32 était demeurée vide. Et c'est là que l'on jouait nuitamment : baccarat, *chemin de fer**, dés. Les sbires du Prince avaient des doubles des clés de toutes les baraques, et la nuit, ils allaient y chercher les joueurs. Ils étaient aussi capables de vous faire sortir du camp en se jouant de la haute tension et de vous amener au bordel de Tarbes, de faire entrer et sortir en douce des lettres (pour faire des économies sur les frais de censure, le commandement du camp faisait quotidiennement brûler la correspondance de tous les internés) et de tout vous procurer, de la cocaïne au *foie gras** en passant par des petites culottes en soie, le tout à des prix astronomiques et fixes.

Afin de « remplir certaines formalités » (sans doute pour me jauger en termes de solvabilité), le Prince m'avait adressé au grand Simon Simonovitch Seidenschleim, *alias* Weiszager, directeur commercial du tout-puissant prêteur sur gages et trafiquant Haiman Heiman, qui achetait chaque semaine à la direction du camp la totalité des provisions de la cantine pour le double de leur prix et les cédait pour le quadruple aux occupants du camp. Heiman avait (devant ou derrière lui ?) quatre ans de détention pour espionnage et en août 1940, il s'était réinstallé en Allemagne comme « Juif de grande utilité économique ». Passant devant une longue queue de solliciteurs apeurés, je fus immédiatement introduit dans le bureau de change de Seidenschleim par un *schammes*. Cet usurier médiéval m'accueillit, en caftan, allongé sur son lit et penché sur des registres de dettes ; il m'interrogea sur l'état de mon compte en banque new-yorkais et évoqua la possibilité de m'accorder si besoin un crédit pouvant atteindre trois cents dollars au taux préférentiel de 1 % par semaine. Je trouvais que 52 % par ans, c'était vraiment élevé et voulus savoir ce qui se passait si on oubliait de rembourser. « Avec moi, impossible, et en plus, tu es solvable, alors pourquoi tu fais ton malin ? »

Le casino était une baraque vide dans laquelle il n'y avait que les tables de jeu. Des bougies obscurcissaient ce monde interlope où des mendiants d'opéras de quat'sous vendaient des bières qu'on buvait à la bouteille : un franc la gorgée, payable d'avance. Quand on tentait de boire une gorgée avant de l'avoir payée, on prenait un uppercut dans la pomme d'Adam. Rares chuchotements dans ce casino bondé. On entendait le jeu, pas les joueurs. Sur un fauteuil surélevé, dominant les tables de jeu, le Prince trônait sous son panama de guingois, avec son monocle noir, en chemise de soie déboutonnée. Sous son pantalon de soie court, deux yeux tatoués sur ses genoux brillaient d'un air menaçant dans ce ténébreux enfer du jeu. L'éclairage ne pouvait qu'avoir été arrangé par un homme de théâtre. Les mouvements des genoux du Prince décidaient de la vie ou de la mort des joueurs présents. En arrière-plan, des sbires savaient lire le moindre désir de ces yeux et lancer des couteaux qui ne manquaient jamais leur but. Ici, chaque joueur était passé maître dans l'art de tricher mais aucun ne se serait risqué à utiliser ses petits trucs. Seul le Prince, qui tenait la banque, avait le droit de gagner. On jouait avec des jetons en bois qui valaient dix francs. Mais je ne fus hélas qu'une seule fois invité au casino. Le commandant du camp, dans sa cupidité, réclama une augmentation de son intéressement aux gains, et le Prince ferma le casino du jour au lendemain (ou plutôt d'une nuit à l'autre). Tous les anciens de l'île du Diable quittèrent sous son étendard et en rangs serrés le camp, avec armes et bagages, après avoir mis le feu à leur baraque. Personne n'osa tenter de les retenir. Ils passèrent dans la clandestinité, devinrent maquisards, pillèrent les contrées et devinrent héros de la Résistance, comme tous les autres Français.

Et nous autres, lavettes privées de courage, de volonté et du Prince d'Andorre, demeurâmes prisonniers du camp, mais nous pûmes cependant nous enorgueillir d'un *14 juillet** tout à fait particulier, culminant dans l'exécution par un chœur à huit voix de la jubilatoire *Chanson des prestataires*.

Elle commençait de manière prometteuse par « Nous courageux prestataires », mais s'achevait sur un ton de résignation : « Et la plainte du soleil résonne quand il sombre dans la sanglante Garonne » (Garonne, parce qu'on n'avait pas trouvé de rime pour « Ariège »).

Deux cents jeunes sans foi ni loi prirent leurs quartiers dans l'enfer du jeu abandonné, sortis d'une prison pour jeunes de Belgique. Ils se massacraient les uns les autres (trois morts en deux jours). Devant eux, les gardiens ne faisaient pas le poids, eux qui n'étaient que des citoyens sans armes. Mes connaissances en hollandais m'avaient fait choisir comme chef de chambrée. C'est seulement au fait que je ne connais pas un mot de flamand que je dois d'avoir eu la vie sauve.

Après le 14 juillet, il fit de plus en plus chaud pendant la journée, mais les nuits étaient de plus en plus froides, il grêlait des œufs de pigeons et des propos de chiottes, Hitler allait prendre le camp d'un jour à l'autre. Plus aucun espoir, seulement la peur. Destination : Auschwitz. L'après-midi du 2 août, je fus conduit à une cabane près du terrain de foot, où se trouvaient, alors que je ne m'y attendais pas du tout, ma femme et mes enfants. Un interprète logé à l'hôtel du Vernet où ma femme était descendue avait rendu possible cette rencontre familiale inouïe et interdite. Ce miracle des retrouvailles était l'œuvre de Hardekopf : son amie, l'actrice Sitta Staub, jadis une beauté, dont j'avais eu le privilège de baiser la main aux beaux jours de Dada quand elle jouait nue le rôle de la Franziska de Wedekind, était internée dans le camp de concentration pour femmes de Gurs, dans les Pyrénées. Il lui avait transmis mes amitiés. Ma fille Lisette avait été internée dans le même camp et dormait à côté de la vieille morphinomane, et c'est ainsi qu'elle apprit où j'étais. Ma femme, qui avait pu à la toute dernière minute quitter Vézelay avec nos garçons et avait traversé la France par des chemins aventureux, était très amaigrie.

Les enfants regardaient avec un étonnement apeuré mon crâne rasé, mais ils parlaient avec enthousiasme des énormes grêlons de la nuit précédente. Quant à moi, un squelette, mais gonflé à bloc d'espoir par ces événements, je suggérai à ma femme de tenter elle-même sa chance auprès du préfet de Pamiers. À 4 heures du matin, dans la nuit qui suivit ces retrouvailles, notre baraque fut tirée du sommeil par des hurlements : « APPEL EXCEPTIONNEL DANS CINQ MINUTES ! »

Tremblants de froid et d'excitation, nous attendions dans le petit jour. Au bout de quelques instants, le commandant Pernod *fils** entra en scène avec son état-major et se mit à hurler : « Vous qui vous imaginez être des *prestataires** de la *grande armée**, vous êtes indignes de l'humanité avec laquelle vous êtes traités dans ce camp. Des éléments révolutionnaires cachés dans vos rangs ont importuné le Gouvernement en le sollicitant. Par conséquent, vous allez être transférés dans le camp pénitentiaire de Catus redouté de tous. Là, vous serez enterrés dans le sol jusqu'au nombril. Interdiction de parler : au premier mot, on vous crève un œil. Vous serez transférés à cinq heures et demie avec vos bagages, accompagnés par des gardiens armés jusqu'aux dents, après avoir signé individuellement une attestation établissant que vous avez été bien traités ici et n'avez aucune réclamation à présenter. *Mes félicitations, messieurs** ! Rompez ! » Se pouvait-il que cela soit le résultat de mon intervention ? Aucun des prestataires ne m'adressait la parole. Je tâtai dans la poche de mon pantalon pour m'assurer de la présence de ma seule amie, ma lame Gillette, et me jurai que je ne me laisserais pas enterrer jusqu'au nombril. Quand nous nous tînmes là, prêts au départ – un gardien pour quatre prestataires, armé d'un fusil, d'un revolver et d'un fouet –, on nous adjoignit trois inconnus qui riaient d'un air insouciant, des cheveux sur la tête – donc venant du secteur des politiques : un grand, un petit, un plus vieux.

Je les baptisai « les trois cavaliers de l'Apocalypse ». Ils parlaient de politique d'un ton jovial, nous ignoraient. Même quand au moment de monter dans le train on nous attacha deux par deux et menottés, leur bonne humeur sembla inchangée. Le train toussotait en descendant lentement, empruntant des voies secondaires, et nous fûmes déchargés tard dans la nuit à la gare menant aux abattoirs de Toulouse ; puis on nous enferma sans nourriture dans une porcherie dont on cloua la porte. Je me serais volontiers approché de mes cavaliers de l'Apocalypse qui continuaient sans se gêner à échanger des propos politiques ; mais le spécialiste de philologie classique, âgé de 19 ans, un névrosé originaire de Breslau, auquel la malchance avait voulu que je sois enchaîné, ronflait comme une scie. Avant le lever du jour – pour que personne ne nous voie – nous fûmes entassés dans deux wagons à bestiaux raccrochés à un train qui chemina à travers la Gascogne en passant par Cahors, nous conduisant vers la pire des situations possibles.

61

CATUS

Depuis la gare, une allée de peupliers menait au village de Catus. Il nous fallait de temps en temps nous allonger dans les fossés avec interdiction de parler. Je me cramponnais à ma lame de rasoir. Les gardiens adossés aux troncs d'arbres nous gardaient en joue. Il ne se passait rien. Vers midi, une petite voiture de sport décapotable approcha. Un jeune homme de bonne allure en pull-over rose demanda d'un ton nonchalant à parler au chef du convoi. Comme personne ne réagissait, il se mit à hurler, furieux : « Je suis le capitaine Schlosser, commandant du camp de Catus ! » Aboiements terrorisés. *« Garde-à-vous* ! »* Enchaînés comme nous l'étions, nous bondîmes sur nos pieds. Le jeune homme se vit remettre avec les claquements de talons de rigueur un porte-documents plein de papiers. Surpris de nous voir entravés, le nouveau commandant ordonna aux chiens féroces qui étaient plantés là, bouche bée, de nous libérer immédiatement et de quitter Catus aussi vite qu'ils le pourraient. Les gardiens se retirèrent alors en petits groupes minables et regagnèrent la gare. Quand ils furent loin, Schlosser, debout dans son véhicule, nous pria de nous approcher : « Je vous prie d'excuser, dit-il d'une voix légèrement aiguë, l'attente qu'il vous a fallu supporter, il n'y avait pas une goutte d'essence à Catus. Je connais vos dossiers ; c'est par erreur que vous avez été internés en camp de concentration, et dans l'un des pires. La France ne devrait pas avoir des camps comme Le Vernet. *Je vous demande pardon* !* Vous mourez de faim, je vais faire le nécessaire pour que vous ayez double ration et que votre solde vous soit payée avec effet rétroactif. Pour le moment, la France a tout perdu, vous allez nous aider, c'est dans votre propre intérêt, à chasser Hitler. Nous parlerons de cela plus tard. Vos hébergements ne sont pas extraordinaires, mais amusants. Ceux d'entre vous qui ont de la famille peuvent chercher à se loger à Catus. Commencez par prendre quelques jours de repos. Je vais envoyer un bus vous prendre ici. *Vive de Gaulle* !* » Puis il s'éclipsa. Trop paralysés par ce qui arrivait pour comprendre cet incroyable retournement, nous regagnâmes en nous traînant le fossé, comme si nous avions toujours été enchaînés. Il fallut me secouer et me tirer d'un profond sommeil pour que je puisse monter dans le dernier véhicule, un omnibus parisien de la ligne Q mis au rebut qui nous emmena vers le camp à la tombée de la nuit. Après le vieux village, on traversait une vallée héroïque pleine de rocailles comme chez Joachim Patinir (le paysage de mes rêves) pour arriver à un château féodal, ruine digne des contes de fées. La faim me faisait trembler, mais aussi la faiblesse et mon sentimentalisme devant le caractère romantique de notre nouveau camp de concentration. Je m'affalai sur un lit resté libre et m'endormis. Je dormis jusqu'au moment où des rêves dignes de Nessos me réveillèrent sans que ma conscience ait pu retrouver où j'étais. Je me tournai et retournai sur le matelas d'algues jusqu'au matin, mon corps brûlait, et je découvris alors que j'étais couvert de petits points noirs et bondissants : des puces. Je me précipitai dehors, dans le brouillard matinal, me roulai dans l'herbe comme un chien galeux et me rendormis. Je me réveillai au milieu de pierres tombales délabrées, nez à nez avec une tête de mort, allongé dans le cimetière du château, et je ris de ce grotesque cirque qu'était la vie, spécialiste du dressage de puces.

Aucun de nos prédécesseurs ne résidait au château. Et pas seulement à cause des puces. Il se racontait qu'un interné fanatique de naturisme avait réussi à convaincre ses compagnons de misère de l'idée que le monde ne pouvait être sauvé que par un exhibitionnisme végétarien. Les multiples grottes que l'on trouvait dans les collines entourant le château servaient aux NÉOBALDURIENS (nom qu'avait pris cette communauté) d'habitations idéales. Dès mes premiers pas dans les environs, je n'en crus pas mes yeux quand, devant une grotte, à tout juste cinq minutes du château, une Teutonne en train d'allaiter, longue chevelure et nudité du bout des orteils à la pointe des cheveux, me salua en levant les bras et en criant *Heil Baldur !* tandis qu'à ses côtés, revêtu de ses seules lunettes cerclées de métal, un Hun tentait rageusement de faire jaillir le feu en tapant sur une pierre. Il refusa d'un air de mépris l'allumette que je lui tendais.

Le lendemain matin, on m'appela au secrétariat, alors que d'ordinaire, on nous fichait une paix royale. Le capitaine Schlosser était extraordinaire, peut-être trop. Il ne portait jamais l'uniforme, jouait au tennis et s'occupait à rassembler une nouvelle armée en Afrique tout en organisant le maquis dans la France libre. Il me trouvait trop vieux pour ses projets. Il m'informa de l'arrivée de ma famille prévue l'après-midi même et me conseilla de chercher un petit appartement à Catus, me proposa de l'argent et adressa un télégramme à Carmel Snow, *Harper's Bazaar*, New York, auquel elle ne répondit pas. Au moment d'aller attendre ma famille au train, je me rendis compte que j'étais à bout de forces. Au cours des six semaines passées au Vernet, j'avais perdu vingt-deux kilos. Nous fûmes heureux de nous trouver réunis, et nous louâmes au village deux petites pièces pleines de toiles d'araignées. Mais nous fîmes la paix avec les puces.

62

LES CAVALIERS DE L'APOCALYPSE

Dès les premiers jours, je m'étais intéressé aux trois mystérieux cavaliers de l'Apocalypse. Ils savaient tout, en savaient trop et parlaient trop. Cela devait les conduire à leur perte. Ils me racontèrent bientôt en me faisant jurer la plus complète discrétion qu'ils avaient travaillé pour le *contre-espionnage** du *Deuxième Bureau**, mais depuis qu'il dépendait de Vichy, ils espionnaient pour une entreprise parallèle appelée je crois *« surveillance du territoire** *»*.

Ils voulaient me faire gober un conte à dormir debout : nous autres, les prestataires, n'aurions été transférés du Vernet que pour masquer LEUR disparition du camp. Toute la cérémonie sadique des adieux accompagnée du discours du commandant Pernod fils n'aurait rien été d'autre qu'un truc raffiné du service français de l'espionnage. Car eux, les trois apocalyptiques, se situaient tout en haut sur la liste de commandes de la Gestapo (qui était effectivement arrivée le jour de notre départ du Vernet pour venir les arrêter. J'étais d'ailleurs moi aussi sur la liste ; j'ai lu dans un livre de Thomas Kernan que dès le premier jour de l'occupation de Paris, un commando de la Gestapo s'était présenté dans les bureaux de *Vogue* pour m'arrêter). Chacun d'eux trois avait une victime désignée : Ewald Zweig, *alias* Ives Rameau, le plus grand, un personnage sanguin, journaliste politique dont le rire avait des accents de défi, était à la chasse de M. Lemoine. Berthold Jacob, le petit, journaliste aux armées, juif et neurasthénique (célèbre, car c'était lui le CAS JACOB ; les nazis l'avaient enlevé en Suisse, où ils avaient dû le renvoyer à la suite d'importantes protestations internationales), était sur la piste de Frédéric Drach. Le troisième, celui qui avait un certain âge, cheveux teints, monsieur le *Kammersänger* Oliver, chanteur reconnu, était moins célèbre, même s'il se considérait lui-même comme le plus important d'eux trois. Il était en quête d'un opéra où il pourrait chanter le Don José de *Carmen*.

Drach et Lemoine. Je les avais connus l'un et l'autre à Paris : des espions alsaciens, de la racaille. Lemoine, ce moine muet sans visage, cataracte affreuse : la *dernière incarnation** du Vautrin de Balzac. En 1914, il avait assassiné le maire de Barcelone, après avoir été expulsé des États-Unis où il avait fabriqué de la fausse monnaie. Il avait fait la connaissance de Drach à Berlin en 1919 au moment du soulèvement spartakiste au cours duquel ils ont l'un et l'autre trahi et vendu les deux parties. C'est ainsi que Lemoine a peu à peu gravi les échelons jusqu'à devenir chef de l'espionnage français. Frédéric Drach en revanche devint en 1932 rédacteur en chef du magazine illustré *VU* (prédécesseur de *Life*), qui appartenait au dandy Lucien Vogel. Quand *VU* publia un numéro pro-soviétique qui fit sensation, Drach dénonça son chef qui s'était fait graisser la patte par la Russie. *Grand scandale**, et Vogel fut contraint de vendre *VU* à Laval. Par la suite, on laissa tomber Drach qui se retrouva dans une déchéance complète. Je le voyais, de plus en plus bouffi, traîner dans les cafés de Montparnasse. Sa femme, héroïne lesbienne d'un roman de Sade, permettait à la famille de vivoter grâce à ses petits trafics d'héroïne. D'un seul coup, Drach se retrouva de nouveau tout en haut de l'échelle. Il travaillait pour Lemoine à la police des étrangers, était devenu son homme de confiance. Une affaire d'autant plus juteuse que l'un et l'autre étaient payés à la fois par le service de l'espionnage français et par la Gestapo qui de la sorte pouvait surveiller les exilés installés à Paris. Aucun exilé n'obtenait de la *Préfecture de police** son « *permis de séjour** » sans l'avis de Drach. Ainsi, tout adversaire de Hitler pouvait être neutralisé dans les plus brefs délais. Et inversement, des documents trafiqués concernant l'armement allemand parvenaient à l'État-major français par l'intermédiaire d'exilés (*via* Drach). Même le maréchal Pétain et le général Gamelin étaient, dit-on, redevables à la camarilla Drach-Lemoine. Il se disait que Drach, quand Mme de Gaulle rencontra Pétain à Vichy dans une mission secrète, avait été envoyé en Afrique avec l'assentiment de la Gestapo, pour l'accueillir et l'accompagner. Par la suite, Drach, qui par ailleurs était le portrait craché du salaud Whittacker Chambers de *Time & Hiss*, fut étranglé dans son hôtel de Marseille.

Nous écoutions les histoires de brigands des trois vantards, nous les trouvions distrayantes mais restions sceptiques et en vînmes à la conclusion qu'il ne fallait pas les prendre au sérieux. Le destin qui les attendait nous prouva que nous étions bien innocents.

Le chanteur Oliver se plaisait énormément dans la nudité des grottes de Catus. Il s'enticha d'une donzelle, s'installa avec elle dans une grotte et un beau matin, il s'était évaporé avec la jeune personne qui travaillait pour la Gestapo. On retrouva Ewald Zweig à Toulouse, pendu à un réverbère. C'est Berthold Jacob qui réussit à aller le plus loin. L'association internationale des écrivains, le PEN, lui procura un visa pour l'Amérique. Il partit avec sa femme (nous l'appelions « Fibromette ») pour Lisbonne, où il devait embarquer. La voiture qui les conduisait au port tomba en panne. Mme Jacob emprunta un autre véhicule. Berthold resta pour garder les bagages. Et jamais plus on ne le vit[1].

1. Goethe, « Le Pêcheur ».

Revenons à Catus. Le merveilleux automne qui suivit guérit rapidement les blessures laissées par Le Vernet, désormais anecdotiques. Quand on avait survécu à un camp de concentration, on s'imaginait jouir de la santé pour le restant de ses jours. Mais déjà s'annonçaient de nouveaux problèmes : une épouvantable famine commençait, le rationnement organisé ne fonctionnait pas, et nous n'avions pas d'argent pour le marché noir. Pire encore que la faim était l'incertitude croissante. Il y avait désormais une France occupée et une France libre. Nous avions imaginé être relativement en sécurité en France libre, mais le Méphisto de Pétain, Laval, installé à Vichy, vendit des êtres humains à la Gestapo. Je devais donc à nouveau consacrer toute mon énergie à la chasse aux visas. Je tentai d'abord de rétablir avec le reste du monde les liens que la débâcle française avait rompus, je rendis visite à mon ami Girard à Toulouse où j'appris que c'était seulement à Marseille, et en bénéficiant d'appuis particulièrement haut placés, que l'on pouvait obtenir un visa pour l'Amérique. À mon retour de Toulouse, l'excitation était à son comble à Catus. On y attendait la redoutable commission de recherches individuelles allemande. Le capitaine Schlosser avait déjà fait partir dans sa voiture vers le village voisin de Puy-l'Évêque les cavaliers apocalyptiques déguisés en paysans. Il nous conseilla de disparaître dans les Pyrénées, ne gardant dans le camp qu'une douzaine de prestataires inoffensifs, occupés à scier du bois dans la cour du château. La Gestapo ainsi roulée dans la farine fit scandale. Le capitaine Schlosser prit le large et gagna l'Afrique. Le camp de Catus fut fermé. Fini les vacances ! Nous fûmes envoyés à Agen, entre Toulouse et Bordeaux. Les occupants des grottes, considérant qu'ils étaient démobilisés, restèrent où ils étaient, toujours aussi nus.

*Le capitaine Lacroix, commandant la 308e compagnie de travailleurs étrangers à Agen**, admirateur inconditionnel de Charles de Gaulle, fut bientôt remplacé par un admirateur de Pétain, le *capitaine Leroy**, qui recrutait contre de l'argent et des promesses sans lendemain des mercenaires destinés à combattre la Russie aux côtés de l'armée allemande, ce qui lui valut d'être fusillé après la guerre. Il était par ailleurs photographe amateur, bien disposé à mon égard, et me nomma « *photographe attitré** » de la famille Leroy. Dispensé de corvée, j'étais autorisé à vivre avec ma famille dans les environs (la ferme s'appelait « *à Segond** »), à porter des vêtements civils, on m'attribua une paire de chaussures, j'avais un *laissez-passer** et un permis de circulation gratuite dans la Zone libre. Mais il me fallut commencer par photographier sa belle-maman paralysée, qui vivait à Nice. Je ne pouvais rien souhaiter de mieux, puisque pour cela, il fallait que je passe par Marseille.

Nice était un gigantesque campement d'exilés. Le dollar échangé au noir venait justement de tomber à la suite de violentes razzias, et le visa pour l'Amérique avait atteint des prix astronomiques. *Mister* Engelking, le plus grand trafiquant de visas vivant, s'était donc précipité sur les visas vénézuéliens, qu'il vendait mille dollars, mais seulement si l'acheteur acceptait de signer une déclaration sur l'honneur par laquelle il s'engageait à ne jamais mettre le pied sur le sol vénézuélien. Après avoir tiré le portrait de la belle-mère paralysée dans son fauteuil roulant entre deux adorables saint-bernards, je me rendis à Marseille.

PS : Il est tout à fait possible que j'aie mélangé les deux capitaines, Leroy et Lacroix. Au bout d'un quart de siècle, cela n'aurait rien d'extraordinaire, d'autant plus qu'à l'époque déjà, il était difficile de les distinguer.

63

COMMENT OBTENIR LE VISA AMÉRICAIN

Je me rendis dès 8 heures du matin au consulat américain devant lequel s'était déjà formée une queue d'exilés en quête de visas sur les visages desquels on pouvait lire que leur attente datait de plusieurs jours. Avant de prendre ma place en bout de queue, je comptai combien de personnes attendaient devant moi : il y en avait deux mille quatre cents. Dix passèrent pendant la première heure et par conséquent, je passerais au bout de deux cent quarante heures, et comme le consulat travaillait huit heures par jour, cela prendrait trente jours. Ceux qui attendaient, souvent assis sur des pliants, se faisaient relever par des proches ; mais moi, j'étais seul. C'est la situation la plus désespérée que j'aie jamais connue dans mon existence. Je redescendis vers la Canebière en flânant, et passai par le Vieux-Port. À la *Brasserie du Loup de Mer**, retrouvant toute une bande d'habitués du Café du Dôme, je bus un pastis et me régalai d'une succulente bouillabaisse. Tout tournait autour d'un unique sujet, thème et variations : le VISA. Quelqu'un prononça le nom d'un vice-consul censé être un photographe amateur passionné, Oliver Hiss. Au moment de payer, le sort voulut que me tombe entre les mains une carte de photographe de presse américain que j'avais obtenue grâce à *Life* quand j'avais photographié l'Exposition universelle de New York. Je fus le premier à être impressionné par son air officiel, photo d'identité, tampons, signatures. Grâce à elle, ma guerre était gagnée. En fin d'après-midi, après la fermeture des portes, brandissant cette carte, je passai sans encombre le contrôle et entrai au consulat américain. Personne à qui demander le consul Hiss. J'allai donc de porte en porte et finis par découvrir son nom au deuxième étage : OLIVER HISS, VICE-CONSUL. Je toquai à la porte, on entendait des voix mais personne ne répondit. Je frappai derechef, sans succès, et ouvris une porte donnant sur une pièce vide, où un bureau de diplomate croulait sous les paperasses dans un désordre exemplaire. Derrière, accroché au mur, un drapeau américain : *Old faithful*. Des bruits difficiles à identifier provenaient de la pièce voisine par une porte entrouverte, réveillant en moi le souvenir de l'Hôtel Celtic à Paris. Pour la première fois de ma vie, je fus pris par les frémissements d'une vision religieuse : la main de Dieu s'emparait de mon sort. Je jetai un regard par la porte. Tout autre que moi, en quête d'un visa, se serait retiré avec discrétion. J'étais comme hypnotisé, mon voyeurisme aux aguets : ce qui me tomba en premier sous les yeux, c'était une bouteille de champagne *(Mumm Cordon Rouge, Extra Brut*)* qu'entouraient deux flûtes à moitié pleines. Derrière cette nature morte, une dame était agenouillée, sa tête semblait coincée entre les cuisses d'un homme installé sur un divan. Cet homme ressemblait tout à fait à la représentation que se fait le petit Moritz d'un consul américain : pantalon de flanelle gris et veston sport en tweed de chez Harris. Par terre, la pipe Dunhill assortie, et au mur, affichant un sourire vexé, Franklin D. Roosevelt. De la dame n'émergeaient que des boucles sombres entre deux mains d'homme. Et cependant – ici, l'affaire prend un tour surréaliste – je la reconnus, car je m'étais trouvé exactement dans la même posture avec elle à Paris, pendant les semaines précédant la guerre. Si je ne m'abusais, il s'agissait de ma charmante amie Sissy M., originaire de Vienne, qui ne connaissait que cette seule et unique forme de bonheur dans la vie. Elle prétendait que c'était sur la prescription d'un gastro-entérologue. Au moment où le vice-consul s'aperçut de ma présence, il tenta en vain de se soustraire à la tête de la dame et me demanda avec une concision tout américaine : *What can I do for you, Sir ?* Ma réponse : *I want a visum !* amena alors la dame à tourner enfin la tête, elle me reconnut, bondit et m'embrassa de ses lèvres humides. « Bien sûr qu'Erwin aura son visa ! On parlait de toi il y a tout juste une demi-heure. Oliver est un grand admirateur de ton *Nu à la soie mouillée* ! » Il ne restait pas vraiment d'autre solution au vice-consul que de refermer la fermeture Éclair de sa braguette. Il se redressa et me serra la main. *Glad to meet you, Erwin, in this hardship, I mean the war, couldn't you come back tomorrow at a time more convenient, at about eleven for picking up the necessary application forms ? Hope you don't mind, we still have to finish a job !* Mon amie cligna de l'œil en m'envoyant un baiser, et je quittai le consulat des États-Unis à Marseille avec une discrétion qui n'avait d'égale que ma satisfaction.

Je regagnai triomphalement Agen, avec tous mes formulaires. Après un froid hiver de privations, les Pyrénées en arrière-plan, et la Gestapo au premier plan – elle se rapprochait davantage de jour en jour, flairant pour démasquer les Juifs ; des transports partaient déjà d'Agen pour rallier directement Auschwitz –, nous parvint début mars la nouvelle que la famille Blumenfeld devait se trouver le tant du mois d'avril au consulat américain pour l'établissement de ses visas, munie de quinze dollars par personne ainsi que de certificats médicaux établis par le médecin assermenté auprès du consulat, le docteur Rodecanacci. Sans me gratifier d'un seul regard, cet ami du genre humain me délivra en échange de cent francs l'attestation de bonne santé nécessaire pour l'Amérique. Pour l'attestation de maladie sans laquelle la France ne m'accorderait aucun visa de sortie, il réclama mille francs. Pour cette somme, j'avais le choix entre cancer des reins et tuberculose cérébrale. Comme je me plaignais du prix élevé de ces maladies, il dit : « Je ne mens qu'à contrecœur ! » Le consulat nous délivra une attestation précisant que notre visa nous serait remis si, dans un délai de six semaines, nous étions en mesure de présenter nos billets pour la traversée. Mais en revanche, les compagnies maritimes n'inscrivaient des passagers en liste d'attente que s'ils détenaient le visa pour l'Amérique. Tous les bateaux étaient complets. Selon certaines informations, l'Allemagne ne laisserait plus aucun bateau lever l'ancre après le 1er juin, au motif que l'Angleterre les arraisonnait en haute mer pour en faire des transports de troupes. Le trafic de billets pour les bateaux était entièrement entre les mains de la pègre marseillaise. Les obstacles s'accumulaient. Désormais, la Gestapo se livrait ici aussi à des razzias, vraies chasses à l'homme dans des rues bouclées. Des perquisitions se déroulaient dans les hôtels dès 5 heures du matin. Chacun vivait dans les affres d'une mortelle terreur. Je tombai au Loup de Mer sur le frère de mon amie parisienne Laure d'O, un jeune homme trapu de 19 ans qui se livrait au marché noir. Je ne le connaissais pas vraiment. Il prit feu et flamme pour mes difficultés et me présenta à un de ses amis, directeur des *Messageries maritimes**, qui voulait se faire photographier, et ce dernier me promit des billets sur le *Mont-Viso*, direction la Martinique, pour le 10 mai en échange de dix mille francs (j'en avais encore treize mille). Comme il ne lui était pas possible de négocier directement avec moi, le jeune d'O. nous servirait d'intermédiaire. Je convainquis mon consul, avec l'aide de l'amie mentionnée plus haut (une langue habile obtient plus que mille mots savants), de me remettre nos visas, violant en cela le règlement. Le 9 mai à 6 heures du matin, le jeune d'O. vint à notre hôtel pour prendre les passeports et l'argent. Il rapporterait tous les documents le lendemain matin à 11 heures au Loup de Mer, et me demanda d'être ponctuel car il avait ensuite un rendez-vous important. Tout cela ne me semblait pas net. Je fus à l'heure au rendez-vous fixé et attendis, attendis, attendis ; je n'avais jamais attendu aussi longtemps, et n'ai depuis plus jamais attendu autant. Midi, après-midi, soir. Personne. Passeport envolé, argent envolé, misère de misère ; j'étais à bout. Je n'avais ni la force de me lever, ni celle de me soûler la gueule. Je ne parlai à personne, j'attendais, j'attendais. Vers 8 heures du soir, le jeune d'O. entra en trombe, jeta une enveloppe sur la table et dit, comme s'il venait de traverser des épreuves effroyables : « Ne me demande pas pourquoi je suis en retard, ça a été terrible, voici ce que tu attendais : tes billets et tes passeports ! » Je voulus lui marquer ma reconnaissance en lui mettant dans la main mon dernier billet de mille francs, il le refusa en disant : « L'argent, je ne l'accepte pas d'un ami, mais seulement de mes ennemis. *Bon voyage** ! » Puis s'éclipsa.

64

À BORD DU *MONT-VISO*

Le cargo *Mont-Viso*, rafiot délabré, n'avait de cabines que pour environ douze passagers. Quatre cent quarante émigrants furent entassés dans les deux soutes de cette embarcation de la mort. Un Vernet flottant. À la proue : *HOMMES**, à la poupe : *DAMES**. Nous n'avions pas même quitté le port de Marseille, avions à peine échappé à Hitler, que déjà éclatait une mémorable bagarre entre juifs de l'Est (les sales Polaques) et juifs allemands (les sales assimilés). C'est seulement l'intervention inexorable de notre équipage de gorilles sortis de la forêt vierge qui permit d'éviter qu'ils se balancent tous mutuellement par-dessus bord. Nous étions déjà en haute mer quand je découvris, en lorgnant les gros titres d'un journal qu'un autre passager lisait à côté de moi, le jeune d'O. encadré par deux policiers, la tête ensanglantée sous ses bandages. En dessous, en caractères gras : UN BANDIT MOTORISÉ ARRÊTÉ SUR LA CANEBIÈRE APRÈS UN ÂPRE ÉCHANGE DE COUPS DE FEU. Il était d'abord allé récupérer mes papiers auprès des Messageries maritimes, puis, mes papiers en poche, il avait assassiné un bijoutier et ensuite, fonçant jusqu'au Loup de Mer, il était venu me remettre mes papiers sans me demander un centime. Ils l'avaient pincé le lendemain.

Le surlendemain, on déchargea du soufre à Alger et nous nous retrouvâmes saupoudrés d'une pellicule vert-jaune. Puis le trajet passa beaucoup trop vite, après Oran, par le détroit de Gibraltar ; nous longeâmes la côte africaine jusqu'à Casablanca où aucun de nous ne fut autorisé à descendre à terre : quarantaine ! Ordre de Hitler transmis par Vichy. On nous laissa griller comme des œufs sur le plat pendant des semaines dans ce port brûlant sur ce rafiot d'acier chauffé à blanc. Comme au camp de concentration, des scissions se firent en fonction des classes sociales. À force de chaleur les hommes tout comme la nourriture devinrent impossibles. La quantité diminuait tandis que la qualité devenait de plus en plus merdique. Au menu : *soupe forestière, ragoût impérial, légumes printaniers** (toujours les mêmes légumes secs sous différents noms). L'eau puait, on pouvait tout juste se laver. Le capitaine n'honorait aucun d'entre nous du moindre mot. En tant que commandant d'un cargo, il haïssait les passagers. Kassy, une passagère membre des Rose-Croix qui s'imaginait descendre du prince von Bismarck, couchait avec lui, prétextant qu'elle parviendrait ainsi à savoir pourquoi nous moisissions dans ce port. Il la fouettait et ne lui fit pas une seule confidence.

Le 22 juin, jour de l'entrée de Hitler en Russie, le *Mont-Viso* mit la vapeur et quitta le port de Casablanca, prenant la mer sans la moindre explication et sous l'escorte de torpilleurs français. Cap sur l'Amérique. Les passagers s'embrassaient en sanglotant : SAUVÉS ! Je n'avais pas envie de passer la nuit dans la soute où régnait une chaleur torride et restai sur le pont, espérant découvrir enfin la Croix du Sud mais vers minuit, je constatai avec stupeur que l'étoile polaire décrivait à l'horizon un cercle de cent quatre-vingts degrés. Nous faisions demi-tour. Désespéré, je me précipitai sur le capitaine, mais il m'écarta d'un revers de la main du poste de commandement. Le lendemain matin, le *Mont-Viso* était à nouveau à l'ancre dans cet enfer qu'était le port de Casablanca. Quelques jours après, l'*Alcina*, un grand paquebot chargé de candidats à l'exil qui venait de mijoter six semaines d'affilée à Dakar, vint jeter l'ancre à côté

À bord du *Mont-Viso*, juillet 1941.

de nous. Premiers échanges d'un bateau à l'autre, braillés par Kulaschek : « Vous avez du fromage suisse ? »

Au bout de deux mois dans ce port, la peste menaçait. Afin d'éviter ce fléau, l'ordre fut donné de nous interner dans un délai de deux heures dans des camps de concentration marocains : les adultes à Kasba Tadla, dans les montagnes de l'Atlas, les malades et les personnes accompagnées de jeunes enfants à Sidi el Ayachi, à cent kilomètres au sud de Casablanca. Parqués sous un soleil impitoyable, dans le désert balayé par le sirocco, dans un nid à taons et derrière des barbelés, sous la surveillance de Sénégalais (nettement plus humains que les *gardes mobiles** du Vernet), en ce mois de juillet de l'année 1941, dans nos huttes en torchis misérables, nous nous préparions au pire au milieu des soupirs. Mon plus jeune fils avait des poux et une fièvre persistante, on menaçait de l'envoyer dans la baraque des malades du typhus à Mazagan. Ma fille souffrait en silence du scorbut, lèvres et paupières gonflées, tandis qu'armé de mon canif, je charcutais un méchant abcès purulent que ma femme avait au sein. Une fois le premier choc passé, habitués même aux taons, véritable plaie, l'ambiance devint presque romantique à Sidi el Ayachi. Un beau matin, un énorme serpent qui avait pointé une tête curieuse hors d'une tinette fut abattu d'un coup de pistolet et porté en triomphe à travers tout le camp aux cris de joie des enfants. Le commandant du camp, une fois de plus un vieux légionnaire allemand, m'avait invité à boire un thé à la menthe dans son harem ; il fit s'agenouiller devant moi les dames du sérail, ordonnant à une Shéhérazade de 11 ans de fouetter avec un plumeau la doyenne du sérail (âgée de 28 ans). Nous fumions le narguilé en assistant à la scène.

Des enfants en camp de concentration de Sidi el Ayachi (Maroc), juillet 1941.

Nos gardiens ne savaient pas lire mais un ticket de métro parisien (poinçonné) valait *laissez-passer** – le trou leur plaisait ; ils présentaient les armes et ouvraient la grande porte en grinçant des dents, nous donnant accès à un monde merveilleux. Nous découvrîmes, campée sur son rocher noir, loin au-dessus du fleuve couleur cacao, la petite ville d'Azemmour, éclatante de blancheur, ville de rêve des *Mille et Une Nuits*, avec ses califes, ses cigognes, ses houris voilées, ses derviches et ses rabbins miraculeux. Nous traversions les haies de cactus où des chameaux et leurs petits faisaient tourner les norias, spectacle idyllique, et franchissions des dunes vert clair pour atteindre le tiède océan. Pendant notre baignade, des gamins arabes prirent le large avec nos dernières chaussures.

Sur le *Mont-Viso*, nous avions noué amitié avec un grand d'Espagne et sa belle épouse Gesussa, qui partaient vers le Mexique. Il était grand spécialiste des opérations du goitre et morphinomane. Quand il trouva que la vie devenait trop pénible au camp, il mit en partie un terme à ses jours avec un dosage excessif de son remède préféré, tomba dans le coma et fut transféré à l'hôpital de Mazagan. Deux jours après, il y était promu médecin-chef et nous invita somptueusement à déguster un homard flambé arrosé de champagne. Nos visas pour l'Amérique se périmaient automatiquement au bout de trois mois. Au tout dernier moment, fin juillet, une commission efficace du HIAS (Hebrew Immigrant Aid Society), constituée de civils juifs, vint examiner nos papiers sans faire de chichis et envoya des télégrammes.

Nous embarquâmes de manière complètement inattendue le 2 août 1941, passagers du pont intermédiaire sur un vapeur de luxe portugais, le *S.S. Nyassa*, quittant la chaleur torride de Casablanca pour mettre le cap sur la liberté. Nous n'avions plus que la peau sur les os. Au premier dîner à bord, mon petit dernier engloutit une livre entière de sucre.

Des heures durant, depuis mon poste d'observation favori, à la proue, je plongeai mes regards dans les flots que nous fendions sur cet océan qui nous menait vers de nouveaux soucis. Pour me donner du courage, je me replongeais par la pensée deux ans en arrière, quand j'avais en moins de temps qu'il n'en faut pour le dire conquis New York, et cela me permettait de me bercer de l'illusion que je connaissais l'Amérique et que j'aimais ce pays. Mais comment allait-il m'accueillir, moi qui étais un fantôme échappé des camps de concentration ? Moi, le petit émigrant, il ne me restait plus qu'à me jeter au cou des illusions, aveuglé par mon enthousiasme que ne refroidissait pas la connaissance de la réalité.

Les contributions apportées jusqu'alors par le Nouveau Monde à la culture se situaient dans mon domaine, le grotesque (E. A. Poe, le jazz, le burlesque, le strip-tease, le *slapstick* et le comique des films de Charlie Chaplin et des Marx Brothers). Je décidai de faire entrer la culture en contrebande dans ma nouvelle patrie, pour la remercier de m'accueillir.

Au septième jour, suivant le bateau-phare *Ambrose*, notre navire réduisit son allure. Les mouettes criaient, les douaniers, les pilotes, les reporters montèrent à bord. Je vécus pour la deuxième fois le moment où des passagers surexcités armés de jumelles se bousculaient pour être les premiers à découvrir les premiers gratte-ciel. Les brumes du Gulf Stream se dissipaient, laissant surgir dans un lointain d'argent verdâtre une langue de terre, rangée de dunes au-dessus de l'Atlantique : le Nouveau Monde ! Les toits de maisons jouets d'une taille décevante, alignées les unes à côté des autres, dans des couleurs enfantines de vieilles dames : rose, mauve, bleu clair, beige, toutes identiques. Derrière elles, les constructions insensées d'un Meccano géant, édifices métalliques du Luna Park de New York, Coney Island. Nous glissions lentement entre les vapeurs du port qui lançaient d'un air important leurs appels, longeant une antique tour des souris (fort Hamilton), et pénétrâmes dans l'étroit port de New York, les Narrows. Ce n'est qu'au tout dernier moment, sous la garde de la Liberté rongée de vert-de-gris, que jaillit dans un ciel d'août inhumain le décor des gigantesques gratte-ciel gris-mauve de Manhattan (chaque ville a sa propre couleur, New York tire sur le violet), qui arrachèrent à Kulaschek, en guise de compliment : « C'est tout ? »

New York nous accueillit à bras ouverts, mais les mains vides. Mon compte à la Chase Bank était bloqué (mais fut sans problème débloqué au bout de quelques jours). Les amis qui m'avaient promis de l'argent pour nous aider à franchir les premiers jours ne tinrent pas parole. Le lendemain de notre arrivée, j'achetai avec de l'argent emprunté un costume tropical pour 19,75 dollars et me rendis dans les locaux du *Harper's Bazaar*. Carmel Snow, dans son petit bureau privé où régnait une chaleur caniculaire, trônait, ses deux pieds nus sur les photos qui jonchaient son bureau, entourée de ses rédactrices qui disaient oui à toutes ses paroles et de son directeur artistique, Brodovitch, qui ne disait rien. Sans se lever, sans lever le nez, elle ordonna, ravie, comme si une guerre mondiale ne nous avait pas séparés deux ans auparavant : « Blumenfeld ! Le ciel vous envoie : Huene nous a donné deux pages impossibles, et il est en vacances, pour changer. Nous bouclons demain notre numéro de septembre. Allez immédiatement au studio et faites-nous des superbes *retakes*. Je suis au milieu des collections d'automne, nous déjeunerons ensemble une de ces prochaines semaines, et vous pourrez me raconter à ce moment-là vos histoires de guerre. *You look splendid !* Allez, faites-nous vite quelques vraies pages Blumenfeld, *sensationnelles masterpieces ! We have to keep deadlines ! So long !* » Voilà qui était prometteur, définitif.

Dans le studio du *Bazaar*, vraie prison des plombs, sous les combles, je transpirais par cent degrés Fahrenheit et avec 1 000 % d'humidité, sans air conditionné, m'activant pour huit pages, et à minuit passé, je m'endormis sur une chaise, épuisé. Le lendemain, à mon réveil, on me remit une lettre :

« *My dear Blum*,

Nous sommes tous ravis que vous soyez arrivé à bon port avec votre famille, et que vous puissiez à nouveau travailler pour *Harper's Bazaar*. Les huit photos d'hier ayant été prises dans nos propres studios et avec notre propre matériel, vous comprendrez que nous soyons contraints de déduire cent dollars par page pour couvrir nos frais, nous ne vous verserons donc cette fois que cent cinquante dollars par photo.

Love.

Carmel. »

Love dès la première nuit et pour huit cents dollars : AMERICA FOR YOU.

65

BLUMENFELD STUDIO INC.

Ce que jeune on espère
L'âge en abondance le donne

GOETHE, *Poésie et vérité.*

J'avais atteint la cinquantaine alors que le monde entrait dans les années 1950. Blumenfeld Studio Inc., 222 Central Park South, Midtown, Manhattan. Sur le nez ces lunettes détestées dont je devais de gré ou de force m'accommoder. Mes rêves de jeunesse, s'accomplissant au-delà de toute espérance, tentaient de m'écraser. Des gadgets (un mot américain pour désigner des appareillages censés faciliter la vie et qui la rendaient impossible) ; des lentilles de toute sorte, comme pour le Jugement dernier. Des intrigues en tous sens, des beautés peinturlurées de façon inouïe *(models)*, poudre, maquillage, dessous de nylon, cils synthétiques, lumière artificielle, pinceaux de maquillage, vrais faux, fausses canines faux sourires, cheveux teints, ongles factices, jupons incroyables, tailles de guêpe et guêpières, surabondance inextricable de tout, tout est toujours trop pour tous. Au cœur de ces perturbations, je cherchais, dérangeur chaotique, la formule magique pour faire sens du non-sens, accompagné par le gramophone éreintant la fin de *Don Giovanni*. Lampes stroboscopiques terrifiantes (traitement de choc, flash au dix millième de seconde), rejetant dans l'ombre mille soleils, elles fixent le photographe que je suis, incapable de produire assez, insensibles à mon combat contre les malices de l'objectif, de la forme, du temps : *deadline. No lunch*, mais toujours prêt pour le dernier souper, dernière prise dans les ténèbres, *the happy ending*. À l'intérieur, chaleur record Fahrenheit, dehors chutes de neige record mesurées en pieds. *All for the record.* Maudit téléphone : *The tax examinator wants his take*, Vogue *wants a retake, the mailman ringeth twice*, l'exterminateur réclame les termites, sonneries ininterrompues. Quand elles se taisent, on se sent oublié. On décroche, on est accroché. À 15 ans seulement, Rembrandt tirait le Diable par la queue. J'ai 58 ans et ne m'appelle pas Rembrandt. Ici, on m'a labellisé *commercial photographer* – aussi méprisant que l'allemand *Kunstphotograph*, « artiste photographe ». *Old fashioned and a very few drinks. No smoking*. De temps en temps, un havane (Upmann), suivi d'une gueule de bois. *No dope, no dough, no carnival : unamerican forever*.

Une nuée s'abattit sur le studio – annoncée par un coup de fil – comme un nuage d'alcool. En émergea un tas de robots clope au bec en flanelle grise sous leurs Stetson gris de cow-boys, cadres provinciaux bien nourris, un mètre quatre-vingts : THE CORPORATE IMAGE USA (l'expression incarnée du manque d'imagination). Chacun de ces individus tous identiques avait, pendouillant à son cou, une cravate à rayures violettes et vertes, fixée par la même pince à cravate en or sur laquelle était gravée la marque de leur entreprise, GREEN & VIOLET, KALAMAZOO (MICH.), à leur chemise blanche, alors que toutes les ceintures s'ornaient de la même boucle grosse comme le poing, car Geo Green (autrement dit « Dji Dji »), président du comité directeur et président de GREEN & VIOLET, le plus important fabricant de calendriers du monde, était fier de sa ferme au Texas : *250 000 acres farm, deep in the heart of Texas.* Cette horde portait de manière volontaire l'uniforme. Les Américains sont des exhibitionnistes du costume et de la parade. Si quelqu'un avait osé afficher son individualisme, il aurait été flanqué dehors comme « coco », communiste (les Américains ne se rendent pas du tout compte combien ils sont eux-mêmes embrigadés). Ils regardaient autour d'eux, l'air absent, jusqu'au moment où l'un d'entre eux, qui les dépassait tous d'une tête, prit la parole en accentuant chaque lettre de son discours d'une manière tellement excessive, à la manière d'un discours enregistré au magnétophone, que la monotonie en était soporifique : « *Mister Bi !* Ou me permettez-vous de vous appeler Eugène ? Eugène ! Je suis Dwain Stuart, vice-président senior et directeur artistique superviseur chef chez G & V (« Dji and Vee »). Pour faire court : Andy Armstrong, Leonardo da Vinci incontesté de l'art du calendrier, Raphaël de la brosse à air, le plus grand illustrateur vivant (l'illustration, c'est cet art américain qui cherche par la photo à être plus fidèle à la nature que la nature elle-même), habite dans le même immeuble que vous et a parlé de vous à GG. Faire un million de dollars par an jusqu'à la fin de vos jours, ça vous dirait ? » Je n'avais jamais encore entendu le nom de ce bienfaiteur, A. A. (je ne vivais que depuis dix ans au 1 W 67th Street ; à New York, on ne connaît pas ses voisins). Une proposition d'un million de dollars par an, voilà qui était tout aussi nouveau pour moi. Je m'efforçai de répondre par un signe de tête indifférent. « Andy, ajouta-t-il, nous est dévoué corps et âme. Il doit par contrat nous livrer au premier de chaque mois un calendrier en échange d'un minimum garanti à vie de cent mille dollars par calendrier. Il est ponctuel et génial. Tout autant avec des pin-up en train de lécher leur *ice cream* dans un bain de vapeur qu'avec des vaches pâturant dans la neige au bord du Grand Canyon. Quand on est un génie, on l'est en tout, et Andy est le plus complet des génies qui travaillent pour Dji & Vee. Comme il a suggéré qu'il supposait chez vous certaines compétences, nous sommes ici pour vérifier que vous êtes doté de la capacité d'adaptation requise. Juste un exemple de sa flexibilité : pour les vaches au pâturage, GG a critiqué à juste titre le fait qu'à plusieurs reprises les pis des vaches présentent leurs quatre tétons, ce qui est complètement superflu. Sans répliquer, Andy lui a donné satisfaction en vingt-quatre heures en faisant disparaître tout simplement un portfolio des tétons de chacune des vaches au moyen de sa brosse soufflante. Pour un million par an, on peut faire quelques petites concessions : les concessions font l'artiste ! Seul GG n'en fait aucune sur le plan de la morale, car nous sommes des puritains. Il faut que vous sachiez que le *postmaster general* (le général en chef de tous les facteurs) tient entre ses mains la sévère moralité des États-Unis d'Amérique. Envoyer par la poste une image sur laquelle on peut voir plus d'un sein de femme est un crime passible de punition. GG fait un pas de plus : sur nos calendriers, il ferme les yeux pour un téton, à la condition cependant qu'il soit atténué par un tissu transparent. Le *postmaster* interdit les poils sous les aisselles. GG ne les autorise même pas sur la tête, sauf s'ils sont retenus par un chapeau ou au moins par un ruban. Un autre trait de notre tolérance en matière de morale : en ce qui concerne les dames dévêtues, GG tolère les pieds nus, à la condition que n'apparaissent pas plus de quatre orteils du même pied. Pourquoi une femme qui est en mesure de séduire avec quatre orteils devrait-elle en avoir cinq ? Pour les *public opinion polls* ayant trait à ces questions (nous avons fait dix-huit mille enquêtes), l'opinion publique de tous les États, à l'exception hélas de l'État de New York, s'est prononcée en faveur de quatre orteils. Nous sommes, chez G & V, en tant que serviteurs de l'opinion publique, célèbres pour n'avoir, au cours des cinquante années de notre existence, jamais publié un seul pied présentant plus de quatre orteils – *our trademark !* "L'art doit être sexy et il doit paraître moral", tel est le slogan favori de G & V.

Avec nos calendriers, nous devons satisfaire un billion de clients, de Kalamazoo à Calcutta. Nous ne pourrons décider si vous êtes en mesure de nous y aider, Éric, qu'après avoir tous ensemble (*togetherness*, c'était le mot à la mode) jeté un regard critique à votre *scrapbook*, votre portefolio. »

Je ne suis pas habitué à me dépêtrer de ce genre de vermine. Comme pendant les cours de religion à l'école, mon humour me jeta par terre, me tordant de rire. Mais à peine la horde avait-elle, sous la houlette de son bélier en chef offensé, débarrassé le plancher de mon studio, que je déplorais les millions perdus ; je déplorais plus encore le retour à la barbarie de la population américaine. Dans le bref espace d'une génération elle a affadi l'héritage culturel apporté d'Europe, devenu une insipide limonade, qui est depuis peu à nouveau avidement dégustée par l'Ancien Monde comme friandise psychologique.

Vive l'Amérique ! Aujourd'hui, quinze ans SEULEMENT après la rencontre décrite ci-dessus avec les clowns puritains et leur calendrier, on peut acheter pour 1,25 dollar dans tous les kiosques new-yorkais l'*Histoire d'O*, interdite même à Paris comme contraire à la morale, et le *New York Times Book Review* a rendu compte sous son slogan *All the news that's fit to print* et avec un sérieux lubrique les mémoires d'un cochon victorien, *My Secret Life*. À Greenwich Village, au cœur de la ville, dans de nombreux cinés *underground*, on peut voir des lesbiennes nues en train de faire l'amour et des beatniks à moitié nus à jouer du banjo installés sur les toilettes – et police et *postmaster*, qui hier encore se scandalisaient de manière démesurée, s'appliquent à fermer les deux yeux. Tant que les cheveux de la jeunesse américaine allongeront en proportion inverse des jupes des femmes, l'Amérique ne sera pas complètement perdue !

Quelques-unes de mes très nombreuses couvertures.

66

ADAILE

Après avoir passé les vacances de Noël en Floride, le 3 janvier 1951, nous foncions à quatre-vingt-dix *miles* à l'heure vers New York. J'étais assis à la place du mort à côté de mon fils qui avait pris le volant de notre décapotable. Un pneu arrière éclata, et je vis au ralenti la voiture tournoyer vers le Nirvana, plus de direction. Une merveilleuse fin indolore, si on ne m'avait pas au bout d'une heure sorti tout sanglant de la bagnole réduite en miettes. Mon fils n'avait pas une égratignure, sa petite maman avait deux côtes cassées. Elle seule, comme elle le souligna fièrement, n'avait pas perdu connaissance, sans pour autant être en mesure de dire ce qui s'était passé. Avec une plaie à la tête recousue de neuf points de suture – aucune partie plus noble n'avait été atteinte –, je dansai en rêve pendant la nuit dans les bras d'une infirmière noire à travers l'hôpital Saint-Joseph, à Charleston, South Carolina, comme jadis à Paris, à la Rotonde. Le lendemain matin, retour à New York, où des séances animées m'attendaient. Un mois plus tard, commotion cérébrale, je glissai sur le tapis du séjour. Je dormis quatre semaines d'affilée en gémissant, pour ensuite reprendre, cadavre tremblotant, mon ancienne existence. Le 22 mai, retour dans mon studio pour la première séance : double pleine page en couleurs pour *Beautiful Bryans* : *Walk in Red-Carpet resplendence wearing beautiful Bryans « frost and fire fantastics »... It's the new lambent glow for legs ! Always a shade ahead !* Sally Plummer, *headcopywriter* un peu dérangée, avait imaginé cette accroche débile au cours des six mois écoulés et la lisait, en soulignant exagérément chaque mot, pour la trentième fois, complètement en transe, sans remarquer que personne ne l'écoutait. Ted Turner, directeur artistique et homo bègue à demi psychanalysé qui zézayait parce qu'il trouvait que cela faisait *british*, était installé dans un coin du studio, tournant le dos à tout le monde, y compris à lui-même. Il dessinait à la craie noire des papillons invisibles sur du papier noir, et ses sourcils broussailleux (que d'année en année ses cartes de Noël ont rendus célèbres) vibraient de manière irrésistible. À l'angle opposé, Guiness McGuinnec, chargé du budget, tressaillait en proie à des convulsions offusquées. Au bout de huit Highballs *extra dry on the rocks* avec des oignons (Beefeater Gibson gin et Martini) bus pendant le déjeuner avec les clients, il avait perdu le sens de l'existence. Un chargé de budget n'en a pas. Il grignotait un journal froissé sorti de la corbeille à papier. *Delirium clemens.* Dieu merci, les gens de l'agence n'étaient pas *on speaking terms*. Pour ma part, encore un peu délabré, je m'efforçais d'animer la séance du haut de la dernière marche d'une échelle pas tout à fait stable, en vue aérienne. Pendu devant moi, tourné vers le bas, accroché à un pied qui ressemblait à une guillotine de dentiste, le grand appareil photo. À côté de moi, aussi haute qu'un cou de girafe, une lampe de cinq mille watts répandait l'ardeur de ses rayons sur des jambes qui n'en finissaient pas, gainées de bas nylon. Les trois torses qui allaient avec cette splendeur étaient serrés les uns contre les autres sous une cape d'hermine, sur un dur matelas, la jambe invisible repliée sous le petit popotin correspondant. La mise en page prévoyait que six jambes gainées de bas descendent la double page de droite à gauche, auréolées de *the new lambent glow.* Mon orgueil qui exigeait que mon travail soit à la hauteur de l'argent gagné compliquait chacune de mes séances de façon proportionnelle à la rétribution.

Evelinde, mon assistante – c'était son premier jour de travail –, une naine de taille moyenne sans appâts particuliers, courait en tous sens, complètement dépassée. Le studio était une vraie maison de fous. Les douze premières prises, destinées à la page de droite, se déroulèrent selon le programme prévu. Bang ! *Hiroshima mon amour** : éclats de verre brûlants, hurlements des femmes, fin du monde, sang, feu, incendie, court-circuit, nuit et feux follets. Avant que j'aie pu comprendre que la grosse lampe venait d'exploser, les cavaliers de l'Apocalypse de l'agence de publicité avaient quitté le champ de bataille, de peur que soient éventuellement demandés des dommages et intérêts. À mes pieds, Evelinde comme folle déversait des seaux d'eau sur les modèles ensanglantés qui se tordaient dans la crasse du studio, et calculaient en geignant combien ils allaient pouvoir me demander lors du procès. Je ne supportai plus d'être perché sur mon échelle, et descendis pour esquinter définitivement le manteau d'hermine à quinze mille dollars qui fumait encore en vidant dessus une bouteille de Coca-Cola. La lumière revint, je pouvais être vraiment satisfait de la manière dont s'était déroulée ma première séance *post mortem*. Tandis qu'Evelinde allait chercher dans la maison voisine un jeune docteur qui y résidait afin qu'il donne les premiers soins à peine nécessaires (à New York, chaque maison voisine est habitée par de nombreux docteurs), je racontais aux déesses aussi désintéressées qu'intéressées que j'étais assuré pour chacune d'entre elles à hauteur de dix mille dollars, et leur promis de faire face à mes obligations. Outre deux ou trois trous dans leur cape d'hermine, elles avaient au plus quelques égratignures sur le haut des cuisses et le jeune médecin s'occupa d'elles avec amour. Pour finir, il remplit les formulaires des assurances et, afin de se faire apprécier et de faire l'important, il aggrava autant que faire se pouvait la situation. Après son départ, les dames, qui étaient engagées pour l'après-midi, restèrent tranquillement assises par terre.

Doddy Goddy, cow-girl blonde platine arrivée de l'Arizona, contrée d'où viennent les jambes les plus longues, réclamait du gin d'une voix de bébé geignard. À tout juste 14 ans, elle avait été reine du rodéo dans le Wild West. Maintenant, elle affichait selon les cas 16, 26 ou 63 ans. Elle était gouine – *finger in the hole : lesbian* – et *fagmoll*, aimait les pédés, avait jeté par-dessus bord toute forme d'équilibre, était un mois riche comme Crésus, le suivant pauvre comme Job. Quelques années auparavant, elle avait dilapidé en neuf mois de menus plaisirs les millions hérités d'un *boy friend*, avait rempli un garage de Los Angeles de vingt-six Jaguar blanches et de vingt-six chauffeurs noirs en livrée. Après avoir claqué tout l'argent, elle s'était débrouillée comme serveuse dans un bar à drogués de Frisco, devenant la petite amie d'un joueur de banjo. Elle avait alors été découverte par un chercheur de talents pour le Latin Quarter de New York et l'opulente poitrine de cette superbe show-girl illuminait Broadway. Un photographe lui fit alors miroiter une brillante carrière de top model dans la haute couture (à soixante dollars de l'heure), à condition qu'elle réussisse à perdre vingt kilos. Elle s'était aussitôt mise à la diète, avait pris des pilules, continua à maigrir pendant six semaines au rythme de cinq kilos par semaine, et finit par prendre des allures de pantin osseux. Des injections de vitamines eurent tôt fait de lui faire retrouver son poids d'origine. Les pilules la rendirent à nouveau maigre comme un clou. Elle finit par perdre la raison en même temps que son métabolisme et atterrit dans un asile d'aliénés d'où elle fut libérée après avoir couché avec tous les médecins, toutes les infirmières et l'ensemble des patients. Désormais, elle se consolait avec la marijuana et son invention, la « double analyse » : elle allait simultanément consulter deux spécialistes de la trituration de méninges ignorant tout l'un de l'autre et couchait avec l'un et l'autre (Hanns von Nevrosenthal et Nini Traumastrang) : *lay analysis*. À la fin, elle fit se rencontrer Hanns et Nini, et ils couchèrent à trois. Elle vint me voir pour de nouveaux rêves.

Adaile Allmay, fille d'Adolfo Four Finger Allemanno, seigneur de la Cosa Nostra, était une chic fille *(a good trooper)* dont les deux poumons étaient sains. Elle était le calme en personne. Elle alluma un corona avec un briquet en or et commanda un whisky *on the rocks*, comme si elle avait été dans un bar. Elle portait en symbole de son aspiration irrépressible à la liberté un revolver chargé dans son décolleté, enveloppé d'un mouchoir en dentelle, et son cœur était une caverne de voleurs en miniature. À l'époque de mes débuts new-yorkais, qui étaient aussi les siens, elle n'avait eu de cesse que je n'aie fait d'elle quelques bouts d'essai. Elle voulait devenir *fashion model*, mannequin de mode, ce qui ne s'est jamais réalisé ; elle eut d'autres succès plus importants. Pour me remercier, elle m'initia aux us et coutumes locaux et nous devînmes amis. Des années plus tard, elle voulut que je lui révèle en deux semaines les secrets de la photo couleur, refusant de me croire quand je lui disais qu'il n'y avait pas de secrets en matière de photo : elle passa plusieurs semaines à me déranger dans ma chambre noire, et me promit en échange sa reconnaissance éternelle.

C'est de Barbara Codik, le seul modèle que j'aie jamais découvert dans la rue, avec son petit nez en trompette, que je savais le moins de choses. Je croyais avoir trouvé dans son agressivité toute nue la *woman of tomorrow*, « la femme de demain », et la mit tout de suite sur une couverture de *Vogue*. Assise par terre, elle me fixait d'un regard impénétrable, commanda un Martini-vodka et tomba avec les grincements d'une machine à calculer en train de rendre l'âme dans une pâmoison prometteuse d'où elle n'émergea qu'à l'arrivée des boissons.

Les photos, les *pix*, étaient *glorious, the agency tickled pink*, ravie ; trois semaines après, Doddy m'appelait, enchantée, car elle s'était entendue avec l'assurance pour deux mille cinq cents dollars. Adaile renonça à être indemnisée parce qu'il ne s'était rien passé et qu'elle n'avait pas besoin d'argent. La « femme de demain » se mura dans un silence éloquent. Le lendemain de la catastrophe, impossible de la joindre : elle posait comme *bathing beauty* pour Macy's, donc n'allait pas trop mal.

Six mois plus tard, un huissier de justice estima à troix cent mille dollars le préjudice dans l'affaire Codik/Blumenfeld. Vingt fois plus que ce dont je disposais. Le fabricant de la lampe, General Electric, une entreprise valant un billion, fut cité en même temps que moi : l'époux de Barbara réclamait cent mille dollars d'indemnisation pour ne pas avoir pu profiter pleinement de sa femme pendant six semaines. Barbara possédait, outre les avocats matois de l'entreprise A.S. Catch & Kan, qui étaient intéressés *fifty-fifty* à son malheur, deux jambes parfaites. Si on lui donnait la possibilité de les montrer aux jurés, j'étais perdu. La justice bureaucratique de notre démocratie présente un avantage : elle progresse à la vitesse de l'escargot. Quand le procès s'ouvrirait, les jambes de Barbara seraient peut-être un peu moins splendides. Il s'était passé presque quatre ans depuis ces événements quand le téléphone sonna : c'était mon avocat, un *schlemihl*, un vrai benêt. Je hais les avocats consciencieux. Il m'annonça que nous devions nous présenter le lendemain à 4 heures de l'après-midi chez les avocats de la partie adverse dans la procédure opposant Codik à Blumenfeld. Je demandai si nous ne pouvions pas obtenir un nouveau délai. Il refusa, nous avions déjà repoussé l'affaire quatre fois. Quand je suggérai qu'il s'y rende tout seul, il répondit : *They don't want to examine me, but you.* Je l'accompagnai donc chez l'avocat de General Electric que ce dossier n'intéressait pas le moins du monde, qui n'avait pas encore daigné y jeter un seul regard et dont l'unique préoccupation était de ne pas louper son train de 5 h 12 à la gare Grand Central. Quand il apprit que j'étais photographe, il me montra fièrement la photo d'un gamin sans bras en fauteuil roulant du front duquel sortait une petite main. Je le félicitai pour ce montage dadaïste (le pop art n'avait pas encore été inventé). Il interrompit avec modestie mes félicitations, me disant que son fils était beaucoup plus mignon que cela, qu'il n'était qu'un photographe amateur. Les Américains ont le culte des estropiés.

Lors de ma première visite à New York, j'avais été choqué de voir dans le spectacle *Hellzapoppin* présenté par Olsen & Johnson Slapstick Show un unijambiste danser magistralement les claquettes sur sa jambe de bois. Plus tard, j'admirai à la télé deux mille dames membres d'un club de paralysés dansant dans leurs fauteuils roulants bleu, blanc et rouge le menuet de Paderewski en l'honneur de la Boswell Sister paralytique Connie, chanteuse de jazz *heebeejeebee*.

Accueil stimulant chez Katsch. Les avocats, avec l'impudence dont on est coutumier dans ce pays, m'appelèrent sans cérémonie par mon prénom, qu'ils avaient réduit à « Erf » – *time is money !* Ils me remercièrent de consacrer un temps précieux pour moi à une affaire qui de toute façon était une cause perdue, ne me laissèrent pas placer un traître mot, et plantèrent là mes avocats. Pour me prouver qu'ils étaient chargés des intérêts de tous les top models, ils n'arrêtaient pas de citer leurs prénoms : Arpi, Avonne, Bibbes, Bobo, Bubbles, Ceemee, Ceepee, Clitoria, Charmione, Daphnia, Diddo, Doddy, Dodda, Dotti, Evonne, Ethic, Fren, Fick, Fussel, Gilll (avec trois « L »), Hernia, Huri, Inkitinki, Jinx, Janx, Junx, Kay, Key, Kee, Lippy, Misty, Mips, Mops, Mistory, Nups, Nips, Nippel, Omfaly, Onnany, Pad, Pud, Pod, Penelopia, Peenis, Pippi, Quatsh, Rulps, Suemie, Tipsy, Titty, Trippa, Undee, Vance, Vademecca, Waffy, Xenia, Xix, Yvenne et Zaza. Pendant le contre-interrogatoire, mes trois balourds d'avocats m'écrasèrent les pieds sans que j'en sois plus éclairé sur ce qu'il me fallait dire. Katsch regrettait de ne pas avoir réclamé un million à mon encontre. Faute de témoins à décharge, il affirmait que ma négligence était prouvée. Je m'entendis répondre d'une voix blanche : « Mais des témoins, j'en ai ! » Toutes les personnes présentes bondirent : « Qui ? » Je gardai silence. Les avocats furibards rangèrent leurs dossiers et, l'air vexé, quittèrent la salle d'audience comme des goujats. L'avocat de General Electric avait son train, il était grand temps. Dans l'ascenseur, mon trio infernal me pressait de questions : « Qui est notre témoin ? » Je secouai la tête d'un air triste. Nous nous quittâmes sans nous serrer la main. En Amérique, on ne sait de toute façon jamais quand on doit serrer la main de quelqu'un ni comment on doit le faire.

Je pataugeais tout seul dans la neige sale et noire de Madison Avenue pour regagner mon studio. En pleine nature, entre la 42e et la 57e Rue, quartier général de la publicité d'où le manque d'imagination américaine submerge le reste du monde, moi aussi, je suis capable d'avoir une illumination. Les gaz d'échappement des autos à base de monoxyde de carbone m'ont fait le même effet que des émanations de soufre à la sibylle delphique. Devant moi, une créature bien en chair à la poitrine rebondie tortillait du croupion en digne émule de la doctrine Monroe, réveillant en moi le souvenir d'Adaile… Eurêka ! Mon témoin !!! Retrouver Adaile au bout de quatre ans ne fut pas chose facile. Son nom n'était pas dans l'annuaire téléphonique, aucune agence de mode ne se souvenait d'elle. En fin de compte, je retrouvai sur un contrat son numéro de Sécurité sociale et bientôt, je l'avais au bout du fil. (Depuis deux ans, elle était devenue Mrs Dr O'Higgins, East Sixty Third, un quartier huppé.) Elle débordait du désir de m'aider. Le lendemain midi, elle vint me prendre pour déjeuner. Vison blanc de la tête aux pieds : simple, cher et de mauvais goût : Hollywood. *A lady never wears mink* (même pour un match de foot). Un mot d'enfant : *Daddy, how do the minks get babies ?* Réponse : *« The same way as the babes get minks ! »* La coiffure d'Adaile : une pièce montée, laquée, aux reflets bleu-noir, bouclée. En l'honneur de ma couverture de *Vogue* de janvier 1950, ses yeux étaient maquillés *doe-eyes*[1] avec des cils en vison extra-longs. Elle devait y avoir passé la matinée. Elle répondit à mon baise main par le sourire américain stéréotypé qui va de pair. Elle constata que j'avais aussi peu changé que mon studio et me mit sous les yeux sa propre ascension : autour du cou une croix aux reflets bleus, diamants de grande valeur, des crucifix ornés de diamants de taille plus modeste aux poignets et aux chevilles : *In hoc signo vinces.*

Garée en triple file devant le studio, au beau milieu de la chaussée, sa Jaguar blanche. Aucun flic ne se serait risqué à lui mettre une contredanse. Un papier était collé sur son pare-brise : *OK. The Mayor.* Je lui demandai ce qui lui valait cette protection : *The New York Police Force is the best police money can buy !* En chemin, je fis allusion à mon problème à quatre cent mille dollars, elle haussa ses épaules couvertes de fourrure : « Bagatelle, NOUS ne céderons pas au chantage, il n'est rien arrivé à personne. » Je la priai de témoigner en ma faveur. Son assurance était inébranlable : « NOUS ne laisserons pas les choses en venir là. D'ici jeudi, il va se passer bien des choses. Babs (Barbara) n'a pas seulement un passé, elle a aussi un présent. Cette call-girl, c'est du menu fretin, nous aurons vite fait de la coincer. »

« Ché Parée » est une boîte pour notes de frais : chère, guindée. La dame du vestiaire elle-même vous accueille dans un français hasardeux en vous regardant de haut. Les VIP et présidents d'agences font les importants devant

1. Un maquillage des yeux créé par Blumenfeld.

leurs clients et noient leur stupidité dans des cocktails. Je redoutais d'être accueilli froidement car j'étais en retard. Bien au contraire, M. Victor, d'ordinaire inaccessible, chef suprême de tous les maîtres d'hôtel, se précipita dès qu'il aperçut Adaile, tomba à genoux, lui baisant le bout de ses gants en vison, et se métamorphosa, redevenant le chien qu'il avait toujours été, il rampa, l'écume sur les babines, passant entre les jambes des nombreux clients en train d'attendre une table, pour ramener quelques secondes plus tard en remuant la queue M. Louis, le propriétaire des lieux soi-même. Ce Grand Mogol s'inclina respectueusement.

Je lui ôtai ma main, gêné, car il cherchait en balbutiant des remerciements à la baiser. J'étais devant une énigme. Complètement indifférente à cette agitation fébrile, Adaile posait, sûre de son triomphe, pour des photographes qui n'existaient pas, jusqu'au moment où tous les yeux furent tournés vers elle. Pendant ce temps, le maître d'hôtel avait écarté de la table du milieu, une table ovale, huit clients qui ruminaient paisiblement, les refoulant vers des coulisses enfumées. En un tournemain, les esclaves remettaient le couvert avec tout le tralala requis, y compris les fleurs artificielles. L'index remuant sans qu'elle y prête garde, Adaile protestait contre les projecteurs éclairant notre table, et nous fûmes *illico* plongés dans la pénombre. Je cherchai, en buvant un Bloody Mary, à comprendre les raisons d'un tel accueil. Adaile répondit *Shut up !* et passa commande : caviar Malossol et *french fries*, champagne Dom Pérignon 1948 et Cerises d'Amérique du Sud à la crème. Elle était au régime. Plusieurs autres Maria sanglantes bues en alternance avec du champagne et du café avaient contribué à la mettre d'excellente humeur et m'avaient mis hors jeu. Mais quand elle entreprit de tartiner son caviar de moutarde, mon *nervus vagus* réagit. Pour me dérider, elle pêcha dans son sac en vison une pièce de vingt dollars or qu'elle manipula et en fit sortir du bout des ongles – qui étaient d'une longueur repoussante – une montre filiforme. Elle me mit ce joujou dans la main en me disant que je devais apprendre à mon tour à la faire surgir comme par magie, que c'était important ! Je me disais qu'elle avait perdu l'esprit. Adaile se leva. Selon les règles de l'étiquette américaine, je dus bondir immédiatement en faisant le plus de bruit possible pour proclamer à la face du monde qu'une dame allait faire pipi. À son retour, le cérémonial se reproduisit. En guise de bonnes manières, les pères pèlerins n'ont apporté de l'Ancien Monde que des complications. La société américaine : une bande de criminels devenus riches qui singe le Café Society. Pendant l'absence d'Adaile, je tentai d'ouvrir la montre. Impossible sans ongles. J'y parvins à l'aide de mon couteau à dessert. Quand elle revint, mon amie me récompensa en appliquant sur ma joue ses lèvres fraîchement repeintes. Elle en avait profité pour récupérer par téléphone le nom de celui qui instruisait mon dossier. Elle maîtrisait parfaitement l'art américain de parler en gardant un visage totalement inexpressif. « Demain après-midi, tu iras *downtown* au palais de justice, tu demanderas le juge Agelli et tu lui montreras notre pièce d'or ! » En se jouant, elle fit à nouveau surgir la montre et me la mit sous le nez : « Dès que Son Honneur aura admiré le monogramme "F. C". au dos de cette montre, nous pourrons oublier tes soucis. » Quand elle comprit que j'ignorais qui était F. C., Adaile fut vexée. « Il n'y a qu'un seul F. C. au monde ! » Pendant qu'elle mettait la pièce dans ma poche de pantalon, elle me chuchota d'un air enamouré : « F. C. est mon Frankie, mon *sugar daddy* : *poor old soul, he is in the pen* (en taule), *he is sixty, youth had to take over*, entre-temps, c'est *moi, the head of the boys.* Voilà, tu connais tous mes secrets, et si tu ne sais pas tenir ta gueule, demain, t'auras un accident d'auto. Au fait, ça me rappelle que je t'ai déjà sauvé la vie une fois : tu t'souviens, quand j'étais ta *gal friday*, au studio, ta petite main ? Tu étais furieux que j'aie gâché toute une prise en couleurs. Après le travail, j'étais partie dans la rue en chialant, Frankie m'attendait. Il est allergique aux larmes et il avait gueulé : "Ce connard t'a fait mal ? Dans ce cas-là, je lui fais son compte cette nuit avec la bagnole !" Il n'avait pas été facile de l'en dissuader, il était jaloux parce que pour moi, tu étais un génie. Quand nous nous sommes connus, son premier cadeau, ça a été ce restaurant. Du temps de la prohibition, une vraie mine d'or ; aujourd'hui, ça fonctionne à perte. Je le garde par sentimentalisme. Allez, viens, on rentre chez moi. Je vais te montrer ma chambre. Mon homme est malheureusement sous tente à oxygène, embolie pulmonaire. O'Higgins est un chirurgien esthétique passionné, il te transplanterait *illico* des ongles piqués à la morgue, il te collerait aussi un nouveau visage pour mieux faire ressortir ton côté artiste. Tu as l'air trop modeste, c'est pas bon pour les affaires. L'art, c'est de plus en plus un grand racket. Nous avons embauché un spécialiste en faux billets, il doit nous peindre deux authentiques Cézanne par an : ils atteignent des prix faramineux et partent pour les musées allemands en transitant par Zurich. Sur le marché de l'art, l'essentiel c'est l'arbre généalogique qu'il établit d'un coup de baguette magique, avec des tampons indiscutables, des expertises, des attestations. Tu pourrais te faire un peu d'argent là-dedans comme conseiller artistique. » Des rêves qui se réalisent : lame à double tranchant ! D'une part, en tant que favori d'une fiancée de pirate, j'avais pour la première fois de ma vie été bien traité dans un restaurant, et en contrepartie, je me voyais déjà flotter, cadavre criblé de balles, dans le Hell's Kitchen de l'East River. Gros titres : *FASHION PHOTOG'S FINAL FLOP !* Je me sentis mal à l'aise, voulus m'éclipser après le déjeuner en prétextant une séance de pose. « Mauviette ! » lança-t-elle, et elle avait raison. Je ne pouvais pas me dégonfler, bus pour me donner du cœur au ventre et l'accompagnai. Pas question de payer la note, c'était aux frais de la maison, même le pourboire. M. Louis soi-même nous reconduisit jusqu'à l'interminable limousine-corbillard aux vitres pare-balles qui nous attendait avec son chauffeur. La Jaguar était partie. Nous n'avions que cinq cents mètres à faire. À New York, les poules ne font pas un pas à pied, elles se font masser. Aux États-Unis, personne ne se balade à pied, sauf les émigrés allemands.

Dans la salle d'attente du docteur O'Higgins, rien que des hommes, chapeau vissé sur le crâne : racaille, hommes de main, gangsters, gardes du corps, pègre. Tous se levèrent respectueusement à l'entrée d'Adaile, lorgnant vers moi d'un air de méfiance. J'étais malheureusement un peu gris, et donc peu à même de jauger la situation. Un ascenseur nous éleva jusqu'au saint des saints, un boudoir. Adaile jeta sa fourrure sur un siège, se déchaussa, mit ses pieds sur la table et sous mon nez (coutume locale répugnante) et alluma des lampes : grand spectacle hollywoodien à la Cecil B. DeMille, kitsch de vitrine digne de Salvador Dalí. Au beau milieu, derrière des voiles en dentelle noire, un énorme lit rond. À côté, mon regard tomba sur deux machines à sous, *one-armed bandits*. Mon premier nickel me porta chance : *lemon, lemon, lemon* et la machine cracha dix-huit nickels. Pendant que je reperdais tout, Adaile ne perdait pas son temps : elle téléphonait à son agent de change, grosses transactions, en enfonçant des boutons : la pièce s'obscurcit, et bien au-dessus de nous, sur le mur, *divinité du Styx** sortant des flots de la piscine, cou de taureau et poitrine velue de gorille sur laquelle se balançait au bout d'une fine chaîne en or une croix de diamants, le maître des bas-fonds, F. C. Sans même m'en rendre compte, je m'étais levé plein d'admiration : « Quel magnifique portrait ! » Adaile répondit humblement : « Rollei, Tri × Pan, filtre jaune, lumière naturelle, 1/250, f :16. C'est Howard Chandler Christy qui a colorisé de sa propre main l'agrandissement. » Encouragée par mes applaudissements, elle continua à manipuler ses leviers et fit apparaître F. C. dans des tons verdâtres, bleuâtres, rougeâtres, jaunâtres, aux accents tonitruants de la musique de Sibelius. Adaile m'intima l'ordre de me retourner, et je découvris une gigantesque abstraction de Jackson Pollock : « *Nonsense, promoted by republican lesbian Jews*, qui savent bien ce qu'ils font, triomphe du marché de l'art américain ! J'ai investi dix mille dollars, en trois ans, ça aura quadruplé de valeur ! » (Elle avait raison !) Elle jeta alors un négligé en plumes d'autruche sur ses épaules et m'invita à une relation plus intime – « laisse-toi faire », *let our hair down.* J'étais mort de peur, je balbutiai : *I have to go now !* Par chance, elle était mûre pour la sieste et tomba d'épuisement sur son lit. En conclusion, elle fit apparaître F. C. dans les couleurs du couchant puis me confia à un garde du corps qui me ramena sain et sauf dans la nuit new-yorkaise. J'avais une fois encore perdu mon temps, gaspillé un après-midi de ma vie.

Le lendemain, Foley Square. Les tribunaux me rendent malade, pire que les hôpitaux. Des heures d'attente dans une atmosphère hostile, jusqu'au moment où le juge Agelli en robe sortit d'une audience : un Daumier dans un gratte-ciel. Je me précipitai sur le juge au visage grêlé et lui mis sous le nez la montre que j'avais depuis longtemps ouverte. Il me prit pour un fou échappé d'un asile et appela au secours. Je balbutiai : « Je suis Blumenfeld, de l'affaire Codik contre Blumenfeld. C'est une amie qui m'a conseillé de vous présenter cette montre… » Il considéra le monogramme sans se montrer le moins du monde impressionné. Son visage bouffi se gonfla de colère. D'étranges taches bleu marine se dessinèrent sur ses joues, et il laissa tomber un mot : « Cinglé ! » Il appela un huissier : « Mettez cet imbécile dehors au plus vite ! S'il lui prenait l'envie de revenir, je le fais arrêter ! » L'homme me poussa devant lui jusqu'à l'escalier. Un mot de protestation et je dévalais vingt-deux marches. Je m'abstins de le prononcer. Je me retrouvai dans la neige mouillée, *downtown* pour tout arranger, grâce aux splendides relations mafieuses d'une petite *aventurière** qui jouait les femmes influentes. Furieux, j'allai chez mon fleuriste de la 58e Rue, et renvoyai à la reine de la Mafia sa précieuse montre accompagnée de vingt-quatre roses rouges, paquet-cadeau. Sur la carte qui l'accompagnait : *Thanks ! E.*

Le lendemain matin, Adaile m'appela et me remercia pour les roses d'une voix de saut du lit. La montre, elle voulait m'en faire cadeau. Elle joua l'étonnement quand je lui dis que son influence s'était bien vite manifestée. C'en fut trop : « Tu parles ! On m'a flanqué dehors ! » Une seule chose l'intéressait : Agelli avait-il vu le monogramme. Elle me trouvait particulièrement naïf : « Tu aurais voulu qu'il t'embrasse ? Le juge fera ce que NOUS attendons de lui, bêta ! » Je raccrochai, de mauvaise humeur. Une heure plus tard, mon avocat m'appela pour m'annoncer, la voix tremblant d'une fierté contenue, qu'il avait réglé à l'amiable l'affaire Codik/Blumenfeld contre un versement de sept cent cinquante dollars. Une entreprise surhumaine. Et les honoraires qu'il me réclama étaient en rapport. Cinq ans après l'heureuse conclusion de ce cauchemar, la voix de sirène nasilla à nouveau au bout du fil : *Good news and bad news : last week my dear husband passed away, and I am a blonde since yesterday.* Je lui demandai en lui présentant mes condoléances ce que devenaient les machines à sous et où en était F. C. *The machines are longing for you in my brandnew Loui Saaze bedroom, lavishly redecorated by French & Co., F. C. is a goner, poor man ! I am holding the youngest senator now, first grade ladykiller. He is calling me : his Italian princess, you'll like his sophisticated guts.* Lui aussi, il vient d'une famille qui fait dans l'alcool de contrebande, il aime les dames, la dope et les dollars. Nous en ferons un président, et alors, je te promets du sexe et des orgies à la Maison-Blanche. »

Encore une promesse qu'Adaile a tenue !

67

GO WEST !

La ville de New York, seul et unique miracle urbain vivant des Temps modernes est, à l'égal des Pyramides, une énorme manifestation de puissance, et non pas une œuvre d'art : un pied encore en Europe, elle lorgne derrière elle des deux yeux, désespérément en quête de charmes nouveaux. *Westward Ho !* En quête de culture sur plus de cinq mille kilomètres d'autoroutes inouïes, incroyables, à travers un pays quasi vide, vierge, défiguré seulement par des stations-service décorées de publicités hurlantes, des semaines durant rien de mangeable à se mettre sous la dent avant L.A. (Los Angeles), symbole d'une nouvelle laideur, pas un seul monument témoignant de l'esprit humain à des lieues à la ronde. En revanche, les *Tournesols* de Vincent (prononcer « Vangou ») sont accrochés au mur dans le moindre motel, à côté de la télé, sous toutes les couleurs à la mode. Des hordes humaines motorisées végètent, fonçant à toute allure vers leur fin : pop-corn, hot-dogs sous cellophane et distributeurs de Coca-Cola glacés appelés ici *gracious living*. Des groupes d'enfants insupportables se déversent de breaks surpeuplés, ils se multiplient à vue d'œil. Des tapettes doublent comme des folles dans leur voiture de sport, un caniche assis à côté d'elles, et emboutissent des vieilles Ford bourrées de vêtements pendus sur des cintres et conduites par des sorcières provinciales qui papotent et gênent la circulation. *Memento mori !*

La technocratie de ce monde de petits-bourgeois m'amena par des routes secondaires jusqu'aux merveilles universelles d'hier, hélas déjà promues dans des parcs naturels au rang d'espèces préservées. Caché dans de mystérieuses anfractuosités du roc, deux mille quatre cents mètres au-dessus du niveau de la mer, dans les montagnes Rocheuses du Colorado, nid d'aigle de la ville indienne abandonné depuis cinq siècles, Mesa Verde, décor pour l'éternité, tours de Giotto empilées les unes sur les autres, esquisse précubiste du Rockefeller Center de New York. Sur les sommets de la Sierra Nevada, en Californie, des séquoias vieux de 3 000 ans, arbres géants rouges, plus vieux et plus vivants que nous autres, les Juifs. Mais il leur faut aussi leur pogrom de temps en temps, sous la forme d'un incendie de forêt, dont ils renaissent rajeunis. Comme on se sent jeune face aux troncs d'arbres fossilisés depuis deux cents millions d'années de la forêt Pétrifiée de l'Arizona.

68

O'HOLE

Infiniment au-dessus de tout soupçon, la constellation des génies homosexuels brille au plus haut du firmament de l'histoire universelle : Socrate, le Christ, Michel-Ange, Léonard, Shakespeare, Castor et Pollux. Et dans les bas-fonds des grandes métropoles, la horde des Horst Wessel est aux aguets : les tantouzes, tarlouzes, tapettes, lopettes, lèche-burettes. Né au tournant du siècle, j'avais appris à prendre mes jambes à mon cou devant ces êtres efféminés que la loi poursuivait (le paragraphe 175 du Code civil allemand punissait de prison les relations entre hommes, crime contre les mœurs ; les lesbiennes demeuraient impunies). Plus tard, avec Oscar Wilde, Gide, Genet, je compris une partie des problèmes de ceux qui sont différents des autres. Dans ma profession, j'ai été trop souvent confronté aux caprices efféminés des divas imprévisibles que sont les homosexuels. Franc-maçonnerie internationale : directeurs artistiques de mon cul, coiffeurs, psychanalyse anale, professions artistiques, couturiers, étalagistes, photographes de mode et autres talents. Amis bien trop empressés qui m'ont tout autant aidé que desservi. Leur charme fait trop facilement oublier leur caractère dépravé. On doit se garder de leur goût de l'intrigue et du ragot. Je vais dans ce qui suit dresser le portrait d'un prototype du genre.

Il y avait déjà trois décennies que Dorian O'Hole occupait la scène new-yorkaise dont il était la plus splendide tantouze. À 45 ans – il n'avouait qu'à contrecœur une petite trentaine – il demeurait un plaisir des yeux pour les dames d'âge mûr de la ville. Des yeux vigilants discernaient sous ses complets cousus main les dentelles de ses sous-vêtements, soutien-gorge et gaine. Il se donnait pour règle de porter des serviettes périodiques. Ses souliers en daim étaient pourvus de talons d'une certaine hauteur. Il frisait à l'irlandaise ses cheveux permanentés. Dans la mesure où les produits de la marque de cosmétiques pour laquelle il travaillait avaient tendance à donner des reflets verdâtres, en dépit des remords que cela lui causait, il avait recours à une teinture produite par un concurrent.

Dorian O'Hole, né à New York, éduqué selon les règles de l'internationalisme britannique à Oxford, avait appris à offenser les gens avec d'insolentes bonnes manières. Au commencement de la Seconde Guerre mondiale, jeune lieutenant des Horse Guards irlandais, il avait fait la conquête de Londres avec son bonnet à poils, le Busby, ses yeux de chat rieur et ses taches de rousseur, et n'avait pas le moindre doute quant à la victoire finale. Lors d'un cocktail donné à l'ambassade de France au début du Blitz, l'alarme de la DCA obligea les invités à se réfugier dans les caves de l'ambassade. Après un terrible bombardement, Dorian y reprit ses esprits dans les toilettes, sous l'ambassadrice plus toute jeune qui venait de lui faire perdre son innocence et de gâter son uniforme flambant neuf. Depuis ce baptême du feu, Dorian prétendait ne plus pouvoir aimer que des hommes.

Après la guerre, il devint responsable de la publicité, secrétaire privé et fille à tout faire de la reine de beauté nonagénaire Aphrodite Karbunkelstein Incorporated. Cette juive émancipée originaire de Kiev avait épousé en secondes noces un roi du backgammon ruiné et les conditions de ce mariage avaient été très favorables, lui permettant de s'élever elle-même au rang de reine. Elle trouvait que c'était une grande *metsieh*, une bonne affaire. Ethel Boredom, contemporaine et concurrente féroce, reine de beauté des puritains, avait péniblement atteint le rang de princesse divorcée. Ces deux harpies dégoulinantes de laideur, maintenues en vie grâce à des glandes de singes suisses mêlées à de la cocaïne, jouaient les minettes, se baladaient en robes de gamines, n'avaient aucun souvenir des noms de leurs amis – elles n'avaient pas d'amis – mais n'oubliaient jamais les formules des milliers de produits qui leur faisaient gagner des millions.

Au cours des longues années où il s'était soumis en vrai parasite à Aphrodite Karbunkelstein, O'Hole n'avait pas réussi à mettre un sou de côté. Ce gérontomane était à ce point entiché de sa vieille *queen* qu'il n'avait pas la force de se soucier de ses propres intérêts, ce qu'elle lui mettait constamment sous le nez. Elle lui reprochait doublement de n'en avoir d'ailleurs pas du tout besoin. Sa fortune venait de ce que lui avait laissé un grand-père maternel irlandais qui au début du siècle, exilé au Texas, était tombé sur du pétrole. Une ville y portait même son nom. Peu avant le grand krach boursier de 1929 (qui a laissé en Amérique des traces bien plus profondes que les deux guerres mondiales réunies), grand-papa reprit en sens inverse le chemin de l'exil et regagna l'Europe avec ses millions. Il s'acheta une villa à l'orée du bois de Boulogne, y mura son argent dans une cachette, épousa une demi-mondaine rousse, *la « juive Jacob** ». Sur ce, il mourut. Selon la loi française, la veuve hérita de l'or et des objets précieux qui se trouvaient dans la villa.

Dorian accompagnait tous les trimestres son Aphrodite (fauteuil roulant dans l'avion), maréchal en chef de son voyage à Paris, sans avoir jamais rencontré sa belle-grand-maman. Et ça le taraudait. Au printemps 1964 il prit son courage à deux mains et retrouva dans le dos de sa *queen* la juive Jacob. Âgée d'environ 75 ans, elle le reçut dans une robe de velours violet au décolleté plongeant, charme plein de dignité, chevelure rouge pétant. Elle précipita la chute de Dorian. Lui, le petit-fils d'Amérique à la belle prestance, était l'homme dont elle rêvait. On sirota du cognac à petites gorgées, elle l'embobina en lui racontant des anecdotes. Auprès de sa *queen*, il avait appris à écouter bouche ouverte. Au bout d'une heure, la belle-grand-maman et le petit-fils se tenaient chaleureusement par la main. Les jambes du petit-fils lui manquèrent. Et encore plus quand elle laissa tomber que tout de même plus d'un million de dollars avaient subsisté sur les vingt-neuf de l'héritage grand-paternel. Dorian se sentit compris et tenta, bégayant d'émotion, de faire valoir ses droits. Grand-maman eut un rire sensuel et offrit sa main au petit-fils effaré. Elle lui laissait trois jours pour accepter. Un pédé complètement estomaqué se voyait déjà, l'œillet à la boutonnière, traversant Notre-Dame au bras de sa grand-maman et aux accents de la *Marche nuptiale* d'Erich von Stroheim. Fou d'allégresse, il alla aussitôt se confesser auprès de la reine. Qui le gifla et simula une attaque. Dorian fut contraint de déshabiller la morte apparente, de la mettre au lit et de lui tenir la main jour et nuit sans qu'elle le gratifie du moindre mot. Pendant qu'elle gisait là, réfléchissant et calculant, le vieux nécrophile voyait déjà le cadavre, une fleur de pêcher entre les lèvres, pleine page couleur dans *Vogue*. Au cours de la troisième nuit, les lèvres flétries de la matrone bougèrent et balbutièrent : « Si le stupide goy que tu es veut à tout prix se marier, c'est *moi* que tu épouseras, avec en guise de dot une augmentation mensuelle garantie de 15 %. Mais si cependant tu devais t'obstiner et revoir ne serait-ce qu'une fois ta grand-mère, cette pute, tu prendras la porte de Karbunkelstein Inc. et de Karbunkelstein International, et tu feras un vol plané jusque dans la rue, où tu te retrouveras dans la merde. ELLE OU MOI ! À toi de choisir ! »

Comme le fait tout Américain aux prises avec le désespoir, Dorian se précipita sur le téléphone pour m'appeler à New York, conversation en PCV depuis Paris, car il voulait me demander conseil. J'oubliais presque le plus important : Dorian était mon client. J'avais pour mission, à la suite de négociations d'une mesquinerie incroyable, d'un nombre incalculable de déjeuners et de réunions débiles, de produire des pages publicitaires pour l'entreprise Karbunkelstein. Il s'attribuait le rôle de général en chef des commandes artistiques, et dérangeait par ses incessants bavardages les séances de pose pendant lesquelles il n'avait rien à dire. Avant même une prise, il menaçait de *retakes*. Dorian était généreux dans la manière dont il jouait les pique-assiette. Il a même une fois trouvé nécessaire de me rendre la politesse : il m'a servi dans une coupe à champagne, prétendant qu'il s'agissait de vouvray nature, de l'urine réfrigérée que j'ai vidée dans les coussins du fauteuil. Même son caniche rose – les pédales ont des caniches car ces animaux sont capables d'apprendre beaucoup de choses – s'était détourné d'un air de dégoût. L'appartement puait, une odeur âcre planait. Peintres pédés sur les murs : Bébé Bérard, Bernard Buffet ; au-dessus du bidet, un évêque de Beardsley se balançait en tenue de dentelle, montage photo pour une pub de serviettes périodiques… *because* !

Au téléphone, Dorian m'implorait de l'aider à choisir entre sa petite belle-maman, ses 75 printemps et son million et demi, et sa reine de beauté Aphrodite, 90 ans et deux cents millions. Il affirmait que l'argent ne comptait pas. Je lui conseillai de s'en tenir à la grand-mère, car il n'arriverait pas à faire cracher un cent à la vieille Karbunkel. Mais Dorian, incapable de s'arracher aux griffes de la reine de sa vie, mettait en doute la virginité et les capacités financières de sa grand-maman. Au bout d'une demi-heure passée au téléphone (cent dollars !), pendant laquelle il m'accordait en prime le titre de « monsieur le professeur », il prit un ton désagréable comme si c'était moi qui l'avais appelé et me dit qu'il n'avait pas de temps à perdre en bavardages : il lui fallait en premier lieu se faire hospitaliser le surlendemain (le lendemain se déroulait un important défilé de mode, *a must*) ; il allait passer quinze jours à l'Hôpital américain de Neuilly pour y soigner sa dépression annuelle, puis il partirait en convalescence à Tanger, où il ferait filer doux un jeune étalon berbère. Un mois plus tard, il serait à New York pour l'anniversaire de son père.

Hélas cette fête ne se déroula pas dans l'allégresse prévue : la veille, la maman de Dorian se prépara, munie de tous les sacrements, à faire ses adieux à ce monde. Après l'avoir longuement veillée, le médecin ainsi que le héros vieillissant de la fête s'étaient retirés autour de minuit, laissant le fils hâlé par le soleil seul au chevet de sa mère mourante. Il était prévu qu'il consulte en cas de besoin le médecin par téléphone. Dorian était dans son élément. D'innombrables bouquets d'anniversaire, certains encore emballés, emplissaient l'appartement. Quand la mourante finit par ne plus réagir à ses effusions, il ne put se contenir davantage. Chaque homo est au fond de son âme un étalagiste qui s'ignore. Du culte de la beauté à la cosmétique de pompes funèbres, il n'y a qu'un pas. Les fleurs se bousculaient dans la main tremblante d'excitation de Dorian, pressées d'embellir la mourante. Sa passion du décor prit le dessus. À chaque dernier soupir, il déposait une fleur sur son front, dans ses cheveux, un bouton de rose sur sa poitrine. Il ne put s'empêcher de fourrer une orchidée mauve (symbole du statut des filles réactionnaires de la Révolution) dans sa bouche d'où provenait un râle. Quand un pot de chrysanthèmes jaunes tomba sur les jambes de la mourante en lutte avec la camarde, il perdit les pédales. Il se précipita sur le téléphone. Malgré l'heure matinale – il était près de 4 heures –, il rencontra la compréhension professionnelle de Boob, son ami très cher, étalagiste chez Bonwit. Il lui décrivit par le menu l'arrangement de la décoration florale, la coiffure (une *auréole**), les bijoux de famille, aigues-marines et pierres de lune, et tout en parlant, il remit d'aplomb une immortelle qui avait glissé. Quand la maman, à son tout dernier soupir, mordit avec son dentier tout neuf (acheté huit jours plus tôt pour la modique somme de quatre mille dollars) la tige de l'orchidée et obéit avec un empressement exagéré à son fils qui lui intimait l'ordre de se tenir tranquille une bonne fois pour toutes, Dorian comprit qu'il était orphelin de mère. Agenouillé auprès de la couche funèbre, il pria Boob d'écouter dix minutes d'affilée chronomètre en main le bruit de ses sanglots, et pendant ce temps-là, il répandait des pétales de rose choisis en fonction des couleurs à la mode. Il avait appris auprès de sa reine à faire toujours au moins deux choses en même temps. La conversation téléphonique prit fin aux mots de : *In nomine patris filii spiritus sancti requiescat in pace !* Pendant ce temps-là, il répartissait en toute hâte une douzaine de cierges dans la pièce. Celui dont approchait l'anniversaire, dur d'oreille, ne se réveilla pas de la nuit. L'enterrement de la maman resta dans les annales comme le cocktail le plus réussi de la saison.

Peu après, la reine de beauté rejoignit elle aussi les territoires de chasse de l'éternité. Elle avait prévu de transmettre par testament cent cinquante dollars à sa main gauche – c'est ainsi qu'elle appelait Dorian. En outre, les héritiers hilares lui permirent de choisir un souvenir. Il jeta son dévolu sur un fauteuil en velours violet dont le siège était plein de taches, et d'où la défunte avait mené ses importantes négociations commerciales. On lui accorda cette pièce de musée pour vingt-cinq dollars. « Une bonne affaire, une *metsieh.* »

Dorian n'est toujours pas marié. Pour ne pas laisser périr la noble lignée des O'Hole, il a adopté un frêle gamin de 11 ans, un Chinois de Hong Kong. Pee Wee O'Hole.

69

RETAKE

Sur la 5e Avenue, à hauteur de la 57e Rue, où entre midi et 4 heures on voit les plus belles femmes du monde, j'attendais que le feu passe au vert. Une vieille sorcière toute tordue m'est tombée dessus sans crier gare. Sur la 57e Rue, on rencontre aussi les femmes les plus invraisemblables. *« What about my pix ? »* Quand on a photographié des milliers de femmes qui changent tout le temps pour rester semblables à elles-mêmes, on a renoncé depuis longtemps à se souvenir. Elle m'aida : *« La Comtesse* ! »* Ce titre, c'était tout ce que cette Américaine avait gardé d'un mariage avec un play-boy français – outre un fils idiot qu'elle devait nourrir. Elle avait fait irruption vingt ans auparavant, complètement ivre, dans mon studio parisien, en compagnie d'un dandy qu'elle m'avait présenté comme son frère, et elle était à l'époque éditrice de *Town & Country.* Tout ce qui venait d'Amérique m'impressionnait alors, je n'avais aucune idée de son peu d'importance. Elle m'avait promis de me faire obtenir des pages dans sa revue, et j'avais accepté de la photographier. Elle ne m'a pas donné de travail, je ne lui ai pas donné les photos. Le dandy (un magnat des grands magasins), ivre mort, a embouti un arbre, elle était à côté, il s'est tué et lui a rompu le dos ; c'est tout ce qu'il lui a laissé. J'avouai bêtement à la comtesse que les clichés m'étaient par hasard tombés entre les mains quelques jours plus tôt. Mais les lui montrer me semblait trop cruel. De retour au studio, j'étalai cette série sur le sofa pensant me délecter à mon jeu favori une dernière fois avant de me livrer à un autodafé : *l'AVANT/APRÈS**. À ce moment-là, on sonna à ma porte : c'était la comtesse, impatiente de ces retrouvailles avec son passé. J'avais redouté de lui briser le cœur, mais elle n'avait pas de cœur. Avec une objectivité tout américaine, elle considéra les clichés l'un après l'autre, choisissant et rejetant, comme le font les éditeurs, pour faire mine de s'y connaître. Elle se posta devant un miroir, tenant une photo près de son visage. « Quel visage stupide, vide, autrefois ! C'est seulement maintenant que je suis une femme intéressante ! » Et d'un air de profond mépris, elle déchira l'un après l'autre ses portraits. Elle se dirigea en boitillant vers la porte, sa tâche accomplie, marchant sur les bouts de papier. *« You owe me a retake, for my son. When ? »*

On ne l'a jamais revue.

Les lignes qui suivent se trouvaient dans les papiers laissés par Erwin Blumenfeld et furent retrouvées après sa mort survenue le 4 juillet 1969 à la suite d'un infarctus, dont elles décrivent de façon prémonitoire le déroulement.

Mon sang était piqué de mille aiguilles.

Mes yeux devenaient fixes, mon souffle se brisait, j'étouffais. De tous mes pores jaillissaient des gouttes de sueur, mes os s'effritaient, ma volonté ne contrôlait plus mes mouvements, je me ratatinais, mes dents tombaient et me restaient en travers de la gorge comme de mauvaises blagues, mes tripes m'abandonnaient, et je continuais à souffrir de la vie.

Mes yeux piquaient, mes dents me restaient en travers de la gorge comme de mauvaises blagues, mes os s'effritaient, mon souffle s'arrêtait, j'allais étouffer, partout gouttes de sueur qui perlent, jetées aux pourceaux, je me ratatinais, ne contrôlais plus mes mouvements, mes tripes me laissaient tout seul. En route pour le coït éternel.

Mes yeux fixaient le Nirvana, mes os craquaient, mon souffle martelait le rythme de mon cœur, mes dents me restaient en travers de la gorge, elles allaient m'étouffer, la sueur perlait, jetée aux pourceaux, des tripes visqueuses, répugnantes, me quittaient. Ma volonté s'était envolée, partie vers l'espace avec le temps. Un petit filet[1] me reliait encore à la vie.

Mes yeux piquaient, fixaient le Nirvana, mes os tombaient en miettes, un souffle froid et humide martelait mon cœur de coups de poings, mes dents menaçaient de me rester en travers de la gorge, les gouttes de sueur perlaient, jetées aux pourceaux, les tripes visqueuses, répugnantes, me quittaient. Ma volonté s'était envolée avec le temps, je n'étais plus relié que par un petit filet à une existence sans perspective : le présent était passé. Le passé : j'étais un petit tas d'ordures.

Un souffle humide me martelait le cœur à coups de poings, mes dents menaçaient de me rester en travers de la gorge, mes os s'effritaient, les gouttes de sueur tombaient dans le caniveau, les tripes visqueuses, répugnantes, me quittaient, mes yeux impuissants fixaient le Nirvana, le filet se rompit, tout était devenu passé : j'étais mort.

1. François Villon, « Le Débat du cœur et du corps » : « Ton cœur / Qui ne tient mais qu'à un petit filet. »

OUVRAGE RÉALISÉ
PAR L'ATELIER GRAPHIQUE ACTES SUD
REPRODUIT ET ACHEVÉ D'IMPRIMER
EN SEPTEMBRE 2022
PAR NORMANDIE ROTO IMPRESSION S.A.S.
À LONRAI
POUR LE COMPTE DES ÉDITIONS
ACTES SUD
LE MÉJAN
PLACE NINA-BERBEROVA
13200 ARLES

DÉPÔT LÉGAL
1re ÉDITION : OCTOBRE 2022
N° impr. : 2203613
(Imprimé en France)